W0053931

Dietrich Eggert
unter Mitarbeit von
Christina Reichenbach / Christina Lücking

Von den Stärken ausgehen …

Individuelle Entwicklungspläne in der Lernförderungsdiagnostik

Dietrich Eggert
unter Mitarbeit von
Christina Reichenbach / Christina Lücking

Von den Stärken ausgehen …

Individuelle Entwicklungspläne (IEP) in der Lernförderungsdiagnostik

Ein Plädoyer für andere Denkgewohnheiten
und eine veränderte Praxis

borgmann

Unser Buchprogramm im Internet
www.verlag-modernes-lernen.de

– Dieses Buch enthält als Beigabe
eine Daten-CD-ROM –

© 1997 by SolArgent Media, Division of BORGMANN HOLDING AG, Basel

Veröffentlicht in der Edition:
borgmann publishing · Schleefstraße 14 · D-44287 Dortmund

5., verb. und überarb. Aufl. 2007
Gesamtherstellung: Löer Druck GmbH, Dortmund

Bestell-Nr. 8545   ISBN 978-3-86145-291-1

Inhalt

Vorwort

Der ein oder andere Leser mag schon mit Interesse auf die Neubearbeitung des überaus erfolgreichen Buches „Von den Stärken ausgehen ..." gewartet haben. Hier liegt sie nun vor. Wir haben uns bemüht Neues zu bieten, ohne Altes aufzugeben. Wir haben in den Abschnitten über die Entwicklung der Bildung, der integrativen Förderung von Kindern mit Behinderungen Ergänzungen vorgenommen und haben zudem im Praxisteil eine Fülle von Kurzformen und Schnellformen des IEP beigefügt, die sich in der Fortbildung sehr bewährt haben. Vor allem die Schnellformen und die Übersichtsformen (für die Wand des Klassenzimmers) haben sich gut bewährt, weil sie dem Anwender viele Freiheiten lassen, das Grundmodell zugunsten eigener Beobachtungsschwerpunkte zu verändern, was durchaus unseren Absichten entspricht.

Zugefügt haben wir einen Abschnitt über Qualitätssicherung/Qualitätskontrolle mit dem Schwerpunkt Qualitätssicherung mit Hilfe von individuellen Entwicklungsplänen zu betreiben. Weiter haben wir einen Abschnitt über eine neue Entwicklung zugefügt: über die Lernportfolios, die man als eine konsequente Fortführung der individuumszentrierten und ressourcenorientierten Diagnostik ansehen kann. In diesem Abschnitt werden viele praktische Hinweise gegeben wie man mit Lernportfolios erfolgreich in Schulklassen arbeiten kann.

Veränderungen gegenüber der ersten Auflage des Buches haben sich vor allen Dingen im Bereich der Situation der Förderschulen ergeben. Man kann inzwischen in allen Bundesländern davon ausgehen, dass der Wandel von der Sonderschule zur Förderschule vollzogen ist, genau so wie in den rechtlichen Bestimmungen der Wandel von der Auslese für bestimmte Sonderschulformen zur Beschreibung des individuellen Förderbedarfs eines Schülers mit besonderen Förderbedürfnissen vollzogen ist. Wir werden in dem Abschnitt die ergänzenden Positionen mit aufführen. Genauso kann man davon ausgehen, dass große Schritte in Richtung auf die gemeinsame Erziehung von Kindern mit und ohne Behinderung unternommen wurden, wenngleich es noch sehr große Unterschiede zwischen den einzelnen Bundesländern gibt.

Parallel dazu hat sich auch in der praktizierten Förderdiagnostik inzwischen eine bedeutsame Veränderung ergeben. Immer mehr Lehrer greifen bei Bestimmung der besonderen Förderbedürfnisse von Schülern zu Methoden einer individuumszentrierten Diagnostik und verlassen den Bereich standardisierter Tests. Da in der Entwicklung standardisierter Tests in den letzten Jahren nur wenig geschehen ist, haben diese Verfahren nicht auf die veränderten schulischen Bedingungen reagieren können, ja sie haben sie noch nicht einmal im Blickwinkel. Welcher Intelligenztestentwickler in Deutschland hat schon daran gedacht, dass bei der Frage der Bestimmung der besonderen Förderbedürfnisse nicht die Intelligenz das Leitmerkmal ist, sondern der individuelle Förderbedarf.

Alles zusammen steht natürlich in der Entwicklung einer Diagnostik von einer bewährten messenden Diagnostik hinzu einer systemischen (bei uns zu einer öko-systemischen) Diagnostik. Auch darüber findet sich nun eine Extraausführung in diesem Buch.

Es geht heute eben nicht mehr darum eine Kritik an der Diagnostik zu beschreiben, sondern es geht in erster Linie darum, dem praktisch tätigen Lehrer, Heilerziehungspfleger, Heilpädagogen, Erzieher, Motopäden, Physiotherapeuten, Ergotherapeuten und Logopäden Methoden in die Hand zu geben, mit denen er wirklich arbeiten kann, um ein umfassendes Bild vom Kind zu bekommen. Zu diesem umfassenden Bild des Kindes gehören auch selbstverständlich eine Beschreibung der familiären Situation, der Situation der Eltern, der Einstellungen der Eltern zum Kind und es gehört natürlich auch eine Beschreibung des Lebenskontextes des Kindes dazu, wobei der nähere Lebenskontext die Familie umfasst, der weitere Lebenskontext die Gleichaltrigen und die Spiel- und Lebenssituation des Kindes in seinem Umfeld.

Insgesamt haben wir uns bemüht, viele Beispiele zu bringen, von denen die meisten auf der im Buch beigefügten CD nunmehr enthalten sind. Die wichtigsten haben wir im Text zusammengefasst, genauso wie wir die wichtigsten einzelnen Methoden und die wichtigsten verschiedenen Formen des IEPs im Text beschrieben haben.

Generell muss man sagen, dass wir ein wenig vom Aufbau der Erstauflage abweichen. Es geht nicht mehr darum das umfassende Bild zu betonen, das ein IEP geben soll, sondern es geht darum zu betonen, welche Schwerpunkte man in der Praxis zu welchen Zwecken in der Beobachtung und Beschreibung heranziehen sollte und wie weit man persönliche Überlegungen mit in das Schreiben eines IEPs einbeziehen kann. Es hat sich nämlich sehr bald nach der Veröffentlichung der Erstausgabe gezeigt, dass die Fülle der vorgeschlagenen Beobachtungsgesichtspunkte manchen Praktiker überfordert hat; der gesagt hat, „so viel das kann ich und das will ich nicht und deswegen kann und möchte ich nicht mit dieser Dokumentationsmethode arbeiten". Nun ist aber inzwischen doch in den meisten Bundesländern das Schreiben eines Individuellen Förder- oder Entwicklungsplanes, oder wie es zum Beispiel in Niedersachsen heißt, eines Lernentwicklungsplanes mehr oder weniger Vorschrift geworden. Mit unseren vereinfachten Kurzvorschlägen, denken wir, dass wir den Wünschen mancher Praktiker auf bessere Überschaubarkeit nachgekommen sind.

Die redaktionelle Neubearbeitung haben meine bewährten Mitarbeiterinnen Christina Reichenbach und Christina Lücking übernommen, in dem sie die zahlreichen neuen mit den alten Texten harmonisch verbunden haben. So ist ein Text entstanden, der die Vorteile der alten Fassung mit den vielen Neuerungen verknüpft hat, die sich in der Zeit seit 1997 im Gebäude der öko-systemischen Diagnostik ergeben haben. Der Abschnitt über Qualitätssicherung und Qualitätskontrolle mit IEPs stammt von Christina Lücking. Beiden möchte ich für die behutsame Bearbeitung des gesamten Textes danken.

Dietrich Eggert   Hannover, Oktober 2006

1. Vom Wandel der Paradigmen in Sonderpädagogik und Diagnostik für Menschen mit besonderen Förderbedürfnissen

1.1 Paradigmenwandel in der Sonderpädagogik

Die Veränderungen in der Sichtweise von Menschen mit Behinderungen sowie dementsprechend der veränderten Möglichkeiten einer Förderung und Diagnostik sind keineswegs zufällig, sondern folgen allgemeinen Veränderungen in den Denkvorstellungen über die Persönlichkeit von Menschen mit Behinderung.

Es wird seit ca. 25 – 30 Jahren[1] in der Psychologie und Pädagogik vom Paradigmenwechsel allgemein, aber auch insbesondere innerhalb der Diagnostik gesprochen.

Ehe auf die speziellen Aspekte in der Pädagogik, Förderung und Diagnostik eingegangen wird, soll der Begriff des Paradigma und dessen Verständnis kurz erläutert werden (vgl. Reichenbach 2006).

Bei der Verwendung des Begriffes „Paradigma" wird sich häufig auf den Physiker und Philosophen Kuhn (1967) bezogen, welcher diesen Begriff aus wissenschaftstheoretischer Sicht betrachtet. Er versteht unter einem Paradigma gemeinsame, ungeschriebene Spielregeln (Ansichten, Haltungen, Arbeitsweisen …) der wissenschaftlichen Praxis einer Gruppe von Forschern. Ihm zufolge wird eine Theorie zum Paradigma, weil sie die Probleme, die ein Kreis von Fachleuten als brennend erkannt hat, besser löst als Konkurrenzmodelle. Demnach verläuft die Entwicklung in der Wissenschaft nach Kuhn (1988) in folgendem Schema (vgl. Hillenbrand 1999, 242f.):

- ◎ vorwissenschaftliche Periode
  normalwissenschaftliche Periode
- ◎ Krise = große Anhäufungen von Anomalien in Bezug
  auf ein Paradigma; das Vorspiel zum Paradigmenwechsel
- ◎ wissenschaftliche Revolution
- ◎ neue normalwissenschaftliche Periode
- ◎ neue Krise

Vor der Existenz einer Normalwissenschaft „(…) streiten mehrere Schulen um die Herrschaft über ein bestimmtes Gebiet. Im Gefolge von bemerkenswerten

---

[1] nähere Ausführungen hierzu finden sich bei Eggert (1997, 53ff.)

wissenschaftlichen Leistungen reduziert sich die Anzahl der Schulen stark, ge-wöhnlich bis auf eine, und es beginnt eine wirkungsvolle wissenschaftliche Pra-xis" (zit. nach Hillenbrand 1999, 242). In der normalwissenschaftlichen Periode verhalten sich Forscher gegenüber dem Paradigma unkritisch. Hier steuert ein Paradigma eine Gruppe von Fachleuten und besitzt unbestrittene Geltung. Tre-ten dann Anomalien bzw. Abweichungen, genauer gesagt eine Häufung von Anomalien im Rahmen dieses Paradigmas auf, lösen diese bei Forschern eine Krise aus, welche in der Regel das Vorspiel zu einem Paradigmenwechsel ist. Derartige Krisen enden in einer Revolution und haben einen Paradigmenwech-sel zur Folge. Hillenbrand fasst dies wie folgt zusammen: **„Es gibt keine Ver-bindung oder Verknüpfung einer Wissenschaft vor einem Paradigmen-wechsel mit der Wissenschaft nach einem Paradigmenwechsel – es gibt nur die Verdrängung"** (1999, 244). Lehnt man sich an das Begriffsverständ-nis von Kuhn an, kann festgestellt werden, dass dies nicht auf pädagogische Konzepte übertragen werden kann. Hier gibt es keine vollständige Ablösung bzw. Verdrängung. Im pädagogischen wie auch im psychologischen Arbeitsfeld existiert eher eine Vielzahl von nebeneinander herlaufenden Paradigmen, wel-che sich trotz stark unterschiedlicher theoretischer Bezüge und Sichtweisen – wie sich gleich näher zeigen wird – nicht unbedingt gegenseitig abgelöst haben.

Im Vergleich zu Kuhn versteht Kobi (1981, 11) unter Paradigma: „im wissen-schaftstheoretischen Sinne primär eine konkrete Vorlage, welche für eine Be-trachtungsweise grundlegende [...] Bedeutung besitzt" (zit. nach Hensle/Ver-nooij 2000, 18). Durch ein Paradigma werden Fragestellungen, Ziele und Methoden eines Wissenschaftsgebietes bestimmt. Es besitzt keinen Endgültig-keitscharakter.

Sollte es hingegen doch einen Wechsel oder besser Wandel von Betrachtungs-weisen geben, muss zunächst darüber nachgedacht werden, worin das alte Paradigma bestand und was das neue Paradigma ausmacht. Für Kuhn ist ein Paradigmenwechsel ein Machtkampf zwischen den Anhängern des alten und des neuen Paradigmas.

Um die Diskussion bzgl. wechselnder bzw. sich wandelnder Paradigmen im pädagogischen und/oder psychologischen Arbeitsfeld zu verdeutlichen, wird im Folgenden speziell auf den Wandel von Paradigmen in der Sonderpädagogik eingegangen.

Veränderungen von Sichtweisen im Bereich der Pädagogik wurden epochal bedingt an den jeweils dominierenden Menschenbildern, vor allem von Men-schen mit Behinderungen, deutlich. Unter einem Menschenbild werden dabei die Konzeptionen/Vorstellungen über einen Menschen verstanden, welche sich in zugrunde liegenden Modellen und Theorien wieder finden. Exemplarisch soll dieser Wandel an dem „Behinderungsbegriff" bzw. an dem Verständnis von „Behinderung" aufgezeigt werden. Dabei ist nicht zu vergessen, dass sich ne-ben veränderten Begriffsverständnissen und Sichtweisen von Menschen mit

Behinderungen auch neue Förder- und Handlungsansätze im sonderpädagogischen Handlungsfeld entwickelt haben.

Behinderung wurde „früher" als feststehende(s) Persönlichkeitseigenschaft/-merkmal aufgefasst, was „heute" zumeist nicht mehr diskutiert wird. Die Diskussion um verschiedene Paradigmen in der Sonderpädagogik ist andauernd und langwährend.

Am Beispiel der Betrachtung von Menschen mit einer geistigen Behinderung bzw. kognitiven Beeinträchtigung soll dieser allgemeine Wandel der Denkvorstellungen beschrieben werden. Diese Gruppe von Menschen ist für den Wandel der Paradigmen besonders geeignet, da Begriffe wie Normalisierung, De-Institutionalisierung und Mainstreaming sich zuerst auf die Veränderung der Lebensweise von Menschen mit geistiger Behinderung bezogen.

1.1.1 Von der Konstanz- zur Veränderungsannahme

Versucht man den grundlegenden Wandel in den psychologischen und behindertenpsychologischen Konzeptionen von Behinderung im allgemeinen und der geistigen Behinderung im Besonderen zu beschreiben, so ist der Wandel von der Konstanz- zur Veränderungsannahme sicher als übergeordnetes Moment zu sehen, d.h. die Überwindung der Vorstellung, dass eine geistige Behinderung ein letztlich unveränderbarer Defekt sei, der die Lebenschancen eines Individuums festlegt.

Zur **Veränderungsannahme** gehört dagegen die Vorstellung, dass eine geistige Behinderung genauso wie andere Formen von Behinderungen nur individuelle Bedingungen stellen können, deren tatsächliche spätere Wirkung auf die Entwicklung jedoch nicht ohne Weiteres im Voraus bestimmbar ist.

So galt z.B. im Jahre 1967 in den USA noch die Annahme Sarason´s (1964) als nahezu unumstößliche Tatsache, „daß geistige Behinderung ein im wesentlichen unveränderbares Phänomen" darstelle. Geistige Behinderung wurde im Sinne der damals vorherrschenden Konstanzannahme als bleibender Defekt von Intelligenz und Charakter gesehen, und damit wurden zugleich enge Grenzen für jegliche Art von Erziehung und Förderung gesetzt und akzeptiert.

Menschen mit einer geistigen Behinderung haben aber Entwicklungspotentiale, deren Entwicklungsgrenzen selbst bei bekannten optimalen Förderungsbedingungen kaum abgeschätzt werden können. Das Ausmaß der Beeinträchtigung selbst ist jedoch für die Prognose der Entwicklungsmöglichkeiten nicht von ausschlaggebender Bedeutung. Ein Paradebeispiel dafür, wie bei der Akzeptanz der Veränderungsannahme reale Entwicklungschancen von Individuen anders gesehen werden können, ist die veränderte Sichtweise der Entwicklungsmöglichkeiten von Menschen mit Trisomie 21/Down's Syndrom (Berry 1986).

„Es kann deutlich gezeigt werden, dass die Fähigkeiten von Kindern mit DOWN's Syndrom durch ein Leben unter normalen Familienbedingungen unabhängig vom Einkommensniveau oder dem sozialen Status verbessert werden können. Dennoch ist interessant, dass es kein einziges pädagogisches oder therapeutisches Programm gibt, das als ideal für diese Gruppe von Kindern angesehen werden kann. Das Ausmaß der Heterogenität anstatt von Homogenität dieser Gruppe ist von einer kritischen Bedeutung in diesem Zusammenhang. Das DOWN's Syndrom kann deshalb nicht länger als eine einzige Verhaltens- oder Entwicklungsbedingung angesehen werden, sondern als eine Anzahl von Untergruppierungen einer Bedingung, die durch denselben genetischen Defekt hervorgerufen wird" (Berry 1986).

Forscher der University of Queensland in Brisbane (Gunn et al, 1986) konnten zeigen, dass trotz genetisch eindeutiger Schädigung sich durch eine Behandlung „so normal wie möglich" in einem sehr weiten Bereich positive Veränderungen durch Frühförderung und ein differenziertes Fördersystem in der Kommune ergaben. Während in den klassischen deutschen Lehrbüchern der Kinder- und Jugendpsychiatrie die Schwere der intellektuellen Beeinträchtigung und ihre Dauer, sowie die geringen Entwicklungschancen gerade dieser Gruppe noch in den achtziger Jahren betont wurden, finden sich solche Hinweise z.B. in angelsächsischen Standardwerken inzwischen nicht mehr.

Diese Gruppe ist wegen des eindeutigen Nachweises ihrer Entwicklungspotentiale inzwischen geradezu zu einem Paradebeispiel dafür geworden, wie durch eine Veränderung des Blickwinkels bisher nicht beachtete Förderungsmöglichkeiten gesehen werden können und wie durch eine intensive Frühförderung eine konsequente individuelle Hilfe gewährt werden kann. Durch eine integrative Förderung kann die Persönlichkeitsentwicklung des Einzelnen sehr positiv beeinflusst werden (vgl. Wilken 2004). Zugleich wird die gesellschaftliche Wertschätzung für die ganze Gruppe dieser Menschen erhöht – was wiederum die individuellen Entwicklungsmöglichkeiten weiter begünstigen kann.

In der Sozialgesetzgebung der skandinavischen und angelsächsischen Länder hat sich unter dem Wirken des *Normalisierungsprinzips* ein Wandel von der Schädigungsbeschreibung zum Normalisierungsanspruch und der Zielsetzung eingestellt, für Menschen mit Behinderung ein Leben so normal wie möglich anzustreben. Dieses Gesetzesprinzip hat sich in den angelsächsischen und skandinavischen Ländern inzwischen weitgehend durchgesetzt.

Wenn wir uns in Deutschland heute sehr um die Integration von Menschen mit einer Behinderung bemühen, sind viele Widersprüche der Praxis dadurch zu erklären, dass wir in der Gesetzgebung und Begriffsbildung immer noch an der Beschreibung des Grads der Behinderung und damit des *Ausmaßes der Schädigung* festhalten. So kennt das neue Schwerbehindertenrecht (2001) den Begriff der Normalisierung und der Lebensqualität nach wie vor nicht, es bleibt damit der letztlich aussondernde Charakter der Festlegungen. Es spricht viel für die Annahme, dass die Akzeptanz von Menschen mit Behinderungen auch in der Bundesrepublik Deutschland höher sein könnte, wenn im Sozialrecht und im Schwerbehindertenrecht und den Schulgesetzen der Normalisierungsanspruch stärker verankert wäre.

SGB IX (Rehabilitation und Teilhabe behinderter Menschen)

Das SGB IX umfasst alle gesetzlichen Regelungen zur Rehabilitation und Teilhabe behinderter Menschen. **Als sozialpolitisches Ziel aller Teilhabeleistungen nennt § 1 des SGB IX die Selbstbestimmung behinderter Menschen und ihre umfassende Teilhabe am Leben in der Gesellschaft.** Das SGB IX definiert in § 2 die Begriffe Behinderung *(s. u.)* und Schwerbehinderung. Es beschreibt, was die verschiedenen Leistungen zur Teilhabe jeweils konkret bewirken sollen, welche Leistungsinhalte sie haben und wer der dafür zuständige Träger ist. Das SGB IX enthält außerdem Bestimmungen zur Zusammenarbeit der verschiedenen Leistungsträger untereinander sowie mit den Leistungserbringern und regelt die hierzu erforderlichen Verfahrensweisen. Auch das Schwerbehindertenrecht wurde als Teil 2 in das SGB IX integriert – und dadurch zugleich das frühere Schwerbehindertengesetz (SchwbG) abgelöst. Das Schwerbehindertenrecht umfasst die „Besonderen Regelungen zur Teilhabe schwerbehinderter Menschen".

Grundsätze:
Für die „Selbstbestimmung und Teilhabe am Leben in der Gesellschaft" (§ 1 SGB IX) von behinderten und von Behinderung bedrohten Menschen ist das SGB IX innerhalb des Sozialgesetzbuches von grundlegender Bedeutung. Die Regelungen des Rechts der Rehabilitation und der Eingliederung behinderter Menschen stehen dabei nach dem Willen des Gesetzgebers unter folgenden Grundsätzen: Das SGB IX soll:

- das Benachteiligungsverbot des Grundgesetzes (Art. 3 Abs. 3 Satz 2 GG) im Bereich der Sozialpolitik umsetzen;
- die Unübersichtlichkeit und Unterschiedlichkeit des bestehenden Rehabilitationsrechts soweit wie möglich beenden;
- eine gemeinsame Plattform errichten, auf der durch Koordination und Zusammenarbeit ein gemeinsames Recht und eine einheitliche Rehabilitationspraxis erreicht werden können;
- den Zugang und die Erbringung von Leistungen bürgernah organisieren, die Strukturen für die Zusammenarbeit der Träger, Erbringer und Empfänger von Leistungen schaffen sowie Qualität und Effizienz dieser Leistungen sichern;

- die Regelungen des Rehabilitations- und des Schwerbehindertenrechts den geänderten behindertenpolitischen Grundsätzen im Sinne der „Selbstbestimmung und Teilhabe am Leben in der Gesellschaft" anpassen.

Aktueller Text:

§ 2 Behinderung

(1) Menschen sind behindert, wenn ihre körperliche Funktion, geistige Fähigkeit oder seelische Gesundheit mit hoher Wahrscheinlichkeit länger als sechs Monate von dem für das Lebensalter typischen Zustand abweichen und daher ihre Teilhabe am Leben in der Gesellschaft beeinträchtigt ist. Sie sind von Behinderung bedroht, wenn die Beeinträchtigung zu erwarten ist.

(2) Menschen sind im Sinne des Teils 2 schwerbehindert, wenn bei ihnen ein Grad der Behinderung von wenigstens 50 vorliegt und sie ihren Wohnsitz, ihren gewöhnlichen Aufenthalt oder ihre Beschäftigung auf einem Arbeitsplatz im Sinne des § 73 rechtmäßig im Geltungsbereich dieses Gesetzbuches haben.

(3) Schwerbehinderten Menschen gleichgestellt werden sollen behinderte Menschen mit einem Grad der Behinderung von weniger als 50, aber wenigstens 30, bei denen die übrigen Voraussetzungen des Absatzes 2 vorliegen, wenn sie infolge ihrer Behinderung ohne die Gleichstellung einen geeigneten Arbeitsplatz im Sinne des § 73 nicht erlangen oder nicht behalten können (gleichgestellte behinderte Menschen).

1.1.2 Von der Segregation zur Integration

Die zweite wichtige Veränderung betrifft den **Wandel von der Segregation** über die **De-Institutionalisierung** zur **Integration** bzw. zum Mainstreaming. Eine Konsequenz des veränderten Denkens über so genannte geistig Behinderte in den USA war z.B. die Entdeckung (Zigler/Balla 1982), dass viele der vermeintlichen Defekte geistig behinderter Menschen auch durch Artefakte der Anstaltsunterbringung erklärt werden könnten, und dass durch die Auflösung der Anstalten (De-Institutionalisierung, Bruininks 1983) viele dieser vermeintlich „defekten" Persönlichkeitsentwicklungen positiv verändert werden konnten. Das bedeutet, dass die Menschen eher behindert wurden, als dass sie selbst behindert waren. Eine stärkere Integration in die Gemeinde in Wohnungen und Wohngruppen oder Selbsthilfegruppen war die Folge des De-Institutionalisierungsprozesses.

Im schulischen Bereich hat dieser Prozess zum **Mainstreaming** geführt, mit dem Ziel, so viele Kinder wie möglich unter dem Normalisierungsgedanken mit besonderen pädagogischen und therapeutischen Hilfen und unter Berücksichtigung ihrer besonderen Förderbedürfnisse („special needs") gemeinsam mit den anderen Kindern ihres Schulbezirkes leben und lernen zu lassen.

Es sollte dabei nicht verschwiegen werden, dass diese von einem hohen ethischen Anspruch gekennzeichnete Entwicklung auch von einer restaurativen Gegenströmung begleitet war. In den USA, aber auch in anderen Ländern, hat sich vor allem im Bildungsbereich diese Gegenströmung in den Ängsten gezeigt, dass bei fortschreitender Integration der Fortbestand des differenzierten Sonderschulwesens gefährdet sein könnte.

In anderen Ländern ist solche Art von differenziertem Sonderschulwesen bekannterweise bereits aufgelöst (beispielsweise Skandinavien) und in Deutschland nach wie vor vorhanden.

In neuerer Zeit geht die Diskussion um einen Paradigmenwandel in Deutschland zum Teil so weit, dass beispielsweise Eberwein (1988; 2001) bemerkt, dass ein Wandel vom medizinischen zum erziehungswissenschaftlichen Verständnis von Behinderung vollzogen sei und damit eine Aufgabe des Behinderungsbegriffes sowie eine Auflösung der Sonderpädagogik verknüpft sein sollte. Für viele Pädagogen stellt dies sicher ein Denken dar, welches sie nach Kuhn eher als „Anomalie" bezeichnen würden. Man kann aber nicht davon ausgehen, dass ein solches Denken bereits allgemein anerkannt ist.

1.1.3 Von der Typologisierung und Klassifizierung zur Individualisierung

Im Zuge der Umsetzung des Integrations- und Normalisierungsgedankens hat die Behinderten- bzw. Sonderpädagogik Abschied von der Annahme genommen, dass durch eine weitere ständige Optimierung der diagnostischen und therapeutischen Modelle quasi automatisch auch ein Fortschritt in der gesellschaftlichen Integration von Menschen mit geistiger Behinderung zu erzielen sei. Der Anti- Labeling- Approach (Mercer 1973) hat deutlich gezeigt, dass der Glaube an die Sinnhaftigkeit und an die Nützlichkeit einer psychologischen Klassifikation und Typologisierung der geistigen Behinderung nach Intelligenzquotienten, Motorikquotienten oder sozialen Quotienten wenig sinnvoll ist.

Mit der Abkehr von der Annahme, dass man anhand von Intelligenz- oder Motorikquotienten sinnvolle Untergruppen von Menschen z.B. mit geistiger Behinderung bilden könne, hat sich auch im Bildungsbereich der Gedanke der Beschreibung des Leistungsspektrums von Menschen mit geistiger Behinderung von einer Beschreibung von typischen Gruppenmerkmalen hin zum Aufbau individualisierter Erziehungspläne im Rahmen des Mainstreaming gewandelt.

Differenzangaben zu Menschen ohne Beeinträchtigungen erwiesen sich als sinnlos für die individuelle Förderung von Kindern und Jugendlichen mit Behinderungen, denn aus Defekt-, Schädigungs- oder Differenzangaben sind keine differenzierten Interventionsstrategien im pädagogischen Bereich abzuleiten.

Abb. 1: Gemeinsames Leben lernen ... Segeln auf dem Ijsselmeer

Abkehr von der Klassifikation

Mit relativ großer zeitlicher Verzögerung sind in Deutschland andere Konzepte rezipiert worden. Man muss sich vor Augen halten, dass zu dem Zeitpunkt an dem Wegener (1968) und Bach (1974) noch von den „multidimensionalen Schädigungen" des geistig Behinderten sprechen, bereits Heber (1964) in den USA jegliche pauschalisierende Charakterisierung z.B. der Personengruppe der geistig Behinderten abgelehnt hat:

„Den geistig Behinderten werden eine große Zahl von unerwünschten Persönlichkeitscharakteristiken zugeschrieben. Die Behinderten sind als zur Kriminalität und Verwahrlosung neigend, als defekt in der Kontrolle des Über-Ich, als unfähig zur Hemmung biologischer Grundtriebe (Eßdrang), als von gesteigerter Sexualität besessen und als Personen mit niedriger Frustrationstoleranz beschrieben wurden. Man hat sie als suggerierbar, rigide, emotional labil, ängstlich, passiv und zurückgezogen und als aggressiv und feindselig beschrieben. Autoren, die solche Verallgemeinerungen machen, zitieren selten die Quellen ihrer Kenntnisse. Häufig werden die der Gruppe zugeschriebenen Charakteristika nicht definiert" (Heber 1964, nach Spreen 1978, 78).

In den internationalen Klassifikationssystemen drückt sich schon deutlich der Wandel der Paradigmen aus. So hat das ICIDH-System (1995) sich zum Beispiel von einer Klassifikation der Behinderung weg zu einem System entwickelt, in dem Fähigkeitsstörungen als Beschreibungsmerkmale in den Vordergrund treten, um Beeinträchtigungen, Fähigkeitsstörungen und Schädigungen unterscheiden zu können (so später auch ICF).

22

Die Bedeutung des Behinderungs-Begriffs hat sich auch im Klassifikationssystem der WHO (ICF) gewandelt. Die aktuellste Definition der WHO umfasst fünf Teilbereiche, welche gleichzeitig als Ziele und Aufgaben einer Gesundheitsförderung verstanden werden können.

- ◎ Stärkung der **Körperfunktionen** (v. a. mental und sensorisch)
- ◎ Stärkung der **Körperstrukturen** (v. a. motorisch)
- ◎ Stärkung der **Aktivitäten** (Handlungskompetenz)
- ◎ Stärkung der **Partizipation** (v. a. Sozialverhalten)
- ◎ Stärkung der **Umweltfaktoren** (v. a. unterstützende Beziehungen)

http://www3.who.int/icf/onlinebrowser/icf.cfm?undefined&version=14 **(30.06.04)**

Bewegung gegen die Etikettierung

In der angelsächsischen Literatur hat man schon relativ früh die geringe Brauchbarkeit komplexitätsreduzierender Klassifikationen gesehen. So meint schon Spreen 1978, dass „Klassifizierungssysteme wie die Schubladen in einem Karteikartensystem sind. Sie helfen bei statistischen Übersichten und oberflächlichen Gruppierungsversuchen. Ihr Nachteil liegt darin, dass die Individualität des einzelnen Behinderten verloren geht, es sei denn, man nimmt sich die Zeit, den Einzelfall gesondert zu betrachten. Klassifizierungssysteme verleiten zu der Auffassung, dass die darin enthaltenen Gruppen wirkliche Einheiten sind. Diese Auffassung ist vielleicht berechtigt, wenn man organisatorischen Problemen einer größeren Gruppe gegenübersteht. Für den mit zwölf geistig Behinderten arbeitenden Psychologen, Arzt oder Sozialarbeiter wird es jedoch schnell klar, dass man zwölf Individuen gegenübersteht, die in ihrer Wesensart, in den Formen ihrer Einsicht und in ihrem Anpassungsvermögen höchst unterschiedlich sind, auch wenn sie in der Statistik als ‚homogene Gruppe' erfaßt und kategorisiert wurden." (Spreen 1978, 5).

Auch das Lehrbuch der amerikanischen Psychologie der geistigen Behinderung von Robinson und Robinson (1976) drückt dies schon aus: "Der Karteikastenansatz hat daher nur begrenzte Möglichkeiten. Der Psychologe widmet statt dessen seine Anstrengung der Beantwortung der spezifischen Fragen, mit denen das Kind erstmals seine Aufmerksamkeit beanspruchte, beschreibt seine gegenwärtigen Schwierigkeiten exakt und formuliert mehr oder weniger präzise Handlungspläne. Es scheint jedoch klar, dass die Zeit sich deskriptiven Bewertungen zuwendet. Viel Anstrengung wurde vergeudet mit Definieren, Kritisieren, Neudefinieren stark übersimplifizierter Benennungen".

Mercer (1973) hat darauf hingewiesen, dass der Begriff „geistige Behinderung" oft für den so eingeordneten Menschen gesellschaftliche Nachteile durch Vorurteile, schematische Einordnung, erzieherischen Pessimismus und anderes bedeuten kann. Der Begriff wird auch aus vielen Gründen häufiger bei Amerikanern dunkler Hautfarbe, bei männlichen oder körperbehinderten Menschen, bei spanisch sprechenden Amerikanern und bei sozial benachteiligten Menschen benutzt, ist also in der Verwendung diskriminierend.

Während Mercer noch vorschlägt zwischen Personen zu unterscheiden, denen der Begriff Schutz und Hilfe bieten kann und solchen, für die er eine Belastung darstellen kann, schreibt Braginsky 1974: "Man kann sich nicht vorstellen, dass Forscher, die sich mit Schwachsinnigen, insbesondere in Anstalten beschäftigen, jemals den Begriff geistige Behinderung als Schutz sehen können. Dieser Begriff hat für den Betroffenen nichts zu bieten als zusätzliche Belastung und Behinderung. Der Begriff trägt nichts zu unserem Verständnis des Problems bei, noch zu der Frage, ob der Betroffene ein Problem hat oder nicht. Der Begriff transformiert einen Menschen sozial in einen Schwachsinnigen und schließt ihn dabei nicht nur für immer von einer sinnvollen Beteiligung am Leben der Gesamtbevölkerung aus, sondern entfernt ihn sehr oft völlig aus der Gemeinschaft und führt dazu, dass er sein Leben gleichsam in einem Ghetto für nicht verwendungsfähige Menschen verbringt. Betrachtet man solche Ergebnisse oder die Forschung, ist da nicht die Zeit gekommen, wo wir aufhören (sollten), unsere Diagnosen zu verbessern und sie völlig verwerfen sollten?"

Eine solche Denkweise, die z.B. auch auf die Beschreibung von Menschen mit Lernbeeinträchtigung übertragen werden kann, warnt davor, klassifizierende Begriffe zu benutzen, da trotz guter Absichten aus dem Begriff allein den Menschen zusätzlich behindernde Bedingungen geschaffen werden können. Die Argumentation des Anti-Etikettierungsansatzes ist ein sehr ernsthaftes Plädoyer dafür, **Klassifikationen und Typologisierungen möglichst ganz zu vermeiden**.

So hat sich auch in der Sonderpädagogik die diagnostische Zielsetzung von einer Beschreibung von Typologien *„des ... Behinderten"* hin zur Beschreibung individueller Kompetenzen in spezifischen Umfeldbedingungen gewandelt. Differenzangaben (zum Abstand von Menschen ohne Beeinträchtigungen) waren wenig sinnvoll für die individuelle Förderung von Kindern und Jugendlichen mit Förderbedarf im Rahmen des Mainstreaming; denn aus Defekt-, Schädigungs- oder Differenzangaben sind keine praktikablen Interventionsstrategien im pädagogischen Bereich abzuleiten. Die Zuordnung eines Kindes zu einem bestimmten Typus allein reicht nicht aus, um pädagogisch planen und sinnvoll handeln zu können (Mercer 1992).

Für die Psychodiagnostik in der Sonderpädagogik ergeben sich trotz vielfältiger Entwicklungen in den letzten 10 Jahren nach wie vor vehemente Veränderungsnotwendigkeiten. Zum einen wird die Diagnostik gezwungen, auf der Verhaltens- und Handlungsebene neue methodische Konstrukte mit dem Ziel einer stärker individuell orientierten Kind-Umfeld- Diagnostik zu entwickeln, zum anderen wird aus der Verhaltenstherapie der Gedanke der Einheit von Diagnose und Therapie übernommen und zum Dritten wird zusätzlich der Gedanke einbezogen, dass erst aus einem **systemischen** Denken - aus einem Verständnis der Entwicklung des Kindes aus Beziehungen in Kind-, Umwelt-

und Familienstrukturen - eine *umfassende ganzheitliche* Förderung von Menschen unter Bedingungen von Behinderung möglich wird.

Bei diesen Überlegungen werden zunehmend Denkmodelle des klassischen medizinischen Modells verlassen wie etwa: - der Krankheitsbegriff als Ursache einer Behinderung (Gleichsetzung von Schädigung und Behinderung), - der Gedanke des hohen Stellenwerts von Diagnose und Therapie in einem kausalen Gebäude (Ursache - Wirkungsdenken) und das Bedürfnis zur Klassifikation (z. B. ADS).

Dass auch die WHO zunehmend Abstand genommen hat vom „Schädigungs- und Defektdenken"[2] wird unter anderem auch darin deutlich, dass die Beurteilungskriterien in Bezug auf das Vorhandensein einer Behinderung überarbeitet und ausdifferenziert wurden. So steht nicht mehr die „Schädigung" im Mittelpunkt, sondern der Mensch wird hinsichtlich seiner:

- Körperfunktionen
- Körperstrukturen
- Aktivitäten
- Partizipation
- Umweltfaktoren

betrachtet. Dies ermöglicht eine Herausstellung von individuellen Kompetenzen und Förderbedürfnissen.

Im Sozial- und Gesundheitssystem hat man sich mit der OTTAWA - Erklärung der Weltgesundheitsorganisation (WHO 1986) zur Gesundheitsförderung nun gleichfalls diesem Wandel zum ganzheitlichen und systemischen Denken[3] geöffnet. Hier greift einerseits der Gedanke der ganzheitlichen Einbettung der Gesundheit in den sozialen Lebenszusammenhang, andererseits auch die Vorstellung, dass die Förderung der Gesundheit ein lebenslanger Prozess sei.

> „Förderung der Gesundheit verlangt sowohl die individuelle Entwicklung und Förderung entsprechender Kompetenzen als auch die Gestaltung entsprechender Lebens-, Lern- und Arbeitsbedingungen."
>
> „Gesundheit ist ganzheitlich in ihrer körperlichen, geistig - seelischen und sozialen Dimension...sie ist individuell erlebtes physisches, psychisches und soziales Wohlbefinden, das zugleich die gesellschaftlichen und Umweltbedingungen für dieses Befinden einschließt."

---

[2] Nähere Ausführungen hierzu finden sich im ICF (International Classification of Functioning, Disability and Health); zuvor ICD (International Classification of diseases) (vgl. http://www3.who.int/icf/onlinebrowser/icf.cfm?undefined&version=14 ,30.06.04)

---

[3] Aus diesen Überlegungen für eine nicht gesundheitsschädigende Schule lässt sich übrigens auch ein sehr nachdrückliches Plädoyer für eine „gesundheitsfördernde" integrative Erziehung ableiten (Eggert 1995 in Carle1995).

Um ein umfassendes körperliches, seelisches und soziales Wohlbefinden zu erlangen, ist es notwendig, dass sowohl Einzelne als auch Gruppen ihre Bedürfnisse befriedigen, ihre Wünsche und Hoffnungen wahrnehmen und verwirklichen sowie ihre Umwelt meistern bzw. verändern können …

Die Verantwortung für Gesundheitsförderung liegt deshalb nicht nur beim Gesundheitssektor, sondern bei allen Politikbereichen. Gesundheit ist nicht statisch, sondern ein lebenslanger Prozess.

Komponenten des Gesundheitsbegriffes sind:
- soziale und persönliche Kompetenzen,
- positives Selbstkonzept,
- emotionale Stabilität,
- Kommunikationsfähigkeit,
- Selbstaktualisierung,
- Sicht der eigenen Person in der Welt,
- Körperlichkeit,
- Gewicht, Haltung und Bewegungsfähigkeit,
- (Management der) Stressreize aus der Umwelt,
- sinnliche Wahrnehmung,
- Ernährung,
- sozialer Rückhalt, soziale Integration,
- soziale Unterstützung, positives soziales Klima,
- gesundheitsförderliche strukturelle Bedingungen in Wohnung, Umfeld, Schule, Architektur etc.

Man könnte vor allem in der Auflistung der Komponenten des Gesundheitsbegriffes zugleich eine Beschreibung der Ziele der Förderung wie auch der diagnostischen Aufgaben sehen[4]. Besonders bedeutungsvoll ist die Betrachtung der Rolle des Selbstkonzeptes für die Entwicklung des Menschen (vgl. Eggert/Reichenbach/Bode 2003).

Die Vorstellung, dass jeder Mensch eine Erziehung, eine soziale Umwelt für sich haben sollte, die so nah wie möglich am alltäglichen Leben in der gesellschaftlichen Gemeinschaft liegen sollte (Bank-Mikkelsen 1974; Wolfensberger 1974, 1985), ist die **Zielsetzung einer inklusiven Erziehung bzw. Pädagogik**. Mit der WHO - Erklärung könnte man hinzufügen: dieses Leben sollte im gewohnten sozialen Netz seinen Platz finden, um auch gesundheitsfördernd sein zu können. Eine Herausnahme aus diesem sozialen Netz ist per se gesundheitsschädigend.

---

[4] Im später beschriebenen I-E-P finden sich fast alle dieser Komponenten wieder.

Ein weiterer Wandel der Denkvorstellungen ergibt sich aus **Veränderungen innerhalb der Entwicklungspsychologie**. Nicht nur, dass die Entwicklungspsychologie die Annahme einer weitgehend parallelen Entwicklung vom chronologischen und psychologischen Lebensalter bis zur Reife aufgegeben hat (das ist eine schon relativ lange akzeptierte Tatsache), nicht nur, dass sie sich darüber hinaus vom wachstums- und reifungstheoretischen Denken verabschiedet hat, sondern vor allem darin, dass ihre Orientierung inzwischen die lebenslange Entwicklung des Individuums in seiner spezifischen Umwelt zum Gegenstand hat (life span development).

Des Weiteren existiert heute ein verändertes Verständnis von Lernen. Lernen wird als aktiver eigenständiger Aneignungsprozess verstanden (vgl. Schmetz 1999, 4). Lernen vollzieht sich im sozialen Kontext, in der Begegnung und im Dialog mit anderen Menschen.

Bedeutende Fragen diesbezüglich sind:
- Was bedeutet Lernen für das Individuum?
- Was ist Lernen im Sinne von gelingender Persönlichkeitsentwicklung?
- Welcher Zusammenhang besteht zwischen der Lebensumwelt und dem individuellen Lernen?
- Welche Möglichkeiten zur Findung eines optimalen Lernförderorts und -maßname gibt es?
- Welche Bedeutung hat die Selbststeuerung und die Selbstorganisation im Kontext Lernen? Was wirkt sich wie aus?
- Inwieweit ist ein „Lifelong Learning" im Bildungswesen anerkannt?
- Welche Auswirkungen hat ein verändertes Verständnis von Lernen auf das bestehende Bildungswesen?
- Welche neuen Differenzsetzungen ergeben sich aus diesem neuen Verständnis?

Wenn Entwicklung als ein lebenslanger Prozess der Entwicklung in Familien- und Umwelt-System verstanden wird, so ist auch für Therapie oder Intervention (oder pädagogische Förderung) die Schaffung langfristiger humaner Ziele zu fordern.

1.2 Paradigmenwandel in der Diagnostik

Die Tendenz zur Individualisierung betrifft auch die diagnostischen Prozesse. Ziele von Diagnostik sind nicht mehr die quantitative Messung und der Vergleich mit fiktiven oder realen Vergleichsgruppen, sondern sind die Einschätzungen der individuellen Veränderungen unter dem Einfluss individuell angepasster Interventionen. Diagnose und Intervention sollen kompatibel sein, d.h. sie sollen eine Einheit in einem gemeinsamen Prozess werden.

Diagnose und Förderung sind jeweils Schritte eines Prozesses, dessen Ende durch die Vorstellung der lebenslangen Förderung nicht definierbar ist (oder nur individuell).

Für den Bereich der Psychomotorik heißt dies zum Beispiel, dass eine Theorie von der Entwicklung der Motorik und der Möglichkeiten ihrer Störung bzw. Beeinträchtigung existieren muss, um daraus diagnostische und therapeutische Kategorien ableiten zu können; zudem bedarf es hier einer Theorie, die nicht allein zeigt, wie sich Motorik entwickelt und diese damit isoliert betrachtet, sondern die Motorik in eine allgemeine Theorie menschlicher Entwicklung intergriert; für den Bereich der Schulleistungen heißt das, dass eine didaktische Theorie der Schülerfehler im Lesen, Schreiben und Rechnen existieren muss.

Eggert (1997) verdeutlicht, dass klassische Methoden keine Differentialdiagnose gewährleisten können und, dass der Anspruch von Klassifikation wenig bis nicht sinnvoll ist. Demnach hat sich die Rolle der Diagnostik und der Beurteilung gewandelt: das Offensichtliche wird nicht mehr allein bewertet und gemessen, sondern es wird nach seiner Bedeutung gefragt. Auch Mand schreibt: „Es geht nunmehr darum, diagnostische Instrumente zu entwickeln, die wesentliche Informationen für die pädagogische Arbeit bereitstellen, ..." (2003, 64).

Zur Übersicht bzgl. der wesentlichen Aspekte eines Paradigmenwandels in der Diagnostik soll folgende Tabelle dienen (vgl. Reichenbach 2006):

Paradigmenwandel		**Diagnostik**	
Segregation ➡	*Integration*	Ziel der Diagnostik: Aussonderung von Menschen aufgrund eines Merkmals (z.B. Zuweisung zu Förderschulen; Therapie) ➡	Ziel der Diagnostik: Eingliederung von Menschen mit Behinderungen in alltagsnahes Geschehen (z.B. Gemeinsamer Unterricht)
Konstanz ➡	*Veränderung*	Annahme, dass ein durch einen Test gemessenes Merkmal (z.B. IQ, MQ) konstant und zeitstabil ist; keine Veränderung vorgesehen, da „Defekt" besteht ➡	Annahme, dass keine einzelnen Merkmale Auskunft über Entwicklung und Veränderung geben können; Entwicklung diagnostischer Methoden, die Veränderungen innerhalb des Entwicklungsverlaufs aufzeigen können;
Klassifikation ➡	*Individuelle Beschreibung*	Mittels Testverfahren werden bestimmte (Persönlichkeits-)Merkmale klassifiziert und zugeschrieben; „wahrer Wert" steht im Vordergrund ➡	Neuere Verfahren legen Wert auf individuelle Beschreibung und Einschätzung von Entwicklungsdeterminanten und -verläufen und deren Veränderbarkeit; Bedeutung von Verhalten/ Behinderung wird hinterfragt; Komplexität von Entwicklungsverläufen wird anerkannt; Stärken werden (wert-)geschätzt

1.2.1 Die Bedeutung des Paradigmenwandels

Wie bereits in Kap. 1.1.3 angedeutet ist auch die Psychodiagnostik aufgefordert sich zu verändern.

Eggert zeigt auf, dass „die jeweils für einen bestimmten Zeitpunkt dominanten Theorien der jeweils gültigen Zeit entsprechen und dabei ein Stück des gültigen ‚ZEITGEIST' darstellen." (2000, 1). Unter „Zeitgeist" fallen unter anderem jeweilige kulturelle, religiöse und gesellschaftliche Sichtweisen und Normen. Jedoch ist es bei näherem Betrachten nicht so, wie bereits erwähnt, dass eine Theorie durch eine folgende ersetzt oder aber abgelöst wird. Nein, es findet zum Teil kein (Paradigmen-)Wechsel statt, sondern es werden neue Denkmodelle entwickelt, während die alten ihre Gültigkeit behalten bzw. weiterhin Bestand haben.

Durch den Paradigmenwandel ergeben sich für die Diagnostik erhebliche **Veränderungsnotwendigkeiten** (vgl. Eggert/Reichenbach/Bode 2003, 102f.)**:**

- Zum einen werden die Diagnostiker gezwungen, auf der Verhaltens- und Handlungsebene **neue methodische Konstrukte** mit dem Ziel einer stärker subjektiv orientierten Kind-Umfeld-Diagnostik zu entwickeln, (Entwicklung neuer methodischer Konstrukte)
- zum anderen wird aus der Verhaltenstherapie der Gedanke der **Einheit von Diagnose und Therapie** übernommen und
- zum Dritten wird zusätzlich der Gedanke formuliert, dass aus einem systemischen **Denken** – also aus einer Verknüpfung der Entwicklung an Kind-, Umwelt- und Familienstrukturen – überhaupt erst eine **umfassende ganzheitliche Förderung** planbar und organisierbar wird (vgl. Eggert 1997).

An die Stelle der Typologisierungen treten des Weiteren Vorstellungen einer Differenzierung und Individualisierung. Die Diagnostik sieht sich damit vor **neuen Herausforderungen**: Möglichst im Dialog mit den Betroffenen selbst gilt es jetzt, ein differenziertes Angebot an Diagnostik zu entwickeln, das der individuellen Situation der Betroffenen (speziell Kinder mit Förderbedarf) weitgehend entspricht und seine Biografie in relevanten Aspekten angemessen abbildet.

So können Einzelfallbeschreibungen durch ein diagnostisches Team im Rahmen einer qualitativen Diagnostik nicht nur ein Mehr an Informationen zur Förderung des einzelnen Kindes aufzeigen, sondern auch durchaus **neuen Qualitätskriterien** (s. Kapitel 2) genügen und damit die Umsetzung neuer Methoden des Lernens und Lehrens fördern. Die Technik und Philosophie individueller Entwicklungs- und Förderpläne bietet sich dabei als Mittel für eine *individualisierende* lern- und entwicklungsprozessbegleitende Diagnostik im Lebenskontext an (vgl. Eggert 1997).

Weitere Überlegungen finden sich im Kapitel 8 zur systemischen Diagnostik.

1.2.2 Probleme der Praxis angesichts des Verzichts auf Klassifikationen

Nun lässt sich gerade in der Sonderpädagogik kein völlig neuer und damit nicht diskriminierender Begriff ohne große Veränderungen in den Institutionen denken, weil beim Wechsel der Begriffe die Konnotationen des alten Begriffes bald auch auf den neuen Begriff übertragen werden. Man kann z.b. der Förderschule mit dem Förderschwerpunkt Lernen als Nachfolgerin der Sonderschule für Lernbehinderte bzw. Schule für Lernhilfe ohne große Probleme vorhersagen, dass sie nach kurzer Zeit denselben negativen Begriffsrahmen haben wird wie die Sonderschule für Lernbehinderte oder die Hilfsschule es vorher hatten, wenn sich die Einrichtung selbst nicht grundlegend ändert.

Der Verzicht auf Klassifikationen schafft jedoch Probleme in der Praxis. Nach vielen Jahren diagnostischer Rituale, in denen ständig in sonderpädagogischen Gutachten nach den typischen Merkmalen von Lernbeeinträchtigungen und kognitiven Beeinträchtigungen gesucht wurde, fällt es vielen Praktikern jetzt schwer, sich von klassifizierenden Aussagen zu verabschieden und sich einer Einzelfallbeschreibung zuzuwenden, wie dies in den Verordnungen zur Feststellung des sonderpädagogischen Förderbedarfs in den Bundesländern gewünscht wird, die den gemeinsamen Unterricht für Kinder mit und ohne Behinderung einführen. Es wird sicher lange dauern, bis ein typisierendes Denken als überwunden angesehen werden kann. Es gilt ja nicht nur, sich vom Typus „des Lernbehinderten" und „des geistig Behinderten" zu verabschieden, sondern auch von liebgewordenen diagnostischen Alltagsritualen wie der Testwoche in der Sonderschule (jetzt: Förderschule) und anderen Gewohnheiten des „Ausleseverfahrens" und wahrscheinlich langfristig auch von den Sonder- bzw. Förderschulen selbst als eigenständige Einrichtung zu verabschieden.

Abschließend ist es wichtig festzuhalten, dass auch unser Beitrag gleichfalls von folgender Aussage ausgeht: es gibt langfristig keine Alternative für die gemeinsame Schule als besseren Lernort für Kinder mit und ohne besonderen Förderbedarf (Eggert 1995) und für das gemeinsame Leben von Menschen mit und ohne Beeinträchtigung in der Gesellschaft, weil der Paradigmenwandel in der Gesundheitsförderung, der Behindertenpädagogik und dem Denken über die zukünftigen Aufgaben der Schule u. E. praktisch nicht mehr umkehrbar erscheint. Insofern werden wohl in naher Zukunft zuerst einmal verschiedene Formen von Diagnostik, genauso wie verschiedene Einrichtungen nebeneinander existieren. Es dürfte jedoch später wahrscheinlich sein, dass zunehmend weniger von Methoden Gebrauch gemacht wird, die für Institutionen aussondern. Also: Integration als Antwort auf individuelle Förderbedürfnisse von Kindern.

Die folgende Textbox versucht noch einmal, die verschiedenen Aspekte des Wandels der Paradigmen zusammenfassend darzustellen:

Paradigmenwandel in der Sonderpädagogik

1. **Von der Konstanzannahme zum Veränderungsmodell**
   (oder: vom Defektdenken zum Konzept der lebenslangen veränderungsoffenen Entwicklung von Menschen mit Beeinträchtigungen)

2. **Von der Segregation über die De - Institutionalisierung zur Integration**
   (von der „Isolierung" (ESQUIROL 1838) zur De-Institutionalisierung in den USA und zu den neuen Schulgesetzen zur Integration in Deutschland)

3. **Vom Medizinischen Modell zum biopsychosozialen Paradigma im Gesundheitsbegriff**
   (vom „Ursache - Wirkungsdenken" zu ganzheitlichen „vernetzten" Modellen)

4. **Von der Typologie und Klassifikation zur individuellen Beschreibung**
   (Vom „typischen" Debilen hin zur Beschreibung eines einzelnen Menschen mit einer Beeinträchtigung und individuellen Persönlichkeitszügen und Lebensbedingungen und individuellem Förderbedarf bzw. besonderen Fähigkeiten (Österreich))

2. Grundlagen individuumsorientierter Diagnostik

2.1 Traditionelle Sichtweise, Klassifikation und Typologisierung

2.1.1 Frühe Versuche, den „Blödsinn" zu klassifizieren

Am Beispiel der Klassifikation von Menschen mit einer kognitiven Beeinträchtigung/geistigen Behinderung lässt sich zeigen, dass die historische Entwicklung der Versorgung und der Bemühungen um Menschen mit Behinderung bzw. Beeinträchtigung immer ganz entscheidend auch durch die gegenwärtigen Denkgewohnheiten ihrer Epoche beeinflusst wurden.

Schon früh im 19. Jahrhundert begann sich für den „Blödsinn" oder die „Geistesschwäche" der wissenschaftliche Begriff der Oligophrenie durchzusetzen, der um die Jahrhundertwende dann mit „Schwachsinn" gleichgesetzt wurde.

Das Bedürfnis nach einer Klassifikation von Menschen nach Krankheitsbildern wie der Oligophrenie ist alt. Schon in der Kontroverse der Ärzte Itard und Pinel um die Erziehung von Victor, dem „Wildkind von Aveyron" um die Wende des 18. zum 19. Jahrhundert spielte die Frage der Einordnung des Erscheinungsbildes eine entscheidende Rolle. Pinel (1745-1826) war der Ansicht, dass es sich bei Victor um eine unheilbare Idiotie handele („unheilbarer Idiot, tiefer stehend als Haustiere"), während der jüngere Itard (Jean Marc Gaspard Itard, 1774-1838) davon ausging, dass Victors Verhalten durch pädagogische Vernachlässigung und Isolierung entstanden sei und dass er durch angepasste Methoden erzogen und gebildet werden könne.

Abb. 2: Idiot (aus ESQUIROL *1838)*

Diese Kontroverse ist übrigens bis in unsere Tage hinein der Kern der Auseinandersetzungen um die in der Behindertenpädagogik vertretenen unterschiedlichen Auffassungen, ob nämlich das Phänomen der kognitiven Beeinträchtigung einen konstanten Defekt darstellt oder durch Entwicklung und Erziehung veränderbar ist (vgl. Eggert 1992). Je nach vertretenem Standpunkt wird dabei das Interesse der Forscher und Praktiker sich eher einer Klassifizierung oder einer Entwicklungsförderung zuwenden.

Esquirol äußert an anderer Stelle übrigens auch schon Bedenken in der Frage, ob denn „die Isolierung" stets „als erstes Hauptmittel bei der Behandlung" anzusehen sei – eine erste Überlegung zum Thema des gemeinsamen Lebens von Menschen mit und ohne Beeinträchtigung. „Aber kann nicht aus dem Zusammenwohnen der Geisteskranken das entstehen, dass sie sich gegenseitig schaden; und würde nicht der verständigste Mensch ein Narr werden, wenn er gezwungen wäre, mit Geisteskranken zu leben? .... Aber es gibt doch Geisteskranke, die in ihrer Familie verbleiben und dennoch heilen.... Aber ich sage noch mehr. Die Isolierung war bei einigen Geisteskranken von sehr übler Folge. Was soll man hieraus schließen?" (Esquirol 1838, 126) Seiner Ansicht nach sei es Aufgabe des Arztes, sorgfältig nachzudenken und weise zu entscheiden, wann „Isolierung" angemessen sei. Diese Bedenken waren seinen Nachfolgern nicht zu Eigen, denn es entstanden schon früh im 19. Jahrhundert die großen Anstalten für "Blödsinnige" in Europa.

Zur Verdeutlichung der Ansichten Esquirols seien zwei Abbildungen aus seinem "Lehrbuch von den Geisteskrankheiten" beigefügt.

Klassifizierende negative Vorstellungen haben lange nachgewirkt. So hat man noch in den sechziger Jahren Menschen mit einer kognitiven Beeinträchtigung und Schülerinnen und Schüler mit individuellen Lernbeeinträchtigungen gleichgesetzt. So schreibt noch 1968 der Psychologe Wegener: „Die Persönlichkeit des Debilen ist global verändert ... eine Intelligenzschwäche bleibt kein partieller Defekt, sondern beeinflußt das Gesamtverhalten des Betroffenen im Sinne einer „Gesamtseelenschwäche". Es wurde angenommen, dass das

Abb. 3: Idiot (aus ESOUIROL 1838)

Gefühls- und Willensleben der Debilen durch ihre geistige Insuffizienz erheblich beeinflusst ist und, dass auch das Sozialverhalten weitgehend abhängig von der Intelligenz des Individuums sei, daher folgen der intellektuellen Schwäche fast immer auch Anpassungs- und Einordnungsschwierigkeiten (vgl. Wegener 1968, 515 in: von Bracken 1968).

Dennoch haben sich die Begriffe Oligophrenie (mit Unterteilungen) und Schwachsinn als sehr zählebig erwiesen. Die Oligophrenie findet sich so z.B. auch noch in Lexika der Medizin der 90er Jahre wieder (PSCHYREMBEL 1994 und Boss 1995).

2.1.2 Versuche wissenschaftlich begründeter Klassifikationen

Messung der Intelligenz nach BINET

Bis zum Erscheinen des ersten Intelligenztests wurde nach der klinischen Erfahrung vom behandelnden Arzt der Grad der Oligophrenie eingeschätzt und danach entschieden, welche der wenigen bestehenden Möglichkeiten zur Förderung ausgenutzt werden konnten. Die sich ausweitenden großen Anstalten nahmen einen Großteil der als „schwachsinnig" definierten Personen auf.

Intelligenz – Prüfung
Nach Binet – Simon – Bobertag (1914)

Maßsystem zur Bestimmung des intellektuellen Standes geistig anormaler Kinder und zur Scheidung schwachsinniger oder geistig zurückgebliebener Kinder von intellektuell normal entwickelten. – Vielfach gebraucht zur Auswahl h i l f s-s c h u l b e d ü r f t i g e r Schüler aus den Normalschulklassen.

IA	1	2	3	4	5	6	7	8
3	Wort-verständnis	6 Silben nach-sprechen	2 Zahlw. nach-sprechen	Familien-namen	Bild: aufzählen			
4	Gegen-stände be-nennen	2 Linien vergleichen	3 Zahlw. nach-sprechen	2 Gewichte vergleichen	Geschlecht angeben			
5	Begriffe erklären (Zweck)	10 Silben nach-sprechen	4 Zahlw. nach-sprechen	Quadrat abzeichnen	vier abzählen			
6	Rechteck zusammen-setzen	16 Silben nach-sprechen	ästhe-tischer Ver-gleich	3 Aufträge ausführen	Bild: beschrei-ben			
7	Lücken in Figuren	rechts-links unter-scheiden	5 Zahlw. nach-sprechen	Rhombus abzeichnen	Münzen 1 Pfg. bis 1 Mk.			
8	1 Haupt-punkt wie-dergeben	Leichte Verstandes-fragen	Vergleich aus der Erinnerung	Farben benennen	rückwärts zählen			
9	Oberbegriffe Bilden	Datum	Geld heraus-geben	5 Gewichte ordnen	Bild: erklären (provoz.)			
10	6 Haupt-punkte wie-dergeben	26 Silben nach-sprechen	6 Zahlw. nach-sprechen	3 Wörter in 2 Sätzen	alle Geldsorten			
11 / 12	abstrakte Begriffe erklären	schwere Ver-ständnis-fragen	Absurdi-täten kritisie-ren	3 Wörter in 1 Satz	Bild: erklären (spontan)	Wörter ordnen	Textlücken ergänzen	Reime finden

Abb. 4: Deckblatt der ersten deutschen Binet-Bearbeitung durch Bobertag 1914

1896 veröffentlichte Binet (1857-1911) mit Henri ein Programm, in dem mehrere Tests für die Bewertung von zehn einzelnen komplexen geistigen Funktionen oder „Fähigkeiten" (Gedächtnis, Aufmerksamkeit, Vorstellungskraft, Begriffsvermögen, motorische Geschicklichkeit und andere) eingesetzt werden sollten.

Binet ging davon aus, dass chronologisches Alter und Intelligenzalter im Normalfall sich linear abhängig voneinander entwickeln. Als Zielsetzung dieser neuen Methode („Staffelmethode zur Intelligenzmessung")wurde in der ersten deutschen Bearbeitung von Bobertag (1914) beschrieben: „Maßsystem zur Bestimmung des intellektuellen Standes geistig anormaler Kinder und zur Scheidung schwachsinniger oder geistig zurückgebliebener Kinder von intellektuell normal entwickelten Kindern. Vielfach gebraucht zur Auswahl hilfsschulbedürftiger Schüler aus den Normalschulklassen."

In diesem System finden sich eine Reihe von Begriffen, die heute noch in der Praxis Verwendung finden: „Auswahl von Schülern aus Normalschulklassen" gehört dazu.

Mit insgesamt 48 Aufgaben für Kinder im Alter von 3 bis 12 Jahren sollte das Intelligenzalter (IA) bestimmt werden, um dann die Auslese nach folgenden Regeln (nach Binet) vorzunehmen:

IA unter 3 Jahren	= Idiot
IA unter 7 Jahren	= Imbezill
IA unter 10 Jahren	= Debil

Von William Stern stammte dann der Vorschlag, einen Intelligenzquotienten (IA/LA) zu bestimmen (die Werte sind mit 100 zu multiplizieren, um der uns bekannten Konvention zu entsprechen):

0,99 bis 0,85	=	nicht schwachsinnig
0,84 bis 0,80	=	fraglich debil
0,79 bis 0,070	=	debil
0,69 bis 0,60	=	imbezill

(vgl. Bobertag 1914)

Probleme ergaben sich dadurch, dass Alterseffekte die Interpretation des IQ beeinflussten und dass die Anwendung auf Erwachsene nicht möglich war. Weiter stellte es sich schon bald heraus, dass die Intelligenz nicht nachweisbar linear im Zusammenhang mit dem Lebensalter ansteigt.

Der Intelligenzquotient

William Stern (1920)

$$IQ = IA/LA * 100$$

IA = Intelligenzalter / CA = chronologisches Alter

1. Normales Kind   IA = 10   CA = 10
IQ = 100

2. Begabtes Kind   IA = 11   CA = 10
IQ = 110

3. „Dummes Kind"   IA = 8   CA = 10
IQ = 80

Später: Abweichungs-IQ

IQ = Abweichung vom Mittelwert der Eichstichprobe
in Einheiten der Standardabweichung

Abb. 5: Der Intelligenzquotient

Der Test fand trotzdem eine sehr weite Verbreitung und wurde auch in den sechziger Jahren in der Bearbeitung von Kramer weiter verwendet. Die Begriffe „Auslese aus den Normalschulklassen" und „Intelligenzalter" sind auch heute noch gelegentlich gebräuchlich.

Es zeigte sich aber im Laufe der Entwicklung der Intelligenztests bald, dass der Traum von einer „Auslese" aus den Normalschulklassen sich mit Hilfe von Intelligenztests nicht verwirklichen lassen würde.

Intelligenztests nach WECHSLER

Die nächste Stufe der Intelligenzdiagnostik fand sich dann in den Tests nach Wechsler, die weltweit sicher am häufigsten verwendet wurden und werden (HAWIK 1956/Tewes; HAWIE 1987/Tewes; HAWIVA 1974/Eggert & Schuck; HAWIK-R 1983/Tewes; HAWIKK-III 2000 Tewes & Rossmann & Schallberger; HAWIVA-III 2006/Fritz-Stratmann & Ricken & Schuck & Preuß in Deutschland). Die Tests entstammen der klinischen Praxis des Psychologen David Wechslers, der eine Konsequenz aus den bis etwa 1945 vorliegenden Untersuchungen zur Entwicklung der Intelligenz zog und zuerst einmal auf das Konzept des Intelligenzalters verzichtete und es durch den Abweichungs-IQ ersetzte.

Intelligenz ist für Wechsler „die allgemeine Fähigkeit des Individuums, die Welt in der es lebt, zu verstehen und sich in ihr zurechtzufinden." Oder an anderer Stelle: „Intelligenz ist die zusammengesetzte oder globale Fähigkeit des Individuums, zweckvoll zu handeln, vernünftig zu denken und sich mit seiner Umgebung wirkungsvoll auseinanderzusetzen."

Für die Messung dieser Intelligenz schlug er je fünf Untertests im Verbal- und im Handlungsteil vor:

Verbalteil:
Allgemeines Wissen, Allgemeines Verständnis, Rechnerisches Denken, Gemeinsamkeiten finden, Wortschatz-Test und Zahlennachsprechen als zusätzlicher Untertest.

Handlungsteil:
Zahlen-Symbol-Test, Bilderergänzen, Bilderordnen, Mosaik-Test, Figurenlegen.

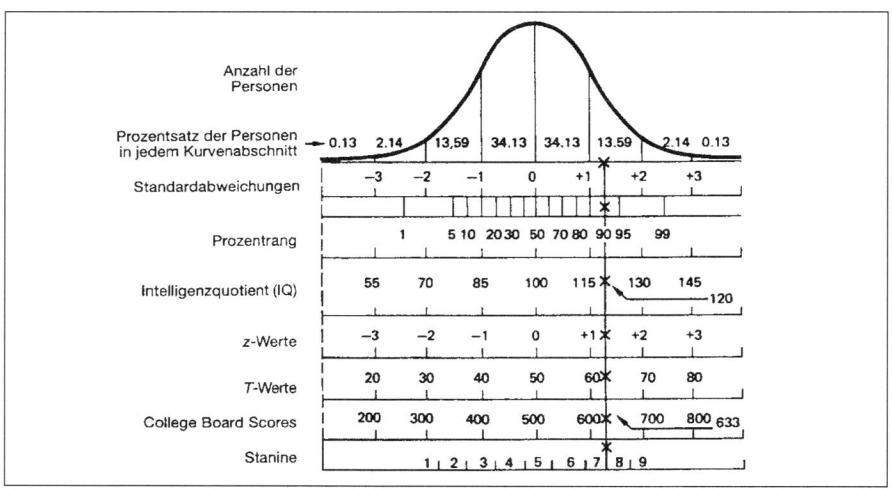

Abb. 6: Normalverteilungsmodell

In seinen Tests wird ein IQ aus den standardisierten Punkten in den verschiedenen Untertests errechnet, in denen die Aufgaben jeweils nach der Schwierigkeit angeordnet sind. Es wird so in einem Untertest möglich, nach der Zahl der gelösten Aufgaben unter Bezugnahme auf eine Eichstichprobe die Position einer Person unter Berücksichtigung des Mittelwerts und der Standardabweichung der Altersgruppe anzugeben (Wertpunkte genannt). Dabei wird die Tatsache der Normalverteilung der Ergebnisse (Gaußsche Normalverteilung) benutzt.

Die sich aus den Summen der Wertpunkte ergebenden IQ-Werte sind Summenwerte aus den jeweils fünf Untertests des Verbal- und des Handlungsteils und bilden den Verbal-IQ und den Handlungs-IQ (Mittelwert: 100; Standardabweichung 15 Punkte).

Im Sinne seiner Definition, dass Intelligenz zugleich eine zusammengesetzte **und** eine globale Fähigkeit sein soll, wird aus Verbal- und Handlungs-IQ dann ein Gesamt-IQ berechnet, der die Grundlage weit verbreiteter Klassifikationssysteme war.

Die Interpretation der ermittelten IQ-Werte sollte der Normalverteilung folgen. Als „Normbereich" gilt der Abstand von minus 1 Standardabweichung bis plus 1 Standardabweichung vom Mittelwert (85 < M < 115). Beim Umgang mit der Normalverteilung wurden viele Alltagsregeln in der Praxis entwickelt, die oft gravierende Denkfehler enthielten. So wurde eine Grenze zwischen der "Lernbehinderung" und der "Normalbegabung" bei 85 angenommen - wobei nicht bedacht wurde, dass einem IQ von 85 ein Prozentrang von 16 entspricht. Nach dieser Regel hätten 16 % der Kinder eines Schuljahrgangs als „lernbehindert" oder „geistig behindert" bezeichnet werden müssen[5].

Die in der Praxis für bedeutsam erachteten Unterschiede zwischen den Handlungs-IQs und den Verbal-IQs sind wahrscheinlich selten auch statistisch bedeutsam.

Es gibt Versionen dieses Tests für Vorschulkinder (HAWIVA 1974/Eggert & Schuck; HAWIVA-III 2006/Fritz-Stratmann & Ricken & Schuck & Preuß), für Schulkinder (HAWIK 1956/Tewes; HAWIK-R 1983/Tewes; HAWIK-III 2000/Tewes & Rossmann & Schallberger;) und für Erwachsene (HAWIE 1987/Tewes). Neuere Versionen wie der HAWIK-III 2000 verzichten inzwischen auf eine verbale Klassifikation nach Intelligenzgraden - von der Praxis weitgehend unbemerkt.

Tests nach Wechsler wurden oft als Referenz-Tests bezeichnet und als Methode der Klassifizierung nach dem Grad der Intelligenzschwäche benutzt. Ihr Konzept ist in den vierziger Jahren entstanden und ist trotz der weiten Verbreitung zurzeit sicher nicht mehr zeitgemäß. Der theoretische Hintergrund ist dürftig.

---

[5] Es haben jedoch in der Regel nur etwa 2-4% der Schüler maximal eine ehemalige Sonderschule für geistig behinderte oder lernbehinderte Kinder besucht.

In der Kritik an den Tests nach Wechsler seit den 60er Jahren hat sich gezeigt, dass Tests dieser Art keine Antwort auf die Frage nach den spezifischen "Ausfällen" von Kindern mit "Lernstörungen" geben können. Sie können wahrscheinlich nur in einem relativ engen Bereich Unterschiede zwischen relativ normal begabten Individuen und anderen, die dies nicht sind, beschreiben, dies aber auch nur mit erheblichen methodischen Problemen, auf die wir später eingehen werden.[6]

Niveauspezifische Methoden:
die Testbatterie für geistig behinderte Kinder (TGB)

In den sechziger Jahren entstand dann ein anderer Weg der Diagnostik für Kinder mit "geistiger Behinderung", bei dem eine Kombination verschiedener Tests ohne Angabe eines Summenwertes vorgestellt wurde, der keine Vergleiche zur Normgruppe der nicht behinderten Kinder ermöglichte und **ausschließlich eine Differenzierung in der Normgruppe der „geistig behinderten" Kinder** im Alter von 7 bis 12 Jahren ermöglichte. Insgesamt sechs Tests und ein Fragebogen zur sozialen Reife sollten es dem Praktiker ermöglichen, ein differenziertes Bild der Leistungen eines Kindes in den Fähigkeiten Intelligenz, Merkfähigkeit, Sprache und Motorik zu beschreiben.

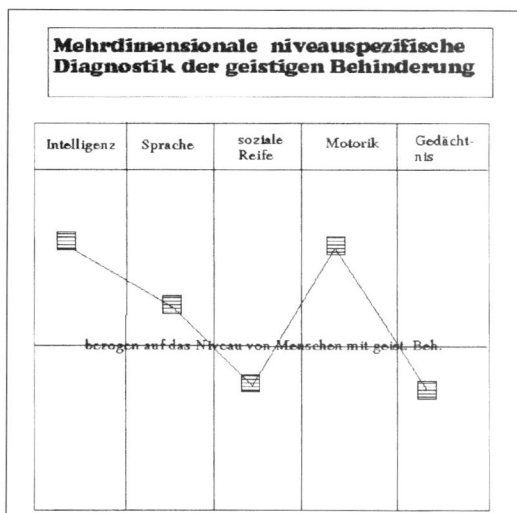

Abb. 6:
Normalverteilungsmodell

---

[6] Es hat nach den WECHSLER - Tests noch eine Reihe von Testentwicklungen (wie etwa den CFT-Test) gegeben, jedoch haben diese Tests nicht die weite Verbreitung der WECHSLER-Verfahren erreicht und werden deshalb im Rahmen dieser Darstellung nicht weiter erwähnt. Das heißt aber nicht, dass sie unbedeutend sein sollten.

In der Praxis sollte das Konzept die Abhängigkeit der Beurteilung "geistig behinderter" Kinder von einem Vergleich mit „normalen" Gruppen und die Einseitigkeit der IQ-Werte überwinden.

Probleme ergaben sich jedoch daraus, dass viele Praktiker mit den differenzierten Angaben interpretatorische Schwierigkeiten hatten und erneut nach einer Umrechnung in IQ-Äquivalente verlangten. Vor allem die Frage nach einer (von den Testautoren nicht beabsichtigten) Trennung von "geistig behinderten" und "lernbehinderten" Schülern wurde immer wieder gestellt, konnte aber von der Systematik der Testbatterie her nie erreicht werden. Das System ist nicht mehr überarbeitet worden und wegen der Überalterung der Normen inzwischen nicht mehr anwendbar.

2.1.3 Unbrauchbarkeit von Klassifikationen nach Intelligenztests

Neben den methodischen Unzulänglichkeiten der Verfahren zeigte es sich, dass die Versuche einer psychologischen Definition der unterdurchschnittlichen Intelligenz anhand von Intelligenzquotienten langfristig wenig praktikabel waren, weil sie von sehr unterschiedlichen Grenzwerten ausgingen (vgl. Tabelle 1).

KLEBER (1973)	TERMAN (1916)	WHO (1974)	BACH (1975)	BONDY[7] (1956)
Hauptschule 90 - 110	Dullness 80 - 90			
Lernbehinderung 70 - 90 bis PR 25	Borderline Deficiency 70 - 80			leichte Intelligenzschwäche 70 - 84
geistige Behinderung <20 bis 70	Debilität 50 - 70	leichte Geistes- schwäche 50 - 69	Lernbehinderung 55 - 75	mäßige Intelligenzschwäche 55 - 69
	Imbezille 20 - 50	mitl. Geistes -schwäche 20 - 49	geistige Behinderung <20 bis 55	schwere Intelligenzschwäche 40 - 54
	Idioten < 20	schwere G. 0 - 19		

Tabelle: Einteilung der geistigen Behinderung nach Intelligenz-Quotienten

---

[7] Bezogen auf den Hamburg - Wechsler - Intelligenztest von 1956.

Es stand übrigens schon in den 70er Jahren fest, dass nicht nur die sehr un-
einheitlichen Grenzwerte eine verlässliche Klassifikation unmöglich machten,
sondern dass darüber hinaus eine Fülle von technischen Problemen der sehr
unvollkommenen Technologie der Intelligenzmessung letztlich unüberwindba-
re Schwierigkeiten darstellten.

Die folgende Textbox fasst den Stand der Diskussion von 1969 (!) zusammen
und wirkt angesichts der fast 40 Jahre danach immer noch anhaltenden Popu-
larität der IQ-Messung in manchen Bereichen der Sonderpädagogik und der
Kinder- und Jugendpsychiatrie überraschend.

**Kritik an Intelligenztests aus der Sicht praktischer Persönlichkeitsdia-
gnostik ***

1. Ein Intelligenztest stellt nur eine begrenzte Stichprobe von Aufgaben
aus dem Bereich des Problemlöseverhaltens dar (vgl. Sarson 1959).

2. Die tatsächliche soziale Einordnung von Menschen entspricht nicht immer dem IQ-Niveau (Tredgold 1952).

3. Intelligenztestwerte zeigen stets eine gewisse Fluktuation. Ein variieren-
der IQ kann aber nicht die Basis einer zuverlässigen Klassifikation sein.

4. Die Grenzwerte für IQ-Werte bei verschiedenen Klassifikationen sind relativ willkürlich gesetzt. Bei verschiedenen Autoren finden sich z. T. erhebliche Unterschiede in den Grenzwerten.

5. Alle gängigen Intelligenztests genügen teststatistischen Gütekriterien
meist nur im mittleren Bereich der IQ-Verteilung. Mess- und Schätzfehler
sind in den Extrembereichen sehr groß.

6. Gängige Intelligenztests stimmen nur in einem mittleren Ausmaß überein (Korrelationen um max. 0,60 = ca. 36% gemeinsame Varianz). Unterschiede zwischen zwei Tests sind die Regel und nicht die Ausnahme.

*aus: Eggert, Tests für geistig Behinderte, Weinheim: Beltz, 1969

Trotz der schon damals am bestehenden Intelligenzbegriff geäußerten Kritik,
wurde lange international in der ICD-Klassifikation der WHO noch 1975 an der
herabgesetzten Intelligenz als zentralem Merkmal z.B. der "geistigen Behinderung" festgehalten. "Die Erfassung des intellektuellen Niveaus sollte auf der
Grundlage aller möglichen erfaßbaren Informationen erfolgen, wozu klinischer
Eindruck, Anpassungs-Verhalten und psychometrische Daten gehören. IQ-
Messungen erfolgen auf der Grundlage von Tests mit einem Mittelwert von 100
und einer Standardabweichung von 15, wie z.B. den Wechsler-Tests. Sie soll-

ten lediglich als Orientierung dienen und nicht starr angewandt werden" (WHO 1975). Dies ist jedoch nie befriedigend gelungen. Entweder wurden die Werte starr interpretiert oder lediglich nur von Fall zu Fall zur nachträglichen Rechtfertigung des Vorgehens herangezogen.

In den 70er Jahren wurde in Deutschland nur gut ein Drittel aller Menschen mit kognitiven Beeinträchtigungen in Schulen oder Heimen tatsächlich überhaupt je mit psychodiagnostischen Verfahren untersucht. Die AAMD-Definition scheint also praktisch nicht vollständig angewendet worden zu sein (vgl. Eggert/Brember-Hübler 1990)[8]. Deshalb ist - auch angesichts des Anti-Etikettierungsansatzes in den USA - die Anwendung von Intelligenztests auf individuelle Beschreibungen begrenzt und es wird auf klassifizierende Angaben meist verzichtet[9]

Oligophrenia, Oligophrenie :

(Kraepelin) heute meist durch *geistige Behinderung/kognitive Beeinträchtigung bzw. Lernbehinderung /Lernbeeinträchtigung* ersetzter Begriff für alle Ausprägungsgrade angeborenen oder früh erworbenen Intelligenzmangels, als Nichterfüllung der Norm bzw. Unterschreitung der Norm. Eine Unterscheidung in Idiotie, Imbezillität und Debilität ist, ebenso wie die Festlegung auf Grenzwerte des IQ, nur von scheinbarer Genauigkeit und **sollte zugunsten einer individuellen Beschreibung der Fähigkeiten verlassen werden**.

(vgl. Boss (Hrsg.) für Redaktionsteam Urban & Schwarzenberg, Lexikon Medizin, München: Urban & Schwarzenberg 1995, 1270)

Wie wir an anderer Stelle später ausführlicher darstellen werden, zeigte sich bald, dass der angestrebte Erfolg von Ausleseprozeduren mit Testverfahren nicht zu erreichen war. Die Qualität der diagnostischen Methoden war nicht ausreichend und damit war für die wissenschaftliche Diskussion deutlich, dass die Methodologie der Tests nicht für eine Klassifikation geeignet war, und in den neueren Klassifikationssystemen verringerte sich in der Folge sehr stark

---

[8] Obwohl dies immer wieder von Praktikern geleugnet wurde, ist die Situation bei der Verwendung von Intelligenztests für die Auslese von lernbehinderten Sonderschülern selten anders gewesen. Selbst wenn IQ-Werte ermittelt wurden, hat die tatsächliche Einordnung sich höchstens zu 30 - 40% auch wirklich nach der Höhe der ermittelten Werte gerichtet.

[9] Dabei gibt es Unterschiede, die auch vom Grad der Gliederung eines nationalen Schulsystems abhängen. So neigen stark gegliederte Systeme wie in Deutschland stärker dazu, Klassifikationen und Selektionen anhand von normativen Kriterien zu suchen als Schulsysteme, in denen Integrierte Gesamtschulen die Regel sind wie etwa in Skandinavien.

die Bedeutung der Testdiagnostik - leider jedoch zuerst einmal im angelsächsischen und skandinavischen Raum und weniger in den deutschsprachigen Ländern, in denen sich trotz zunehmender inhaltlicher und formaler Kritik eine relativ große Gruppe von Testbefürwortern erhalten hat.

2.2 Argumente für und wider die „klassische" Testdiagnostik

Die Methoden der klassischen Psychometrie der 40er bis 60er Jahre haben immer einen besonders hohen Stellenwert bei der Frage der Bestimmung der Förderbedürftigkeit oder der Förderschulbedürftigkeit (beides wurde in der Vergangenheit der Einfachheit halber oft gleichgesetzt) in Deutschland gehabt.

Wir wollen für unsere Bestandsaufnahme zwei Aspekte der Kritik unterscheiden:

1. eine eher systemimmanente Kritik im Rahmen einer Neubewertung der Testgütekriterien und

2. eine weiter reichende Kritik unter der Frage, inwieweit die bisherigen Methoden für eine Klassifikation und/oder eine Förderungs- und Therapieindikation geeignet waren oder es noch sind.

2.2.1 Zur systemimmanenten Argumentation: kritische Neu-Bewertung der Gütekriterien aus pädagogisch/therapeutischer Sicht

Tests haben ihren eigenen Gütemaßstab in den *Gütekriterien*. Dies ist gegenüber anderen diagnostischen Methoden ihr großer Vorteil: beim korrekten Umgang mit diesen Gütekriterien enthalten sie nicht nur einen Maßstab für den Gültigkeitsanspruch diagnostischer Tests, sondern auch inhaltliche Konzepte für Bedingungen, unter denen Testergebnisse eingesetzt bzw. auch nicht mehr verwendet werden dürfen. Dies gilt dann, wenn zentrale Gütekriterien nicht mehr erfüllt werden. Unsere These soll nun sein, dass die meisten in Deutschland auf dem Markt befindlichen Tests keineswegs mehr den an sie gesetzten (An-)Forderungen in Form der Gütekriterien entsprechen.

Zur Annahme eines „wahren" Wertes als Grundlage der klassischen Testtheorie

Doch zuvor wollen wir uns der Kernannahme der klassischen Testtheorie zuwenden, der Annahme nämlich, dass es einen „wahren" Wert einer Person in einem messbaren Persönlichkeitsmerkmal (englisch: Trait) gäbe, dass dieser relativ zeitstabil sei und mit konsistenten Methoden gemessen werden könne; zusätzlich noch mit der Annahme verbunden, dass aus dem Ausprägungsgrad des Traits „generalisiert" werden könne, d.h. gegenwärtiges oder späteres Verhalten der „Versuchsperson" vorhersagbar sei.

Kernannahme der klassischen Testtheorie : Konstanz des „Traits"

1. Axiom der Testtheorie

Der beobachtete (Test-)Wert einer Person in einem n-dimensionalen Raum der Fähigkeiten besteht aus einem „wahren" Wert (dem Ausprägungsgrad der verschiedenen Persönlichkeitsmerkmale) und einem Fehleranteil. Der Fehleranteil ist zu minimieren.

2. Gütekriterien der Psychometrie

Diese Kriterien ergeben sich in Analogie zur Definition des klassischen naturwissenschaftlichen Experiments, bei dem die folgenden Kriterien die Konsistenz der Messung und die Generalisierung der Resultate garantieren:

Objektivität	Ökonomie
Reliabilität	Nützlichkeit
Validität	Normierung

Aus der Annahme der Erfassung letztlich zeitkonstanter Merkmale in quasi - naturwissenschaftlichen Messergebnissen unter dem Axiom der Merkmalskonstanz ergeben sich damit sehr widersprüchliche Logiken von Psychometrie und Therapie/Pädagogik:

Logik der Psychometrie

Die Suche nach etwas Festem und Bleibendem; Suche nach dem Objektiven. Klassifikation nach quantitativen Ergebnissen. Bewertung nach quantitativen Normen. Ziel: **Konstanz**

Logik von Psychotherapie und Pädagogik

Die Veränderung eines komplexen Mensch – Umwelt – Systems, um es dem Menschen zu ermöglichen, sich effektiver als bisher mit sich und seiner Umwelt auseinanderzusetzen durch Aufhebung von Rastern und Schablonen. Ziel: **Veränderung**

2.2.2 Analyse der für Tests geltenden Gütekriterien

Im Folgenden wollen wir nun eine kurze Beschreibung dieser Gütekriterien versuchen, um danach dann einen Kommentar aus förderdiagnostischer Sicht zu geben.

Wichtigstes Gütekriterium ist die *Objektivität*, die in drei Aspekten versucht, eine weitgehende Generalisierbarkeit der Ergebnisse zu bewerkstelligen:

Objektivität

– der Durchführung:

„Standardisierung der Situation", d.h. Neutralisierung der Einflüsse von Versuchsleiter, Raum, Zeit, Klima, Verständnis, Sprache etc.

ideal:	Interaktion mit einem Computer
suboptimal:	Papier und Bleistifttests oder situative Tests in Laborsituationen
wenig geeignet:	freie Interaktionssituationen mit pädagogischer und/oder therapeutischer Zielsetzung

– der Auswertung:

„numerische oder kategoriale Auswertung des registrierten Testverhaltens nach vorgegebenen Regeln" (Lienert 1969, 13)

ideal:	Auswertung durch einen Computer
suboptimal:	Einschätzung der Qualität der Antworten durch Experten nach Handbuchregeln
wenig geeignet:	freie Beantwortungssituationen

– der Interpretation:

ideal:	Interpretation quantitativer Aussagen durch einen Computer nach quantitativen Regeln
suboptimal:	Einschätzung des quantitativen Ergebnisses durch Experten
wenig geeignet:	qualitative Kategorien

Man sieht, dass gerade die für eine alltägliche pädagogisch/therapeutische Intervention wichtigen Bedingungen der Objektivität in den Bereich „wenig geeignet" fallen. Offene Situationen führen zu einer geringen Objektivität. Eine hohe Objektivität ist aber im Modell der klassischen Testkonstruktion die unabdingbare Voraussetzung für die weiteren Gütekriterien. Damit ist eine Vorrangstellung der quantitativen Methoden und der numerischen Klassifikation verbunden.

Kommentar aus förderdiagnostischer Sicht:
Objektivität - eine wenig realistische Grundannahme in Pädagogik und Therapie!

Warum? Es ist schlechterdings nicht möglich, wirklich objektive Situationen bei der Untersuchung menschlichen Handelns und bei seiner Bewertung zu entwickeln. Die diagnostische Situation ist eine Beziehungssituation und keine objektive Messsituation.

*Da Objektivität aber die „conditio sine qua non" für die weiteren Kriterien der Reliabilität, der Validität und der Normierung - und auch ganz besonders der Ökonomie - ist, scheint das ganze Unterfangen **einer objektiven Messung in der Pädagogik/Therapie eher unrealistisch.***

Die Logik der Zielsetzung sonderpädagogischer Interaktionen ist die ganzheitliche Förderung von Kindern im (letztlich in seinen Grenzen nicht vorhersagbaren) Prozess ihrer Entwicklung und Veränderung durch Förderung in der Beziehung mit Menschen in einer dynamischen Situation, die Verbindung von „Vergangenheit, Gegenwart und Zukunft des Menschen".

Diese Logik widerspricht den Grundbedingungen der Objektivität im Sinne der klassischen Testtheorie, deren Methoden damit von den Voraussetzungen her z.B. für eine umfassende Diagnostik und Förderung wenig geeignet sind. Menschen erleben Situationen eben nicht im Sinne einer maximalen Entfaltung ihrer Leistungskapazität unabhängig von anderen Menschen und Situationen, sondern jede Aufgabenbeantwortung ist das Ergebnis einer oft sehr persönlichen Interaktion mit Personen und Aufgaben in einer ganz bestimmten Situation. Es gibt kein situationsunabhängiges Verhalten von Menschen, genauso wenig wie es die gewünschte hohe Konstanz von Persönlichkeitsmerkmalen bei Menschen gibt.

Mit den Gütekriterien der Reliabilität, Validität und Normierung wollen wir diese inhaltliche Diskussion fortführen und dabei die Nützlichkeit übergehen:

Reliabilität *(Zuverlässigkeit)*

Reliabilität ist die Übereinstimmung zwischen den Messwerten einer Person oder einer Gruppe bei zwei oder mehreren aufeinander folgenden Messungen.

Ein Test ist dann „reliabel", wenn das Merkmal zeitstabil ist, d.h. wenn die Reihenfolge der Personen-Messwerte bei verschiedenen Untersuchungen gleich oder ähnlich ist.

Kommentar aus förderdiagnostischer Sicht:
Reliabilität – eher ein Alptraum als eine hilfreiche Konstruktion!

Und nun weiter zur *Gültigkeit*, einem Gütekriterium, dem oft nur weniger Bedeutung beigemessen wurde, schienen doch die meisten Tests schon an sich
gültig zu sein.

Validität (Gültigkeit)

V. ist die Übereinstimmung zwischen dem Test und einem Kriterium, gemessen an der Korrelation zwischen Test und Kriterium. Werte von r_{tc} 0.60-
0.80 gelten oft schon als befriedigend.

Die inhaltliche Validität wäre dann die Übereinstimmung des Tests mit einer strukturierten und anerkannten Theorie des Gegenstandes.

Die prognostische Validität ist das Ausmaß, in dem aus Testergebnissen
weitere Entwicklungen vorhergesagt werden können. Sie existiert praktisch nur für Gruppen.

Die retrospektive Validität wäre dann die Möglichkeit, aus den Testergebnissen Rückschlüsse auf das Zustandekommen und die Begleitumstände
der gemessenen Leistungen und den Prozess der Entwicklung von Leis-
tungsproblemen ziehen zu können .

Kommentar aus förderdiagnostischer Sicht:
*Validität - was ein Test misst ist das, was ein anderer Test vorher gemes-
sen hat oder: eine Angelegenheit mit oft schmaler Reichweite!*

*Warum? Schulleistungstests sind z.B. nur für eine kurze Zeitspanne gültig,
da immer wieder Änderungen der Richtlinien und der Lehrgänge erfolgen.
Regional erfolgen zudem spezifische Abweichungen von den Lehrplänen.
Lehrer wählen darüber hinaus ihre Lehrinhalte aus oft sehr verschiedenen
Unterrichtsmaterialien und Medien aus - für eine solche Auswahl kann es
keine standardisierte Aufgabensammlung geben. Schulleistungstests sind
also stark zeit- und regional gebunden. Eine ständige Anpassung an diese
sehr unterschiedlichen Bedingungen würde einen unangemessen hohen*

finanziellen Aufwand erforderlich machen und dennoch nicht die nötige Aktualität gewährleisten können.

Auch Intelligenztests bilden in ihren Aufgaben sehr stark epochale gesellschaftliche Erfolgskriterien ab und bevorzugen Kinder aus mittleren und höheren sozialen Schichten und deren spezifische Sozialisationserfahrungen, die im Mittelpunkt der Itemkonstruktion stehen (ökologische Validität). Die erforderliche schichtenspezifische Aufgabenzusammenstellung zur chancengleichen Bewertung der Leistungen ist nie erfolgt.

Auch Motoriktests sind stark an epochale Bedingungen gebunden, da sich die allgemeinen Kriterien für eine Bewertung der motorischen Entwicklung genauso verändern, wie die Bedingungen für die aktuelle motorische Entwicklung von Kindern.

Auch beim letzten der großen Gütekriterien – *der Normierung* – zeigt eine kritische Analyse erhebliche Probleme bei pädagogisch/therapeutischen Fragestellungen. Die Normierung ist jedoch das zentrale Gütekriterium bei der Bewertung und Klassifikation der gemessenen Leistungen.

Normierung

Setzt voraus:
- gültigen Wertmaßstab in Form einer repräsentativen Stichprobe großer Zahl (ca. 800 Teilnehmer mindestens pro Altersgruppe)
- Annahme von in der Population normal verteilten „wahren" Werten
- hohe Präzision der Messinstrumente
- „Wächter" über den Messstandard in Form unabhängiger Institutionen („anerkannte" Testverfahren)
- aktuelle Normen (so schlug Binet 1911 vor, dass sein Verfahren jedes Jahr neu bewertet werden sollte; Cronbach 1978 hielt eine Neunormierung für Intelligenz- und Persönlichkeitstests im Abstand von 10 Jahren für sinnvoll. Alle 5 Jahre mindestens sollten Tests wie Schulleistungstests neu normiert werden.)

Kommentar aus förderdiagnostischer Sicht: Normierung - eine kurzlebige und sehr kostspielige Sache!

Warum? Die Gültigkeit von Normen kann eigentlich nur durch unabhängige oder staatliche Organisationen garantiert werden, die einen hohen ethischen Standard einhalten sollten. Ständige Aktualisierung der Inhalte und neue Eichstichproben sollten selbstverständlich sein und einem hohen methodischen Standard gehorchen. Eine solche Institution sollte unabhängig von Testverlagen sein. Sie hat in Deutschland bislang nicht existiert. Die Testverlage folgen vor allem ökonomischen Interessen und verkaufen Tests z.B. selbst dann noch, wenn die Gütekriterien schon längst nicht mehr erfüllt sind. Sie folgen „den Gesetzen des Marktes". Dies kann jedoch nicht ausreichen. So waren z.B. faktisch alle Tests mit überregionalem Aussageanspruch in Deutschland mit dem Moment der Wiedervereinigung überholt, da von da ab ein Bezug zu einem völlig veränderten geographischen und demoskopischen Raum erforderlich gewesen wäre. Eine Neu-Standardisierung wäre erforderlich gewesen.

Zur Bedeutung von Normen

Alters-, Entwicklungs-, Intelligenz- und Fähigkeits-Normen für diagnostische Verfahren sind relativ durch:

– die Überalterung der Normstichproben
– die multikulturelle Gesellschaft in Deutschland
– die Heterogenität der Kinder in einer Alters- oder Entwicklungsstufe
– die „veränderte Kindheit"
– den Einfluss sehr unterschiedlicher Umweltbedingungen
– die Einflüsse der ökonomischen Krise („Dauerarbeitslosigkeit")

Mit dem Kriterium der *Ökonomie* und der *Nützlichkeit* wollen wir diese Betrachtung abschließen. Die scheinbar hohe Ökonomie der Testanwendung hat Tests für die Zwecke einer schnellen Erfassung, Bewertung und Klassifikation menschlicher Leistungen für Institutionen und Bürokratien stets sehr attraktiv gemacht.

Ökonomie

Ein Test ist ökonomisch, wenn er in kurzer Zeit objektive, reliable und valide Aussagen ermöglicht und eine Klassifikation der Versuchspersonen erlaubt. Mit Klassifikation ist eine eindeutige quantitative Zuordnung zu einer Gruppe nach Grenzwerten gemeint.

Es kann hier festgehalten werden, dass nur wenige Verfahren im Bereich der Pädagogik oder der Sonderpädagogik diesem gesetzten Anspruch jemals wirklich entsprochen haben, was zum einen an der oft unbefriedigenden Qualität der Gütekriterien und zum anderen an der mangelnden Quantifizierbarkeit der Kriterien lag.

Die Vorstellungen in der Kultus- und Schulverwaltung sind oft weniger realistisch. Man meint, dass die vorhandenen Verfahren auch ohne ständige Investitionen in die Aufrechterhaltung der Qualität Ökonomie-Ansprüche bereits erfüllen würden. Jedoch scheint die Suche nach einem wirklich „objektiven" und ökonomischen Verfahren so etwas wie die Suche nach einer „eierlegenden Wollmilchsau" zu sein, wie die nachfolgende Box verdeutlichen möchte.

Wir wollen uns zum Schluss mit einem Zusatzgütekriterium beschäftigen, das sozusagen in der Summe der anderen Gütekriterien alle Informationen zusammenfasst: die **Nützlichkeit**.

Ein Test ist dann nützlich, wenn seine Durchführung mehr valide Information erbringt als seine Unterlassung. Die Durchführung von Tests mit mangelhaften Gütekriterien ist weniger nützlich als ihre Unterlassung. Tests wie der HAWIK-R sind in ihrem quantitativen Aspekt nicht mehr nützlich, weil wegen der mangelnden inhaltlichen Aktualität die ermittelte Information missleitend sein kann.

Unter qualitativem Aspekt (vgl. ab Kap. 2.4) könnte er weiter nützlich sein, wenn er von einem Versuch ausgehen würde, das Problemlöseverhalten eines Kindes in einer bestimmten Interaktionssituation zwischen Versuchsperson und Testleiter zu beschreiben. Es bliebe dann dennoch die Frage, inwieweit andere Methoden alltagsnäher dieselbe Information liefern könnten.

Im Sinne eines Paradigmenwandels würde sich Nützlichkeit von selbst erübrigen, da Tests nicht gebraucht werden würden, wenn andere Methoden genutzt werden.

Diese Neubewertung der Kriterien der klassischen Testkonstruktion soll verdeutlichen, dass es nur wenige **systemimmanente** Argumente gibt, angesichts der überwiegend nicht mehr aktuellen Gütekriterien weiter davon auszugehen, dass normative Methoden in der Lage seien, verlässliche Auskünfte über die Fähigkeiten eines Menschen und seine mögliche Platzierung im Lernort Grund- oder Sonderschule zu geben, geschweige denn dies noch objektiv zu tun. Dies gilt vorwiegend für Schulleistungs- und Intelligenztests, aber auch für motometrische Verfahren in der Motodiagnostik.

Auch wenn sich die klassische Testdiagnostik nicht für eine individuelle Beschreibung und Förderung von Individuen eignet, so können derartige Verfahren bei Einhaltung der Gütekriterien auch Informationen über allgemeine Entwicklungsstände in epochalen Zusammenhängen ermöglichen.

In einem SPIEGEL-Artikel wurde zum Beispiel darauf hingewiesen, dass qualitätskontrollierte Testverfahren weiterhin sinnvoll seien. Wir wollen deshalb im Folgenden einmal kurz die nach wie vor bestehenden *Vorteile* psychometrischer Verfahren skizzieren. Es gibt nämlich tatsächlich eine Reihe von Vorteilen psycho- und motometrischer Verfahren, wenn **basale Gütekriterien** eingehalten werden können.

Vorteile psychometrischer Verfahren

1. *Die Sammlung einer Fülle mehr oder weniger bedeutsamer empirischer Daten über verschiedene Gruppen aus unterschiedlichen Zeiträumen.*
2. *Multivariate Studien ergeben entwicklungspsychologische Daten für die Weiterentwicklung von Theorien.*
3. *Möglichkeiten der kontrollierten Überprüfung von Entwicklungsständen von Gruppen.*
4. *Effizienz- und Evaluationsstudien zur Bestimmung der Grenzen von Förderung. Dabei stellen wir in Frage, inwiefern etwas über Veränderungen ausgesagt werden kann, wenn von einer Konstanzannahme, wie es in psychometrischen Verfahren üblich ist (Reliabilität), ausgegangen wird.*
5. *Fülle von Beobachtungs- und Bewertungssituationen aus der Praxiserfahrung von Generationen von Wissenschaftlern im Wissenschaftsprozess (z.B. bei der Formulierung von „Items").*
6. *Möglichkeiten einer Bewertung der Leistung /des Verhaltens einer Person im Vergleich zu anderen Personen, wenn aktuelle Normierungsdaten vorliegen.*

Diese Vorteile betreffen jedoch eher die Brauchbarkeit für die Forschung im Wissenschaftsprozess als die Sinnhaftigkeit der Verfahren und ihrer Ergebnisse bei *individuellen Entscheidungen* über die Schul- und Lebenslaufbahn eines Kindes. Sie hängen zudem einerseits von einer Akzeptanz des Konstanz-Paradigmas ab und andererseits von sehr hohen Qualitätsstandards für die benutzten Instrumente, die zurzeit nicht gegeben sind. Außerdem wird deutlich, dass bei einer überlegten Antwort der Fragen, der Leser zu dem Schluss kommt, dass ein Großteil der Bedingungen für pädagogische Fachkräfte nicht erfüllt ist.

2.2.3 Übergreifende Kritik an Methoden der klassischen Testkonstruktion

Nach diesen Argumenten gegen die Verwendung psychometrischer Tests aus ihrem eigenen Systemzusammenhang wollen wir nun einige Argumente sammeln, die über die Gütekriterien hinaus zurzeit gegen ihren Einsatz für die Zwecke einer (sonder-)pädagogischen Diagnostik sprechen. In der folgenden Textbox sind diese Argumente zusammengefasst worden:

Argumente gegen psychometrische Tests in der Sonderpädagogik

Testwerte ermöglichen keinen differenzierten Einstieg in die Förderung oder Therapie eines Menschen. Oft sind nicht nur die Kategorien für diagnostisches Handeln andere als die für die Förderung/Therapie, sondern auch die Personen des Diagnostikers und Pädagogen/Therapeuten aus unterschiedlichen Berufsgruppen. Eine solche Trennung von Diagnose und

---

Förderung/Therapie ist eher unzweckmäßig für eine ganzheitliche Diagnostik und Förderung.

Ein Intelligenz- und/oder Motorik-Quotient sagt uns nicht, welche Möglichkeiten der Förderung ausgenutzt werden sollten und wie die Schritte der Förderung geplant werden können. Ein IQ/MQ sagt uns nicht, welche Schritte der Förderung in welcher Reihenfolge erforderlich sind.

Wenn ein Testwert für die Förderung/Therapie sinnvoll ist, dann braucht der Pädagoge/Therapeut eine Fülle von nicht im System der Tests enthaltenen Hypothesen und Alternativhypothesen, um die Ziele und Inhalte der Förderung bestimmen zu können. Es wäre erforderlich, aus den Testwerten sehr direkt einen Hinweis auf mögliche Förderungsansätze finden zu können - Diagnose- und Interventionskategorien sollten kompatibel sein. *Wenn diese Hilfsregeln wichtiger werden als die Angaben des Testhandbuches, dann sollte ein Test besser nicht mehr quantitativ interpretiert werden.*

2.2.4 Klassische Denkfehler sonderpädagogischer Diagnostik

Im Zusammenhang mit dieser übergreifenden Kritik ist auch erwähnenswert, dass es in der Praxis der vergangenen 25 Jahre viele Maximen und Hilfsregeln gegeben hat, die eine Grenze zum Irrationalen mehr als gestreift haben. Dazu gehört die Setzung falscher Grenzwerte (IQ 85 = Grenze zwischen „normaler" und „unternormaler" Entwicklung), die Nichtberücksichtigung der Messfehler bei der Klassifikation, die Verwendung „diagnostischer Mythen" wie etwa einer testpsychologischen Diagnose der Legasthenie, der MCD, des AD(H)S oder anderer. Die folgende Textbox weist auf diese nach Ansicht des Autors Eggert „klassischen Denkfehler sonderpädagogischer Diagnostik" hin.

„Klassische" Denkfehler sonderpädagogischer Diagnostik

1. Falsche Grenzwerte

In der Praxis findet sich häufig die Annahme, dass ein IQ von 85 die Grenze zwischen der Lernbeeinträchtigung (LB) und der durchschnittlichen Intelligenz angeben würde (oder ein MQ von 85 die Grenze zwischen „normaler" und „auffälliger Motorik").

IQ < 85 = LB

Dies ist ein Denkfehler.

Einem IQ von 85 entspricht ein Prozentrang von 16, d.h. dass 16% eines Schuljahrganges als „lernbehindert" bezeichnet werden müssten. In der Tat haben aber nie mehr als 4% der Kinder eines Schuljahrganges diese Schulform besucht. Ein IQ von 85 kann also kein sinnvoller Grenzwert sein.

2. Messfehler werden nicht berücksichtigt

Ein IQ von 85 kann weder punktuell gemessen, noch interpretiert werden. Bei einem vor allem im unteren Messbereich relativ höheren Messfehler (siehe Reliabilität) von +/- 10-20 IQ Punkten z.B. für den HAWIK-R ergibt sich z.B. bei der Einbeziehung der tatsächlichen Messfehlerbreite eine messfehlerbedingte große Schwankungsbreite.

Geht man in einem einfachen theoretischen Beispiel, davon aus, dass drei verschiedene Intelligenztests (HAWIK, HAWIK-R und KAUFMANN-ABC) sich jeweils um 10 IQ-Punkte in den Ergebnissen unterscheiden (KAUF-MANN > HAWIK-R > HAWIK) und dass bei einem Versuchsleiter ein Kind in drei verschiedenen Situationen unter günstigen, mittleren und schlechten Bedingungen untersucht wird (jede Bedingung < 5 IQ-Punkte), so beträgt die Reichweite der denkbaren IQ und Prozentrang Werte 60-110 IQ-Punkte bei einem Prozentrangbereich von 0-73 (Messfehler = 10 gesetzt). Unter der Annahme der Addition der Messfehler streuen die IQ-Werte damit fast über 2/3 der denkbaren Reichweite - was zeigt, wie wenig der Traum einer objektiven und reliablen Messung in der Praxis erreicht werden kann.

3. Falsche Annahmen zur prognostischen Validität

Es wird oft angenommen, dass ein einmal ermittelter Testwert eine gültige Vorhersage auf die spätere Lernentwicklung zulasse bzw. eine Erklärung für bestehende Lernbeeinträchtigung bieten könne. Die gemessene Intelligenz ist aber keine notwendige, wahrscheinlich noch nicht einmal eine hinreichende Erklärung für den Schulerfolg. Es gibt keine wirklich praktisch bedeutsamen hohen Korrelationen zwischen Intelligenztests und einzelnen Schulleistungen. Eine Vorhersage späterer Schulleistungen aus den Intelligenztest-Werten ist für Individuen nicht befriedigend möglich. Ähnliches gilt für die Vorhersage der motorischen Entwicklung aus der Kenntnis von motometrischen Testdaten.

4. Voreilige „Klassifikationen" als diagnostischer Mythos

Das Konstrukt der Diagnose einer so genannten Lernbeeinträchtigung, kognitiven Beeinträchtigung, Legasthenie, MCD (minimale cerebrale Dysfunktion) oder AD(H)S aus Testdaten ist ein diagnostischer Mythos. So geht die neuere Pädagogik bei Beeinträchtigungen des Lernens schon seit längerem nicht mehr davon aus, dass es DEN typischen Menschen mit einer Lernbeeinträchtigung gibt, sondern nur Schüler mit individuellen Förderbedarf im Kontext Lernen - einen solchen Schüler kann man aber nicht über die gemessene Intelligenz oder den Abstand zu nicht beeinträchtigten Kindern in anderen Tests identifizieren. Eine testpsychologische Klassifikation ist bei individuellen Lernbeeinträchtigungen theoretisch nicht möglich. Gleiches gilt für die testpsychologische Definition von Legasthenie, MCD (minimaler cerebraler Dysfunktion) oder AD(H)S. Anders ist die Sachlage bei einer inhaltlichen Definition des Untersuchungsgegenstandes.

Verabschiedet man sich von diesen Mythen, dann sollte man auch darauf verzichten, nach Möglichkeiten einer testpsychologischen Differentialdiagnose zwischen Lern- und kognitiver Beeinträchtigung mit Hilfe kognitiver Verfahren zu suchen oder eine Differentialdiagnose zwischen „normalen", "gestörten" oder „hirngeschädigten" Kindern mit Motoriktests zu versuchen. Der Unsicherheitsbereich der Messungen ist auch bei konservativer Schätzung so hoch, dass sich Klassifikationen verbieten (die Prozentrangbänder sind vermutlich so groß, dass mehr Kinder in den Überschneidungsbereich zwischen den Gruppen fallen, als in die durch Grenzwerte getrennten Gruppen).

Dazu kam die Erkenntnis, dass ein sehr großer Prozentsatz von Schülern als zeitlich befristet „förderbedürftig" anzusehen ist, wenn man einmal den Schritt zur Integration gedanklich und praktisch begonnen hat - und damit den Schritt aus dem Konstanz- hin zum Veränderungsparadigma vorgenommen hat.

2.3 Vom Unbehagen an der Diagnostik

Versuchen Sie zunächst folgende Fragen für sich zu beantworten:
- Was verstehe ich unter Diagnostik?
- Wenn ich an die Diagnostik im (sonder-)pädagogischen Alltag denke, dann fühle ich mich…
- Bei der Durchführung und Interpretation von Tests, da fühle ich mich …
- Gutachten und Berichte mache ich gerne, weil …
- Gutachten und Berichte mache ich sehr ungern, weil ich mich … fühle.
- Wie stelle ich mir in meiner Praxis die ideale Diagnostik vor? Welche Bedingungen müssen erfüllt sein?

Befragt man Praktiker nach ihrer spontanen Reaktion auf die Diagnostik, so wird oft spontan Unbehagen geäußert. Das Unbehagen an der Diagnostik geht wiederum auf das Unbehagen an einer überalterten Methodik und einem veralteten Menschenbild zurück, das für die Zwecke einer neuen Sonderpädagogik angesichts des Integrationsgedankens nicht mehr geeignet ist.

Was die Probleme mit der Diagnostik anbelangt: schon 1973 hat Eggert so in einem Artikel für das Schulverwaltungsblatt in Niedersachsen auf einige Schwierigkeiten hingewiesen, die sich eigentlich in den inzwischen verstrichenen mehr als dreißig Jahren nur noch verschärft haben (Eggert 1973, 117-123):

"Es gibt eine Reihe von allgemeinen Problemen einer sonderpädagogischen Diagnostik.

Das erste Problem ergibt sich aus dem Wunsch der Praktiker, beim Einsatz psychologischer Tests konkrete Zahlenwerte zu erhalten, die über die Zuweisung oder Nichtzuweisung zu einer bestimmten Schulform entscheiden … Neben der Frage, ob selbst die besten psychologischenTestverfahren so hohen Anforderungen genügen können, steht die Frage, ob die jeweiligen Schulformen so einheitlich strukturiert sind, dass sie nur Schüler gleicher Merkmalsausprägungen aufnehmen … Kaum ein einziges behindertes Kind weist eine einzige Behinderung auf, fast alle können als „mehrfachbehindert" bezeichnet werden … Ein weiteres Problem ist die Frage der zur Verfügung stehenden Zeit. Die ... festgesetzte Prüfungswoche scheint ... nicht ausreichend ... Das Erkennen von Möglichkeiten und Grenzen der sonderpädagogischen Diagnostik setzt eine intensive Ausbildung des Sonderschullehrers voraus ..., die eine laufende Fortbildung zur unumgänglichen Bedingung macht."

Angesichts der sich jetzt abspielenden Debatte erscheint diese Aussage von beklemmender Aktualität, wobei sich einige deutliche Verschlechterungen ergeben haben:

– die Frage der Randschärfe der "Behinderungsbegriffe" ist aktueller denn je, weil alte Selbstverständlichkeiten erledigt sind und durch den Integrationsimperativ ersetzt wurden,

– die Zeit für Diagnostik in der Ausbildung der Sonderpädagogen eher kürzer als länger geworden ist,

– der Ausbildungsstandard drastisch verschlechtert wurde (vor allem durch eine sehr deutliche Verkürzung der für Diagnostik zur Verfügung stehenden Zeiten),

– eine Fortbildung in Diagnostik in der offiziellen Lehrerfortbildung praktisch nicht existiert,

– die Vorstellungen der Schulverwaltung zum „sonderpädagogischen Förderbedarf" oder zum „sonderpädagogischen Förderzentrum" oft unklar sind.

Dazu findet sich am Vorgang der Diagnostik ein weit verbreitetes emotionales Unbehagen der an der Praxis beteiligten Personen - gleich ob dies nun Sonderpädagogen, Motologen, Motopäden, Diplompädagogen oder Psychologen sind. Wie fühlen sie sich und was denken sie in ihrer Praxis?

Um die Probleme hinsichtlich des alten Paradigmas zu kennzeichnen, folgt nun eine wahre Geschichte aus der heutigen Praxis: Bestimmung eines „sonderpädagogischen Förderbedarfs" anhand eines in 45 Minuten durchgeführten HAWIK-R „unter psychoanalytisch vertiefter Interpretation" in einem Schulversuch. „Vergessen Sie die so genannte Förderdiagnostik: ich zeige Ihnen, wie man in einer Stunde (Schulstunde = 45 min) maximal die Dinge eindeutig mit sonderpädagogischer Testdurchführung klärt." Diese von sich sehr überzeugte Frau verblüffte die Studierenden, die gerade ein Jahr lang in (sonderpädagogischer) Einzelförderung mit den nun vermeintlich lern-, sprachbehinderten und/ oder verhaltensgestörten Kindern gearbeitet hatten.

Nach Ansicht der Kollegin galt als wissenschaftlich gesichert, dass ein Kind mit einem IQ von > 85 als verhaltensgestört und ein ähnliches Kind mit einem IQ < 85 als lernbehindert zu gelten habe. Dies stellte sie mit einem "psychoanalytisch verkürzten" HAWIK-R fest.

So sicher war die Diagnose dann aber doch später nicht, weil die zuständige Förderschule bei ihrer (einwöchigen) Überprüfung nicht zum Urteil eines erhöhten sonderpädagogischen Förderbedarfs kommen mochte.

Jetzt wird wieder von den Förderschulen der angefallene Berg von Meldungen zur „Feststellung des sonderpädagogischen Förderbedarfs" bearbeitet und wieder ist die Frage, ob man zur „Objektivierung" der Beurteilung nicht besser doch einen standardisierten Test der Intelligenz machen solle, anstatt sich auf die „unsicheren" Angaben zur Schulleistung zu verlassen. Angeblich sollen auch Verwaltungsgerichte eine solche Angabe einfordern.

Das Unbehagen an der Diagnostik geht auch auf das Unbehagen an einer (überholten) Methodik und einem Menschenbild zurück, das für neue Zielvorstellungen angesichts des Integrationsgedankens nur wenig geeignet erscheint. Dies soll im Folgenden an Äußerungen einer Gruppe von Lehrern aus einer Schule mit Förderschwerpunkt Sprache demonstriert werden (1993 registriert):

Was Lehrern zur Diagnostik einfällt:

Zu den Untersuchungstagen
„Oh Graus, wieder ein Gutachten!" – „zu wenig Zeit für die Kinder!" – „Unsicherheit" – „ungünstige Bedingungen" – „unangenehme Entscheidungen treffen müssen." – „falsche Beurteilungen von Kindern." – „Die armen Kinder !" - „... Fließbandarbeit !"

Zum Gutachten:
„Diese blöden Gutachten, wer liest die schon?" – „zu große Verantwortung." – „... kann dem Kind mit meinen Aussagen nicht gerecht werden,

---

weil ich über Förderung nichts aussagen kann." – „Täusche ich die Eltern nicht über das Schicksal des Kindes?" – „Schwierig, es den Eltern zu erklären." – „Ist mir unwohl, weil ich mit schlechten Mitteln Lebensentscheidungen fällen muss." – „Ich weiß viel zu wenig vom Kind." – „Kinder passen nicht in die Kategorien!" – „Fördermaßnahmen müssten mehr verdeutlicht werden."

Oder eine andere Gruppe von Lehrern, die im Frühjahr 1996 an einer Fortbildungsveranstaltung in Brühl teilgenommen haben:

Wenn ich an das Beratungsgutachten denke, dann
... fühle ich mich sehr gefordert, weil ich denke dass die VO-SF auch zur Herabsetzung des sonderpädagogischen Standards dienen könnte. – ... neugierig, aufgeschlossen. – ... unsicher, überfordert, nicht genug ausgebildet, herausgefordert.

Was die Diagnostik anbelangt, sicher fühle ich mich:
... zunächst mal bei nichts. Eigentlich nur bei konkreten genauen Beobachtungen von Kindern. – ... bei formellen Tests für "E-Klassen". ... bei Verhaltensbeobachtungen und der Anwendung bekannter Verfahren.

Unsicher fühle ich mich, wenn:
... ich Beobachtungen in kurzer Zeit als Grundlage des Gutachtens verwenden soll. – ... wenn ich das Umfeld des Kindes nicht kenne. – ... ich nicht genug kooperieren konnte. – ... bei Grenzfällen, bei starken Schwankungen in der Entwicklung des Kindes, bei Problemen mit den Eltern.

Ich bin stolz auf meine Gutachten, weil:
... ich weiß, dass das Kind im Rahmen der vorgeschlagenen Möglichkeiten wirklich am besten gefördert werden kann.
... bin nicht stolz, das trifft es nicht. – ... sie sehr ausführlich und gut durchdacht sind. – ... ich mich stets bemühe, das Kind aus verschiedenen Blickwinkeln zu betrachten. – ... ich mit Eltern und Kollegen zusammengearbeitet habe.

Diagnostik halte ich ganz allgemein für:
... eine dauernde Aufgabe. – ... wichtig im Sinne von Förderdiagnostik. – ... sinnvoll und notwendig für jede Förderung.
... bedenklich, wenn sie zum "Stempel" wird. – ... weiterschreibungsnotwendig.

Wann ist ein gutes Gutachten zu erwarten?
... wenn ausreichend Zeit da ist. – ... wenn es keine "Schulamts-Quoten" gibt. – ... macht keinen Spaß. – Gut bei Kooperation aller Beteiligten. – ...

wenn man gutes Handwerkszeug hat. – ... wenn man Verantwortung für Entscheidungen teilen kann.

Tests sind meiner Meinung nach:
... nicht der ausschlaggebende Faktor. – ... nicht ganzheitlich. – ... ein Baustein im Verfahren.
... hinken immer der Zeit hinterher – das liegt im System. – sie schränken die Sicht der Persönlichkeit immer ein.

Integration, das werden wir:
... noch lange als Gegenstand von gesellschaftspolitischen Auseinandersetzungen auf der Tagesordnung haben.
... unter den gegebenen Bedingungen (kostenneutral) nicht schaffen. – ... als Perspektive immer vor Augen haben.
... kann ich gar nichts dazu sagen, da das „Integrationsverständnis" erst geklärt sein müsste.

Sonderpädagogischer Förderbedarf ist doch nur ein anderes Wort für Sonderschulbedürftigkeit – oder?
... Nein. „Sonderschulbedürftigkeit ist an Institutionen gebunden, Förderbedarf eher nicht."
... ich glaube nicht, dieser Förderbedarf ist ein neuer und umfassender Anspruch für Sonderpädagogen.
...von der Wortbedeutung her „Nein". Ist eher positive Formulierung gegenüber der Defizit-Beschreibung.
... auch Regelschüler können einen „besonderen" Förderbedarf haben.

Wenn ich an anderen Schulen als Ambulanz-Lehrer, sonderpädagogische Doppelbesetzung arbeiten soll, dann denke ich an ...
... Stress, Aufwand, Fahrzeiten. – ... kollegiale Zusammenarbeit. –- ... Rollenklärung im Team. – ... Neudefinition des pädagogischen Selbstverständnisses. – ... hoffentlich werde ich nicht zum „Kartenzimmer - Pädagogen", d.h. habe genug Zeit – in einer Klasse pädagogisch zu arbeiten.

Was brauchen wir von der Schulverwaltung, um besser arbeiten zu können?
... Geld ! – ... Freiheiten und Entscheidungskompetenzen. – ... Zeit. – ... Lehrerressourcen. – ... Lehrer.
... veränderten Anspruch an Normsetzungen in der allgemeinen Schule.

Nun könnte man angesichts des bekannten Problems der Überalterung in der Schule meinen, dies seien Äußerungen älterer, von der Praxis langjährig frustrierter Kollegen in der Sonderschule. Was meinen aber wesentlich jüngere Studierende im Studiengang Motologie in Marburg (registriert in Marburg, Dezember 1994), die eine therapeutische Tätigkeit außerhalb der Schule anstreben?

Gefühle von jüngeren Diagnostikern

Zu Tests fällt mir ein:
– *Kommazahl aufgrund einer Leistungsmessung, – Stress für das Kind, – Prüfungssituation, – Schwächen aufdecken können, – „Durchgefallen", – Eignungstest, – Panik, – unterschiedliche Tagesform der Kinder und Tester, – Druck, – Unwohlsein, Stress, Magenschmerzen, – Überforderung, – Unsicherheit*

Diagnostik?
– *danach fühle ich mich unwohl, – habe ich ein Gefühl von Anmaßung, – kann nie wirklich objektiv sein, – zu starke subjektive Färbung der Aussagen, – Voraussetzung für gute Förderung des Kindes, – notwendig, um helfen zu können, – darf kein unumstößliches Urteil sein, – kann missbraucht werden von „höheren Instanzen" zu Zwecken, die nicht beabsichtigt wurden, – nur für Statistik wichtig, – kann ein falsches Bild abgeben, wenn Kind und Versuchsleiter nicht zusammenpassen, – halte ich für eine zwiespältige Sache*

Wann macht es Spaß diagnostisch zu arbeiten?
– *eher zu zweit als allein, – in einem gewohnten Umfeld, – ohne Zeitdruck, – aus Interesse am Kind, – um Fortschritte im Rahmen einer Förderung festzustellen, – wenn es keiner merkt, – wenn Bezug zur Therapie möglich ist, – wenn es mir Spaß macht.*

Auch hier überwiegt ein Unbehagen. Noch deutlicher äußern sich Studierende der Sonderpädagogik aus Hannover, die im SoSe 94 befragt wurden:

Studenten der Sonderpädagogik zur Diagnostik SoSe 94

Was verstehe ich unter Diagnostik?
Suche nach einem Defizit – Konkretisierung der Defizite – Feststellung des Entwicklungsstandes – Wissen, was das Kind kann – Tests zur Messung der Leistung – Beurteilung eines Menschen auf Eigenschaften, Fähigkeiten und Mängel – Krankenbild erstellen – Chance für Fördermöglichkeiten – Störungsbilder erfassen – Erkenntnisse für Förderungen

Welche Gefühle sind damit verbunden?
Krankenhausatmosphäre – Abstempelung – Angst bei Betroffenen – der Mensch wird wissenschaftlich oberflächlich betrachtet – Rechtfertigung für Gelder – Druck von außen – gemischte Gefühle in Bezug auf das Ergebnis – Unbehagen in Bezug auf die Auswirkungen – kritische Gefühle wegen der Gefahr des Schubladendenkens oder der Gefahr von Fehldiagnosen – oft zu subjektiv, da zu wenig Zeit – Schüler fühlen sich unter Druck gesetzt

Bei Studierenden ohne große Praxiserfahrung überwiegt offenbar eine Vorstellung, welche die Diagnostik in die Nähe der Krankenhausatmosphäre rückt und
die eine Suche nach Defiziten umfasst. Es besteht auch ein Verständnis dafür,
dass Gutachten eine hohe Bedeutung für den Lebenslauf des Probanden haben. Es wird – wie auch bei den anderen Befragten – nicht gesehen, dass Gutachten oft auch korrigiert werden oder gelegentlich auch einmal falsche Aussagen enthalten, weil sie nämlich persönliche Stellungnahmen berücksichtigen
können – was für ärztliche Gutachten selbstverständlich ist. Alle Befragten haben die Vorstellung, in einem Gutachten unumstößliche Tatsachen beschreiben zu müssen. Ein anderes Verständnis von Gutachten geht davon aus, dass
es nach besten Wissen und Gewissen angefertigt wird – aber nicht in der Ge-
wissheit.

Nun könnte man meinen, dass es bei den Lehrern und Studierenden an der
mangelnden Zeit für die Diagnostik liegen könnte und dass Schulpsychologen
da besser und zufriedener urteilen würden. Und was denken Schulpsychologen über ihre diagnostische Praxis im Übergangsfeld von Schule und Psychologie (Luxemburg, Februar 1995)? Bei dieser Berufsgruppe wäre theoretisch
aufgrund der Ausbildung am ehesten eine hohe Zufriedenheit mit den bewährten diagnostischen Methoden zu erwarten.

> *viele Spekulationen abgegeben werden – Statistik – notwendig, um helfen zu können – gezielte Förderung des Kindes – für selbstherrlich – Eingriff in die Lebenssphäre des Kindes – Gelegenheit, einen Menschen besser kennen zu lernen – eine Herausforderung*
>
> **Test, dazu fällt mir ein....**
> *– nichts mehr – Kommazahl aufgrund einer Leistungsmessung – Stress für das Kind – Prüfungssituation – Therapiebegründung – Möglichkeiten, Schwächen aufzudecken – „durchgefallen" – Panik – Druck, Stress, Unwohlsein, Magenschmerzen, Überforderung, Unsicherheit, – Mitgefühl mit dem Kind, – Kontaktaufnahme, Etikettierung vermeiden – dass Testaussagen und schulische Anforderungen oft nicht übereinstimmen*
>
> **Fühle mich unwohl nach der Abgabe eines Berichts...**
> *- wenn der Bericht von übergeordneten Instanzen missbraucht wird, – wenn die Konsequenz dem Individuum nicht entgegenkommt, – wenn Missverständnisse mit den Eltern, Kollegen etc. entstehen, – mir ist dabei generell unwohl, da meine Diagnostik ja nie objektiv ist, – wenn mein Bericht aus Zeitdruck unvollständig ist, – wenn Vorschläge, Entscheidungen nicht kindbezogen, sondern von Einrichtungen abhängig sind, – wenn Lösungsvorschläge in der Praxis nicht durchführbar sind.*

Diagnostik im Allgemeinen wird von den Psychologen tendenziell positiver gesehen. In der eher skeptischen Beurteilung der Rolle von Tests ergeben sich jedoch kaum Unterschiede zu den anderen Gruppen.

Es besteht also ein Unbehagen an der diagnostischen Tätigkeit, vor allem in der Anwendung von Testverfahren. Warum?

Es ist nicht nur das dumpfe Unbehagen an einer überalterten Methodik, sondern das Gefühl ist umfassender. Die impliziten Zielsetzungen der alltäglichen Arbeit und die Methoden der Diagnostik haben sich voneinander entfernt: der oben angekündigte Paradigmenwandel hat in den Köpfen bereits begonnen. Menschen in der sonderpädagogischen Praxis haben Schwierigkeiten dabei, sich in den neuen Leitbildern auch wohnlich einzurichten und alte Einrichtungsformen und veraltete und unzweckmäßig gewordene geistige Möbel aufzugeben - ein sehr menschlicher Vorgang. Man kann auch ein Bild von PALMOWSKI (1995) verwenden und sagen: neue Erfordernisse bringen uns dazu, den „Werkzeugkasten" der Alltagspraxis mit neuen Werkzeugen für neue Situationen zu füllen, um die neuen Probleme lösen zu können. Aber es fällt schwer, sich von den alten Werkzeugen zu verabschieden.

Es ist auch ein positives Fazit möglich, denn die Äußerungen der Marburger Studierenden enthalten auch ein Bild einer Diagnostik, die eher befriedigen könnte:

> Diagnostik kann Spaß mit den Kindern zusammen machen in einem gewohnten Umfeld, wenn sie nicht festlegt, sondern zur Förderung gehört und viele Fördervorschläge möglich macht und wenn sie Vergangenheit, Gegenwart und Zukunft des Kindes miteinander verknüpft.

Der Anspruch, der von Praktikern gestellt wird, kann durch die „klassischen testdiagnostischen Methoden" nicht erfüllt werden. Eine kritische Bewertung dieser Methoden erfolgte in Kapitel 2.2.

2.4 Über den Wandel der Vorstellungen von der Brauchbarkeit der Diagnostik im Zusammenhang mit dem Wandel der Modelle

Die folgende Abbildung versucht zu verdeutlichen, dass die beschriebene Ernüchterung in Bezug auf den Ertrag psychometrischer Verfahren in der Pädagogik und Therapie auf Veränderungen von Sichtweisen zurückgeht, die in den letzten 40 Jahren stattgefunden haben. Wir haben in der Mitte der 60er Jahre voller Optimismus in das scheinbar volle Glas der Psychometrie sozusagen von unten gesehen und das wohl eher nur halbvolle Glas für „voll" gehalten. Nach dem Paradigmenwandel sehen wir 40 Jahre später wohl eher von oben in ein halb leeres Glas, das wir jetzt eher für „leer" halten[10].

Eine Veränderung der Sichtweise des Entstehens von Lern- und Entwicklungsproblemen von Kindern hin zu einer systemischen Betrachtung führt zwangsläufig an die Grenzen der Möglichkeiten der klassischen Testdiagnostik, die eher die Leistungen von Individuen in Bezug auf Normen elementarisiert und klassifiziert als inventarisiert und integriert, also einem ganzheitlichen Verständnis entgegensteht.

Kinder erleben Situationen nicht im Sinne einer maximalen Entfaltung ihrer Leistungskapazität unabhängig von Menschen und Situationen, sondern jede Testaufgabe und jede Beobachtung ist das Ergebnis einer sehr spezifischen Interaktion mit Personen und Aufgaben in einer ganz bestimmten Situation.

Eine ganzheitliche handlungsorientierte Konzeption von Persönlichkeit geht von der Voraussetzung aus, dass es zwar möglich ist, einzelne Kompetenzen und Fähigkeiten einer Person zu beschreiben, dass die Persönlichkeit jedoch

---

[10] Dabei sind Anwendungsbereiche nach wie vor denkbar, in denen eine quantitative und normative Diagnostik auch heute noch einen hohen Stellenwert besitzen dürfte, z.B. im Bereich einer funktionellen oder psycho-neurologischen Diagnostik.

mehr als die Summe dieser Einzelkomponenten ist. Persönlichkeit ist das Resultat sehr komplexer Wechselwirkungen, die z.B. im Zusammenspiel von Kompetenzen und Ich-Identität, Motivation, Erfolgserwartung, Selbstkonzept und spezifischer Umwelt (Familie, Schule, Freizeit) entstehen.

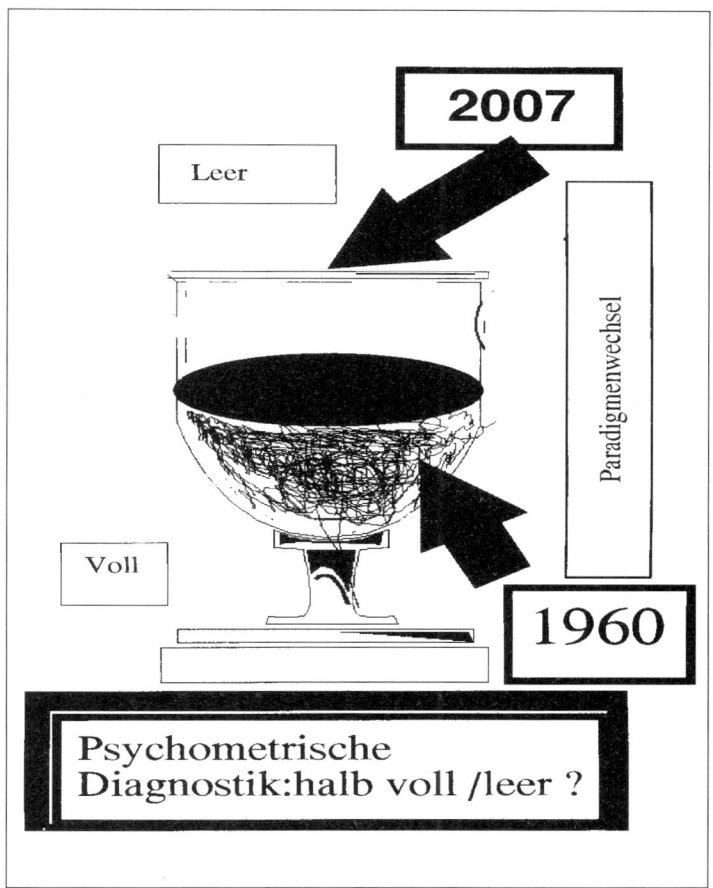

Abb. 8: Paradigmenwandel in der psychometrischen Diagnostik

Unter ganzheitlichen Gesichtspunkten verändert sich so die bislang scheinbar sehr einfache praktische Situation der Diagnose und Förderung in der Schule bei lern- und entwicklungsauffälligen Kindern. Eine Arbeitsteilung in Diagnostiker und Therapeut ist eine Elementarisierung der Förderaspekte eines Kindes und gilt nur als begrenzt sinnvoll, weil sie eher da die Regel ist, wo nicht ganzheitlich gedacht wird. Wenn so z.B. ein Kliniker eine motorische Entwicklungs-verzögerung diagnostiziert und deshalb die Überweisung des Kindes zu einem Physiotherapeuten oder Motopäden vornimmt, der ohne Betrachtung der schu-lischen Probleme und des familiären und Umwelt-Hintergrundes dann zu sei-ner gelernten rein psychomotorischen Intervention schreitet, dann ist das ein klassisches „elementarisiertes" Vergehen.

Motorische Probleme sind aber oft nur Signale beeinträchtigter Systembezie-hungen oder von anderen psycho-ökologischen Problemen. Die arbeitsteilige Elementarisierung der Persönlichkeit des Kindes hilft dann für Diagnose und Förderung wenig. Mattner (1989) schreibt z.B. über das Problem der Ganzheit-lichkeit innerhalb der Motologie und über die Grenzen eines solchen elementaristischen Denkens: „`Dafür bin ich aber nicht zuständig! Ich bin doch Bewegungsfachmann!` sagt im Rahmen einer Supervisionssitzung der Moto-pädagoge, der immer mehr erkennen muß, dass die Ursachen der von ihm behandelten Bewegungsinsuffizienz mehr im familiären Milieu lagen und weit weniger im unzulänglichen Bewegungsapparat der betroffenen Kinder" (Matt-ner 1989, 19). Im traditionellen Denken werden verschiedene Aspekte einer Tätigkeit getrennt gesehen, weil man sich dadurch eine Erhöhung der Effizienz des Vorgehens erwartet - dabei ist aber oft das Gegenteil der Fall.

Unter ganzheitlichem Gesichtspunkt empfiehlt sich die Kooperation im Team (und zwar nicht nur unter den Fachleuten, sondern auch mit dem Kind und der Familie), weil z.B. die Rolle des Lehrers nicht allein daraus besteht, sozusagen alle einzelnen Fachkompetenzen in einer Person zu repräsentieren, sondern die Interessen und Bedürfnisse des Kindes als „Anwalt des Kindes" in der Run-de der Fachleute zu vertreten. Die Integration eines arbeitsteiligen Vorgehens kann so durch diese Anwaltsfunktion gewährleistet werden. Genauso kann man sich vorstellen, dass die Arbeit in einem Team in der Zusammenarbeit eine andere Struktur entstehen lässt: es geht zuerst um Zusammenhänge und dann um Spezialisierungen.

Ein zusätzliches Problem besteht darin, dass das gegenwärtige Schulsystem aufgrund seiner hohen Differenzierung in verschiedene Schulformen und zu-sätzlich noch zwischen verschiedenen Förderschulformen inhaltlich immer noch primär auf Klassifikation und Selektion angelegt ist. Gegen diese Tendenz wird man sich wenden müssen, kann dabei aber erwarten, dass Widerstände entstehen werden. Die Selektionstendenz des Schulsystems - die sich z.B. in der Versetzungsordnung zeigt - bleibt bestehen, auch wenn wir uns gemein-sam zu neuen Formen von Diagnostik entscheiden.

Da bekanntlich Veränderungen in der Schulorganisation sehr langsam verlau-fen, wird auch die schrittweise Zuwendung zu einer gemeinsamen Unterrich-tung von Kindern mit und ohne Beeinträchtigung zuerst nur wenig an der be-stehenden Tendenz ändern, zuerst institutionsbezogen zu denken. Die Abkehr von der Testdiagnostik in der Sonderpädagogik wäre jedoch ein wichtiger

Schritt im Hinblick auf eine Veränderung des Denkens und Handelns[11]. Die Frage ist dann nicht mehr, in welcher Schulform ein Kind gut gefördert werden kann, sondern wie es individuell besser in seiner Klasse gefördert werden kann.

2.5 Kriterien für die Einschätzung der Qualität einer individuellen Diagnostik – Qualitative Gütekriterien

Das Ergebnis einer Arbeit mit qualitativen diagnostischen Methoden ist nun keineswegs so subjektiv und willkürlich, wie es einem furchtsamen oder aber skeptischen Leser bei einem ersten Blick scheinen mag. Die von Fachkräften in hoher Professionalität zusammengestellten Beschreibungen und Überlegungen aufgrund von lang dauernden Beobachtungen sind das Ergebnis eines Kooperationsprozesses von pädagogischen Fachkräften mit beträchtlichen Kompetenzen, die sich gemeinsam um eine optimale Förderung im Interesse des Kindes bemühen. Es ist eher ein Appell an das professionelle Selbstverständnis der Lehrer und anderer pädagogisch-therapeutischer Fachkräfte angebracht und an ihren Sachverstand.

Der Entscheidungsvorschlag einer Förderkommission bei der Frage der Aufnahme eines Kindes in eine Integrationsklasse z.B., beruht nicht nur auf einem sonderpädagogischen Beratungsgutachten und einem Klassenlehrer-Bericht, sondern auf dem pädagogischen Handlungswissen von sehr verschiedenen Personen in diesem Ausschuss - in ähnlicher Weise kann ein interdisziplinäres Team eine hohe intersubjektive Übereinstimmung durch die Qualität der Kooperation erreichen.

Die mögliche intersubjektive Übereinstimmung der Entscheidung wird durch die gemeinsame Handlung und das Ausmaß der Professionalität der am Prozess Beteiligten garantiert.

Eine Methodik der differenzierten individuellen Einzelfallbeschreibung wird sich der Kritik also mindestens in den folgenden Bereichen stellen müssen:
- In der Frage der Reichweite der Interpretation der ermittelten Daten,
- in der Frage der Qualität der Beobachtung und Beschreibung und
- in der Frage der Relevanz der Berichte für den Betroffenen und seine Förderung.

Um die Erfordernis der Reflexion dieser Bereiche zu verdeutlichen, wird im Folgenden auf diese genannten Aspekte im Detail eingegangen.

---

[11] Damit ist übrigens nicht gemeint, dass man in Zukunft von einer Erfüllung von sonderpädagogischer Förderung nur in Integrationsklassen ausgehen sollte. Es hat sich auch in den Ländern mit einer breitflächigen Umsetzung der Integration gezeigt, dass sonderpädagogische Hilfen auch in sonderpädagogischen Spezialgruppen erforderlich bleiben.

2.5.1 Wege einer förderungsorientierten Diagnostik

Der Weg zu einer förderungsorientierten Diagnostik kann in folgenden Schritten gesehen werden (vgl. Eggert 1997, 127).

BEOBACHTEN

- Was beobachte ich? (Ausschnitt Entwicklung)
- Wie beobachte ich? (Vorgehen)
- Wozu beobachte ich? (Sinn, Ziel)
- Welche Situationen? (Alltag, Labor)

BESCHREIBEN

- Das Gesehene beschreiben!
- Bedeutung der Formulierung (wertfrei)
- Welches Schema wird zur Strukturierung genutzt?

BEWERTEN/EINSCHÄTZEN

- Hypothesenbildung bzgl. gesehenem Verhalten
- Hypothesen und Alternativhypothesen bzgl. Möglichkeiten und Grenzen der Förderung formulieren
- Beschreibung der Entwicklungsstufe!

ERKLÄREN

- Entwicklungsverlauf, Anamnese
- Was hat verstärkt, vermindert, gehemmt?
- Beeinflussungsfaktoren
- Interpretation des Gesehenen
- Wie ist es entstanden? (Vergangenheit)
- Wie ist es jetzt? (Gegenwart)
- Wie kann es werden? (Zukunft)

VORHERSAGEN

- Aufstellen von Zielen und Methoden
- Was kann unter welchen Bedingungen geschehen?
- Was könnte die nächste Stufe der Entwicklung sein?
- Was könnten fördernde und hemmende Umstände sein?

Im Rahmen einer qualitativen Einzelfalldiagnostik ist es von besonderer Bedeutung sich die Anforderungen, die an den Pädagogen bzgl. der Beobachtung, Beschreibung und Interpretation der kindlichen Handlungen gestellt werden, bewusst zu machen.

Das bedeutet, dass ich mir als Pädagoge im Vorhinein überlege, in welchen Situationen ich *was* bei einem Kind *wie* und *wozu* beobachten möchte (vgl. Eggert 1997, 127). Was ist mein Ziel und was mein Vorgehen in der **Beobachtung**?!

Die nächste Aufgabe besteht darin, das Kind und sein Verhalten anhand der zuvor erzielten Beobachtungen zu beschreiben. Den Ausgangspunkt für eine Beschreibung bilden zunächst die Stärken des Kindes. Zur **Beschreibung** des Gesehenen können bestimmte Strukturierungshilfen genutzt werden. Jedoch sollte der Beobachter auch stets seine eigenen Beobachtungen in Form einer *Eindrucksanalyse* festhalten. In dieser Eindrucksanalyse wird nicht allein auf die zu beobachtenden Schwerpunkte Bezug genommen, sondern kognitive, sozial-emotionale und andere Aspekte kindlicher Entwicklung (z.B. Aufgaben-verständnis, Frustrationstoleranz, Konzentration, Lösungsstrategien, Eigenhei-ten in der Handlungsausführung etc.) werden ebenso berücksichtigt.

Eine reine Beschreibung zeichnet sich durch eine wertfreie Formulierung aus. Dabei kann der Beobachter seinen Fokus jeweils auf einen bestimmten Be-reich der Entwicklung legen, so dass dieser dann detaillierter beobachtet wer-den kann.

Wurde das Verhalten beschrieben, erfolgt eine **Einschätzung** des Verhaltens. Eine Einschätzung kann in Form einer ersten Hypothesenbildung bezüglich des gezeigten Verhaltens erfolgen. Für ein beobachtetes Verhalten sollte je-weils eine Hypothese und mindestens eine Alternativhypothese aufgestellt werden. Eine Hypothese darf sich selbst nicht widersprüchlich sein oder/und auch nicht im Widerspruch zu anerkannten Tatsachen stehen (vgl. Suhrweier/ Hetzner 1993, 58f).

Innerhalb förderdiagnostischer Arbeit können sich *Hypothesen* auf folgende Bereiche z.B. beziehen:

- Ursachen bzgl. bestimmter Verhaltensweisen und/oder Behinderungen (Worin liegt Verhalten begründet?)
- Anforderungsprofil bzw. -analyse (Ist die Anforderung der Entwicklungs-stufe des Kindes entsprechend?)
- Vermittlung von Förderangeboten (Welche Förderung ist sinnvoll?)
- Effektivität von Fördermaßnahmen (Was hat wie gewirkt im Rahmen der Förderung? Was kann eine bestimmte Förderung erreichen?)
- Eltern(mit)arbeit (Wie wirkt Eltern(mit)arbeit auf den Förderprozess ein?)

Es kann ein und das gleiche Verhalten unterschiedlich gedeutet bzw. interpre-tiert werden. Um zu einer Einschätzung zu gelangen, die dem Verhalten von einer Person entspricht, ist es wichtig, mit der Person/dem Kind zu kommuni-zieren sowie es fortlaufend und in verschiedenen Situationen zu beobachten. Nur so können nach und nach erste Hypothesen ausgeschlossen oder bestä-tigt und neue Hypothesen formuliert werden. Hypothesen bzw. Annahmen müssen innerhalb der (sonder-)pädagogischen Arbeit stets überprüft, beurteilt und deren vorläufige Gültigkeit eingeschätzt werden. Es ist bereits wichtig, die Meinungen unterschiedlicher Experten zu hören.

Sind aufgrund von vielfältigen Informationen mehrere Schlüsse möglich, sollten alle denkbaren Schlussfolgerungen aufgeführt, als Hypothesen bezeichnet und Begründungen diesbezüglich aufgezeigt werden.

Anlehnend an einer ersten Bewertung werden Ziele und Methoden des weiteren Förderprozesses vorläufig bestimmt bzw. danach ausgerichtet (**Vorhersagen**). Der individuelle Förderbedarf des Kindes wird festgehalten.

Im Rahmen einer Bewertung erfolgt auch der Vergleich anhand individueller Veränderung (intrapersonell). Es können auch andere Vergleiche herangezogen werden, zum Beispiel ein Vergleich mit Kindern aus der gleichen Gruppe, der gleichen Klasse oder ähnliches (interpersonell).

Bei beiden Beschreibungen ist das Hauptanliegen die Frage, auf welchem *momentanen Entwicklungsstand* sich das Kind gerade befindet und was die *Zone nächster Entwicklung* für das Kind darstellt und wie man den Entwicklungsverlauf individuell beschreiben kann. Dazu ist es erforderlich, das Kind **fortlaufend** zu **beobachten** und auch in gleichen oder ähnlichen Situationen zu beobachten. Denn nur dadurch wird es dem Beobachter ermöglicht, direkt Veränderungen im Verhalten des Kindes festzustellen. Anhand eines Vergleichs von Situationen, kann der Beobachter versuchen, das Verhalten des Kindes zu erklären.

Eine **Erklärung** umfasst dabei die Dokumentation des bisherigen Entwicklungsverlaufs und die Fragen oder Begründungen, warum sich ein Kind wie im Verlauf entwickelt hat (stärkende und/oder hemmende Beeinflussungsfaktoren; in der Vergangenheit, der Gegenwart und der Zukunft) (vgl. Eggert 1997, 127).

Neben der Hypothesenbildung geht somit eine erste Interpretation des Gesehenen einher. Hierbei ist es wichtig, diese Interpretationen auch als solche kenntlich zu machen (z.B. es scheint, aus meiner Sicht, ich vermute, ...). Eine *Interpretation* des beobachteten Verhaltens erfolgt nach der Hypothesenbildung und bedeutet soviel wie "Erklärung" oder "Auslegung". Jede aufgestellte Hypothese umfasst entsprechend zugrunde liegender Theorien und/oder Vorstellungen von Entwicklung eine unterschiedliche Interpretation des Verhaltens. Demzufolge werden abhängig von der Hypothesenbildung und Interpretation verschiedene Förderziele aufgestellt (Vorhersagen).

Wenn ich als Pädagoge diese Schritte einer individuellen Förderdiagnostik durchlaufen habe, kann ich **Vorhersagen** bzgl. der nächsten Zone der Entwicklung und bzgl. der möglichen Beeinflussungsfaktoren anstellen.

Im Rahmen einer derartigen Diagnostik, die vom Kind ausgeht, werden sowohl die Stärken/Kompetenzen eines Kindes in verschiedenen Entwicklungsbereichen als auch seine Förderbedürfnisse ermittelt. Entsprechend der detaillierten Beobachtungen kann dann eine zielgerichtete Förderung initiiert werden.

2.5.2 Reichweite der Interpretationsfähigkeit der Daten

Die Aufgabe einer Einzelfalldiagnostik ist, über den aktuellen Stand der Entwicklung eines Menschen unter beeinträchtigenden Lebensbedingungen Auskunft zu geben, um ihn dann in seiner weiteren Entwicklung umfassend fördern zu können. Dieser Einschätzung seines Entwicklungsstandes und seiner Förderung sollte der Betroffene - wenn möglich - auch zustimmen können.

Die folgende Abbildung versucht in einer Übersicht über den Rahmen diagnostischer Handlungen zu zeigen, wie aus der Kenntnis der Gegenwart die vorangehende Entwicklung in der Vergangenheit erklärt, und die Möglichkeiten der Entwicklung in der Zukunft im Hinblick auf die gedachten **Fördermöglichkeiten** beschrieben werden können. Das Ziel ist es, möglichst optimale Förderbedingungen für die vorhandenen Förderbedürfnisse beschreiben und bereitstellen zu können. Eine quantitative Diagnostik bietet bislang nur eine auf Ergebnisse reduzierte Zustandsbeschreibung. Es fehlen inhaltliche Fragen zur Erweiterung der Perspektive in der Betrachtung der Biographie. Eine quantitative Diagnostik ist für dieses Geschäft weniger geeignet.

Montada (1985[12]), hat darauf hingewiesen, dass die (theoretischen) Grundfragen einer Entwicklungsdiagnostik zugleich auch die Grundfragen ihres praktischen Handelns sind; nämlich etwa die folgenden:

1. **Was ist** (also die Frage nach dem Entwicklungsstand)?
2. **Wie ist es geworden** (also die Genese von Entwicklungsproblemen)?
3. **Was wird** (also die Frage der Prognose)?
4. **Was sollte werden** (also die Festlegung von Entwicklungszielen)?
5. **Wie kann ein Ziel erreicht werden** (also die Spezifizierung von Methoden von Mitteln zur Zielerreichung)?
6. **Was ist geworden** (also die Evaluation der Prognose bzw. Intervention)?

Sinnrahmen diagnostischer Tätigkeit

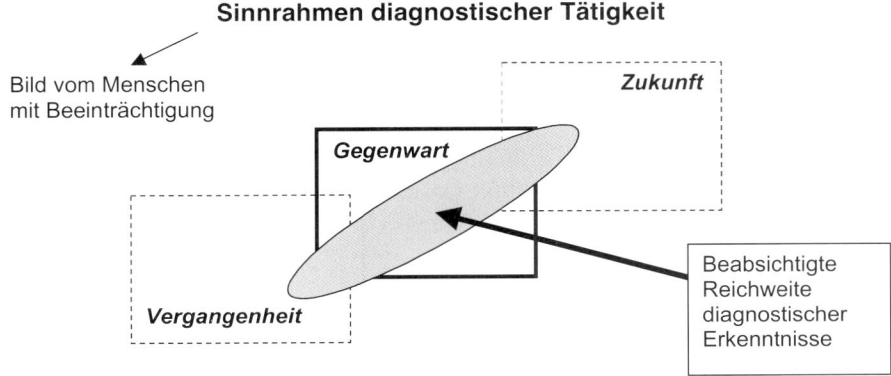

Abb. 9: Biographischer Rahmen für Diagnostik und Förderung

---

[12] Entnommen dem Beitrag von Deimann/Kastner-Koller, 1995.

Diagnostik kann nur dann Vergangenes und Zukünftiges aus der Gegenwart ableiten, wenn sie bereit ist, eine Fülle von miteinander verbundenen Informationen individuell und systemisch zu interpretieren.

Klassische Diagnostik würde auf eine eingeschränkte Stichprobe in Zeit, Traits und Personen abzielen.

Systemisch-orientierte Diagnostik kann im Alltag nicht hinter die komplexen Bedingungen zurück fallen, die diesen Alltag des Menschen kennzeichnen; ihre Methodik kann demnach nicht einfacher sein.

Die graphische Darstellung zeigt, dass der Sinnrahmen der diagnostischen Tätigkeit einen weiten Rahmen von zu erfassenden Gegenständen und Prozessen anstrebt.

Der Biographischer Rahmen für Diagnostik und Förderung in Abb.9 soll verdeutlichen, dass der klassische Ansatz der Diagnostik angesichts der oben beschriebenen Fragen nur auf einen sehr kleinen Ausschnitt aus dem diagnostisch bedeutsamen Bezugsrahmen ausgerichtet war. Quantitative Methoden erhellen nur einen schmalen Sektor der Gegenwart. Was wir brauchen sind aber qualitative Daten unter ganzheitlicher Zielsetzung, die Vergangenheit erhellen und Zukunft gestaltbar machen.

Die traditionelle normative Diagnostik ist für diese Aufgabe einer biographischen Analyse und einer zukunftsorientierten Bestimmung von Förderbedürfnissen wenig geeignet, da sie sich immer nur auf eine relativ begrenzte Stichprobe aus der Gegenwart bezieht und damit nicht unerhebliche Reduktionen in Bezug auf Stichprobe, Zeit, Persönlichkeitsmerkmale und Bezugsgruppe in Kauf nehmen musste. Dafür kann sie dann darauf verweisen, dass ihre Kenntnis der Bezugsgruppe so gut ist, wie es die Gütekriterien der Messung erlauben. Diese Reduktion auf quantitative Aussagen in einer punktuellen Untersuchung erwies sich in der Vergangenheit zwar als ökonomisch, war jedoch nur sehr beschränkt in der Reichweite der Interpretation der gewonnenen Daten.

Darüber hinaus scheint die Frage wichtig, wie weit Diagnostik hinter die komplexen Bedingungen zurückfallen darf, die einen Alltag des Menschen kennzeichnen. Unsere Ansicht ist, dass bei der Verwendung normativer Verfahren oder einer Diagnostik, die nicht lernprozess- oder entwicklungsprozessbegleitend ist, eine zu starke Reduktion der Komplexität erfolgen würde, was wiederum die mögliche Förderung einschränkt.

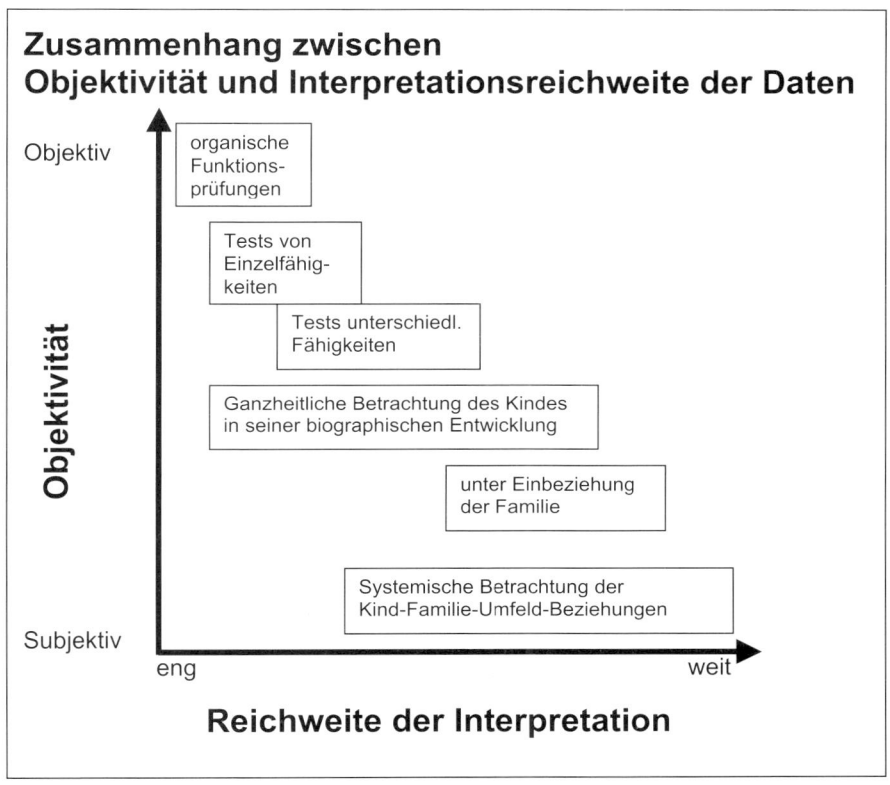

Abb.10: *Zusammenhang zwischen Objektivität und Interpretationsweite von Daten*

Einzelfallbeschreibungen auf der Grundlage von langfristigen Beobachtungen und Lern- und Entwicklungsprotokollen greifen auf so viele Informationsquellen im Zusammenhang des Förderprozesses zurück, dass sie allein durch diese Reichweite der Fragen schon ein komplexes und dadurch relevanteres Bild des Menschen geben können.

Die obige Abbildung versucht, diesen Zusammenhang zwischen der Objektivität der Messung und der Relevanz der ermittelten Daten in Pädagogik/Therapie zu verdeutlichen.

Im Sinne unserer obigen Ausführungen könnte man „subjektiv" auch mit „qualitativ" gleichsetzen. *Je qualitativer die Diagnostik, desto eher ist sie geeignet für eine systemische Analyse* des Prozesses der Entwicklung von Strukturen und ihrer Beziehungen - obwohl eine qualitative Diagnostik allein dazu nicht aus-

73

reicht. Aber für das Ziel einer prozessorientierten *systemischen* Diagnostik[13] gilt, dass „Diagnostik nicht hinter die Komplexität der Strukturen" zurücktreten kann, wenn sie effektiv bleiben will, das heißt notwendig komplex in der Beziehung zwischen „beschreibendem" und „beschriebenem" System bleiben muss (vgl. Schiepek 1986), um ein realistisches Bild von Persönlichkeiten, Strukturen, Bedeutungen, Beziehungen und Handlungen zu ermöglichen.

Eine quantitative Diagnostik mit dem Ziel „objektiver" normativer Beschreibungen umfasst ausschließlich einen sehr begrenzten Ausschnitt aus dem Spektrum der für die Förderung notwendigen Informationen; die Förderung muss damit auch ausschnitthaft bleiben.

Am "objektivsten" sind psycho-physiologische Messungen, die dann aber nur sehr wenig nützlich für die Planung einer individuellen Förderung sind. Auch die Daten aus Testbatterien verknüpfen in der Regel lediglich mehrere numerische Informationen in einem schmalen Anwendungssektor. Aus dieser Verknüpfung lassen sich Beschreibungen der Person und Möglichkeiten der Förderung wieder allein mit zusätzlichen Informationen gewinnen, die oft qualitativ sein müssen, um alltagsbedeutsame Aussagen machen zu können. Man kann vermuten, dass auch Testbefürworter so ihre klinische Urteilsbildung nie ohne qualitative Informationen getroffen haben; vermutlich waren diese oft nützlicher als die quantitativen.

Die vermeintliche Objektivität von testpsychologischen Daten war oft mit einer starken Verkürzung der Informationsdichte und der Relevanz der beobachteten Daten verbunden. So wurden oft nur sehr wenige Items für eine sehr weit reichende diagnostische Schlussfolgerung herangezogen; der Körperkoordinationstest für Kinder (KTK; Schilling/Kiphard 1974) besteht z.B. nur aus vier Aufgaben und macht sich anheischig, „den motorischen Entwicklungsstand" zu messen. Dabei erhebt sich dann die Frage, wie weit durch die Suche nach einem ökonomischen objektiven Instrument durch diese Reduzierung der Aufgabenzahl wiederum die Menge der erfassbaren Informationen eingeschränkt wurde. Was bedeutet ein motorischer Status, der auf nur vier Items beruht? Kann man daraus Förderbedarf ableiten und eine Förderung planen?

Am unteren Ende der Skala „Objektivität - Subjektivität" finden wir dann bei den „subjektiven" Methoden die uns interessierende Reichweite der Interpretation. Die hier liegenden Methoden haben den nötigen Interpretationsspielraum für Theorien großer Reichweite - für eine ganzheitliche Förderung eine wesentliche Voraussetzung.

---

[13] Im folgenden Kapitel soll der Versuch unternommen werden, den Aspekt einer systemischen Diagnostik detaillierter auszuarbeiten.

2.5.3 Fehlerquellen

Neben den ausführlich aufgeführten "Einwänden" hinsichtlich der Interpretation von Daten, folgen nun weitere Fehlerquellen, die bereits in der Beobachtung (1. Schritt eines diagnostischen Prozesses) auftreten können.
Dabei wird unterschieden zwischen Fehlerquellen, die…

- auf die Person des Beobachters
- auf die Aufgabe und/oder den Bedingungen
- auf die zu beobachtende Person

zurückgeführt werden können.

Fehlerquellen,
die auf die Person des Beobachters zurückgeführt werden können:

- Bedürfnisse, Motive des Beobachters
- Unzulässige Verallgemeinerungen aufgrund einzelner Beobachtungen (sog. Halo-Effekt)
- Erinnerungstäuschungen (Projektion, Rationalisierung, Verleugnung; Erinnerungslücken werden aufgefüllt)
- Eigene Persönlichkeitstheorie (Was ist mir wichtig? Fokus der Beobachtungen? Bedeutung einzelner Verhaltensmerkmale? ...)
- Eigenes Vorwissen (wissenschaftliche Theorien; Anamnestische Befunde der zu beobachtenden Person; Alltagstheorien)
- Fokus der Beobachtungen (gewählte Ausschnitte)
- Eigene Wahrnehmungsfähigkeit (visuell, akustisch, ...)
- Zu gute/schlechte Beurteilung oder Bevorzugung der Mitte
- Vermeidung an sich selbst beobachteter Merkmale
- …

Fehlerquellen,
die auf die Aufgabe und/oder die Bedingungen zurückgeführt werden können:

- Verfahren ermöglicht oder verursacht schnelle Einordnung, Klassifikation und damit auch sog. "logische Irrtümer"
  ➡ Zusammengehörigkeit von Merkmalen wird (fälschlich) angenommen
- Bei standardisierten Verfahren: Verfahren ist nicht neu standardisiert
  ➡ somit Vergleich mit "alter" Bezugsgruppe
- Irrtum des Mittelwertes (Vermeidung extremer Beurteilungen ist möglich)
- Nähe zum Beurteilungsbogen als Eingrenzung
- Eingrenzung aufgrund vorgegebener Beobachtungshinweise
  ➡ es wird nur beobachtet, was gefragt wird
- Ausstattung des Raumes (Größe, Aufteilung, Belichtung, Material, Bekanntheit, ...)

- Tageszeit
- Störfaktoren (Geräusche von außen oder Nebenräumen, ...)
- ...

Fehlerquellen,
   die auf die zu beobachtende Person zurückgeführt werden können:

- Person spielt eine Rolle (sog. Versuchspersoneneffekt)
- Person rückt sich selbst in ein günstiges Licht (gezielte Beeinflussung des Beobachters)
- Anpassung an die Gruppe (eigenes Verhalten wird zurückgestellt)
- Beeinflussung durch Beobachter/Autorität (eigenes Verhalten wird zurückgestellt)
- Beobachtete Person und Beobachter stellen sich nicht optimal aufeinander ein (Sympathie, Verständnis, Empathie, ...)
- Tagesform (Uhrzeit, Ereignisse, Wohlbefinden, ...)
- ...

Wie aus dieser, lange noch nicht vollständigen, Aufzählung deutlich wird, ist kein Beobachter davor geschützt, dass Fehlerquellen auftreten. Wichtig ist allein, dass sich jeder Beobachter über die möglichen Fehlerquellen bewusst ist und, dass er seine Beobachtungen hinreichend reflektiert. Eine Reflexion erfordert dementsprechend die Notwendigkeit einer kollegialen Fallberatung und/oder Supervision.

2.5.4   Qualität der Beobachtung und Beschreibung

Schon die ersten Erfahrungen zeigten, dass Befürchtungen bestehen, durch eine qualitative Diagnostik oder einen Individuellen Entwicklungsplan (I-E-P) könne ein besonders hoher Grad an Subjektivität die Qualität der ermittelten Daten und Beobachtungen beeinträchtigen. Offene Beobachtungen und verbale Beschreibungen schienen manchen Experten problematisch, weil sie sich aus ihrer Ausbildung heraus einem Ideal möglichst objektiver *quantitativer* Diagnostik verpflichtet fühlten. In qualitativen Aussagen wurde die Gefahr gesehen, dass die Auswahl der Beobachtungssituationen ohne entsprechende Vorschriften (wie sie Testanweisungen bislang boten) allzu individuell und damit willkürlich geschehen könne.

Dabei führt die Anwendung quantitativer und normativer Methoden keineswegs für sich allein schon zu der gewünschten hohen Objektivität, wie wir weiter oben festgestellt haben. Bei der Arbeit mit Testwerten müssen weit reichende Abstriche bei der Interpretation der Daten gemacht werden, oder es muss in großzügiger Weise Gebrauch von Hypothesen gemacht werden.

Auch Testbefürworter können oft spontan nur überraschend wenig an Interpretationen aus einzelnen Testergebnissen oder aus Testprofilen ableiten. Die diagnostische Erfahrung verhilft dann gelegentlich zu einer Fülle von Hypothesen aus der Verhaltensbeobachtung beim Testen. Aber dabei erhebt sich dann die Frage, inwieweit diese Hypothesen die Durchführung des Tests voraussetzen, und ob man sie nicht auch ohne Tests hätte finden können.

Auch wird oft angeführt, dass objektive Verfahren für eine „richtige" Einordnung wichtig wären oder dass von Verwaltungsgerichten oder anderen „höheren" Instanzen die Durchführung objektiver Tests verlangt würde. Dies kann man schon allein aus der Kenntnis der Tatsache bezweifeln, dass in der Vergangenheit zwar oft bis zu 90% aller Kinder bei Umschulungsverfahren mit Intelligenztests untersucht wurden, aber nur in ca. 30 - 40% der Umschulungsfälle der gemessene IQ auch die Grundlage der Entscheidung war (Eggert/ Schuck 1982).

Es gibt eine Fülle von **Gütekriterien qualitativer Verfahren**, man muss nur seinen Standpunkt ein wenig außerhalb des Spektrums einer quantitativen Methodik ansetzen.

2.5.5 Qualitative Gütekriterien

Die „**Intersubjektive Übereinstimmung**" ist der „Objektivität" gleichzusetzen, obwohl sie inhaltlich etwas völlig anderes anstrebt: die Übereinstimmung des diagnostischen Urteils in einem Team von Fachleuten mit hoher Professionalität sichert ein Zutreffen des Urteils. Es wäre nach den Wegen zu suchen, den Grad der Professionalität der Beteiligten zu erhöhen, indem nur ausgebildete Fachkräfte mit Erfahrung an Diagnostik-Teams teilnehmen etc.

Die Angaben zu einer **Entwicklungsprognose** beruhen gleichfalls auf dem Grad der Professionalität der Teammitglieder. Arbeiten Teammitglieder mit hoher Erfahrung sowie verschiedenen pädagogisch-therapeutischen Qualifikationen zusammen, so erhöhen sich die Gültigkeit der Vorhersagen und das Zutreffen der erwarteten Änderungsumstände. Je größer das Team und je umfangreicher die theoretischen Hintergründe der Teammitglieder, desto wertvoller werden ihre Prognosen sein.
Vergessen darf bei der Angabe von Entwicklungsprognosen nicht, dass diese ausschließlich hypothesengeleitet erfolgen kann, da kein Mensch die Entwicklungsmöglichkeiten eines anderen Menschen vorhersagen kann.

Auch so etwas wie eine „**Generalisierung**" ist aufgrund der diagnostischen Beobachtungen und Schlussfolgerungen auf dem Hintergrund der Teamerfahrung möglich. Stimmen die im Team getroffenen Schlussfolgerungen logisch und sind sie mit einer allgemeinen Theorie des Lernens und der Entwicklung zu vereinbaren, so können die Ergebnisse generalisiert werden.

Qualitätskriterien einer qualitativen Lernförderungsdiagnostik im Team

1. „Intersubjektive Übereinstimmung" durch Übereinstimmung des diagnostischen Urteils eines Teams von Fachleuten mit hoher Professionalität.

2. „Validität" durch eine Entwicklungsprognose auf dem Erfahrungshintergrund (Theorie und Praxis) der Teammitglieder (Vorhersage der Entwicklung aufgrund professioneller Erfahrungen).

3. „Generalisierung" der diagnostischen Beobachtungen aus dem Erfahrungshintergrund (Theorie und Praxis) des Teams (Konsens im Team) und aus der Übereinstimmung von Diagnose und Fördervorschlägen mit einer allgemeinen Theorie des Lernens, der Entwicklung und der Förderung.

4. Erweiterung der Relevanz der diagnostischen Daten durch die größere Perspektive einer systemischen Betrachtungsweise (ökologische Validität).

5. Übereinstimmung der Einschätzungen und Prognosen mit der Sicht der Betroffenen (kommunikative Validität).

2.5.6 Relevanz der Berichte für den Betroffenen und seine Förderung – Frage der ökologischen und kommunikativen Validität

Wird der Prozess der Diagnose und Beschreibung dann zusammen mit dem Betroffenen erarbeitet und findet seine Zustimmung, so kann die Übereinstimmung der Berichte zwischen Beobachtern und Beobachtetem ein zusätzliches Kriterium für die Qualität und das inhaltliche Zutreffen der Aussagen sein. Die Zustimmung des Betroffenen zu den Fördervorschlägen (**kommunikative Validität**) demokratisiert nicht nur den diagnostischen Vorgang, sondern schafft eine neue Dimension der Beurteilung der Güte.

Voraussetzung ist die gleichberechtigte Zusammenarbeit verschiedener gut ausgebildeter Fachkräfte im interdisziplinären Team ohne allzu große Kompetenzunterschiede. Die Professionalität der Teammitglieder sichert dann die Güte der Diagnose. Die Qualität der diagnostischen Urteilsbildung und der Prognose ergibt sich aus der Relevanz der Befunde für eine Veränderung der Lebenssituation des Betroffenen. Eine Entwicklungsprognose aufgrund der Erfahrungen (Theorie und Praxis) eines qualifizierten Teams in einem breiten diagnostischen Spektrum durch Konsens im Team besitzt eine Validität, die dem Grad der gemeinsamen Erfahrungen und der Zulänglichkeit des diagnostischen Bildes entspricht, das dadurch entsteht. Wird das entstehende Bild dann noch in Zusammenarbeit mit dem Betroffenen und mit seiner Zustimmung erstellt, so wäre eine hohe Form von Qualität gesichert.

Dass die Relevanz der Daten durch die größere Perspektive der systemischen Betrachtungsweise erhöht wird, sehen wir als Aspekt der ökologischen Validität des Vorgehens an.

Man sieht, dass man durchaus einige Gütekriterien für die Beurteilung der Qualität einer qualitativen Diagnostik finden kann. Jedenfalls genug, um eine solche Vorgehensweise genügend legitimieren zu können.

Weitere mögliche Einwände

Es sind natürlich noch weitere Einwände denkbar, die im Folgenden aufgeführt werden sollen.

Hoher Zeitaufwand für qualitative Diagnostik?

Weitere Argumente gegen eine qualitative Diagnostik beziehen sich auf den hohen Zeitaufwand im Vergleich zum bisherigen Vorgehen. Sicher ist eine Einzelfallbeschreibung umfangreicher und zeitaufwendiger als eine Testuntersuchung, aber gerade dieser geringe Zeitaufwand machte auch einen Teil des Unbehagens an den bisherigen Gutachten aus. Eine Einzelfallbeschreibung stellt höhere Ansprüche an den Untersucher, macht ihn aber dann letztlich durch die bessere Interpretationsfähigkeit der ermittelten Daten und durch die Zusammenarbeit in einem Team langfristig zufriedener.

Allerdings wird dabei vorausgesetzt, dass auch genügend Zeit für die diagnostische Arbeit zur Verfügung steht. Gerät man unter starken Zeitdruck, dann kann die für eine Einzelfalldiagnostik unbedingt erforderliche Zeit unterschritten werden. Es fragt sich dann aber, welche Diagnostik stattdessen betrieben werden soll. Ein Rückfall in standardisierte Verfahren ohne gültige Gütekriterien löst das Problem auch nicht - so dass letzten Endes doch nur die möglichst umfassende Einzelfalldiagnostik bleibt.

Individuelle Entwicklungspläne (IEPs) ungeeignet für schulische Entscheidungen?

Gegen ein letztes ablehnendes Argument ist jedoch kaum ein Einwand möglich. Es wird angeführt, dass Methoden einer qualitativen Diagnostik oder IEPs (vgl. Kap. 5) ungeeignet seien, eine Entscheidung über den Lernort im Sinne der früheren Entscheidung über die "Sonderschulbedürftigkeit" herbeizuführen. Keine Frage ist, dass in manchen Bereichen Schulverwaltungen immer noch daran interessiert sind, möglichst „objektive" diagnostische Aussagen in sehr kurzem Zeitraum über den Lernort zu bekommen, an dem ein Kind am besten gefördert werden kann.

Angesichts der massiven Veränderungen in der Förderschul-Landschaft entscheiden inzwischen aber mehr die am Ort in einer bestimmten Schule verfügbaren realen Fördermöglichkeiten über den am besten geeigneten Lernort für ein ganz bestimmtes Kind mit besonderem Förderbedarf, als abstrakte Zuordnungen zu bestimmten Förderschultypen.

Der beste Förderort für ein Kind mit kognitiver Beeinträchtigung kann eben sowohl in einer Integrationsklasse wie in einer Förderschule liegen. Damit ist noch nicht einmal gesagt, dass unter dieser Förderschule eine spezielle Förderschule für kognitiv beeinträchtigte Kinder zu verstehen ist. Die Förderung könnte auch in einer wohnortnahen Förderschule für Kinder mit körperlichen Beeinträchtigungen oder Sehbeeinträchtigungen erfolgen.

Unter den Bedingungen der neuen Verordnungen über die Feststellung des sonderpädagogischen Förderbedarfs entfällt z.B. die Möglichkeit, einen Grenzfallbereich zwischen „der Lernbehinderung" und „der geistigen Behinderung" aus den Definitionen dieser Schulformen heraus zu beschreiben. Die Förderschule ist angesichts der fortschreitenden Individualisierung nicht an sich bereits der beste Lernort für Kinder mit Beeinträchtigungen. Ähnliches gilt für andere Grenzfälle.

Eine optimale Förderung für ein bestimmtes Kind kann heute genauso gut in einer integrativen Klasse in einer Grundschule erfolgen, wie z.B. auch in einem sonderpädagogischen Förderzentrum oder einer bestehenden Förderschule, weil die realen Förderangebote sehr unterschiedlich sein können. Die Frage, in welcher Lernumwelt und an welchem Lernort ein Kind mit seinem individuellen Förderbedarf am besten gefördert werden kann, kann jedoch nicht schematisch, sondern immer nur individuell entschieden werden. Der Vorzug sollte - wenn immer möglich - einer wohnortnahen Lösung gegeben werden.

> **Motto: Es gibt nur individuelle Lösungen für individuelle Bedürfnisse!**

2.6 Ein nicht unwichtiges Zusatzproblem: die handwerkliche Qualifikation von Testanwendern

Ein weiteres Problem ergibt sich aus den ethischen Richtlinien für die Testanwendung: Es gibt ethische Standards für Testanwendung und -durchführung (APA-Standards) und für die professionelle Anwendung durch geschulte Fachkräfte.

Die Durchführung von psychometrischen Verfahren setzt eine sorgfältige und qualitativ intensive Ausbildung unter Supervision in den theoretischen Grundlagen, der Vielfalt der Methoden und ihrer sensiblen Anwendung in verschiedenen Situationen und bei unterschiedlichen Fragestellungen, den Techniken der an den Probanden angepassten Gutachtenerstellung voraus – also insgesamt eine gute **handwerkliche Qualifikation im Sinne eines hohen professionellen Standards.**

Dieser hohe Standard konnte vielleicht im Rahmen eines postgradualen 4semestrigen Sonderpädagogik-Studiums früher gewährleistet werden, jedoch keinesfalls mehr im Rahmen eines 9-semestrigen grundständigen Studiums der Sonderpädagogik mit einem Stundenanteil von 4 (!) Semesterwochenstunden für Diagnostik.

So wird ständig von der Schulverwaltung eine intensive testpsychologische Ausbildung nach dem Modell der Ausbildung der sechziger Jahre für Studierende der Sonderpädagogik gefordert - der dafür im Studium vorgesehene Zeitanteil muss jedoch bei einem 8-semestrigen Studium nur sehr knapp bemessen werden. *Der für einen verantwortungsvollen Umgang mit testdiagnostischen Methoden erforderliche hohe Standard der Ausbildung kann aber z.B. in einem grundständigen Studium der Sonderpädagogik nicht mehr gewährleistet werden.*

Insgesamt spricht zurzeit damit nur wenig für die Anwendung normativer Verfahren im sonderpädagogischen Rahmen. Dennoch werden sie weiter verwendet - oft in Unkenntnis ihrer begrenzten Brauchbarkeit, oft aber auch wider besseres Wissen dann, wenn den Praktikern schon recht deutlich ist, dass die verwendeten Methoden bereits seit langem ihr „Verfallsdatum" überschritten haben. Bisweilen werden ohne Reflexion übliche diagnostische Handlungsrituale der vergangenen 40 Jahre einfach weiter erfüllt. Oft fehlen diesen Praktikern aber auch einfach die Alternativen, auf die wir später hinweisen wollen. Es gibt nach wie vor viel Dilettantismus bei der Veröffentlichung und der Anwendung psychologischer Testverfahren und allzu viele Kompromisse angesichts immer knapper werdender Ressourcen in der Forschung.

Es fällt natürlich nicht leicht, sich in der Praxis von den diagnostischen Mythen wie etwa der Vorstellung der testpsychologisch bestimmbaren "Lernbehinderung" (z.B. der Formulierung „Aufgrund der testpsychologischen Untersuchung ergibt sich das Bild eines typischen Lernbehinderten mit einem IQ von 80" als Fazit eines Gutachtens) oder der testpsychologischen Diagnose der "geistigen Behinderung" zu verabschieden und in Einzelfallbeschreibungen Alternativen zu sehen, zumal dann nicht, wenn selbst für Integrationsklassen von regelwütigen Schulaufsichtsbeamten eine Beschreibung der Förderbedürfnissen von einzelnen Kindern über eine Zuordnung zu den Gruppen der „Geistig Behinderten", der „Lernbehinderten" etc. verlangt wird. Da wird dann z.B. die Gewährung von Förderung daran gebunden, dass ein Kind als „geistig behindert" beschrieben werden kann, um dann die erforderlichen Förderstunden in einer integrativen Klasse gewähren zu können. Das ist grotesk, aber Realität. Zumal dann, wenn vor dem Besuch einer Integrationsklasse bei einem Kind „sonderpädagogischer Förderbedarf im Sinne einer kognitiven Beeinträchtigung" festgestellt wurde und dann keine Integrationsklasse vor Ort finanziert werden kann. Dann ist der Weg des Kindes in eine Förderschule vorprogrammiert.

Aber weder können die „klassischen" Methoden wirklich den Anspruch auf eine vernünftige Differentialdiagnose gewährleisten, noch ist der Anspruch einer solchen Klassifikation angesichts der neuen Gültigkeit ganzheitlicher und systemischer Paradigmen sinnvoll durchzuhalten.

Mit der folgenden Textbox werden Überlegungen zusammengefasst, die sich vorzugsweise auf die Anwendung von Intelligenztests beziehen, aber auch auf den Umgang mit anderen Tests übertragen werden können.

Die mit den klassischen psychometrischen Tests quantitativ gemessenen Fähigkeiten lassen in der Regel keine verlässlichen Hinweise auf Ursachen von Lernproblemen oder die zukünftige Lernentwicklung eines Kindes noch auf detaillierte Möglichkeiten der Förderung zu. Ihre Qualitätsstandards sind zurzeit wenig befriedigend. Zudem sollten ausschließlich Psychologen kognitive Testverfahren anwenden, da nur sie über eine entsprechende qualifizierte Ausbildung in diesem Bereich verfügen.

Fazit: Von der Anwendung in der sonderpädagogischen Praxis ist deshalb im Moment eher abzuraten.

Begründung:

Eine Klassifikation von Schülern nach IQ-Werten ist selbst für die Einschätzung von Gruppen nicht befriedigend. Individuen können wegen der sehr hohen Messfehler nicht zuverlässig differenziert getrennt werden. Die praktisch verwendeten Grenzwerte für eine Klassifikation sind problematisch.

Die Interpretation der gemessenen Daten ist oft nur mit sehr vielen nicht aus dem System der Testkonstruktion stammenden (Alternativ-)Hypothesen möglich. Es gibt keine konstante Objektivität von Testdaten. Vielmehr ist eine Fülle sehr subjektiver Faktoren bei der Beurteilung der Testwerte wirksam. Nicht zuletzt bestimmt die Intensität der Beziehung zwischen Kind und Testleiter die Höhe der zu ermittelnden Informationen, denn die Testsituation ist eine Beziehungssituation.

Es gibt weder eine retrospektive, noch eine prognostische individuelle Validität, d.h. es gibt keine gültigen Erklärungen der ermittelten Werte aus der Vergangenheit des Kindes noch sind Vorhersagen der weiteren Entwicklung aus den beobachteten Daten eindeutig möglich. Das gleiche gilt für Motoriktests.

Das Interesse der Psychologie an der Entwicklung aktueller Verfahren für die sonderpädagogische Diagnostik ist gering. Die erforderlichen finanziellen Investitionen zur Erhaltung eines hohen wissenschaftlichen und praktischen Standards werden nicht mehr getätigt. Eine Institution, die fortlaufend den Qualitätsstandard überprüft und sozusagen das Verfallsdatum von Testverfahren bestimmt, arbeitet zurzeit nicht im gewünschten Umfang.

2.7 Lernförderungsdiagnostik im Team als neue Perspektive

2.7.1 Prinzipien und Ziele einer Förderdiagnostik

Die Lösungen für eine veränderte Diagnostik, die für eine auf die Förderung ausgerichtete Tätigkeit erforderlich ist, werden von einer Lernförderungsdiagnostik geboten. Zu ihren Prinzipien zählen:

1. Individualisieren statt Typologisieren,

2. Inventarisieren statt Testen,

3. Nach einem gemeinsamen theoretischen Modell für Entwicklung, Beobachtung und Diagnose, sowie Förderung und Erziehung vorgehen.

Die Schritte einer solchen Vorgehensweise sind:

- die **Suche nach der „am geringsten einschränkenden Lernumwelt"** (oder positiv formuliert: die Suche nach „derjenigen Fördersituation, die am engsten an der gegenwärtigen Lebenssituation des Kindes liegt" oder nach den „Stärken" des Kindes).

- die **Individualisierung der Förderung** durch die Aufstellung individueller Entwicklungspläne, in denen auch der jeweilige Schwerpunkt der Förderung nur im Zusammenhang mit anderen Fördermaßnahmen gesehen wird.

- die **Ableitung der Förderung aus einer gemeinsamen Theorie**, nicht aus einer Theorie der spezifischen Erfordernisse von Kindern mit speziellen Beeinträchtigungen der Entwicklung. Spezielle Förderung und Leben und Lernen in der Bezugsgruppe der Gleichaltrigen sollten sich nicht gegenseitig ausschließen, sondern im Sinne eines „sowohl - als auch" ergänzen.

- die stärkere **Betonung qualitativer Methoden in der Diagnostik** (Beobachtung und Verhaltensbeschreibung, Situationsanalyse und Gespräche).

Diese Leitlinien finden sich nicht nur in unseren Vorstellungen zur erforderlichen Lernförderungsdiagnostik im Prozess der Förderung, sondern sie sind implizit auch Teil der Planung und Durchführung der Förderung in alltagsnahen und „offenen" Situationen.

Zur Begründung der Anwendung von förderdiagnostischen Methoden könnte man folgendes anführen:

1. Zuerst einmal ist es für den kritischen Praktiker sicher stets sinnvoll, für praktisches Handeln einen Paradigmenwandel nachzuvollziehen, um

jeweils die effektivsten Modelle für sein Handeln zur Verfügung zu haben.

2. Eine Orientierung auf die individuellen sonderpädagogischen Förderbedürfnisse macht ein breites Spektrum von Beobachtung- und Erfahrungssituationen erforderlich, die durch traditionelle Testverfahren nicht angeboten werden.

3. Sequentielle Strategien von Beobachtung, Förderung, vertiefter Beobachtung, Änderung der Förderung etc. führen zu einer sehr viel differenzierteren Diagnostik als die Durchführung eines standardisierten Verfahrens.

Für alle diese Fragen bietet ein neues Konzept Lösungen an, um einige Vorschläge zur Verbesserung der Situation zu machen: eine qualitative Förderdiagnostik im Team.

2.7.2 Qualitative Lernförderungsdiagnostik

- betrachtet den individuellen Einzelfall, da nicht von Generalisierungen oder Verallgemeinerungen beim Auftreten bestimmter Symptome ausgegangen wird

- ist ein auf das Individuum zugeschnittener diagnostischer Prozess, das heißt, dass die ausgewählten Aufgaben und eingesetzten Methoden speziell für das Individuum zusammengestellt werden
- stellt veränderte Fragen, wie z. B. "wen stört was?"
- rekonstruiert gemeinsam mit den Betroffenen eine Biographie von der Vergangenheit bis zur Zukunft
- lernt Individuum als System sehen und betrachtet seinen Kontext; es wird demzufolge nicht allein mit dem Kind gearbeitet, sondern sein Kontext und dessen Bedingungen einbezogen
- geht von den Stärken des Individuums aus
- erkennt Diagnose als Beziehung, das heißt, dass jede diagnostische Situation, jede Begegnung mit einem Kind durch Beziehungsgestaltung geprägt und beeinflusst ist
- betreibt Diagnostik als Dialog; es wird nicht allein ÜBER das Kind, sondern MIT dem Kind gesprochen
- ist auf Differenzierung, offenen Unterricht, Kooperation von Sonder- und allgemeinen Pädagogen und Integration hin ausgerichtet
- ist ein ständiger Prozess von Beobachtung, Hypothesenbildung, Förderung, Neubewertung und Veränderung von Förderung
- sucht die "am geringsten einschränkende Lernumwelt"; an welchem Ort kann ein Kind wie am besten lernen
- versucht vom Standpunkt des betroffenen Individuums aus zu argumentieren und eine Diagnose im Hinblick auf Förderung zu planen; es geht

dabei nicht allein um die Ziele von Pädagogen/Therapeuten oder Eltern, sondern die Ziele des Kindes werden mit einbezogen

- braucht auch die Bestimmung von Lernausgangslage und allgemeinen Orientierungsdaten für pädagogische Prozesse
- Lernförderdiagnostik geht von Analyse der Lernprozesse aus und versucht dabei, einfache, aber umfassende Fragen einer normalen Entwicklungsdiagnostik zu lösen
- vermeidet Klassifikationen und Auswahl für Institutionen
- ist auf Zusammenarbeit im Team angewiesen, wo gemeinsam geplant, organisiert und entschieden wird
- ist vor allem an inhaltlichen pädagogischen und didaktischen Theorien und weniger an psychologischen Konstrukten (wie z. B. Intelligenz) orientiert
- setzt fundiertes pädagogisches Handlung- und Erklärungswissen voraus

Es wird davon ausgegangen, dass Diagnostik ein auf das Individuum zugeschnittener Prozess ist. Es geht darum, Passungen zwischen vorhandenen Fördermöglichkeiten und individuellen Förderbedürfnissen herzustellen, so dass Klassifikationen oder Typologisierungen vermieden werden können. Diagnostik als ständiger Prozess von Beobachtung, Hypothesenbildung, Förderung, Neubewertung der Förderung aus den beobachteten Fortschritten und Veränderung der Förderung begleitet langfristig die Lernprozesse des Schülers.

Diagnose und Förderung geschehen im Team von Grundschullehren und Sonderpädagogen und/oder anderen pädagogisch-therapeutischen Fachkräften in einem Prozess, der nicht ohne Orientierungsdaten über die Lernausgangslage und über den Lernprozess auskommt. Die Fördermethoden können in den Maßnahmen der inneren und äußeren Differenzierung, im offenen Unterricht und im gemeinsamen Unterricht realisiert werden. Dazu braucht der Pädagoge vor allem didaktische und pädagogische Theorien und keine psychologischen Konstrukte (z.B. Intelligenz). Diese Konstrukte spielen eine bedeutende Rolle bei den unterrichtsbegleitenden Fähigkeiten des Schülers wie etwa seiner Motivation, seinem Selbstkonzept, seiner Handlungskompetenz - nicht jedoch die entscheidende Rolle für die pädagogische Interaktion.

Eine Lernförderungsdiagnostik geht von der Analyse des Lernprozesses aus und versucht dabei, sehr einfache, aber umfassende Fragen einer normalen Entwicklungsdiagnostik zu lösen (vgl. Kap. 2.5.2).

Verlegt man den Blickwinkel aus der sonderpädagogischen Fragestellung hinaus in eine eher allgemeine Fragestellung, dann treten Fragen nach dem „Woher?" und „Wohin?" mehr in den Vordergrund und die Fragen nach dem „Wieviel?" treten in den Hintergrund. Die Reichweite der zu ermittelnden Daten ist größer geworden als die Möglichkeiten einer quantitativen Methodik.

Es geht also eher darum, nach den Theorien größerer Reichweite zu fragen, als nach Detailkenntnissen in alten Zusammenhängen, die längst nicht mehr gültig sind. Deshalb hat sich der Schwerpunkt des Fragens wieder stärker in die Fragen nach der Vergangenheit und nach den Möglichkeiten verlagert, aus der Gegenwart die Zukunft zu bestimmen, d.h. aus diagnostischen Daten die Zukunft gemeinsam möglichst optimal zu gestalten.

Der Schwerpunkt des wissenschaftlichen Interesses liegt eher bei:

- der Suche nach entwicklungspsychologischen Theorien größerer Reichweite (z.B. Bruner 1977) unter Einbezug des Einflusses von Systemen wie Familie, Schule etc.
- der Suche nach praxisgeeigneten didaktischen Theorien für Beobachtung und Förderung von Beeinträchtigungen im Kontext Lernen
- der Veränderung des Erstunterrichts im Sinne einer Prävention (vor Therapie)
- der Bestimmung von Voraussetzungen des schulischen Lernens im Kindergarten („verbo-sensomotorische Voraussetzungen", z. B. Eggert/ Bertrand 2002)
- der stärkeren Übernahme sonderpädagogischer Positionen durch die allgemeine Pädagogik
- den Methoden einer förderungsorientierten Diagnose von Kind-Umfeld-Beziehungen und -entwicklungen
- der stärkeren Betonung von innerer Differenzierung und offenen Unterrichtsformen
- der stärkeren Individualisierung anstelle einer Typologisierung
- der Frage der Unterstützung der Förderung (z. B. durch Computer)
- der Entwicklung alltagsorientierter Fördermaterialien
- dem Weg zum gemeinsamen Unterricht von Kindern mit und ohne Beeinträchtigung

Zum Schluss dieses Abschnittes wollen wir noch einmal unsere Eingangsdefinition von einer Diagnostik anführen, die Sinn und Freude machen kann.

Diagnostik kann Kindern und Fachleuten Freude bereiten, wenn sie:

- von den Stärken des Kindes ausgeht,
- das Kind als Ganzes sieht,
- in einem gewohnten Umfeld durchgeführt werden kann,
- zusammen mit anderen Kindern (in der Gruppe, im Spiel) erfolgt,
- die Biografie des Kindes gemeinsam mit dem Kind rekonstruiert.

Sie könnte dann:

- Fördervorschläge machen und Förderung ständig begleiten,
- praktisch brauchbare Erklärungen abgeben und
- gemeinsam Entwicklungsziele formulieren.

2.8 Aufgaben der Diagnostik

Wenn nun so viele Dinge im Übergang stehen, wäre es dann nicht an der Zeit, auch in der Diagnostik ein wenig herumzuräumen und behutsam einige Veränderungen einzuführen?

Aufgabe der sonderpädagogischen Diagnostik ist seit nunmehr 10 Jahren die Feststellung des sonderpädagogischen Förderbedarfs und nicht mehr die Feststellung der "Sonderschulbedürftigkeit" oder des Schulversagens. Begrifflich wird diese Diskussion mit dem Wechsel von der Auslese - und Selektionsdiagnostik hin zur Förderdiagnostik (wofür wir den neuen Begriff der „Lernförderungsdiagnostik" vorschlagen möchten) beschrieben.

Das „Gesetz zur Weiterentwicklung der sonderpädagogischen Förderung" des Landes Nordrhein Westfalen von 1995 sieht - wie das Niedersächsische Schulgesetz 1994 aus der Entscheidung für den gemeinsamen Unterricht für Kinder mit und ohne Beeinträchtigung neue veränderte Aufgaben für die Feststellung des *sonderpädagogischen Förderbedarfs*. Ziel ist zwar auch die „gemeinsame Beschulung nur im Rahmen der jeweils im Haushalt ausgewiesenen Mittel", dennoch wird auch erwähnt, dass Integration nicht „kostenneutral" bewerkstelligt werden könne.

In der Begründung des „Gesetzes zur Weiterentwicklung der sonderpädagogischen Förderung" von 1995 wird festgehalten: „...wird bei der Verpflichtung zum Besuch einer Sonderschule stärker als bisher auf den sonderpädagogischen Förderbedarf abgestellt. Damit soll das bisherige, vorrangig institutionsbezogene Verfahren (Welchen Schultyp muss ein behindertes Kind besuchen?) durch ein stärker personenbezogenes Verfahren (Welchen spezifischen sonderpädagogischen Förderbedarf hat das Kind?) ersetzt werden. An dieser Entscheidung sollen die Erziehungsberechtigten stärker als bisher beteiligt werden" (vgl. hierzu Kapitel 3, VO-SF, AO-SF….).

Aus den Begründungen des „Gesetzes zur Weiterentwicklung der sonderpädagogischen Förderung" ist jedoch ein Dilemma deutlich, das den Praktikern erhebliche Kopfschmerzen bereiten dürfte, erzeugt es doch einen logischen Widerspruch ersten Ranges: zwar ist das Ziel die gemeinsame Beschulung, jedoch kann ein Kind nur daran teilnehmen, wenn es in einem sonderpädagogischen Gutachten einen erhöhten sonderpädagogischen Förderbedarf attestiert bekommen hat. Das Kind muss also im Klartext zuerst einmal als "behindert" etikettiert werden, um dann integrativ gefördert werden zu können - allerdings auch nur, wenn die personellen, sächlichen und organisatorischen Voraussetzungen dafür am Ort vorhanden sind.

Nähere Ausführungen finden sich in Kapitel 8 zur systemischen Diagnostik.

3. Diagnostik (und Förderung) im schulischen Kontext

Überlegungen für Veränderungen in der Rolle und den Methoden der Diagnostik (vgl. Kap. 2, 4, 8) in der Sonderpädagogik spielen sich zurzeit oft noch im Bereich von – allerdings sehr konkreten – Utopien ab.

Zwar betonen die Schulgesetze der Länder in der Regel den Integrationsgedanken und den Gedanken der sonderpädagogischen Förderung in den Erlassen zur Feststellung des sonderpädagogischen Förderbedarfs, dennoch ist man in der Realität aus verschiedenen Gründen oft weit von einer Realisierung des Grundgedankens einer Individualisierung und Integration entfernt (vgl. Eggert 2001, 513).

Im Folgenden wird sowohl auf die Integrationsbewegung sowie auf die Inhalte von Verordnungen näher eingegangen.

3.1 Integrationsbewegung

3.1.1 Zu den Begriffen

Für diesen Text soll weiter der Begriff der „Integration" in der Schule benutzt werden, auch wenn von zwei Seiten Kritik an diesem Begriff geübt wird. Einerseits sprechen viele Pädagogen und Eltern inzwischen lieber von „Nichtaussonderung" und „gemeinsamen Lernen von Kindern mit und ohne Beeinträchtigung" (international setzt sich der Begriff der inklusiven Erziehung gerade durch), um die gewünschte Alltäglichkeit zu betonen und um Fremdworte zu vermeiden. Persönlich halten wir jedoch „Nicht-Aussonderung" für ein Wortungetüm, das zudem noch den Nachteil hat, dass die Begriffsbildung von den internationalen Begriffen abweicht. Andererseits vermeiden manche Menschen mit Beeinträchtigung selbst den Begriff „Integration", weil sie meinen, dass damit ein „Hineinintegrieren" oder „Rück-Integrieren" der „Behinderten" in die Gesellschaft der „Nichtbehinderten" gemeint sein könnte und verwenden lieber den Begriff „Emanzipation Behinderter" (so z.B. Exner 1995, 2006).

Es gibt langfristig keine Alternative zur inklusiven Erziehung weil der Paradigmenwandel in der Gesundheitsförderung, der Sonderpädagogik und dem Denken über die zukünftigen Aufgaben der Schule praktisch nicht mehr umkehrbar erscheint (vgl. Kap. 1). Sowohl für den großen Rahmen der Gesundheitsförderung in der Schule, als auch für den speziellen Rahmen des Entstehens einer gemeinsamen Schule für Kinder mit und ohne Beeinträchtigung wird nun dieser Wandel der Leitvorstellungen skizziert und seine Konsequenzen zu verdeutlichen versucht (siehe hierzu auch Eggert/Lütje-Klose 2005, 85f.).

Es gibt langfristig keine Alternative für die gemeinsame Schule für „alle" Kinder als besserer Lernort für Kinder mit und ohne Beeinträchtigung.

Aber die Zukunft der Form dieser Erziehung ist noch offen.

In Kapitel 1 wurde der Paradigmenwandel und der damit verbundene Wandel in den Sichtweisen auf die Persönlichkeit von Menschen mit Beeinträchtigungen und in ihrer Konsequenz auf diagnostische Aufgaben und Vorgehen übertragen dargestellt.
Für den weiteren Text scheinen uns folgende Aspekte im Zusammenhang wichtig, auf die in den kommenden Abschnitten eingegangen wird:

- Wandel der Schulen für Menschen mit besonderen Förderbedürfnissen (und ihr Verständnis von Integration); Anspruch und Wirklichkeit aus dem Wandel
- Neue und alte Probleme hinsichtlich Diagnostik im schulischen Kontext (Aufgabe Integration)
- Integrationsanspruch und ein integrierendes Modell in der Praxis

In der diagnostischen Praxis hat sich dieser Wechsel schon seinen Weg gebahnt. Aus eigenen praktischen Erfahrungen sowie Berichten von vorwiegend jüngeren Praktikern ist festzustellen, dass eine „klassische" objektive Testdiagnostik nur mit Unbehagen an der Routineaufgabe absolviert wird und die diagnostisch wichtigeren Erkenntnisse eher aus offenen (Spiel-) Situationen und Gesprächen mit dem Kind und seinen bedeutsamen Bezugspersonen gewonnen werden. Darüber später mehr (vgl. Kap. 4 und Kap. 8).

Zur Einleitung werden kurz einige Begriffe definiert, die im Text häufig verwendet werden:

Grundbegriffe
Anti-Labelling - Approach: Anti Etikettierungs Kampagne (Mercer 1973): Bewegung gegen die (diskriminierende) Verwendung von Klassifikationen und typologisierenden Beschreibungen.

IEP = Individueller Entwicklungsplan: die Aufstellung individualisierter Förder- und Entwicklungspläne für Kinder mit besonderen Förderbedürfnissen (special needs) in der allgemeinen Schule.

Inklusive Erziehung: neuer internationaler Begriff für gemeinsamen Unterricht von Kindern mit und ohne Beeinträchtigung in der Schule.

Integration: Oberbegriff für alle Bemühungen für das gemeinsame Leben von Menschen mit und ohne Beeinträchtigung. Gegensatz: Segregation oder Aussonderung. Menschen mit Beeinträchtigung bevorzugen den Begriff der Emanzipation.

Klassische Testtheorie: Basistheorie der Intelligenzmessung.

Least restrictive environment = LRE, die „am geringsten einschränkende Lernumwelt" als Ziel der Suche in einem IEP.

Mainstreaming: gemeinsamer Unterricht „im Hauptstrom" der allgemeinen Schule unter Berücksichtigung der besonderen Bedürfnisse einzelner Schüler in den USA.

Nicht-Aussonderung: Vor allem von Elternvereinigungen bevorzugter Begriff für gemeinsamen Unterricht von Kindern mit und ohne Beeinträchtigung in Deutschland.

Normalisierung: Ziel der Integration. Kann auch mit „alltägliches gemeinsames Leben" umschrieben werden. Es wird anstelle dieses Begriffes auch verwendet: „Social Role Valorisation" (Wertschätzung der sozialen Rolle des „Behinderten"; Wolfensberger 1983).

Normative Diagnostik: Bewertung und Einordnung nach quantitativen Testwerten.

Paradigma: vorherrschende Denkvorstellung oder Theorie in einem Wissenschaftsbereich oder einem Praxisfeld (vgl. Kap. 1).

Qualitative Diagnostik: beschreibend und verstehend, individuell vorgehend.

Schüler mit besonderem Förderbedarf: Schüler mit „special needs", d.h. mit partiellen, vorübergehendem „individuellem" oder mit umfassenderem, länger andauernden „sonderpädagogischem" Förderbedarf, die entweder zielgleich oder zieldifferent in allgemeinen Schulen unterrichtet werden können oder sonderpädagogische Förderzentren, Schulen für Schüler mit dem Förderschwerpunkt Lernen oder andere Förderschulen besuchen.

3.1.2 Vom Wandel der Schulen für Menschen mit besonderen Förderbedürfnissen

Die Förderschule mit dem Förderschwerpunkt Lernen hat in den letzten fünfzig Jahren eine sehr wechselvolle Geschichte gehabt:

- stürmische Ausbauzeit in Praxis und Theorie (nach 1969)
- rasante Veränderung der Beschreibung der Inhalte und der Schülergruppe: von den Minusvarianten der Intelligenz und des Charakters (Wegener1969) zum „sozio - kulturell benachteiligten" Schüler (Begemann 1970) hin zum Schüler mit individuellen Lernbehinderungen (Bleidick 1989) und heute spricht man vom Schüler mit Förderbedarf im Förderschwerpunkt Lernen (Schulgesetz NRW 2005)

Ihre Entwicklung begann mit einem starken Anstieg der Schülerzahlen seit den siebziger Jahren, führte dann zu einer starken Verringerung der Schülerzahlen in den letzten zwanzig Jahren. Zum gegenwärtigen Zeitpunkt sind nach wie vor eine hohe Verunsicherung angesichts der zunehmenden Tendenzen zur gemeinsamen Unterrichtung und eine Verunsicherung durch unklare Zielvorgaben seitens der Schulverwaltung für die Zukunft dieser Schulform zu beobachten.

Veränderungen der Schule mit dem Förderschwerpunkt Lernen

1973

- rascher Ausbau der Sonderschulformen (aber auch schon: Hinweis auf gemeinsamen Unterricht von Kindern mit und ohne Beeinträchtigung und auf individuelle Förderung)
- Testanwendung als Grundlage (aber auch schon: fundamentale Kritik an der Brauchbarkeit von Tests als Grundlage von Klassifikationen)
- Vorrang sonderpädagogischer Rahmenrichtlinien
- Klassifikation nach Formen „typischer Behinderungen"

1996

- gemeinsamer Unterricht (Integration)
- ambulante Förderung
- qualitative Förderungsdiagnostik
- Vorrang allgemeiner Rahmenrichtlinien (z.B. VO-SF)
- Verzicht auf Klassifikationen
- Vorrang für individuelle Betrachtung der Förderbedürfnisse

2006

- Ermittlung des optimalen Förderortes (gemeinsamer Unterricht (Integration; Integrationskraft; Förderschule))
- Qualitative Förderdiagnostik
- Seit dem Schuljahr 2004/2005 werden die Sonderschulen beispielsweise in Niedersachsen und in Nordrhein-Westfalen als Förderschulen bezeichnet (umfasst: alle Schultypen der ehemaligen Sonderschulen (z. B. eine Förderschule mit dem Schwerpunkt geistige Entwicklung, ein Förderschule mit dem Schwerpunkt Lernen usw.))
- „Beteiligungsquote an Sonderschulen mit Förderschwerpunkt Lernen" betrug 2003 2,3 % aller Schüler im gesamten Bundesgebiet (vgl. EDUC 2003, 10)

Beim Vergleich der Zustände von 1973 und 2006 fällt auf, dass eine Utopie (mehr soziale Integration durch Absonderung und spezielle Förderung) an ein Ende gelangt ist und durch eine neue Utopie ersetzt wurde: die Integration, den gemeinsamen Unterricht für Kinder mit und ohne Beeinträchtigung. Des Weiteren besteht eine gravierende Veränderung darin, dass nicht eine Suche nach der passenden Förderschule, sondern nach dem besten Förderort (z.B. gemeinsamer Unterricht an Regelschulen) sowie nach optimalen Lernbedingungen stattfindet. Der Übergang von einer Utopie zur anderen geschieht nicht ohne Konflikte.

Wir stehen jetzt heute damit wieder an der Schwelle einer neuen Veränderung. Vor fünfzig Jahren begann sich eine damals neue Utopie zu formen, jetzt sind wir in einer Umbruchsituation zu wieder einer neuen Anschauung und Praxis. 45 Jahre differenzierte Sonderpädagogik waren eine solche Utopie - bezeichnenderweise auch unter dem - allerdings anders verstandenen - Begriff der sozialen Integration durch Schaffung besonderer Fördersituationen in Förderschulen. Es ist nichts Ungewöhnliches daran, dass sich diese „motivierenden Utopien" ändern.

> Eine Utopie damals: mehr und bessere Sonderschulen = bessere Schüler = bessere gesellschaftliche Integration

So glaubten viele zum Beispiel in den siebziger Jahren nichts anderes, als dass erst durch die Schaffung eines differenzierten „behindertenpädagogischen Angebotes" die Lage von Kindern mit Beeinträchtigung verbessert werden und sie dadurch in das gesellschaftliche Leben besser integriert werden könnten.

Folgende Zitate sollen die Entwicklung skizzieren:

> **1959** (Grundsatz 5 der Internationalen Charta des Kindes)
>
> „Das Kind, das körperlich, geistig und sozial behindert ist, erhält diejenige besondere Behandlung, Erziehung und Fürsorge, die sein Zustand und seine Lage erfordern."
> Von Bracken (**1968**) plädiert leidenschaftlich dafür, diesen Grundsatz im Schulwesen zu erfüllen, weil in Deutschland damals „etwas weniger als ein Drittel der bildungsbehinderten, also sonderschulbedürftigen Kinder tatsächlich in eine Sonderschule oder Sonderschulklasse aufgenommen werden (von Bracken 1968, XIII). Er hebt auch das Prinzip des Individualisierens als erste Notwendigkeit hervor.
>
> **1960** (Gutachten zur Ordnung des Sonderschulwesens vom Schulausschuss der KMK): „Der Ausbau des Sonderschulwesens ist voranzutreiben, die Eigenständigkeit der Arbeit in den Sonderschulen muss gewahrt bleiben.
> Die Rechtfertigung der Forderungen ergibt sich aus der Tatsache, dass es für einen großen Teil der Behinderten keine Möglichkeiten zu einer adäquaten Beschulung gibt" (Bleidick 1977, 28).
>
> **1968** (Europäische Konferenz über das Sonderschulwesen, Deutsche UNESCO Kommission)
> „Anstrengungen, den Behinderten eine Sondererziehung zu geben, haben eine lange Tradition. Trotz dieser Bemühungen jedoch gibt es immer noch viele Kinder und Jugendliche, deren Bedürfnis nach Einrichtungen dieser Art nicht entsprochen werden kann."
> Übrigens heißt es auch: „Vorsicht und Sorgfalt sollten (bei der Einschätzung der Behinderung eines Kindes und seines Bedürfnisses nach beson-

derer Erziehung) dabei walten, damit nicht eine unausgereifte, auf unvollständigen Ergebnissen basierende Diagnose die Rehabilitation in anhaltender Weise präjudiziert." Und weiter: „Soweit es nicht den Fortschritt normaler Kinder hindert, sollten behinderte Kinder im Rahmen allgemeiner Schulen … betreut werden; dies wäre die wünschenswerteste aller Lösungen, wenn auf diese Weise auch die Bedürfnisse der geschädigten Kinder befriedigt werden könnten. Um dieser Forderung nachzukommen, müßten die Mittel der allgemeinen Schulen ergänzt und den erweiterten Anforderungen bei ihren Planungen und ihrer Bauweise gebührende Beachtung geschenkt werden. Es wird jedoch immer Kinder geben, deren Bedürfnissen nur in Sonderschulen entsprochen werden kann" (UNESCO 1970, 36).

1972: Empfehlung zur Ordnung des Sonderschulwesens (Ständige Konferenz der KMK) betont die Notwendigkeit der Schaffung stark differenzierter Sonderschulen
Damals schon meinte Bleidick (1977, 29): „Wenn auch zweifellos richtig die Notwendigkeit der individuellen Lernförderung hervorgehoben wird, so ist doch die Aufgabe der sozialen Integration … vernachlässigt worden ..Anregungen aus den skandinavischen Ländern, Behinderte mit den entsprechenden zusätzlichen Hilfen in Regelschulen einzugliedern... finden damit in der Empfehlung keinen Niederschlag." Etwa seit diesem Datum existieren zwei Utopien nebeneinander: (1) durch Segregation zur Integration und (2) gemeinsame Unterrichtung „behinderter" und „nicht behinderter" Kinder.

1973: „Empfehlung zur pädagogischen Förderung behinderter und von Behinderung bedrohter Kinder und Jugendlicher der Bildungskommission des Deutschen Bildungsrates"
Die Bildungskommission geht in ihrer Planung davon aus, dass „behinderte" Kinder und Jugendliche bisher in eigens für sie eingerichteten Schulen unterrichtet wurden, weil die Auffassung vorherrschte, dass ihnen mit besonderen Maßnahmen in abgeschirmten Einrichtungen am besten geholfen werden könne.
Die Bildungskommission folgt dieser Ansicht nicht. Sie legt in der vorliegenden Empfehlung eine neue Konzeption zur Förderung behinderter und von Behinderung bedrohter Kinder und Jugendlicher vor, die eine weitmögliche gemeinsame Unterrichtung von Behinderten und Nichtbehinderten vorsieht und selbst für behinderte Kinder, für die eine gemeinsame Unterrichtung mit Nichtbehinderten nicht sinnvoll erscheint, soziale Kontakte mit Nichtbehinderten ermöglicht. Damit stellt sie der bisher vorherrschenden schulischen Isolation Behinderter ihre schulische Integration entgegen. (Bleidick 1977, 30).

Damit stand die Idee der gemeinsamen Unterrichtung etwa ab der Mitte der 70er Jahre schon im Hauptstrom (sonder-)pädagogischer Theorien im Rahmen des Gedankens der Bildungsreform.

Die Geschichte dessen, was erreicht und was nicht erreicht wurde, demonstriert die oft als quälend empfundene Langsamkeit inhaltlicher Veränderungen im starren Schulsystem - zeigt aber auch, dass selbst unter diesen Bedingungen vieles erreicht wurde, auch wenn sich die meisten unter uns sich damals sicher raschere Veränderungen gewünscht hätten.

Es gibt unzweifelhaft mehr Gesamtschulen - auch wenn diese nicht immer die Ziele erreicht haben, die wir uns einmal gesteckt hatten und inhaltlich oft immer weniger den damaligen Vorstellungen entsprechen.

Bis Anfang der 90er Jahre gab es weniger Schulen mit dem Förderschwerpunkt Lernen im Lande, wobei es immer die häufigste Form der Förderschulen war (1/5 aller Schüler mit sonderpädagogischem Förderbedarf). Seit Mitte der 90er Jahre ist ein stetiger Zuwachs von so genannten Förderschulen sowie Kindern mit sonderpädagogischem Förderbedarf zu verzeichnen. Dabei gleicht die Anzahl der Schüler von 2004 der Anzahl der Schüler von 1970, das heißt, dass die Tendenzen hinsichtlich gemeinsamer Beschulung eher rückläufig sind (vgl. Bildungsportal, amtliches Schuldaten in NRW 2004).

Es gibt viele spezielle Förderschulen - auch für Kinder mit einer kognitiven Beeinträchtigung. Und jetzt wollen wir zugleich beginnen, sie wieder abzubauen. Ein Widerspruch, der persönlich die Lehrer in diesen Schulen belasten kann.

Der Gedanke der Normalisierung und der Integration beginnt sich auch bei uns durchzusetzen - wenngleich auch mit sehr großen Startproblemen.

Wir haben Abschied genommen von einigen Illusionen: Abschied von den Hoffnungen der Psychologie. Der Psychoboom hat mehr für Lehrer als für Schüler gebracht. Die Psychologisierung des schulischen Alltags hat nicht die erwartete Verringerung von Aggressionen und die Stabilisierung der Schüler ergeben. Die Theorien und Methoden der Psychologie haben sich oft als wenig fruchtbar erwiesen: Lernpsychologie, Tiefenpsychologie und klientenzentrierte Psychotherapie haben in der Praxis oft mehr Fragen aufgeworfen als gelöst und manche eher in einen Weg der neuen Verinnerlichung gebracht oder in die Esoterik geführt. Für die Schüler hat sich dabei bisweilen verzweifelt wenig Profit eingestellt.

Auch die Öffnung zur Soziologie hat nur zu einer relativ kurzen Politisierung der Pädagogik geführt. Das langfristige Engagement an der großflächigen Umräumung sozialer Phänomene hat sich nicht eingestellt - eher Frustration und Müdigkeit angesichts nur sehr schwer veränderbarer Strukturen im Bildungswesen und angesichts der schier unglaublichen Zähigkeit eines starren Verwaltungssystems der Schulbürokratie.

95

Welche Probleme sind geblieben bzw. jetzt neu?

Nach wie vor gibt es in weiten Teilen der Praxis eine Auslese und Klassifikation von Schülern für Schulformen mit Intelligenztests[14], obwohl deren **Unbrauchbarkeit für die Vorhersage der Schullaufbahn** seit langem bekannt ist. Dazu gehört eine weitgehend Un- Informiertheit der Sonderpädagogen über ihre Tätigkeit.

So schreibt auch Mand (2002, 11), dass der diagnostische Alltag zum Teil „merkwürdig" ist. So fällt auf, dass es in bestimmten Regionen vermehrt lernbehinderte Schüler gibt und dabei korrelieren schulisches Platzangebot und Aufnahmequote positiv. In diesem Zusammenhang stellt Mand die Annahme auf, dass (Sonderschul-)Lehrern Wahrnehmungs- und Beobachtungsfehler unterlaufen und sie dazu neigen, das Verhalten der Schüler eher auf Eigenschaften als auf situative Einflüsse zurückzuführen (Halo-Effekt).
Das Problem besteht darin, dass anhand von Verfahren, Umfang, Vorgehen etc. nicht direkt entschieden werden kann, welcher Förderort der beste für das Kind ist und es somit nach wie vor eine subjektive Entscheidung des Gutachters ist.

Mangelnde Ressourcen, nicht allein im diagnostischen Prozess, sondern auch im Schulalltag, führen zu immer stärkeren Einschränkungen von Förderung für Schüler mit Förderbedarf im Kontext Lernen: wir haben 2006 wieder einen strukturellen Lehrermangel in der Förderschule und schaut man sich die Anzahl der Studierenden des Lehramts Sonderpädagogik näher an, so sind diese Zahlen stark rückläufig (vgl. Bildungsportal 2004, amtliche Schuldaten in NRW).

Sparen an der Bildung führt auch zum Sparen an der Bildung für Menschen mit Beeinträchtigungen. Einschränkungen greifen jetzt gerade zu einem Zeitpunkt, an dem strukturelle Veränderungen möglich wären, die aus Geldmangel nur verzögert umgesetzt werden können. Dies betrifft nicht nur die Integration, sondern z.B. auch Weiterbildungsangebote für das gemeinsame Lernen Erwachsener mit und ohne Beeinträchtigung etc..

Es gibt nach wie vor nur ein geringes öffentliches Interesse an der Masse der Menschen mit leichten Beeinträchtigungen und an gesellschaftlichen Dropouts oder an Randproblemen wie Langzeitarbeitslosigkeit und Verarmung.

---

[14] Vergleiche die Übersicht über das Verfahren der Ein- und Umschulung in den alten Bundesländern (Kubiak/Moog 1995).

Das Programm zu einer Humanisierung von Schule und menschlichem Miteinander aber bleibt bitter notwendig angesichts der folgenden Probleme:

- Verhaltensprobleme von Lehrern und Schülern
- „burnout" von Lehrern
- Motivationsverlust
- alltägliche Aggressionen von Schülern
- Sprachlosigkeit
- emotionale Kälte
- emotionale Distanz
- Hilflosigkeit
- Verunsicherung

Dennoch soll folgende Behauptung aufgestellt werden:

Es gibt langfristig keine Alternative für die gemeinsame Schule als besserer Lernort für Kinder mit und ohne Beeinträchtigung und für Lehrer.

Aber die Zukunft der Form dieser Erziehung ist noch offen.

Dennoch bleiben natürlich einige Fragen offen, die nicht übersehen werden können und für die 1997 Zuversicht bestand (vgl. Eggert 1997, 30f.):

- Wann wird es die „Schule für alle Kinder" geben?
- Was geschieht mit den Kindern, die bislang die Förderschule mit Förderschwerpunkt Lernen besucht haben?
- Werden sie „normal" werden in „normaler" Umgebung?
- Oder werden Sie untergehen in einer „normalen" Schulumwelt, die sie zwangsläufig überfordern muss und in der sie „gemobbt" werden könnten?
- Oder werden wir neue Schlangengruben in Restschulen erleben, in denen dann keine Lehrer mehr gern arbeiten möchten, weil die „Edelbehinderten" alle „wegintegriert" sind?
- Was wird mit den vielen engagiert arbeitenden Sonderpädagogen geschehen?
- Werden sie alle an Grundschulen versetzt?
- Und welche Rolle werden sie dort einnehmen?
- Wann werden die Klassen 1-4 an Förderschulen für Lernen (für die sonderpädagogische Grundversorgung der Regelschulen in Niedersachsen) aufgelöst werden?
- Müssen dann alle an Förderschulen mit Förderschwerpunkt Lernen arbeitenden Sonderpädagogen in die Grundschule und an die Orientierungsstufe versetzt werden?

Heute (2006) kann man sich vor allem anhand der aktuellen Daten aus dem Bildungsportal fragen:
- Ist Integration Aller überhaupt (noch) ein Thema?
- Wann wird die Integrationsbewegung wieder zunehmend greifen?
- Haben Schulen und Lehrkräfte überhaupt noch Interesse an gemeinsamen Unterricht?
- Welche bildungspolitischen Ziele verbergen sich hinter diesem Strukturwandel?
- ...

Unsere Behauptung bleibt:
Es gibt keine Alternative für die gemeinsame Schule als bester Lernort für Kinder mit und ohne Beeinträchtigung.

3.1.3 Probleme bei der Realisierung des Integrationsanspruches

Realistisch müsste man sich fragen, was denn unter den gegenwärtigen schlechten Bedingungen überhaupt noch an Veränderungsspielraum für Schule und an Anlass zu zusätzlichem Engagement für Lehrer bleibt. Schule soll „gemeinsames Lernen von Kindern mit und ohne Beeinträchtigung" alltäglich machen, soll „offener" werden, „normaler", europäisch vernetzt und multikulturell - und das mit einem ständig sinkenden Potential an Ressourcen materieller, organisatorischer und personeller Art.

Aber wenn an das Eingangszitat erinnert wird: es hat nie einen wirklich günstigen Zeitpunkt für die Einführung von Innovationen gegeben. Immer waren die Widerstände hoch.

Programme wie Integration kann man nicht halbherzig oder leise einführen oder sich gar ganz aus ihnen heraus schleichen - das ist verantwortungslos und macht Lehrer und Eltern zu Gegnern, da wo sie besser gemeinsam eine an sich gute Idee zum individuellen und gesellschaftlichen Vorteil vertreten sollten. Zusammenarbeit mit Eltern ist extrem wichtig, um situative Einflüsse der Familie bestimmen zu können.

Ein Problem des Paradigmenwandels in der Gesundheitsförderung generell und speziell bei der Umsetzung der Integration ist, dass neue Maßnahmen nicht in alten Modellen und Organisationsformen kostenneutral umgesetzt werden können und dass es eine „unterste Grenze des Machbaren" für innovative Maßnahmen gibt, d.h. dass es einige Essentials für die Umsetzung von Innovationen gibt.

Es gibt keine Integration zum Nulltarif - da nützt dann auch ein noch so leidenschaftlicher politischer oder gar moralischer Appell an die Opferbereitschaft veränderungsorientierter Lehrer nichts. Mehr über diese Essentials später. Aber es gibt Spielraum bis zu dieser Grenze.

Gesundheitsförderung in der Schule geht von einem veränderten Gesundheitsbegriff wie den der WHO von 1986 aus (OTTAWA - Erklärung), der Selbstbestimmung über sich und seine Umwelt und ein umfassendes Wohlbefinden im
ganzheitlichen Sinne anstrebt und diese „seelische" Gesundheit als Konzept
persönlichen und sozialen Wandels versteht. Unter dem Begriff der Psychohy-
giene wurden ähnliche Impulse in den sechziger und siebziger Jahren mit ähnlichen Inhalten propagiert.

Brösskamp (1994) meint z.B. in einer Broschüre des BMBW „Gesundheit und
Schule - Beitrag zu einer neuen Perspektive der Gesundheitsförderung",
dass auch für die Schule eine Abkehr von medizinisch - biologisch definierten Idealen notwendig sei. Gesundheit und Krankheit seien als Prozess des
komplexen Zusammenwirkens von physischen, psychischen und sozialen
Faktoren zu verstehen, der „durch menschliches Verhalten und ... die Le-
bensverhältnisse" beeinflusst wird und „in der lebensgeschichtlichen Entstehung" verstanden werden müsse. Sie bezeichnet diesen Wechsel der Leitvorstellungen als weltweiten Paradigmenwechsel vom medizinischen
Funktionsmodell zum „biopsychosozialen Paradigma" der Gesundheitsförderung im Lebensweisenkonzept.

3.1.4 Ein beispielhaft konstruiertes Modell für Integration in der Praxis

Mit dem folgenden Beispiel sollen ausschnitthaft einige der weiter oben er-
wähnten Essentials von Integration aufgezeigt werden.

Mark und Annouk sind in einer Straße zusammen aufgewachsen. Mark ist
ein Wunschkind, aber er war schon von der Geburt an „anders". Seine Eltern erfuhren schon bei der humangenetischen Beratung von einer möglichen Trisomie 21, die dann später auch eindeutig festgestellt wurde. Im
Sozialpädiatrischen Zentrum wurde Mark früh untersucht und es wurde
zusammen mit den Eltern ein Programm der Frühförderung mit Physiotherapie und logopädischer Förderung und der Familientherapie durchgeführt.
Mark besuchte zusammen mit den anderen Kindern den integrativen Kindergarten und wurde dann zusammen mit seinen Freunden und Freundin-
nen in eine Integrationsklasse an der Grundschule aufgenommen. Die Eltern wurden von einer Förderkommission beraten und haben sich bewusst
gegen die mögliche Aufnahme von Mark in eine Förderschule entschieden.
Zu seinen beiden Lehrerinnen hat er eine gute Beziehung, besonders die
Sonderpädagogin mag er, weil sie sich manchmal auch ganz allein mit ihm
beschäftigt. Er wird weiter zusätzlich zusammen mit anderen Kindern an
der Physiotherapie teilnehmen und braucht Sprachförderung, um zusam-

---

men mit den anderen Kindern weiter lernen zu können. Die anderen Schüler helfen Mark im Unterricht, sagen ihm aber auch, wo er sich mehr anstrengen könnte.

Annouks Eltern trennen sich, als Annouk die erste Klasse besucht und Annouk reagiert darauf mit einem starken Rückzug aus der Gemeinschaft und mit Lernschwierigkeiten. Der Sozialpädagoge der Schule versucht zusammen mit den Eltern, eine Hilfe bei Beibehaltung des Kontakts zu Vater und Mutter aufzubauen. Die Sonderpädagogin bemüht sich, in Einzelgesprächen einen Weg zum Kind zu finden und mit ihr zusammen neue Wege zum Lernen aufzubauen. Später kann Annouk dann wieder selbständig, ohne zusätzliche Hilfen, allein erfolgreich lernen.

Dieses Beispiel für eine bessere, weil gemeinsam für alle Kinder bestehende Schule soll mit der Grundschule enden und mit der Hoffnung, dass die Klasse auch in der Orientierungsstufe zusammenbleiben kann. Es ist eine konkrete Utopie für eine bessere Schule - ein Szenarium, das an manchen Orten Deutschlands bereits existiert und von dem man sich wünschen würde, dass es möglichst vielen Kindern zuteil werden könnte.

Was sind die im Beispiel verborgenen Essentials für eine erfolgreiche Integration und wo läge die unterste Grenze des Machbaren?

Für das Beispiel sollten folgende Komponenten existieren:

- Frühdiagnose und Frühförderzentren in allen Städten
- Physiotherapie, Logopädie, Psychomotorik und andere Förderung für Kinder mit Förderbedarf so früh wie möglich
- gemeinsames Spielen mit anderen Kindern in einem Kindergarten
- Zusammenarbeit von Sozialpädiatrischem Zentrum und Kindergarten
- Schulbesuch mit den anderen Kindern aus der Straße
- Zusammenarbeit von Kindergarten und Grundschule
- Therapeutische Hilfen in der Grundschule verfügbar
- Doppelbesetzung von Grundschul- und Sonderpädagogen
- Zusammenarbeit von Lehrern und Eltern, eventuell Elterngruppe
- Familientherapeutische Hilfen für Eltern oder Selbsthilfegruppen unter therapeutischer Leitung
- Schulsozialpädagogin/-pädagoge für soziale Probleme

Internationale Erfahrungen zeigen, dass es Integration zum Nulltarif („at no costs", Cohen/Cohen 1988) nicht geben kann. Man sollte sich deshalb vor Ort auch fragen, was an Reduzierungen geleistet und wo nicht mehr verantwortbar gearbeitet werden kann. Diese Grenze wäre zum Beispiel dann erreicht, wenn keine ständige Doppelbesetzung möglich ist und wenn für die integrative Arbeit keine speziellen Ressourcen oder Kompetenzen vorhanden sind. Wie groß die Zahl der Kinder und wie groß der Anteil der Kinder mit Beeinträchtigung in der Gruppe sein darf, das wären weitere Fragen, die einfacher zu sein scheinen.

Integration in die Schule heißt eben nicht nur, den Kindern die Schule zu öffnen, sondern auch die Lehrer dazu bereit machen und sie genauso wie die Eltern zu unterstützen und ihnen zu verdeutlichen, dass es auf ihre konstante Mitarbeit im Interesse der Kinder ankommt. Elternwille und Elternhilfe sind genauso ergänzend zu sehen wie Lehrerbereitschaft und Engagement der Schulorganisation und der Gemeinden. Engagement und zusätzliche Ressourcen sind dazu notwendig, gutes Wollen allein reicht nicht. Diese Ressourcen können durch Umstrukturierungen gewonnen werden.

Integration ist so Teil einer „sanften" sozialen Revolution, sozusagen eine humane Gegenströmung zu einer rationalen, auf den Kriterien der Leistung und Selektion beruhenden Konkurrenzgesellschaft.

Also: nicht nur eine neue Organisation von Unterricht und neue Inhalte, sondern ein Programm der Akzeptanz und Eingliederung „abweichender" Menschen über die Schule hinaus bis in die Arbeitswelt und das Alter. Kindergarten, Schule, Berufsausbildung und Arbeits-, Wohn- und Freizeitwelt sind genauso aufgerufen, über anfallende Veränderungen im Sinne eines humaneren Zusammenlebens von allen nachzudenken - und nicht nur Menschen mit Beeinträchtigungen.

Die Bedeutung dieser Reform wurde im September 1994 mit einer Resolution der UNESCO in Salamanca unterstrichen, die von 92 Repräsentanten nationaler Regierungen und 25 internationalen Organisationen für eine „Education for all" abgegeben wurde:

„Wir glauben und fordern, dass

- jedes Kind ein grundlegendes Recht auf Erziehung hat und dass ihm die Gelegenheit gegeben werden muß, ein akzeptables Niveau des Lernens zu erreichen,
- jedes Kind einzigartige Merkmale, Interessen Fähigkeiten und Lernbedürfnisse hat,
- das Erziehungssystem so gestaltet werden sollte, dass es die große Reichweite dieser Unterschiede und Bedürfnisse berücksichtigt,
- Kinder mit besonderen Förderbedürfnissen Zugang zu allgemeinen Schulen haben müssen, die im Rahmen einer kindzentrierten Pädagogik in der Lage sein müssen, diese besonderen Bedürfnisse zu erfüllen,

---

> – Regelschulen mit dieser Orientierung der wirkungsvollste Weg sind, diskriminierende Haltungen und Einstellungen zu vermeiden und ... eine alle umfassende Gesellschaft aufzubauen. Sie bieten darüber hinaus eine wirkungsvolle Erziehung für die Mehrheit der Kinder und verbessern die Wirksamkeit und letztlich auch die Kosten- Wirksamkeit des gesamten Erziehungssystems" (UNESCO 1994, viii - ix).

Integration, Normalisierung des Lebens und des Zusammenlebens von und mit Menschen mit einer Beeinträchtigung in einer humanen Gesellschaft sind die Ziele einer pädagogischen und sozialpolitischen Debatte, die im schulischen Rahmen auf den gemeinsamen Unterricht hinausläuft. Internationale Erfahrungen haben gezeigt, dass dabei vielfältige und differenzierte Ergebnisse erwartet werden können - wie immer, wenn Menschen sich und ihre Bildungsinstitutionen zu verändern versuchen - und dass dabei der „menschliche Faktor" eine wichtige Rolle spielen wird.

Motto: Neue Konzepte werden von Menschen gemacht

Veränderte Zielsetzungen können nun nicht mit völlig neuen Menschen erreicht werden, sondern müssen den in der Praxis arbeitenden nahe gebracht werden. Menschen, die zum Teil schon lange in der alltäglichen Arbeit stecken - mit und für Kinder mit besonderem Förderbedarf. Es gilt, auch beim Formulieren neuer Ziele die Erfahrungen dieser Menschen einzubeziehen in neue Formen **auf behutsame Weise und in verträglichen Schritten** - alles andere wäre inhuman und damit wiederum gegen die inhaltlichen Ziele pädagogischer Veränderung gerichtet.

Wenngleich der Gedanke der Nicht- Aussonderung ein theoretischer und auch ein politischer Gedanke ist, so ist er nur mit den Menschen und nicht gegen sie zu realisieren. Integration kann nicht flächendeckend verordnet und auf dem Verordnungswege hergestellt werden. Sie muss Erfahrungen und Empfindungen der Pädagogen und der Eltern hier und jetzt einbeziehen. Der Weg zu Veränderungen kann deshalb nur ein langsamer und sehr individueller Weg sein und muss von der gemeinsamen Bereitschaft zu Kompromissen ausgehen.

Insofern wäre der Weg dieser Schule in den nächsten Jahren weiterhin gekennzeichnet durch ein behutsames Fortschreiten in Bezug auf eine stärkere Integration von Kindern mit Beeinträchtigungen in neue Formen des Unterrichts und in die Gesellschaft.

Die Schule ist bei der Umsetzung von neuen Lernformen gefordert. Schmetz schreibt dazu: „Schule selbst verursacht und verstärkt Lern- und Entwicklungsschwierigkeiten, wenn es ihr nicht möglich ist, ihre Lern- und Lebenskultur so zu gestalten, dass Kinder gemäß ihrer Lernausgangslage individuell im sozialen Beziehungsgefüge einer Lerngruppe gefördert werden und von ihnen Identitätsentfaltung im positiven Sinne erfahren wird" (1999, 6).

Die Rolle der Theorie und damit der Hochschule in der Lehrerausbildung sollte dabei eher darin bestehen, neue Forderungen und gegenwärtige Situation miteinander zu versöhnen, als durch allzu abstrakte und idealistische Forderungen neue Barrieren aufzubauen. Zielformulierungen nach der sofortigen Integration aller Kinder mit Beeinträchtigungen in eine **Schule für alle und eine Auflösung aller Förderschulen** können dabei nur zur Verunsicherung aller Beteiligten führen.

Es kann deshalb nicht darum gehen, das Ende der bisherigen Förderschule mit dem Schwerpunkt Lernen jetzt einzuläuten oder gar die Tätigkeit der Lehrer in dieser Schulform zu diskreditieren, sondern eher darum, gemeinsam neue Wege zu suchen, die **hier und jetzt vor Ort realisierbar erscheinen** und dabei sehr wohl zu bedenken, was noch nicht realisierbar erscheint und wo noch Ressourcen geschaffen werden müssen, damit die unterste Grenze der Machbarkeit nicht unterschritten wird. Und dieser Grenze sind wir sehr nahe.

Die Schulgesetze vieler Bundesländern haben inzwischen den Grundsatz des gemeinsamen Unterrichts von Kindern mit und ohne Beeinträchtigung sowie der Erfüllung der Förderbedürfnisse des einzelnen Kindes in Schulgesetz und Verordnungen festgelegt (wenngleich auch meistens unter dem so genannten Haushaltsvorbehalt nur zögernd umgesetzt) und damit diese Umkehr der Zielrichtung sonderpädagogischen Handelns von der Orientierung auf Institutionen hin zur Beobachtung und Beschreibung von Individuen vollzogen. Ein Urteil des BVG vom 30. Juli 1996 hat festgelegt, dass ein Rechtsanspruch auf integrative Beschulung eines Kindes mit Beeinträchtigung besteht; die Erfüllung des Anspruches muss in Einzelfallprüfungen sorgfältig geprüft werden.

3.2 Verordnungen (VO-SF, AO-SF)

Jedes Neue ist unvollkommen; jedes Neue findet für seine Existenz die denkbar ungünstigste Umwelt vor; jedes Neue findet nur wenige Menschen, die es verstehen. Zu diesen Menschen gehören, das sei Eure Aufgabe.
(Unsere Schule, Schulzeitung der Hamburger Berlinertorschule, 7.3.1929)

3.2.1 Feststellung Sonderpädagogischer Förderbedarf (VO-SF/AO-SF)

Die Verordnung zur Feststellung des sonderpädagogischen Förderbedarfs (VO-SF) löste 1995 das SAV (Sonderschulaufnahmeverfahren) ab. Statt „Sonderschulbedürftigkeit" gilt es seit dem einen „sonderpädagogischen Förderbedarf" festzustellen. Dadurch wird ein vorrangig institutionsbezogenes Verfahren (SAV) durch ein personenbezogenes Verfahren ersetzt.

Die Ausbildungsordnung sonderpädagogischer Förderung (AO-SF) ist in NRW seit 2005 in Kraft gesetzt[15]. Die neuen Verordnungen (1995/2005) erleichtern die Umsetzung des Gedankens einer Kind-Umfeld-Diagnostik.

Ergeben sich Anhaltspunkte dafür, dass ein Schüler gefördert werden kann, so ist ein Verfahren zur Feststellung des sonderpädagogischen Förderbedarfs einzuleiten.

Als **„Behinderungen"** werden im AO-SF (§ 4) genannt:
1 Lern- und Entwicklungsstörungen (Lernbehinderung, Sprachbehinderung, Erziehungsschwierigkeit),
2 Geistige Behinderung,
3 Körperbehinderung,
4 Hörschädigungen (Gehörlosigkeit, Schwerhörigkeit),
5 Sehschädigungen (Blindheit, Sehbehinderung),
6 Autismus.

Diese genannten Formen von Beeinträchtigungen werden im AO-SF in den Paragraphen 5-10 global definiert. Fraglich ist die in diesem Zusammenhang wiederum vorgenommene Klassifikation von Kindern/Menschen mit besonderen Förderbedürfnissen.

Eine Beeinträchtigung hat nicht in jedem Fall sonderpädagogischen Förderbedarf zur Folge. Zuständig für das Verfahren ist die Schulaufsichtsbehörde.
Das Verfahren soll rechtzeitig (ca. 6 Wochen) vor Beginn der Sommerferien abgeschlossen sein. Bei Antrag auf Teilnahme am gemeinsamen Unterricht muss dieser bis Mitte Februar von den Eltern gestellt werden. Die Schule soll jährlich überprüfen, ob der festgestellte sonderpädagogische Förderbedarf weiterhin besteht (vgl. § 15 AO-SF). Eine Beendigung der sonderpädagogischen Förderung wird der Schulaufsichtsbehörde durch die Schule mitgeteilt.

Ein Antrag auf Eröffnung des Verfahrens kann durch die Erziehungsberechtigten oder die allgemeine Schule gestellt werden. Der Antrag ist anschließend der zuständigen Schulaufsichtsbehörde zuzuleiten, welche dann das Verfahren eröffnet.

Zur Ermittlung des sonderpädagogischen Förderbedarfs beauftragt die Schulaufsichtsbehörde eine sonderpädagogische Lehrkraft gemeinsam mit einer Lehrkraft der allgemeinen Schule (i. d. R. der Klassenlehrer, ggf. Erzieherin) die Art und den Umfang des Förderbedarfs zu ermitteln (Gutachterteam).
In der Regel verschafft sich der/die beauftragte Gutachter/in im Rahmen einer Unterrichtshospitation einen ersten Eindruck von dem zu untersuchenden Kind.

---

[15] Wesentliche Änderungen zur VO-SF bestehen vor allem in den Stundentafeln für die jeweiligen Förderschulen (§43 AO-SF).

Der Prozess der Erkenntnisgewinnung zeichnet sich durch ein dialogisches Vorgehen aus. „In diesem Prozeß erarbeiten sie auf der Grundlage ihrer Beobachtungen und Beurteilungen gemeinsam einen Vorschlag, wie das betreffende Kind weiterhin bestmöglich - ggf. sonderpädagogisch - gefördert werden kann. Die Beurteilungskriterien heben hierbei nicht auf standardisierte Verfahren ab" (vgl. Ministerium für Schule 2005). Dieses Team erstellt ein ausführliches förderdiagnostisches Gutachten, um den individuellen Förderbedarf möglichst detailliert und ausführlich darzustellen.

Das Gutachterteam beschreibt die Möglichkeiten des Kindes in der gegenwärtigen schulischen Situation, zeigt Chancen und Schwierigkeiten bei der bisherigen Förderung auf, sucht nach möglichen Ursachen für die Schwierigkeiten und nach Hilfestellungen, zieht Konsequenzen für die weitere Förderung, beurteilt, inwieweit dies mit den Möglichkeiten der allgemeinen Schule realisiert werden kann und inwieweit sonderpädagogische Förderung nötig erscheint.

Das Gutachten muss Aussagen zum sonderpädagogischen Förderbedarf in direktem Vergleich mit den Anforderungen und Fördermöglichkeiten der allgemeinen Schule machen.

Dabei sollte eine Kind-Umfeld-Analyse folgende Aspekte berücksichtigen:

- schulischer Bildungsweg und aktuelle Lernbedingungen
- Selbstkonzept (Selbst- und Fremdeinschätzung verschiedener Bezugspersonen)
- Lernentwicklung und Lernstand (in unterschiedlichen Lernkontexten)
- Arbeits- und Sozialverhalten (in unterschiedlichen Lernkontexten)
- Wahrnehmungsbereiche
- körperliche und motorische Entwicklung
- kognitive Entwicklung
- Kommunikationsverhalten in unterschiedlichen Kontexten
- außerschulische Lebensbedingungen

Die zuständige Schulaufsicht gibt neben dem pädagogischen bzw. förderdiagnostischen zusätzlich ein schulärztliches Gutachten (durch das Gesundheitsamt) und ggf. Fachgutachten (durch weitere Fachkräfte oder Fachdienste) in Auftrag.

Wird der Förderbedarf für ein Kind nicht deutscher Herkunft erstellt, ist ggf. ein Dolmetscher einzusetzen.

Die Erziehungsberechtigten sind am Verfahren zu beteiligen und die Möglichkeit der Aussprache ist zu geben. Die Eltern haben das Recht auf Informationen, Aussprache und Kontakt mit dem Gutachter-Team im Verlauf des Verfahrens.

Für die Elterngespräche und Beratung von Eltern sind folgende Grundhaltungen zu verinnerlichen:

- Eltern sind als Partner von Schule zu sehen

- Gespräche sollten vor Ablauf des Verfahrens stattfinden
- VO-SF/AO-SF als Dialogisches Verfahren: Verständigung, Verständnis, Einvernehmen
- Transparenz und Offenheit im Informationsaustausch als Selbstverständlichkeit
- Zielklarheit und Verdeutlichung in der Gesprächsführung
- Entwicklung gemeinsamer Sichtweisen und Ansatzpunkte

Ein Gutachten zur Feststellung des sonderpädagogischen Förderbedarfs ist durch folgende **Inhalte** gekennzeichnet:
- bisheriger schulischer Bildungsweg
- Lernentwicklung und Leistungsstand
- Arbeits- und Sozialverhalten
- Lebensumfeld
- Behinderungen, die einen sonderpädagogischen Förderbedarf bedingen
- bisherige Fördermaßnahmen
- erforderliche sonderpädagogische Förderschwerpunkte (ggf. notwendige Rahmenbedingungen)
- Ergebnis des Gesprächs mit den Erziehungsberechtigten

Es ist kein verbindliches **Instrumentarium** standardisierter diagnostischer Verfahren vorgegeben. Es werden verschiedene Methoden angewendet, wobei die Auswahl sich je nach Einzelfall entscheidet. Das Gutachterteam legt fest, ob, wann und wo welche diagnostischen Verfahren zum Einsatz kommen. Es können zum Beispiel folgende Methoden zur Anwendung kommen:
- Arbeitsprodukte
- Diagnostische Inventare
- Fragebogen, Entwicklungsgitter
- Leistungsproben und informelle Tests
- Screenings
- Standardisierte Testverfahren
- Verhaltens- und Unterrichtsbeobachtungen

Die Gutachter müssen sicherstellen, dass ihre diagnostische Kompetenz ständig aktualisiert wird (vgl. vds). Die Vorgaben der Ministerien ermöglichen kaum noch eine klassische Umschulungsdiagnostik und es gibt keine Pflicht zur Anwendung von standardisierten Testverfahren.

Das Gutachterteam empfiehlt Art, Umfang und Dauer der Fördermaßnahme. Die zuständige Schulaufsichtsbehörde entscheidet über den sonderpädagogischen Förderbedarf und den schulischen Förderort.

Als **Schwerpunkte der sonderpädagogischen Förderung** (Förderbedarf) werden in der Ausbildungsordnung sonderpädagogischer Förderung (AO-SF, 2005) benannt:

1 Lernen (§ 5 Abs. 1),
2 Sprache (§ 5 Abs. 2),
3 Emotionale und soziale Entwicklung (§ 5 Abs. 3),
4 Hören und Kommunikation (§ 8),
5 Sehen (§ 9),
6 Geistige Entwicklung (§ 6),
7 Körperliche und motorische Entwicklung (§ 7).

Förderorte können sein (vgl. AO-SF 2005):
- ◎ Allgemeine Schule
- ◎ Förderschule
- ◎ Förderschulklasse an einer allgemeinen Schulee
- ◎ Gemeinsamer Unterricht
- ◎ Integrative Lerngruppe
- ◎ Schule für Kranke
- ◎ Sonderpädagogische Fördergruppe als Teil einer allgemeinen Schule
- ◎ Sonderpädagogische Förderklasse an allgemeinen Berufskollegs

Für die Entscheidung über den Lernort sollten folgende Fragen nach:
den pädagogischen Bedingungen,
den personellen Bedingungen,
den organisatorischen Bedingungen,
den räumlichen und den materiellen Bedingungen
beantwortet werden.

Das Gutachten sollte ein Problemresümee enthalten, in dem darzustellen ist,
welche Fördermaßnahmen bisher zum Einsatz kamen,
welche Faktoren eine sonderpädagogische Förderung bedingen,
welche Rahmenbedingungen zur Verwirklichung der sonderpädagogischen
Fördermaßnahmen erforderlich sind.

Der Sonderpädagogische Förderbedarf kann auch auf Probe (bis zu einem halben Jahr) stattfinden.

Vor der Entscheidung sind die Erziehungsberechtigten einzuladen und ein Einvernehmen ist anzustreben. Die Erziehungsberechtigten haben die Möglichkeit zusätzlich eine Person ihres Vertrauens hinzuzuziehen und haben auf Wunsch Einsicht in das Gutachten.
Die Entscheidungen sind den Erziehungsberechtigten schriftlich mitzuteilen und zu begründen.
Sollten die Eltern nicht einverstanden sein, muss die Schulaufsicht bei der Bezirksregierung oder ein Verwaltungsgericht entscheiden.

Im weiteren (Förder-) Prozess wird auf der Grundlage der Beobachtungen und Beurteilungen gemeinsam ein Vorschlag erarbeitet, wie ein Kind weiterhin bestmöglich gefördert werden kann.

3.2.2 Neue Aufgaben von Diagnostik in der Schule

Die **neuen Aufgaben einer nicht normativen Diagnostik** ohne standardisierte Verfahren hat nun zu einer nicht unbeträchtlichen Verunsicherung der Praktiker geführt. Veränderte Sichtweisen und neue Konzeptionen sollten sich gegenwärtig sein, dass sie in besonderer Weise einer Kritik ausgesetzt sind und bisweilen über eine Unsicherheit hinaus sogar Angst auslösen können. So wird manchem Leser, der bislang eher intuitiv unseren Vorstellungen zustimmen konnte, der Umfang der geforderten Aufgaben für seine eigene Praxis vielleicht sehr groß erscheinen und er wird sich fragen, wie denn eine Umsetzung in die Praxis der sonderpädagogischen Diagnostik in seinem Schulalltag angesichts hoher Klassenfrequenzen und knapper Ressourcen möglich sein könnte. Im später folgenden Abschnitt wollen wir deshalb über praktische Alternativen sprechen.

Natürlich geht man dabei von Prämissen einer zukünftigen Schulgestaltung aus, aber diese Bedingungen stellen sich ja langsam an verschiedenen Stellen schon ein.

Für diese neue Fragestellung der Feststellung des (sonderpädagogischen) Förderbedarfs spielen normative Verfahren eine eher untergeordnete Rolle. Schuck (1994) sieht den diagnostischen Handlungsbedarf im folgenden Ablaufschema erfüllt:

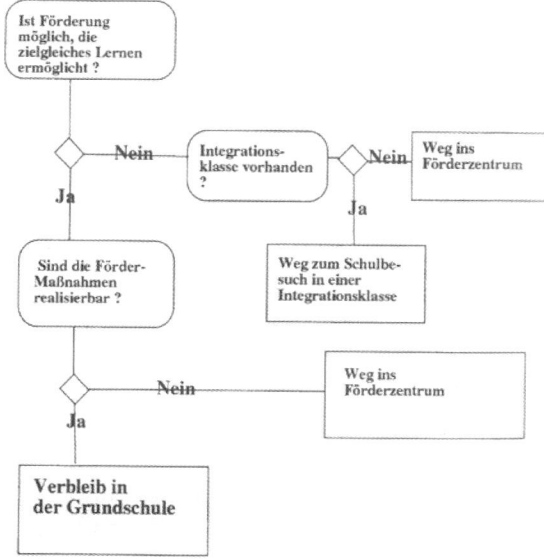

Abb. 11: Probleme der Diagnostik in einer sich wandelnden Schule nach Schuck (1994)

Kann die Ausgangsfrage mit „ja" beantwortet werden, ob eine Förderung möglich ist, die zielgleiches Lernen ermöglicht und sind die Fördermaßnahmen realisierbar, so ist zu einer Förderung in einer Grundschule zu raten. Sind die Fördermaßnahmen nicht in der Grundschule möglich, dann ist der Weg in die Integrationsklasse offen. Ist der Weg in die Integrationsklasse versperrt (weil es eine Integrationsklasse nicht gibt), oder sind die Fördermaßnahmen nicht realisierbar, dann bleibt nur der Weg ins Förderzentrum.

Als „Förderzentrum" wird von Schuck (1994) eine Institution bezeichnet, die aus der bisherigen „Sonderschule" hervorgehen soll und in Niedersachsen sehr verschiedene Formen von der Zusammenlegung mehrer Sonderschulen bis zur organisatorischen Zusammenfassung von Grund- und Sonderschule reichen könnte.

Die Inhalte und Methoden der Förderdiagnostik (u. a. Kornmann/Meister/ Schlee 1983; Kretschmann 1985, Eggert 1986; Begemann 1989, Suhrweier/ Hetzner 1993) ergeben dabei einen brauchbaren Rahmen für neue diagnostische Handlungsstrategien, die auch praktikabel sein können. In Kapitel 2 in diesem Buch sind einige Grundlagen förderdiagnostischer Konzepte geschildert, um dann praxisorientierte Vorstellungen für ein sonderpädagogisches Beratungsgutachten und für methodische Alternativen zu geben.

Die Orientierung an Methoden des offenen Unterrichts (Wallrabenstein 1994) erleichtert in vielen Dingen die Umsetzung der Ideen einer qualitativen Förderdiagnostik.

Wie weiter oben im Abschnitt über das Unbehagen an der Diagnostik gesagt wurde, ist damit **Diagnostik ein lernbegleitender Prozess**, in dem aus Informationen über Vergangenheit, Gegenwart und prospektiver Zukunft des Schülers ein Optimum an Förderung überlegt und organisiert werden kann. Die folgende Textbox fasst einige Begriffe zusammen, die sich mit der Feststellung des sonderpädagogischen Förderbedarfs und Konzepten der Lernförderungsdiagnostik verbinden und die sich zum Teil auch in Verordnungen zur Feststellung des sonderpädagogischen Förderbedarfs wieder finden.

Förderdiagnostisches Denken *konkretisiert sich in:*
- Kind – Umfeld – Diagnostik
- ganzheitlichem Denken
- systemischem Betrachten
- individueller Beschreibung und Beurteilung
- „offenen" Beobachtungssituationen statt künstlichen Testsituationen
- Verzicht auf psychometrische Bewertungen und Differenzangaben zu Normgruppen
- andauernder Zusammenarbeit mit Eltern und dem Kind
- der Einbeziehung vorschulischer Entwicklungen (Kindergarten) und der Einbeziehung der Freizeit und des außerschulisches Lebens
- einer Betonung didaktisch-methodischen „Handwerkswissens"

Das Motto für eine derartige Diagnostik könnte sein:

> Gemeinsam im Team
> **individuelle Lösungen für individuelle Förderbedürfnisse**
> suchen.

3.3 Kooperationen (Grundschule, Förderschule, Psychologen, Therapeuten etc.)

3.3.1 Arbeitsteilung: Grundschulbericht, Beratungsgutachten und Aussagen der Förderkommission

Eine sehr sinnvolle Arbeitsteilung zwischen den Aufgaben des Berichts über das Kind durch die Grundschule, dem Beratungsgutachten durch die Förderschule und den Aussagen der Förderkommission findet sich in den Niedersächsichen Verwaltungsvorschriften zur Verordnung über sonderpädagogische Förderung (1994). Der Bericht der Grundschule sollte demnach enthalten:

1. Begründung der Meldung (zur Feststellung des sonderpädagogischen Förderbedarfs)
2. Rahmenbedingungen der Schule
3. bisherige Schullaufbahn
4. Vorstellungen und Wünsche der Erziehungsberechtigten
5. bisherige Entwicklung des Kindes
6. Sozialverhalten, Lernstand, Lern- und Leistungsverhalten
7. bisherige zusätzliche Fördermaßnahmen
8. außerschulische und familiäre Gegebenheiten.

Ein derartiger Bericht würde über die bisherigen Berichte hinausgehen und schon einiges an Informationen enthalten, die bislang im Rahmen eines sonderpädagogischen Gutachtens beschrieben wurden und - eine angemessene Information der Grundschulkollegen einmal vorausgesetzt - eine gewisse Arbeitserleichterung für die Sonderpädagogen bedeuten.

Die Aufgaben des Beratungsgutachtens wären im Sinne der geplanten Verwaltungsvorschriften dann „im Sinne einer Kind - Umfeld - Analyse":

• die Beschreibung der Lernausgangslage,
• die Darstellung spezieller Kompetenzen,
• die zur Zeit erreichbar scheinenden Ziele im kognitiven, sozialen und emotionalen Bereich,
• die Erfassung der individuellen Entwicklungsbedingungen,
• die Ansätze für eine individuelle Förderung des Kindes.

Damit würde aus dem bisherigen sonderpädagogischen Gutachten der Entscheidungsvorschlag für die schulische Organisationsform der Förderung herausgenommen und der Sonderpädagoge würde sich mehr auf die Rolle der Beratung konzentrieren können.

Folgerichtig wird die Aufgabe, Aussagen zu Empfehlungen zu machen, dann auf die Förderkommission verlegt, die feststellen soll,
- ob sonderpädagogischer Förderbedarf vorliegt,
- welcher Art dieser Förderbedarf ist,
- in welchen Bereichen sonderpädagogische Förderung geleistet werden muss,
- in welchen Formen diese Förderung durchgeführt werden soll,
- welcher Lernort oder welche Lernorte - wenn Alternativen sich anbieten - für den weiteren Schulbesuch und die sonderpädagogische Förderung des Schülers empfohlen werden.

3.3.2 Die Rolle des Psychologen in der interdisziplinären Kooperation im Interesse des Menschen mit Förderbedarf

Nun könnte es scheinen, als ob es das Ziel dieses Beitrages sein sollte, Psychologen sozusagen durch ein Plädoyer auf den Verzicht der Durchführung von Tests zu frustrieren oder gar arbeitslos zu machen. Es scheint aber, dass man mit Hilfe z.B. von Einzelfallbeschreibungen die Tätigkeit des Psychologen im Team von der letztlich unfruchtbaren Arbeit mit ungeeigneten Methoden (Tests) auf wesentlichere und sinnvollere Aufgaben lenken könnte, die zudem einem psychologischen Verständnis von Professionalität auch näher kommen könnte.

Es ist keinesfalls so, dass man durch einen Verzicht auf quantitative Methoden (oder durch eine sehr viel vorsichtigere Verwendung derselben) nun befürchten müsse, dass Psychologen in der Arbeit für Menschen mit Beeinträchtigungen überflüssig wären. Das Gegenteil scheint der Fall zu sein.

Man könnte eher meinen, dass sie den im engeren Sinne fachpsychologischen Aufgaben des Beratens durch eine solche veränderte Art von Diagnostik näher kommen könnten. Menschen mit Förderbedürfnissen und ihre Familien bedürfen oftmals der Beratung und Hilfe durch andere:

Wenn zum ersten Mal der Verdacht einer möglichen Behinderung entsteht und die Verarbeitung der Angst vor der Behinderung des Kindes für die Eltern notwendig ist, um der Aufgabe der Erziehung dieses Kindes gerecht werden zu können. Das kann z.B. schon vor der Geburt bei der Frage der Fall sein, ob durch eine pränatale Diagnostik das Risiko einer Geburt eines Kindes mit Behinderung verringert werden kann. Bei dieser Frage ist psychologische Beratung wichtig, denn das Risiko eines Aborts ist höher als die Sicherheit der Diagnose (Willenbring 1997). Oft haben zudem Mütter eine unvollkommene Einsicht in die Zusammenhänge und befürchten mehr an Problemen, als berechtigt ist. Eine psychologische Beratung kann in dieser komplizierten Angelegenheit helfen.

- Wenn es um Fragen der Frühdiagnose und Frühförderung, um Eingliederung in spezielle oder allgemeine Vorschuleinrichtungen oder um Fragen der Einschulung geht.
- Wenn es in der Schule bei Entwicklungsstillständen oder gar Entwicklungsrückschritten zu Problemen und Konflikten kommt, und die Hilfe der Sonderpädagogen bei der Frage der Gestaltung von Lernprozessen und Lernumwelten erforderlich ist.
- Wenn sich die Frage nach der Wohnumgebung oder Eingliederung in den Arbeitsbereich stellt und an vielen anderen Punkten ihres weiteren Lebens eventuell auch.

Wenn auch die Methoden des Psychologen nach dem Verzicht auf normative quantitative Methoden keineswegs vollständig treffsicher oder "narrensicher" sind - was aber letztlich für die Methoden aller in diesem Bereich arbeitenden Berufsgruppen gilt -, stehen ihm doch mit seinem Wissen aus Lern- und Entwicklungspsychologie, Klinischer und Persönlichkeitspsychologie sowie dem Methodenarsenal Mittel zur Verfügung, die es in Zusammenarbeit mit den Kollegen anderer Berufsgruppen im Team ermöglichen, eine schlüssige Beschreibung zu liefern und an der Planung, Durchführung und Evaluation der Förderung mitzuwirken. Diese individuelle Beschreibung sollte dann ausreichen, um Fragen zur gegenwärtig nötigen Intervention und Förderung zu beantworten. Der Psychologe könnte so den vermeintlichen Verlust durch den Verzicht auf die Testdiagnostik in anderen relevanteren Bereichen mehr als ausgleichen.

Mit einer Ausbildung in der Gesprächsführung, der Familientherapie und im individuellen Konfliktmanagement bietet sich im systemischen Denken und Handeln der Psychologe auch als Berater der Familienangehörigen an. Er könnte auch derjenige sein, der die Untersuchungsergebnisse an die Eltern weitergibt und weitere Schritte mit ihnen plant. Eltern, die beunruhigt sind über die Entwicklung ihres Kindes, sind sehr empfindlich, so dass Kontakte mit ihnen zu dieser Zeit sehr viel Einfühlungsvermögen erfordern.

Die spezifische Qualifikation des Psychologen könnte ihn hier nicht nur zum Anwalt des Kindes, sondern auch von dessen Familie machen - insgesamt also weniger psychometrische Technologie in der psychologischen Praxis, sondern wieder mehr Kunst und Handwerk in der gemeinschaftlichen Tätigkeit.

4. Methoden und Vorgehen einer ganzheitlichen individuumsorientierten Diagnostik

4.1 Lernförderdiagnostik

4.1.1 Methodenvielfalt

Wollen wir z.B. einen Verzicht auf Klassifikationen und Typologisierungen realisieren und eine konsequente individuelle Beschreibung und Beurteilung in der Beratung umsetzen, dann ist die Frage nach den Alternativen zu einer testpsychologischen Diagnostik konkret und praxisgerecht zu beantworten.

Ehe jedoch praxisgerechte Alternativen vorgestellt werden, sollen zunächst einzelne Methoden der Lernförderdiagnostik kurz veranschaulicht werden.

Förderdiagnostik als komplexe Strategie der Erhebung und Interpretation pädagogisch-psychologischer Informationen bedient sich der üblichen Verfahren der Psychodiagnostik. Es können folgende Methoden unterschieden werden:

- Beobachtung
- Gespräch, Befragung, Interview
- Arbeitsprodukt
- Fehleranalyse

Speziell unterscheiden diese sich hinsichtlich ihrer Ziele und Anwendung.

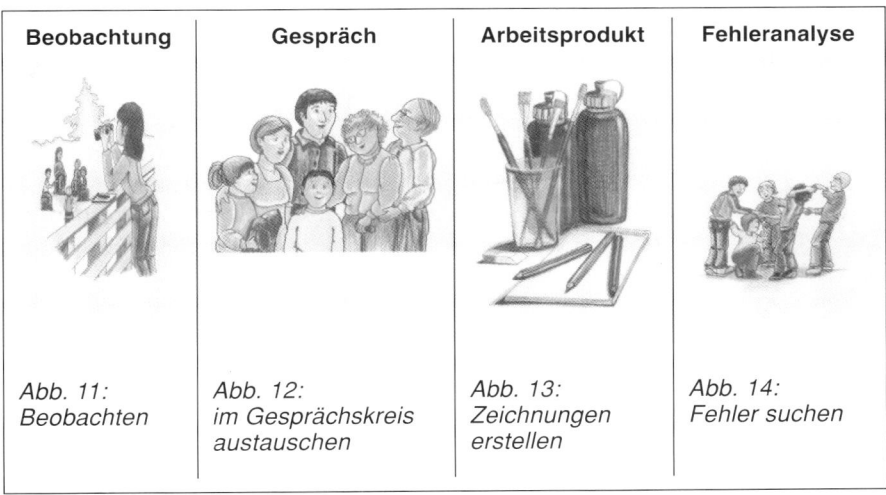

Beobachtung	Gespräch	Arbeitsprodukt	Fehleranalyse
Abb. 11: Beobachten	Abb. 12: im Gesprächskreis austauschen	Abb. 13: Zeichnungen erstellen	Abb. 14: Fehler suchen

Der Einsatz der Verfahren darf nicht zum Selbstzweck, sondern muss der Förderung des Kindes dienen. Kind und Eltern werden als Partner, nicht als Forschungsobjekte betrachtet. Eine kontinuierliche Kommunikation aller Beteiligten soll das Vorgehen transparent machen.

4.1.1.1 Beobachtung

Im Rahmen förderdiagnostischen Vorgehens stellt Beobachtung eine der bedeutendsten Verfahrensweisen dar. Beobachtungen sollen das äußere, sichtbare, erfassbare Verhalten der Lernenden in bestimmten Handlungen bzw. Tätigkeiten erfassen (vgl. Suhrweier/Hetzner 1993, 102).

Es können verschiedene Arten von Beobachtungen unterschieden werden (vgl. Lamnek Bd. 2, 249)

Naive Beobachtung	Systematisch Beobachtung
Zufall der Beobachtung	systematische Planung
Freies, stichpunktartiges Festhalten	systematische Aufzeichnung
Keine Wiederholung, keine Kontrolle	Prüfung und Kontrolle
Sinn wird erst später bestimmt, erlangt (eher zufällige Analyse)	Forschungszweck von Beginn an vorhanden (systematische Analyse)

Beobachtung ist *die* Methode überhaupt, da sie immer vorhanden ist, unabhängig von der weiteren Methodenauswahl. Ein Verhalten wird beobachtet, egal ob es in einer speziellen Beobachtungssituation, einem Gespräch, einem Test oder einer Fehleranalyse (visuell und/oder auditiv) betrachtet wird.

Anlässe von Beobachtungen können verschieden sein:
- zum einen kann ein Pädagoge von sich aus das Bedürfnis haben, ein Kind zu beobachten, weil er dies allgemein zu seinen Aufgaben zählt;
- andererseits kann ein Kind beobachtet werden, weil es durch etwas "Besonderes" auffällt und somit eine Neugierde beim Beobachter geweckt wurde;
- als weiterer Anlass kann ein "Auftrag" durch dritte Personen dienen (z.B. Eltern, Lehrer), welche möchten, dass das Kind beobachtet wird.

Im Rahmen von förderdiagnostischen Prozessen können sowohl naive (eher zufällig stattfindende) als auch systematische (geplant stattfindende) Beobachtungen durchgeführt werden. Eine systematische Beobachtung wird empfohlen. Hier kann der Beobachter in das Handlungsgeschehen direkt involviert sein und dabei (offen/ vom Kind bemerkt oder verdeckt/ vom Kind unbemerkt) beobachten oder er kann nicht mit teilnehmen und dementsprechend (offen/ vom Kind bemerkt oder verdeckt/vom Kind unbemerkt) beobachten (vgl. Bortz 1995, 244).

Das Vorgehen einer Beobachtung ist vorher zu planen. Es macht einen Unterschied, ob der Beobachter ein Kind beispielsweise in einer frei gestalteten Spielsituation oder/und in einer weniger stark strukturierten Handlungssituation beobachtet. Außerdem können sich Unterschiede in Abhängigkeit von der Beobachtungssituation zeigen. Es besteht u.a. die Möglichkeit, das Kind in einer seiner Lebenswelten (zu Hause, Kiga/Schule, Spielplatz, ...) oder aber in einer alltagsferneren und eher künstlich geschaffenen Situation (Therapie, Labor, ...) zu beobachten. Zum Vorgehen zählen auch die Vertrautheit der anwesenden Personen (Beobachter), die Bekanntheit der eingesetzten Hilfsmittel (Materialien) sowie die Häufigkeit der Beobachtungen. All diese Faktoren tragen i. d. R. dazu bei, dass sich ein Kind "angstfrei" und natürlich verhält und somit der Wert der diagnostischen Informationen steigt.

4.1.1.2 Mündliche und schriftliche Befragung

Allgemein kann zwischen Methoden mündlicher und schriftlicher Befragung unterschieden werden.

Protokolle und/oder Aufzeichnungen (Ton, Bild) dienen bei einer mündlichen Befragung als Erhebungsinstrumente, welche dann mittels Inhaltsanalysen ausgewertet werden können.

Bei schriftlichen Befragungen dienen Fragebogen als Erhebungsinstrumente, die ebenso mittels Inhaltsanalysen oder einem Auswertungsbogen/-schema ausgewertet werden können.

Mündliche Befragung

Zu den Formen der mündlichen Befragung zählen das Gespräch, die Befragung oder das Interview, welche nun im Einzelnen genauer und im späteren Verlauf nochmals zusammenfassend erläutert werden.

Gespräch

Ein Gespräch ist situations- und anlassbezogen und dient dem Austausch von Gedanken/Einstellungen und Informationen bzgl. verschiedener Sachverhalte; es kann aber auch Fragen beinhalten. Ein Gespräch kann frei (d.h. spontan und weniger strukturiert) oder geleitet (d.h. zielorientiert) bzgl. bestimmter Inhalte stattfinden.

Im Gespräch kann spontan/zufällig ermittelt werden, was nicht direkt beobachtbar ist. So können Hypothesen bzgl. des kindlichen Verhaltens konkretisiert, bestätigt oder verworfen werden.

Gespräche sind unserer Einschätzung nach generell sehr bedeutend, d.h. grundlegend für die Arbeit mit dem Kind. Es soll nicht <u>über</u>, sondern <u>mit</u> dem Kind gesprochen werden. Gespräche können und sollten in jeder Spiel-/ Handlungssituation stattfinden und so entsprechend der Situation/des Anlasses sowie des Gesprächsverlaufs Auskunft über verschiedene Aspekte des Selbstkonzeptes geben.

Befragung

Der Übergang von einem Gespräch zu einer Befragung kann sich fließend gestalten. Im Unterschied zum Gespräch werden bei einer Befragung zielorientierte Fragen gestellt und auf eine Beantwortung dieser gehofft.

Eine Befragung kann Beobachtungen ergänzen oder Hypothesen überprüfen. Mittels Befragung können vielfältige subjektive Sachverhalte bzw. Perspektiven (Auffassungen, Meinungen, Gewohnheiten, Einstellungen, Motive, Gefühle, Wünsche, Vorstellungen, Überzeugungen, Anschauungen, Konflikte, Probleme, Erlebnisse, Wissen, Kenntnisse, Denkoperationen, Lösungsstrategien, soziale Beziehungen u. a.), aber auch Entwicklungs- und Lernverläufe u. v. m. erfasst werden.

Befragungen können spontan aus gegebenem Anlass oder aber gezielt in bestimmten Handlungssituationen, die in ein bestimmtes Thema eingebettet sind, erfolgen.

Interview

Im Unterschied zu einer Befragung ist ein Interview i. d. R. themenzentriert und somit durch eine bestimmte Struktur gekennzeichnet. Es existiert ein Leitfaden, in welchem grundsätzliche Fragen zur Erfassung des Sachverhaltes festgehalten sind. Ein Interview kann insofern verschiedenartig gestaltet sein, dass sich der Interviewer streng oder global an dem Leitfaden orientiert und dementsprechend flexibel im Gespräch agiert bzw. agieren kann.

Ein Interview kann an einen Aufhänger/Eingangsstimulus gebunden sein, es kann ein freies Erzählen im Vordergrund stehen oder es ist möglich, dass anhand von gezielten Fragen das Gespräch angeregt und gelenkt wird.

Unserer Erfahrung nach eignen sich Interviews für Kinder ab dem Grundschulbereich und können durch die Bekanntheit aus Funk und Fernsehen einen besonderen Motivationsfaktor darstellen. Wenn mit Kindern ein Interview geführt wird, erscheint es sinnvoll, dieses stärker zu strukturieren, vor allem im Hinblick auf die Erfassung spezifischer Aspekte des Selbstkonzeptes.

Da diese drei Erfassungsmethoden sehr eng miteinander verbunden sind, wird nun kurz ein vereinfachtes Verständnis und die Unterschiede dieser drei Methoden zusammengefasst.

Gespräch:
- ergibt sich spontan
- Austausch bzw. Bekanntgabe von Einstellungen, Gefühlen, Gedanken etc.
- Gespräch ist situationsbezogen und Verlauf ist frei gestaltet

Befragung:
- kann spontan oder geplant stattfinden
- es werden Fragen zu einem bestimmten Verhalten oder Thema gestellt

– Befragung ist zielorientiert

Interview:
– findet geplant statt
– es findet sowohl ein Austausch über Einstellungen, Gefühle, Gedanken etc. statt, als auch das Stellen von zielorientierten Fragen
– Interview ist strukturiert und Verlauf ist zielorientiert

Schriftliche Befragung

Zu den Formen der schriftlichen Befragung zählen der Einsatz von Fragebogen, Checklisten, Semantischen Differentialen, Q-Sorts und Ratingverfahren, welche gleich noch erklärt werden. Dabei unterscheiden sich die letzteren drei nur unwesentlich, werden aber hier getrennt aufgeführt.

Die Dokumentation derartiger Verfahren erfolgt anhand vorgegebener "Formblätter", die von der befragten Person ausgefüllt werden. Eine Auswertung erfolgt anhand eines Auswertungsbogens oder aber qualitativ in Form einer Inhaltsanalyse.

Fragebogen

Ein Fragebogen kann bei Kindern nur dann eingesetzt werden, wenn diese bereits lesen und schreiben können. Ist dies noch nicht möglich, so können Fragebogen auch in Form eines Interviews angewandt werden.

(Adjektiv-)Checkliste

Checklisten bestehen aus einer Vielzahl von Eigenschaftsworten sowie einer Bewertung (z.B. ja/nein). Derartige Checklisten sind dadurch gekennzeichnet, dass das Kind die Eigenschaften/ Merkmale ankreuzt, welche es auf sich bezogen für zutreffend hält.

Dabei können situationsspezifische oder generalisierende Einschätzungen sowie reale oder ideale Vorstellungen ermittelt werden. Die Formen von sog. (Adjektiv-) Checklisten können sich insofern unterscheiden, dass es entweder eine Vielzahl von Eigenschaftswörtern gibt, aus denen eine (un-)bestimmte Anzahl ausgewählt werden können oder aber, dass es zu jeder Eigenschaft selbst noch eine Differenzierung in Form einer Ratingskala (siehe unten) gibt.

Beispiel: eine Person soll ankreuzen, welche Eigenschaften sie selbst hat

ehrlich		**böse**		**schön**		**sportlich**		**ausdauernd**	
ja	nein	ja	nein	ja	nein	ja	nein	ja	nein

Semantisches Differential

Hierbei geht es darum, mittels Polaritäten (Gegensätze) bzw. bipolarer Adjektivpaare (wertende) Einstellungen zu erfassen (z. B.: gut-schlecht, schön-hässlich, sauber-schmutzig), welche dann bestimmten Bereichen des Selbstkonzeptes zugeordnet werden können. Ein semantisches "Differential besteht aus 20 bis 30 siebenstufigen bipolaren Rating-Skalen, auf denen das Urteilsobjekt eingestuft wird" (Bortz/Döring 1995, 172).

Die Nutzung derartiger semantischer Differentiale kann sowohl über eine strukturierte Befragung als auch in Form eines Fragebogens ermöglicht werden.

Mit derartigen Verfahren lassen sich Real- und Idealeinschätzungen sowie deren Diskrepanzen gut überprüfen.

Rating-Verfahren

Diese Verfahren beinhalten sog. Schätz- bzw. Urteilsskalen, welche meist fünfstufig aufgebaut sind. Derartige Skalen können unterschiedlich gestaltet sein:
numerisch: ein Eigenschaftswort wird einer fünfstufigen Wertung unterzogen,
beschreibend: eine Fünferskala besteht aus fünf Eigenschaftsworten, die auf die Beschreibung einer Dimension abzielen oder
graphisch: es werden zur Einschätzung einer Eigenschaft/Merkmals fünf bildliche Darstellungen vorgelegt

Gerade die graphische Darstellung von Eigenschaften (z.B. Befindlichkeiten) eignet sich für Kinder gut. Ist es ihnen beispielsweise noch nicht möglich, ihr Befinden in Worte zu fassen, so können sie sich evtl. mit bildlichen Darstellungen identifizieren.

Beispiele:

Numerisch:

Wertung	1	2	3	4	5
Mir geht es: „gut"	*Trifft voll zu*	*Trifft zu*	*Trifft ein bisschen zu*	*Trifft nicht zu*	*Trifft absolut nicht zu*

Beschreibend:

Dimension: Größe	1	2	3	4	5
Eigenschaftsworte	riesig	groß	mittel	klein	winzig

Graphisch:

Merkmal: Befinden	Grafik lachend	Grafik ängstlich	Grafik wütend	Grafik müde	Grafik entsetzt

Q-Sorts (Sortierverfahren)

Personenbezogene Statements auf Kärtchen werden nach einer Skala sortiert und einem Kategoriensystem zugeordnet.

Mit dieser Art von Verfahren können z.B. Differenzen zwischen realen und idealen Verhaltensweisen oder Einschätzungen unterschieden werden.

4.1.1.3 Arbeitsprodukte

Zu sog. Arbeitsprodukten zählen *Zeichnungen/graphische Darstellungen* und Arbeiten, die durch *freies Werken* entstanden sind (z.B. durch Basteln). Unterschieden werden können hier Arbeiten, die der Pädagoge initiiert hat und Arbeiten, die frei vom Kind entstanden sind.

Bei beiden Vorgehen ist der jeweilige Entstehungsprozess primär bedeutend und weniger das "Endprodukt" an sich. Welche Wege das Kind zur Erstellung oder Gestaltung des Produktes geht, welche Materialien es nutzt und welche Bedeutung es dem Produkt insgesamt zumisst, kann für die Einschätzung verschiedener Entwicklungsaspekte sehr erkenntnisreich sein.

Zum einen stellt das Arbeitsprodukt an sich selbst die Dokumentation dar, zum anderen ist es unbedingt empfehlenswert, die Äußerungen des Kindes während des Entstehungsprozesses zu notieren oder das Kind nach den eigenen Gedanken zu dem Arbeitsprodukt (z.B. der Zeichnung) zu befragen.

Diagnostische Inventare stellen keine gesonderte Methode dar. Sie bieten die Möglichkeit die zuvor dargestellten qualitativen Methoden in sich zu vereinen. Auf besondere Aspekte von Diagnostischen Inventaren wird im Folgenden näher eingegangen.

4.1.2 Diagnostische Inventare

Die Idee der Nutzung von **Diagnostischen Inventaren** anstelle von Testverfahren stammt von Pawlik (1976), welcher bereits "Inventarisieren statt Testen" forderte.

Für die Beobachtung und Einschätzung von Kompetenzen im Rahmen einer psychomotorischen Förderung können sog. Diagnostische Inventare eingesetzt werden. Hier haben Eggert und Mitarbeiter bisher fünf verschiedene Diagnostische Inventare entwickelt:

- Eggert/Ratschinski (1993): DMB – Diagnostisches Inventar motorischer Basiskompetenzen
- Eggert/Peter (1992): DIAS – Diagnostisches Inventar auditiver Alltagshandlungen

- Eggert/Wegner-Blesin (2000): DITKA – Diagnostisches Inventar taktil-kinästhetischer Alltagshandlungen
- Eggert/Bertrand (2002): RZI – Raum-Zeit-Inventar
- Eggert/Reichenbach/Bode (2003): SKI – Selbstkonzept-Inventar
- Eggert/Reichenbach (2005): DIAS – Diagnostisches Inventar auditiver Alltagshandlungen, Neubearbeitung.

Um das Anliegen Diagnostischer Inventare zu verdeutlichen, folgen zunächst allgemeine inventarübergreifende Ausführungen.

Mit den Diagnostischen Inventaren haben Eggert & Mitarbeiter versucht, diesen Übergang vom Testen zum Inventarisieren umzusetzen.

Diese Inventare wurden zur Beobachtung und Einschätzung verschiedener Entwicklungskompetenzen von Kindern im **Vorschul- und Grundschulbereich** entwickelt. Sie können als Instrumentarium zur Diagnostik und/oder Förderung genutzt werden.

Inventare dienen einer individuellen, differenzierten Beobachtung von Verhaltensrepertoire einer Person. Dabei sollte zuvor eine bestimmte Fragestellung oder/und ein bestimmter Entwicklungsausschnitt zur Beobachtung festgelegt werden. **Ziel** ist es demnach, Menschen in ihrer Entwicklung individuell (bzgl. ihrer Stärken und Förderbedürfnisse) zu beschreiben und Veränderungen diesbezüglich aufzuzeigen.
Diagnostische Inventare stellen eine Form von Diagnostik ohne formale Vorgaben dar. Das heißt zum einen, dass keine Normierungen bzgl. allgemeiner Entwicklung existieren und zum anderen, dass nicht (allein) ein Entwicklungsstand festgestellt, sondern dieser auch verstanden und umfangreich interpretiert (mittels fortlaufender Hypothesenbildung) werden soll.
Ein weiteres Ziel besteht darin, herauszufinden, in welcher Umgebung ein Kind die "am wenigsten einschränkende" Lernbedingung finden kann und welche Schritte dafür in Angriff genommen werden müssen. Im förderdiagnostischen Sinn sollen mit diesen Aufgaben eine vor allem auf die Bestimmung individueller Kompetenzen ausgerichtete Beobachtung und eine praxisorientierte Planung der Förderung möglich sein.

Jedem Diagnostischen Inventar liegt ein **theoretisches Modell** von dem jeweils zu untersuchenden Entwicklungsbereich (Motorik, auditive Wahrnehmung, taktil-kinästhetische Wahrnehmung, Raum-Zeit-Wahrnehmung, Selbstkonzept) zugrunde. Jedes Modell enthält verschiedene Dimensionen des entsprechenden Entwicklungsbereichs. Die Entwicklungsmodelle wurden von den Autoren jeweils selbst entwickelt und ihre Brauchbarkeit für die Praxis überprüft. Bei der Entwicklung der jeweiligen Modelle wurde sich an unterschiedliche Autoren angelehnt (z.B.: Frostig, Maslow, Guilford, Fetz, Epstein, Filipp), welche sich bereits mit dem speziellen Entwicklungsbereich beschäftigt haben. Weiterhin wird von Eggert stets Bezug zu allgemeinen entwicklungspsychologischen Erkenntnissen genommen, so u. a. auf Piaget, Cohn, Zimbardo, Schiepek, Maturana/Varela, Bronfenbrenner, wobei diese dann im Zusammenhang zu den konkreten Ausführungen betrachtet werden.

Für die Konstruktion dieser Inventare wurde von folgenden Prinzipien ausgegangen (vgl. Eggert/Ratschinski 1993):

Merkmale von Diagnostischen Inventaren

1. Es soll ein breites Spektrum von Handlungen erfasst werden, d.h., dass eine Vielfalt von verschiedenen Aufgaben durchgeführt wird, um etwas über eine Entwicklungsdimension aussagen zu können.
2. Die diagnostische Sequenz soll alltagsnah sein. Das bedeutet, dass dem Kind die Aufgaben, die Umgebung und das Material vertraut sein können bzw. sollen.
3. Die Situationen sollten offen gestaltet sein, so dass jederzeit individuell auf das Kind eingegangen werden kann.
4. Innerhalb der Situation wird eine Einheit von Diagnostik und Förderung angestrebt, das bedeutet, dass jede Diagnostiksituation gleichzeitig eine Fördersituation darstellt und umgekehrt, dass jede Fördersituation zu neuen diagnostischen Erkenntnissen beitragen kann.
5. Es geht um die Beschreibung individueller Entwicklungsverläufe, und somit wird auf normative Vergleiche verzichtet.
6. Innerhalb der Beschreibung wird der Fokus auf Veränderung von individuellen Kompetenzen gelegt, d.h. auf Weiterentwicklung.
7. Die Aufgaben selbst können variabel zusammengestellt und auf die Bedürfnisse und Fähigkeiten der Kinder abgestimmt werden.
8. Eine diagnostische Überprüfung kann in mehreren Phasen stattfinden, z. B. über mehrere Tage/Stunden verteilt. Außerdem können verschiedene Methoden der Erkenntnisgewinnung, wie z.B. Beobachtung, Gespräch, schriftliche Befragung, eingesetzt werden.
9. Die Subjektivität der Beobachtung wird bewusst gemacht und es geht um die Reflexion bzgl. der zu beobachtbaren Dimensionen (Betonung der Validität).
10. Eine Durchführung in Kleingruppen ist möglich, wobei der Rahmen unterschiedlich gestaltet sein kann (z.B. Spiel, Parcours, Geschichte). Empfohlen wird die Arbeit im Team und/oder mit einer Videokamera, so dass eine genaue Analyse erfolgen kann.

Die Aufgaben selbst werden durch den Anwender erklärt und vorgeführt, so dass sie vom Probanden über verschiedene Sinneskanäle (vor allem visuell und auditiv) aufgenommen werden können. Instruktionen sind beispielhaft angegeben und können durch weitere Informationen und Demonstrationen ergänzt werden.

Die **Auswertung** der Beobachtungen erfolgt zum einen anlehnend an das zugrunde liegende theoretische Modell und zum anderen in Form einer Eindrucksanalyse. Mittels der angegebenen Dimensionen und Kompetenzbereiche können Hypothesen hinsichtlich der individuellen Entwicklung aufgestellt werden. In den Inventaren sind beispielhaft Beobachtungs- und Interpretationsmöglichkeiten angegeben, die individuell ergänzt werden können/müssen. In einer allgemeinen Eindrucksanalyse geht es um das Aufgabenverständnis, das Entwickeln von Lösungsstrategien, die Reaktionen auf (Miss-)Erfolg, das Durchhaltevermögen, das sozial-emotionale Verhalten und andere Eindrücke, die von dem Kind gewonnen werden. In dem Zusammenhang weist Eggert ausdrücklich darauf hin, dass Diagnostik **Beziehung** bzw. Beziehungsgestaltung ist und die (entstehende/bestehende) Beziehung das Ausmaß und das Zutreffen möglicher Hypothesen der Beobachtung, der Interpretation und der Förderung bestimmt (vgl. Eggert 2000, 8). Die vom Diagnostiker getroffene Auswahl der Situationen für Beobachtung und Förderung bestimmt die Reichweite der Beobachtungen und Interpretationen, insofern ist ein höheres Maß an Professionalität und ein großer pädagogischer und psychologischer Erfahrungsschatz erforderlich – mehr als in anderen diagnostischen Vorstellungen. Eine erhöhte Professionalität und Verantwortung ist auch aufgrund freierer bzw. flexibler handhabbarer „Methoden" notwendig (ebd.).

Die erzielten Beobachtungen bzw. ermittelten Befunde dienen nicht als Ausschlussdiagnostik, sondern als Förderdiagnostik im Rahmen einer Förderung. Es sollen sowohl Stärken als auch Schwächen und damit Förderbedürfnisse ermittelt und dementsprechend die Förderung zielgerichtet durchgeführt werden. Dazu ist es erforderlich, Beobachtungen detailliert, zum Beispiel mit Hilfe eines Individuellen Entwicklungs- und Förderplanes (IEP), festzuhalten. Dementsprechend ist es als äußerst bedeutend zu erachten, eine Arbeit in einem (multidisziplinären) **Team** anzustreben, welches (gemeinsam) ein Kind beobachtet und Förderpläne erstellt. Dabei werden primär Stärken gesucht, als Grundlagen der Förderung.

In den verschiedenartigen Ausführungen zu der Arbeit mit Diagnostischen Inventaren wird deutlich, dass ein **Menschenbild** zugrunde liegt, welches den Menschen zum einen als aktives Wesen begreift und zum anderen den Schwerpunkt der Betrachtung auf Entwicklungspotenziale legt. Das wird auch durch die von Eggert formulierten veränderten Fragen in der Diagnostik deutlich, wobei er hervorhebt, dass sich Fragen einer Entwicklungsdiagnostik zu denen einer Testdiagnostik insofern unterscheiden, dass sie "eine wesentlich größere Reichweite des Fragens" umfassen (2000, 33). Es wird nicht allein nach dem Ist-Zustand gefragt bzw. dieser beobachtet, sondern es werden Fragen bezüglich des Entwicklungsverlaufs (Vergangenheit, Gegenwart, Zukunft) gestellt und vielfältige mögliche Hypothesen (situations-, institutionsbedingt o. ä.) gebildet.

4.1.2.1 Das Diagnostische Inventar Motorischer Basiskompetenzen (DMB)

Dieses diagnostische Inventar wurde in den Jahren 1980-1990 entwickelt und 1993 veröffentlicht (Eggert/Ratschinski) und besteht aus 29 so genannten Kernaufgaben der motorischen Basiskompetenzen Gleichgewicht, Kraft/Ausdauer, Schnelligkeit, Gelenkigkeit und Feinmotorik und aus Aufgaben, der sensomotorischen Funktionssysteme . Die Aufgabenzusammenstellungen wurden an mehr als 1200 Kindern im Alter von 5-10 Jahren erprobt. Zu den 29 Kernaufgaben, die in Vortests und Intensivtests durchgeführt werden können, gehören 102 zusätzliche motodiagnostische Beobachtungssituationen in der Klasse, in der Turnhalle und auf dem Spielplatz, die eine Variation der Prinzipien der Aufgaben des Kernbereichs darstellen, um eine vertiefte Beobachtung und Ansätze zur ersten Förderung einer Gruppe zu ermöglichen.

4.1.2.2 Das diagnostische Inventar auditiver Alltagssituationen (DIAS)

Aus den Beobachtungen bei den DMB-Aufgaben „Richtungshören" und „Klingendes Tor" ergaben sich Hypothesen darauf, dass Kinder mit auditiven Orientierungsstörungen bei diesen Aufgaben offensichtlich unter mehr Problemen als lediglich der eingeschränkten Hörschwellen leiden. Deshalb wurde mit dem DIAS (Eggert/Peter 1992, Neubearbeitung Eggert/Reichenbach 2005) ein „Diagnostisches Inventar" vorgestellt, in dem es nicht nur um Differenzierung und Lokalisierung von Geräuschen geht, sondern auch um das Erkennen von Veränderungen und Handlungsabläufen in der auditiven Wahrnehmung; d.h. die Konstruktion und Rekonstruktion *auditiver Handlungen.* Das Diagnostische Inventar Auditiver Alltagssituationen (DIAS 2005) für Kinder im Vorschul- und Grundschulalter besteht aus:

- einer Sammlung von:
  - ○ 9 Kernaufgaben
  - ○ 40 diagnostischen Situationen
  - ○ 2 Fragebogen zur auditiven Wahrnehmung
  - ○ 24 Diagnostischen Menüs
  - ○ 2 Fallbeispielen

- einer CD mit Geräuschen für bestimmte diagnostische Situationen
- zeichnerischen Darstellungen bzw. Abbildungen für bestimmte Aufgaben

Dem diagnostischen Material liegt ein Handlungsmodell der auditiven Wahrnehmung zugrunde, das davon ausgeht, dass auditive Wahrnehmung als aktive Konstruktion und Rekonstruktion auditiver Handlungen und deren interner Abbilder anzusehen ist, die in einem engen Zusammenhang mit basalen Lernvoraussetzungen für schulisches Lernen (auditive Differenzierung und Strukturierung) im Bereich von Motorik und Sprache gesehen wird.

4.1.2.3 Das Diagnostische Inventar taktil-kinästhetischer Alltagshandlungen (DITKA)

Ausgehend vom Item „Formen blind tasten und legen" des DMB ergaben sich eine Fülle von differentiellen Beobachtungen zur Organisation der Wahrnehmung unter Bedingungen eingeschränkter visueller Wahrnehmung so, dass auch die Konstruktion eines Inventars taktil-kinästhetischer Alltagshandlungen sinnvoll erschien. Da die taktil-kinästhetische Wahrnehmung eine entscheidende Rolle bei der Bewältigung psychomotorischer Alltagshandlungen besitzt, lag es nahe, auch für diesen Bereich eine Aufgabensammlung zusammenzustellen (Eggert/Wegner-Blesin 2000). Das DITKA umfasst:
- ○ 6 Kernaufgaben
- ○ 49 Beobachtungssituationen

Im DITKA wird eine Übersicht über Bedeutung, Störung und Förderung von taktil-kinästhetischer und vestibulärer Wahrnehmung sowie von Körperorientierung und Praxie gegeben (s. S. 99ff.).

In dem hier zugrunde liegenden Modell wird zwischen verschiedenen Entwicklungsstufen der Wahrnehmung als auch zwischen unterschiedlichen Komplexitätsgraden taktil-kinästhetischer Reize unterschieden:

- ○ **Komplexitätsgrade** bauen hierarchisch aufeinander auf:
  - ○ 1. Stufe: taktil-kinästhetische Wahrnehmung
  - ○ 2. Stufe: Körperorientierung
  - ○ 3. Stufe: Praxie/Bewegungsplanung

- ○ die Zuordnungsebene der Entwicklung der Wahrnehmungstätigkeit geht von drei **Stufen** aus (s. S. 79ff):
  - ○ 1. Entwicklungsstufe: Differenzierung ➡ verschiedene Reize werden erkannt, müssen aber noch nicht lokalisiert werden
  - ○ 2. Entwicklungsstufe: Lokalisation ➡ es existieren bereits grundlegende Strukturen zur Orientierung im Raum und in der Zeit
  - ○ 3. Entwicklungsstufe: Strukturierung ➡ Fähigkeiten der Erinnerung und Herstellung von Zusammenhängen möglich; Aufbau logischer Handlungsstrukturen

4.1.2.4 Das Raum-Zeit-Inventar (RZI)

Dieses Diagnostische Inventar wurde von Eggert/Bertrand (2002) für Kinder im Vorschul- und Grundschulalter entwickelt. Es nimmt Bezug auf den Erwerb der Kulturtechniken Lesen, Schreiben und Rechnen und besteht aus 9 Kernaufgaben und 60 Beobachtungssituationen.

Raum-Zeit-Entwicklung ist entscheidend im Rahmen der kindlichen Entwicklung in Bezug zur Aneignung der Schriftsprache und der Mathematik. Erst wenn die Fähigkeit besteht, mit den Dimensionen Raum und Zeit umzugehen, kann davon ausgegangen werden, dass ein Kind die Fülle der Koordination von Wahrnehmung und Motorik erreicht hat, die ihm einen Übergang von den handelnden Operationen der Raum-Erfahrung und der Erfassung und Strukturierung von Zeit zu den schulischen Operationen und Lerninhalten ermöglichen (vgl. Eggert/Bertrand 2002, 41).

Bertrand stellte Zusammenhänge zwischen einem raum-zeitlichen Entwicklungsstand und Schulleistungen bei Kindern mit Entwicklungsstörungen fest. Es besteht die Annahme, dass eine Förderung der Raum-Zeit-Dimensionen auch Wirkungen bzgl. der Aneignung von Schriftsprache und dem Erlernen von Mathematik hat, wobei jedoch keine linearen und kausalen Zusammenhänge existieren.

Diesem entwicklungspsychologischen Modell liegt die Annahme zugrunde, dass ein Kind bei einer ungestörten Entwicklung zur höchsten Stufe der Wahrnehmungstätigkeit gelangt. Anhand der Stufen und Komplexitätsgrade kann der momentane Entwicklungsstand eines Kindes näher beschrieben werden. Mittels RZI können die Entwicklungsstufen und Komplexitätsgrade (anlehnend an das Modell) beobachtet und interpretiert werden. Auf der Basis des Handlungs- bzw. Entwicklungsmodells können dann Fördervorschläge unterbreitet werden.

4.1.2.5 Das Selbstkonzept-Inventar (SKI)

Dieses Inventar wurde von Eggert/Reichenbach/Bode (2003) für Kinder im Vorschul- und Grundschulalter entwickelt, zum Teil ist es durchaus auch für Erwachsene geeignet.

Die Diagnose und Förderung des Selbstkonzeptes von Kindern hat in den letzten Jahren an Bedeutung gewonnen. Häufig ist es so, dass schlechte (Schul-) Leistungen darin begründet liegen, dass die Kinder negative Vorstellungen über sich selbst, über ihre eigene Leistungsfähigkeit bzw. ihr eigens Können haben. Zentrale Fragestellung des SKI: wie kann sich der Praktiker in der Beobachtung, Diagnostik und Förderung dem wichtigen Bereich des Selbstkonzeptes nähern und welche möglichen Schlussfolgerungen sind für welchen Förderort zu ziehen?!

Anliegen der Aufgaben bzw. "Übungen" ist vor allem das Sehen und/oder Schaffen von Beobachtungssituationen, in denen verschiedene Variablen des Selbstkonzepts von Kindern beinhaltet sind bzw. sein können. Es wird eine Aufgabenauswahl angeboten, die es ermöglichen soll, zu verschiedenen Variablen, die das individuelle Selbstkonzept beeinflussen, Aussagen zu treffen bzw. Hypothesen aufzustellen.

Aus verschiedenen theoretischen Ansätzen haben die Autoren ein eigenes Modell des Konstruktes Selbstkonzept zusammengestellt, welches für eine praktikable Diagnostik und Förderung geeignet ist. Die wichtigsten Elemente eines Selbstkonzepts als dynamisches, sich wandelndes und vernetztes Systems sind: die Selbsteinschätzung, das Körperkonzept, das Fähigkeitsselbstkonzept, die Selbstbewertung und das Selbstbild.

Das SKI besteht aus 7 Kernaufgaben, welche primär zur Orientierung für den Einstieg in die Beobachtung dienen. Außerdem beinhaltet es zahlreiche weitere konkrete Beobachtungs- bzw. Erfassungsmöglichkeiten:

- ○ 11 Arbeitsprodukte
- ○ 7 mündliche Befragungen
- ○ 16 schriftliche Befragungen
- ○ 18 Beobachtungssituationen

Neben den Praxisaufgaben existiert noch:
- ○ 1 Beobachtungsbogen
- ○ 1 IEP zum Selbstkonzept

Die beschriebenen Ansätze sowie die allgemeinen Vorschläge für die individuelle Praxis scheinen durchaus geeignet, konkrete Veränderungsmöglichkeiten der Lernförderungsdiagnostik zu beschreiben. Sie sollten jedoch nicht im Sinne von „Rezepten" von Theoretikern oder im Sinne von fertigen Programmen mit einem allgemeinen Gültigkeitsanspruch verstanden werden, weil es letztlich in der Praxis vor allem darauf ankommt, dass jeder Praktiker vor Ort und angesichts der Kinder, mit denen sie/er zusammenarbeitet, die speziellen Möglichkeiten und Anpassungen suchen sollte, die im Interesse der Kinder diese eine umfassende Förderung ermöglichen.

Die Aufgaben dieser Inventare können nun einerseits zu gezielten diagnostischen Beobachtungen in der Entwicklung (Eggert/Lütje-Klose 1994) herangezogen werden; sie können jedoch auch zu intensiven Video-Analysen einzelner Bewegungssituationen benutzt werden, die dann unter Berücksichtigung des ganzheitlichen Handlungszusammenhangs theoriegeleitet auch im Rahmen einer *Diagnostik* ohne formale Vorgaben analysiert und interpretiert werden können[16].

Die Fülle von Veränderungen, die Diagnostische Inventare im Vergleich zu Tests bieten, fasst die folgende Box noch einmal zusammen.

Mittels der Gegenüberstellung wird eine veränderte Sichtweise von diagnostischem Vorgehen und Hervorhebung der Bedeutung einer Diagnostik, die

- ○ individuell beschreibt, anstatt zu klassifizieren
- ○ integriert anstatt selektiert
- ○ komplexe und veränderbare Entwicklungen festhält, anstatt Merkmale zu beschreiben,

verdeutlicht.

---

[16] Dabei sollte nicht übersehen werden, und auch bei dieser Art von Diagnostik wichtig ist, dass sie wissenschaftlich begründet sein muss, um nicht allzu individualistisch oder völlig subjektiv zu sein, d.h. sie muss in Prozess und Ergebnis kontrollierbar bleiben.

Kriterium	(alt) Test	(neu) Inventar
Handlungsspektrum (Vielfalt, Auswahl der Handlungen)	eingeschränktes Handlungsspektrum; Ausrichtung an zu messendem Merkmal; spezielle Auswahl von standardisierten Aufgaben	Erfassung eines breiten Spektrums von Handlungen; zielorientierte Auswahl von Aufgaben
Ort der Situation	Laborsituation	Erfassung alltagsnaher kindlicher Handlungen
Form der Situation	standardisierte Situation	offene Situation
Hinweise für Intervention(en)	keine Hinweise für Intervention; Trennung von Diagnostik und Förderung	Anstrebung Kompatibilität der diagnostischen u. der Interventionskategorien (Einheit von Diagnostik und Förderung)
Bezugssystem	normativer Vergleich mit Bezugsgruppe (Alter) anhand einer statistischen Norm; es wird ein Merkmal zu einer bestimmten Zeit gemessen, kein Verlauf von individueller Entwicklung	Beschreibung individueller Entwicklungsverläufe; individuelles Bezugssystem
Bewertung	Quantitative Bewertung; Klassifikation nach Grenzwerten	Qualitative Beobachtung und Einschätzung; Ablehnung von Etiketten
Erfassung von ...	es wird ein Merkmal (Produkt) bewertet; dieses Merkmal wird als zeitstabil betrachtet	Ermittlung und Beschreibung von Veränderungen
Auswertung	„objektive" Messung	Betonung subjektiver Komponenten
Vorgehen/Reihenfolge Aufgaben	streng vorgegebene Reihenfolge der Aufgaben aufgrund Standardisierung; keine Abstimmung bzgl. Interventionsziele	Variabilität der Aufgabenzusammenstellung in Abhängigkeit von Interventionszielen
Durchführungszeit	Aufgaben werden alle an einem Tag hintereinander durchgeführt;	Abstufung der diagnostischen Strategien in mehrere Phasen u. mehrere methodische Ansätze
Gütekriterien	Betonung der Objektivität u. a. Gütekriterien von Tests	Betonung der Validität; Gütekriterien qualitativer Diagnostik
Einzel-/ Gruppensituation	(moto-)metrische Tests sind i. d. R. als Einzeltests konstruiert mit 1 Psychologen	Einzel- oder Gruppensituation
Ziel(e)	Selektion (z. B. Zuweisung zu Sondereinrichtung); Klassifikation	Integration (z. B. GU); Ressourcenorientierung, Stärken

Diese neue **Diagnostik** ohne formale Vorgaben

beschreibt ausgehend von Kompetenzen
in einem offenen Rahmen
individuelles Handeln einer Person
im Kontext einer sozialen Situation
aus einem Verständnis des Sinns dieses Handelns.
Fragt nicht nur nach dem „Wie?", sondern auch nach dem „Warum?",
„Wozu?" , „Woher?" und „Wohin?" einer Handlung. Verknüpft Vergangenes,
Gegenwart und Zukünftiges.
Handlungen in einer bestimmbaren Situation werden als Äußerung basa-
ler körperlicher und psychischer Kompetenzen einer erlebenden und handelnden Person verstanden, schließen aber auch soziale und emotional-
motivationale Kompetenzen ein und spiegeln das Selbstkonzept beobachteten Person und die Beziehungssituation in einer Gruppe mit dem Grup-
penleiter wieder.

Motto: Es gibt immer (auch) eine psychologische Erklärung für eine Handlung.
Bei der Arbeit mit Video - Analysen hat sich stets gezeigt, dass die Variabilität
des Vorgehens zu einer Breite von diagnostischen Hypothesen geführt hat,
und sie sich als außerordentlich fruchtbar gezeigt hat. Vor allem der Einbezug
der Fragen nach dem Warum?, Woher? Wozu? Wohin? hat den Horizont der
Datengewinnung stark erweitert.

4.1.3   Informelle Aufgabensammlungen: diagnostische Papiere

Es gibt verschiedene Formen von Diagnostik und diagnostischen Aufgabensammlungen. So wurden z.B. in den 90er Jahren in Niedersachsen so genannte diagnostische Papiere entwickelt, die auch in NRW auf der Grundlage "pädagogischer Konferenzen" zu verschiedenen Schulformen sehr bekannt sind.

Wenn Kinder in die Schule kommen, werden bestimmte Erwartungen an sie
gestellt. Sie bringen aber sehr verschiedene Vorerfahrungen, Kenntnisse und
Fertigkeiten mit. Auf diese unterschiedlichen Lernvoraussetzungen muss die
Schule eingehen, was den Lehrern ein hohes Maß an förderdiagnostischer
Kompetenz abverlangt.

Zu den Aufgaben des Sonderpädagogen in der Grundschule gehören:
  – die Analyse des Förderbedarfs und die Analyse der optimalen Bedin-
    gungen für erfolgreiches Lernen (unter Einbeziehung der Sichtweise
    des Kindes)
  – sonderpädagogische Fördermaßnahmen in Abstimmung mit den Rah-
    menrichtlinien und den Lernzielen der Klasse zu überlegen
  – Vorschläge für weiterführende zusätzliche Fördermaßnahmen zu unter-
    breiten.

Der Schwerpunkt der Tätigkeit soll dabei in den ersten beiden Klassen liegen (Apel u.a.1992). Auch wenn es im Vergleich zu 1997 inzwischen weitaus mehr Material gibt, so suchen doch gerade Grundschullehrer nach immer neuen und praxiserprobten Materialien. Die ehemals verwendeten Tests sind hoffnungslos überaltert und greifen im Sinne einer individualisierten Diagnostik nicht.

Zur Lösung der Aufgabe erforderlich sind dazu Kenntnisse in der Lernstands-analyse und der Lernförderung. Die Hauptfrage dabei ist, wie gelangen Lehrer von qualitativen Lernproduktbeschreibungen über eine Analyse der grundle-genden Lernprozesse zu dem für den Schüler angemessenen Lernangebot (Apel u. a.1993, 37)?

Dabei ist zu berücksichtigen, dass sich zuerst einmal der Arbeitsumfang für den Pädagogen bei einem derartigen Vorgehen zu vergrößern scheint, weil ein Repertoire spezifischer Lernmittel und Lernhilfen erst einmal entwickelt werden muss. Empfehlenswert ist, dass eine Gruppe von Pädagogen aus einer Regi-on optimalerweise mehrmals zusammenkommen, um nach geeigneten Mate-rialien zu suchen. Eine gründliche Einarbeitung in die Lernkonzepte und eine genügende Erfahrung im Umgang mit ihnen ist notwendig. Weiter gehört zu den Voraussetzungen, dass die Lehrer eine intensive Kooperation miteinander pflegen und es gewöhnt sind, gemeinsam Lernmaterialien zu analysieren und zu bearbeiten.

Die Arbeit mit diesen Diagnostischen Papieren ist denkbar einfach: für einen Schulbezirk setzten sich die Lehrer zusammen und gehen gemeinsam ihre Unterrichtsmaterialien durch und suchen so geeignete Untersuchungsmateria-lien aus. Aus diesen Materialien stellen sie dann eine vorläufige Aufgaben-sammlung zusammen, die sie dann erweitern, ergänzen und vergrößern.

Ist die Arbeit aber erst einmal geleistet, dann liegt der Vorteil auf der Hand und es tritt eine Arbeitserleichterung ein:

- Es lassen sich gründliche Lernstandsanalysen und darauf aufbauende Lernhilfen konstruieren, die dem Kind angeboten und gemeinsam bear-beitet werden können.
- Es lassen sich persönlichkeitsorientierte Wirkungen durch eine individu-elle Förderung herstellen und der Aufbau eines positiven Selbstkon-zepts eines Kindes wird erleichtert (vgl. Eggert/Reichenbach/Bode 2003).

Für beispielsweise Deutsch und Mathematik liegen inzwischen viele Erfahrun-gen mit einem solchen Vorgehen vor (vgl. Kretschmann 1998). Lernzielorien-tierte Aufgabensammlungen schaffen den Übergang von einer Umschulungs-diagnostik zu einer lernentwicklungsorientierten Förderungsdiagnostik.

Diese lernzielorientierten Aufgabenzusammenstellungen orientierten sich an folgenden Zielen (Apel u. a 1993,74):

- sie orientieren sich an den zurzeit gültigen Rahmenrichtlinien,

- sie leiten ihre Fragestellungen aus neueren Erkenntnissen zur Entwicklung von Lese- und Rechtschreibfähigkeiten ab,

- sie berücksichtigen die konkreten alltäglichen Unterrichtsinhalte und -ziele der Kinder,

- die Überprüfungssituation ist dialogisch und interaktionistisch angelegt, d.h. sie kann auch Daten des persönlichen Verhaltens einbeziehen,

- die Daten ermöglichen eine detaillierte Lernstandsbeschreibung und erste Planungshilfen für notwendige Förderungen,

- sie geben die Sachstruktur des Lerngegenstandes praxisnah wieder,

- sie lassen sich flexibel einsetzen und je nach Individuallage verändern, umstellen oder erweitern.

In der förderdiagnostischen Praxis ohne normative Verfahren haben sich in Niedersachsen die diagnostischen „Papiere" bewährt (vgl. Apel u. a. 1992): das Braunschweig-Papier, das Celler-Papier, das Hannover-Papier u. a.. Aus der weiter oben beschriebenen Problematik einer Bestimmung des Förderbedarfs von Kindern aus Persönlichkeits-, Intelligenz- oder Schulleistungstests ergab sich schon relativ früh in der sonderpädagogischen Praxis in Niedersachsen die Notwendigkeit, regional bestimmte Aufgabensammlungen schulischer Lerninhalte zusammenzustellen (vgl. Apel u. a. 1989). Es handelt sich dabei um Aufgabensammlungen zu den Lerngegenständen für die Klassenstufen 1-6 der allgemeinen Schule, die im Sinne von Materialvorlagen dem beobachtenden Sonderpädagogen ein umfangreiches Material zur theoriegeleiteten Einschätzung der aktuellen Zone der jeweiligen Entwicklung eines Kindes in den Lerngegenständen Mathematik, Deutsch (Lesen und Schreiben) und Sachunterricht ermöglichen sollen.

Die wesentlichen Fragen der Art des Förderbedarfs und der Inhalte der Förderung in bestimmten Lernorten im Rahmen des Verfahrens zur Feststellung des sonderpädagogischen Förderbedarfs können dem Anliegen einer individualisierten Diagnostik mit den Papieren entgegen gekommen werden.

Je nach pädagogischer Region werden sehr unterschiedliche Papiere zusammengestellt; "Papiere" müssen sehr auf ihre Anwendungsfelder zugeschnitten werden.

4.1.4 Diagnostische Menüs

Mit den Diagnostischen Inventaren und den Diagnostischen Papieren können Diagnostische Menüs gestaltet werden. Eine Auswahl von Aufgaben aus den Diagnostischen Inventaren bieten die Möglichkeit zur vertieften Beobachtung einzelner Kompetenzen in verschiedenen Entwicklungsbereichen. Die Kernaufgaben können durchaus auch im Sinne von Vorher-/ Nachherbeobachtungen zur Einschätzung des Entwicklungsfortschritts einzelner Kinder genutzt werden. Die Daten der Screening-Kurzfassung können im Rahmen eines Individuellen Entwicklungs- und Förderplans (IEP) nach Eggert (1997) zur Protokollierung der individuellen Entwicklung eines Kindes im laufenden Förderprozess eingesetzt werden (vgl. Kap.5).

Für den Grundschullehrer kann - am besten in Zusammenarbeit mit einem Sonderpädagogen oder einem pädagogischen Helfer - eine Beobachtung der Kinder in ausgewählten Situationen **im Spiel** eine besondere Möglichkeit bieten, Kinder im freien Spiel und in der Bewegung zu beobachten und eine Anregung, um Fördermöglichkeiten in der inneren Differenzierung und im offenen Unterricht zu finden, besonders wenn dem Lehrer die Gruppe/Klasse noch nicht lange bekannt ist und er Situationen zur vorläufigen Einschätzung der Kinder für die Förderung braucht.

Die Beantwortung von „Menü-Fragen" erleichtert dabei die Planung (vgl. Eggert/Reichenbach/Bode 2003, 143)[18].

Wenn der Pädagoge überlegt ein Diagnostisches Menü zu erstellen, sollte er folgende "Menü-Fragen" beantworten:

1. Für wen erstelle ich das Menü? (Klientel, Alter, Gruppe/Einzel)
2. Wodurch spreche ich das Interesse der Kinder an? (Thema)
3. Was möchte ich mit dem Menü beobachten bzw. erfassen? (Entwicklungsbereich, z. B. Motorik)
4. Möchte ich einen Aspekt des Entwicklungsbereiches schwerpunktmäßig erfassen? (z.B. Gleichgewicht/Motorik)
5. Wie umfangreich soll das Menü sein? (Zeit)
6. Was stellt den Rahmen des Menüs dar? (Unterricht/Förderung; Parcours, Geschichte, Erzählung, …)
7. Welche Aufgaben wähle ich für die diagnostische Erfassung und/oder Förderung aus?
8. Wie muss oder kann ich die Aufgaben differenzieren, so dass sie bewältigt werden können oder eine Herausforderung darstellen? (Schwierigkeitsgrade)
9. Was kann ich wahrscheinlich mit den gewählten Aufgaben zusätzlich beobachten? (z.B. Motorik, Wahrnehmung, Kognition, …)

---

[18] Ein derartiges präzises Vorgehen existiert noch nicht in der Ursprungsversion des DMB, jedoch in den Weiterentwicklungen der Diagnostischen Inventare, welche im Sinne von Eggert auf das DMB übertragen werden können.

Das Spiel als diagnostische Situation

Beispielhafte Themen für so genannte Diagnostische Menüs:

– Zirkus
– Reise zu einem fremden Stern
– Drachenland
– Suche nach dem Löwenbaby im Dschungelland
– im Märchenwald
– auf dem Piratenschiff
– Geisterstunde

Für die sonderpädagogische Arbeit kann dieselbe Situation in der **Zusammenarbeit von Sonderpädagoge und Grundschullehrer** die speziellen Förderbedürfnisse sowie Kompetenzen des Kindes aufzeigen und die Frage zusammen bearbeitbar machen, wie welche Schritte zur Förderung unternommen werden können. Zugleich könnten beide auch versuchen, die Forderung von PAGLIANO (1990) für die integrative Förderung zu erfüllen, nämlich diejenigen zehn Aufgaben zu finden, welche die schlechtesten Schüler noch lösen können und die zehn Aufgaben, welche die besten Schüler nicht lösen können.

Die weitere Beobachtung bei der **sonderpädagogischen Förderung** kann dann zeigen, in welcher pädagogischen Umgebung ein spezielles Kind die „am wenigsten einschränkenden" Lernbedingungen finden kann und welche Schritte dazu in Angriff genommen werden müssen. Für die Diagnostischen Inventare liegt eine Fülle von Untersuchungsergebnissen aus verschiedenen empirischen Untersuchungen vor. Bei der Beschreibung der Entwicklungsverläufe von Kindern im Alter von 5-10 Jahren hat sich gezeigt, dass in den einzelnen Basiskompetenzen und Funktionssystemen durchaus differentiell nutzbare Profilverläufe feststellbar sind (dieses übrigens auch erstaunlicherweise mit durchaus befriedigender psychometrischer Zuverlässigkeit und Validität, obwohl dies vom Modell her nicht angestrebt war).

Diese Erkenntnisse zeigen, dass mit den Diagnostischen Inventaren gerichtete Schritte im Sinne einer individuellen Förderdiagnostik möglich sind. Motivation und Mitarbeit der Kinder können in offenen Situationen erhöht werden, um im Überblick und in vertieften Beobachtungen - auch bei einer Verknüpfung der Beobachtungssituation zu einem Spiel - einen Einblick in die Stärken, Ressourcen und Förderbedürfnisse des Kindes gewinnen zu können. Eine solche Vorgehensweise kollidiert nicht mit der Möglichkeit, mit diesen Instrumenten sinnvolle empirische Untersuchungen mit Gruppen durchzuführen.

Anschließen könnte sich dann - am selben Tag oder einen Tag später - ein Gespräch mit dem Kind über sich selbst, sein Verhältnis zur Schule, sein Verhältnis zu den Eltern und den Geschwistern und zu seinem Umfeld. Hier könnte man auch vorsichtig beginnen, Fragen nach den Erziehungsvorstellungen der Eltern zu stellen und die Hoffnungen und Befürchtungen der Umwelt zur Lernentwicklung des Kindes in der Schule zu beschreiben.

Gespräche mit den Eltern. „Was schätzen Sie an Ihrem Kind?" Vorlieben und Abneigungen des Kindes. Wo haben Sie Probleme im Alltag mit dem Kind? Arbeiten im interdisziplinären Team, Kooperation mit anderen Experten, den Förderprozess begleitende didaktische Analysen anstelle der Interpretation psychologischer Konstrukte zum Schulversagen, Beratung von Anderen sind Dinge, die den Sonderpädagogen nicht immer in der Ausbildung in die Wiege gelegt wurden. Es empfiehlt sich deshalb, diese Veränderungen schrittweise anzugehen und Möglichkeiten zu Kompromissen in diesem Übergang offen zu halten.

Münden könnte alles wieder in den Beginn einer Informationssammlung mit dem Individuellen Entwicklungsplan (I-E-P). Das Ziel der Diagnostischen Menüs ist vor allem bei Kindern, die sich besonders unserer Aufmerksamkeit empfehlen, Daten für den Aufbau eines Individuellen Entwicklungsplans (I-E-P). zu gewinnen, um fortlaufend über die Fortführung und über die Effekte einer Förderung informiert sein zu können.

Auf jeden Fall sollte man sich der Methode der Video - Aufzeichnungen bedienen, denn sie sind sehr vielseitig einsetzbar und interpretierbar.

4.1.5 Andere Möglichkeiten förderdiagnostisch zu arbeiten

Ein erster Kompromiss wäre, mit den Inhalten oder Aufgaben der bekannten Methoden weiter zu arbeiten, sie aber förderdiagnostisch so zu verändern, indem auf eine quantitative Auswertung verzichtet wird und qualitative Aspekte in den Vordergrund treten.

Für die Erfüllung der weiter oben beschriebenen Aufgaben einer qualitativen Förderungsdiagnostik sind normative Verfahren wenig geeignet, da sie in der Regel keinen inhaltlichen Bezug zu Fördermaßnahmen aufweisen. Es sind aber folgende Alternativen denkbar, die jetzt dargestellt werden sollen:

1. Variationen und Neu – Zusammenstellungen von Items bekannter Tests

2. Diagnostische Inventare im Bereich der Lernvoraussetzungen

3. Diagnostische Papiere für die Beurteilung der Lernstände in den Klassen 1 – 6

4. Qualitative Einzelfallbeschreibung

5. Individuelle Entwicklungspläne durch Lernförderungsdiagnostik im Team

Förderdiagnostische Variation von Aufgaben herkömmlicher Tests unter Verzicht auf eine quantitative Analyse

Unter der Annahme, dass sich in vielen Tests Aufgabensammlungen finden, die mit hohem intellektuellen und praktischen Arbeitsaufwand zusammengestellt wurden und einen breiten Erfahrungshorizont widerspiegeln, kann aus den bestehenden Verfahren eine Auswahl von qualitativ brauchbaren Aufgaben vorgenommen werden, die sich dann (wie bei den diagnostischen Inventaren) sehr stark an die Bedürfnisse der jeweiligen Untersuchungssituation und die Erfordernisse der Untersuchungsgruppen ausrichten können.

Am wichtigsten ist dabei das Prinzip der *Aufgabenvariation*, um durch maximale Hilfe und Unterstützung die Prüf- in eine gemeinsame Lernsituation umwandeln zu können. Folgende Veränderungen sind so z.B. denkbar durch:

- Verzicht auf quantitative Auswertung,

- eine Veränderung der Aufgabenformulierung mit zusätzlichen Lösungshilfen,

- eine Variation der Aufgabendarbietung (mehr Zeit, mehr Einzelheiten, größere/kleinere Vorlagen etc.),

- eine Variation des Aufgabenprinzips (z.B. beim Nichtlösen einer bestimmten Leistungsstufe Aufgaben ähnlichen Inhaltes mit leichterer Lösungsmöglichkeit anbieten),

- ständige Hilfen bei der Problemlösung,

- die Beobachtung des Lernprozesses angesichts von variierten Unterstützungen und Hilfsstrategien durch den Beobachter,

- eine Einbeziehung der Vorstellungen und Handlungen des Beobachteten in die Situation oder

- der Versuch, den inneren Dialog des Kindes bei der Durchführung der Aufgaben zu versprachlichen.

Praktische Möglichkeiten der Variation bekannter Tests am Beispiel des HAWIK- R können z.B. in den folgenden Schritten gesehen werden:

Vorschläge zur Veränderung der Testsituation[17] im HAWIK - R

Generell:
- Zeitgrenzen weglassen
- Lösungstipps geben
- Abbruchkriterien weglassen

---

[17] Die Vorschläge stammen aus der Arbeit mit einer Luxemburger Arbeitsgruppe von Schulpsychologen, ISERP, Februar 1995.

- spielerische Formen einführen
- „wenn du es heute nicht kannst, dann machen wir morgen weiter"
- Kind soll selbst die Auswahl aus den Untertest treffen
- das Kind in die Rolle des Versuchsleiters lassen
- Auswahl und Freiraum lassen (das Kind sucht sich selbst ein Material aus)
- Experimentierphasen zulassen

Mosaiktest (MT) aus dem HAWIK - R
- auch die anderen Farben außer Weiß und Rot einbeziehen
- Vorbereitungsphasen einführen (z.B. beim MT mit Plättchen beginnen)
- experimentelle Phasen hinzufügen (z.B. mit den Farben rot und gelb operieren)
- auch vom Kind dem Pädagogen Aufgaben stellen lassen
- dem Kind auf die Sprünge helfen (Stell Dir vor, Du sollst ein Kreuz legen)
- Qualitative Auswertung:
  Welche Denkprozesse gab es?
  Welche (individuellen) Lösungswege hat das Kind gesehen und erprobt?
- Motivation (Erfolgserwartung, Anstrengungsbereitschaft etc.)?
- Welche Fehlerkorrekturen wurden vorgenommen? Wann? Spontan? Auf Hilfen?

In ähnlicher Weise könnte man mit den für die eigene Praxis am besten geeigneten Aufgaben aus anderen Tests Variationen ausprobieren und durchführen. Dies wurde verschiedentlich von Gruppen von Praktikern auch so durchgeführt.

Es gibt viele weitere Beispiele für mögliche Veränderungen. So kann man auch die Form der Beobachtung verändern, in dem das Kind selbst die Auswahl der Aufgaben trifft oder z.B. in die Rolle des Versuchsleiters schlüpft und in einer Interaktionssituation den bisherigen Testleiter nun selbst überprüft.

Auch die Einbettung in eine Spielsituation mit anderen Kindern zusammen ist möglich und bietet sich vor allem bei Motorik - Tests an. Als Beispiel sei hier eine Variation des Körperkoordinationstests für Kinder (KTK von Kiphard/Schilling 1974) angeführt.

Beim Spiel mit dem Frosch und dem Storch werden andere Prozesse beobachtbar als bei der psychometrischen Durchführung. Es würde auch schon genügen, den KTK ohne Bewertung durchzuführen - eine spielerische Situation kommt jedoch den Kindern mehr entgegen.

Es bleiben bei der Verwendung von Items aus den bisherigen Tests jedoch die weiter oben beschriebenen Probleme der Bindung der Testaufgaben an bestimmte epochale und inhaltliche Zuspitzungen erhalten. Auch bedarf es bei der Zusammenstellung neuer Aufgabenkombinationen eines theoretischen Rahmens; es genügt nicht, einfach aus alten Tests neue Sammlungen nach dem individuellen Gutdünken zusammenzustellen.

Sinnvoller wäre ohnehin die Suche nach neuartigen Aufgaben und diagnostischen Methoden. Bei den beschriebenen „Diagnostischen Inventaren" spielen diese Variationsprinzipien eine große Rolle. Sie vergrößern den erforderlichen Zeitaufwand, erweitern aber auch das Spektrum von möglichen Beobachtungssituationen und Hypothesen, basieren jedoch auf anderen Konstruktionsprinzipien, die in Kapitel 4.1.2 geschildert sind.

In der Praxis finden sich schon eine ganze Reihe derartiger informeller Aufgabensammlungen, die auch einzelne Aufgaben aus anderen bekannten Tests mit umfassen und die vor allem im Bereich der Diagnostik von Teilleistungsstörungen von Psychologen eingesetzt werden.

4.2 Dokumentation von Lern- und Entwicklungsprozessen

4.2.1 Gutachtenerstellung

Das gesamte **Gebiet** der Diagnostik, der Befunderhebung und der Gutachtenerstellung ist **sehr umfangreich**. Im Folgenden wird **hier** nur ein **Überblick** gegeben.

Bedeutung von Gutachten

Ein Gutachten hat enorme **Aussagekraft** und führt zu Entscheidungen bzw. beinhaltet Überlegungen zu förderungsorientierten Maßnahmen. In jeder Institution oder fördernden Einrichtung gibt **es unterschiedliche Methoden** von Gutachtenerstellung.

Gutachten können vom **Umfang** her kurz, aber auch umfassend und ausführlich sein. Das hängt zumeist von den zuvor durchgeführten Verfahren und damit verbunden mit dem zur Verfügung stehenden Zeitbudget ab.

Bei jedem Gutachten muss die Transparenz des Vorgehens gewährleistet sein. Jedes Gutachten ist in Inhalt und Form abhängig vom **Zweck**, zu dem es erstellt wird (z. B. Erstgutachten, Entwicklungsbericht, sonderpädagogisches Beratungsgutachten, Verlängerungsantrag; oder allgemein als Empfehlung, Unterstützung, Ablehnung).

Befunderstellung

Wenn von Gutachten gesprochen wird, scheint dies allumfassend zu sein. Dies ist aber nicht die Realität. Ein Gutachten zeigt lediglich ein Ausschnitt von Entwicklung und/oder Entwicklungsbereich einer Person.

Bei der Gutachtenerstellung sollte darauf geachtet werden, dass zunächst die Beobachtungen der Untersuchungen sowie alle weiteren Aussagen unterschiedlicher Informationsquellen (z.B. Kind, Eltern, Lehrer,…) dargestellt und in einem weiteren Schritt diese erst hypothesengeleitet gedeutet und interpretiert werden. Da der **selbe Bedingungskomplex** bei unterschiedlichen Individuen zu **verschiedenen Verhaltensweisen** führen kann und umgekehrt, können **Interpretationen** (im Gutachten) nur den **Charakter von Hypothesen** haben, was beim Gutachtenaufbau zu berücksichtigen ist.

Es erscheint sinnvoll, die **Situation** zu **beschreiben**, in der beobachtet wurde bzw. Aussagen getroffen wurden. Auch wenn Teilergebnisse unstimmig erscheinen, sollten diese transparent dargelegt werden: es ist nicht Stimmigkeit sondern eine Offenheit hinsichtlich aller Beobachtungen und Aussagen erforderlich.

Im Folgenden möchten wir Gemeinsamkeiten hinsichtlich Aufbau und Inhalten von Gutachten nennen:

- Gutachtenkopf
- Untersuchungsanlass und Fragestellung bzw. Situation und Fragestellung
- Auswahl der diagnostischen Verfahren einschließlich Exploration und Verhaltensbeobachtung
- äußeres Erscheinungsbild
- Aussagen über die Entwicklung unter Einbezug anamnestischer Daten und bisheriger Untersuchungsergebnisse
- Untersuchungsbefunde bzw. Ergebnisse
- Deutung, Interpretation, Diskussion der Ergebnisse
- Aspekte der möglichen Ursachen (Bedingungen) ➡ Kind-Umwelt-Analyse
- Zusammenfassung der Ergebnisse
- pädagogische Vorschläge

4.2.2 Beratungsgutachten

Wie man einen guten Bericht oder ein gutes Gutachten schreibt -
Hilfen für den Förderbericht und das sonderpädagogische Beratungsgutachten

Die folgenden Hilfen für die Anfertigung eines sonderpädagogischen Beratungsgutachtens oder eines Berichts über sonderpädagogische Fördermaßnahmen gehen auf den „Kleinen Leitfaden für das sonderpädagogische Gutachten" (Eggert 1986) zurück und sind eine Weiterentwicklung des damals veröffentlichten Materials. Der erste Leitfaden 1986 entstand aus der Arbeit in einem Seminar zum Thema „Lernstandsdiagnostik" im Sommersemester 1985. Die folgenden Arbeitsmaterialien wurden zusammen mit mehreren studentischen Arbeitsgruppen aus den Seminaren zur „Praxis der Förderdiagnostik" an der Universität Hannover zusammengestellt.

Die Materialien wollen Hilfen für die Zusammenstellung von Informationen, die Gliederung und den Aufbau und die Formulierung eines Förderberichts bzw. Beratungsgutachtens geben. Sie wenden sich vor allem an den weniger erfahrenen Anwender und wollen unterstützen, einen umfassenden Bericht über den Entwicklungsverlaufs eines Kindes, den Umfang und die Art des (sonderpädagogischen) Förderbedarfs und mögliche Anregungen zur Förderung zu geben. Es liegt nicht in unserer Absicht eine starre Vorschrift oder ein festes Raster damit vorzugeben. Jeder Anwender soll sich frei fühlen, Veränderungen und Modifikationen überall da anzubringen, wo ihm/ihr dies zweckmäßig und angebracht erscheint. Denn:

> Alle Maßnahmen und alle schriftlichen Äußerungen sollten sich letztlich immer nur an den Besonderheiten und der Individualität des einzelnen Kindes orientieren und nur in Absprache mit diesem erfolgen.

4.2.2.1 Aufbau und Inhalte eines Gutachtens
Grundsätzliches zum Aufbau eines Gutachtens

Ein Gutachten hat enorme Aussagekraft und führt zu Entscheidungen z.B. in einer Förderkommission, die das Leben eines Kindes nachhaltig beeinflussen können. Deshalb ist zunächst bei der Formulierung Sorgfalt und Vorsicht angeraten (vgl. hierzu auch Kapitel 5.7ff).

Bei einem sonderpädagogischen Beratungsgutachten kennen unter Umständen die meisten Mitglieder einer Förderkommission das beschriebene Kind nicht und können sich somit nur auf das Gutachten stützen. Noch wichtiger wird die schriftliche Fassung, wenn keine Sitzung einer Förderkommission stattfindet und nur das schriftliche Gutachten vorliegt. Wenn also hier schon ein durch und durch negatives und/oder unvollständiges Bild des Kindes gezeichnet wird, hat es nur noch wenige "Chancen". Wird dagegen das Bild von positiven Aspekten ausgehen, so kann allein schon dadurch eine andere Atmosphäre erzeugt werden und es könnte leichter fallen, Stärken des Kindes zu akzeptieren und nach zusätzlicher Förderung zu suchen.

Die oberste und wichtigste Regel[18] lautet

> Von den Stärken des Kindes ausgehen!

Ein Kind, über das ich nur etwas lese, erscheint gleich in einem ganz anderen Licht, wenn ich seine Stärken und das was es kann zuerst lese, und seine

---

[18] Am Ende dieses Kapitels findet sich ein „Spickzettel" für den Aufbau eines Gutachtens.

Schwächen dem nach geordnet oder mindestens gleich gesetzt sind. Jedes Kind hat Stärken, wenn man gelernt hat, seinen Blick darauf zu lenken. Man muss seine Wahrnehmung darauf orientieren.

An den Anfang des Gutachtens gehört:

Nennen der Fragestellung

Beschreiben Sie genau die Fragestellung, denn Sie können nicht erwarten, dass ein Gutachtenempfänger Sie ohne eine Angabe auch versteht. Es gibt Unterschiede in der Darstellung, die sich von verschiedenen Zwecken der Darstellung ableiten. Benennen Sie deshalb klar, ob Sie für ein Beratungsgutachten, einen Entscheidungsvorschlag oder einen anderen Zweck gutachten.

Ein weiterer Grundsatz heißt:

Lassen Sie Subjektivität zu

Keine Beobachtung ist objektiv, immer spielen Gefühle, Sympathie oder Antipathie mit hinein. Auch die beobachtende Person hat ihre eigene Biographie, die sie nicht - oder zumindest nur unter großen Mühen - für eine gewisse Zeit oder Situation abschütteln kann. Es ist deshalb nur realistisch auch davon auszugehen, dass diese persönliche Subjektivität mit in ein Gutachten einfließen wird - auch wenn man ständig versuchen sollte, dies soweit wie möglich zu korrigieren.

Deshalb ist ein nächster Grundsatz:

Kennzeichnen Sie Ihre Quellen

Dokumentieren Sie genau, woher Sie was beziehen und von wem, in welchen Situationen welche Aussagen gemacht wurden. Stand es in einem Bericht oder Gutachten oder haben Sie es selbst beobachtet bzw. gehört. Wie ist der Zusammenhang der Daten mit der Situation einzuschätzen? Wie waren die Voraussetzungen für Ihre Beobachtungen? An welche theoretischen Quellen lehnen sich ihre Beobachtungen und Deutungen an?

Natürlich kann es nicht darum gehen, schön zu reden und Tatsachen zu verschweigen. Wenn ein Kind Förderbedürfnisse und Kompetenzen in bestimmten Bereichen aufweist, müssen diese dokumentiert werden. Dabei ist die Art des Schreibens wesentlich, damit keine vorschnellen Deutungen aufgrund zuschreibender Adjektive, Füllworte u. ä. zustande kommen.

Was ein Gutachten weiter enthalten sollte:

1. Klare Quellenkennzeichnung, incl. Kennzeichnung der eigenen Position
2. Deutliche Sprache
3. Erklärung von fachspezifischen Tests oder Untersuchungsmethoden

4. Kind-Umfeld-Analyse, Wohnsituation, Freizeitgestaltung, Eltern, Ereignisse vor der Schulzeit, Vergangenheit und Gegenwart
5. Formulierungen, die auf die Stärken des Kindes hinweisen und auch seine Förderbedürfnisse verdeutlichen

Zusätzlich erscheint uns auch eine Beschreibung der Situation sinnvoll, in der beobachtet werden konnte und eine sorgfältige Abwägung der Frage, welche vorgeschlagenen Fördermaßnahmen denn auch **im Rahmen der örtlichen Möglichkeiten** *realistisch* genutzt werden können. Es scheint uns nämlich wenig sinnvoll zu sein, nur globale Fördervorschläge („A. braucht Psychomotorik und Sprachtherapie") zu machen oder eventuell nicht realisierbare Hinweise zu geben („As Familie sollte sich einer Familientherapie unterziehen.").

Was den **Umfang** eines Gutachtens oder eines Förderberichts anbelangt, so kann weder davon ausgegangen werden, dass besonders lange Gutachten auch besonders viel Information ergeben, noch dass „Die Würze in der Kürze" liege. Die Seitenzahl wird sich auch an den Bedürfnissen des Einzelfalls orientieren müssen, und so sind sehr unterschiedliche Formen und Arten von Berichten und Gutachten denkbar.

Negative Beispiele

Wir wollen unsere weitere Darstellung mit einigen negativen Auszügen aus der Praxis der bisherigen Überweisungsgutachten beginnen. Dabei wird stets auf einer sehr globalen und für einen Außenstehenden nicht nachzuvollziehenden Ebene argumentiert und die Beschreibung ist wenig konkret. Es handelt sich um Auszüge aus Gutachten, die in einer Schule für Lernhilfe in den letzten zehn Jahren geschrieben wurden.[19]

„Überweisungsgründe"

außerschulische Lebenssituation des Kindes

Klasse 2:
A. Sie kommt ohne Frühstück zum Unterricht.
B. Die Mutter verprügelt oft das Kind, zieht es an den Haaren und wirft mit dem Aschenbecher.
C. Der Verlust des Vaters bedingt eine große Leidenssituation.

Klasse 3:

A. Er verhält sich im Elternhaus zeitweilig aggressiv und möchte gern das letzte Wort haben.

---

[19] Dank gilt Herrn Werneke aus Langenhagen für die Überlassung dieser Ergebnisse, die er im Rahmen seiner Dissertation gesammelt hat.

Klasse 4:

A. Bedingt durch ein Hautleiden der Schwester ist er nun introvertiert und wirkt wie gebrochen.

Motorik/Sensomotorik/Wahrnehmung

Klasse 2:

A. Die Motorik ist etwas plump./Er hat einen plumpen Bewegungsablauf.
B. In der Motorik hat er leichte Defizite.
C. Es liegen Wahrnehmungsstörungen vor. Er zeigt große Unsicherheiten bei grobmotorischen Übungen.
D. Seine Bewegungen sind insgesamt sehr langsam.
E. Er hat große Schwächen im optischen Wahrnehmungsbereich.
F. Die akustische Wahrnehmung gelingt nur mit Hilfe.

Klasse 4:

A. Raum-Lage-Beziehungen zu erfassen fällt ihm schwer. Das zeigt sich in der Nichteinhaltung von Linien.
B. Im feinmotorischen Bereich hebt er sich deutlich von seinen Klassenkameraden ab.

Sozialverhalten

Klasse 2:

A. Sie kann sich nicht an Regeln halten.
B. Er kann an gemeinsamen Gesprächen nicht teilnehmen.
C. In der Fördergruppe zeigt er kein störendes Verhalten.
D. Es ist kein Gruppenleben mit ihm möglich.
E. Ermahnungen des Lehrers werden von ihm als Beweis genommen, dass man ihn nicht mag.
F. Er zeigt Auffälligkeiten in seinem Verhalten.
G. Er zeigt unruhiges, wenig gefühlsstabiles Gesamtverhalten.
H. Er zeigt große Aggressivität.
I. Sie hat eine geringe Spielfähigkeit.
J. Sie blockt ab, wenn ihr Nähe entgegen gebracht wird.
K. Sie hat Entwicklungsstörungen im sozialen und emotionalen Bereich.

Klasse 3:

A. Er hat kein Gruppenverhalten.
B. Kompromissbereitschaft fällt ihm schwer.
C. Er benötigt Stärkung seines Selbstwertgefühls.
D. Seine Kritikfähigkeit wirkt häufig destruktiv und verletzend.
E. Sie beteiligt sich nie an Gruppenspielen.
F. Trotz Anerkennung im Klassenverband fühlt er sich ständig übersehen und übergangen.

Klasse 4:
A. Bei Einzelzuwendung fügt er sich lustlos.
B. Im sozial-emotionalen Bereich versucht er sich Erwachsenen zu entziehen. In der Gruppe ist er Mitläufer.
C. Beim Einordnen in Gruppenaktivitäten fehlt ihm der Überblick.

Sprache und Kommunikation

Klasse 2:
A. Die Sprachentwicklung ist sehr auffällig.
B. Bei fehlender Sprache gestikuliert er sehr stark.

Klasse 3:
A. Verbal steht er nicht gerne im Mittelpunkt.
B. Er kann Arbeitsanweisungen nicht verstehen.
C. Begriffsbildung, Merkfähigkeit und mathematisches Vorstellungsvermögen müssen noch wesentlich vertieft werden.

Klasse 4:
A. Er hat starke Wutausbrüche mit verbalen Aggressionen.

Lern- und Arbeitsverhalten

Klasse 2:
A. Er kann Belastungen nicht ertragen.
B. Seine Belastung ist verlangsamt.
C. Sie stört den Unterricht durch Singen und Pfeifen.
D. In der Fördergruppe zeigt er kein störendes Verhalten.
E. Sie zeigt oftmals ein störendes Verhalten.
F. Sie verlangt alle Aufmerksamkeit für sich.
G. Er hat eine geringe Frustrationstoleranz.
H. In der Überforderung liegt der Grund für sein auffälliges Verhalten.
I. Sie arbeitet nicht gründlich, aber sorgfältig.
J. In Konfliktsituationen reagiert er mit Vermeidungsstrategien.
K. Durch regressive Flucht entzieht er sich der Aufgabenstellung.
L. Er folgt den Anweisungen der Lehrerin fast nie.
M. Er zeigt keine Reaktionen auf Zurechtweisungen.

Klasse 3:
A. Er ist ein introvertierter, eher abwartender Schüler.
B. Seine Bedürfnisbefriedigung steht noch im Vordergrund.
C. Er ist wenig gefühlsstabil.
D. Er braucht ständig den pädagogischen Zuspruch der Klassenlehrerin.
E. Die Einsicht in eigenes Handeln fällt ihm noch schwer.
F. Seine Antihaltung gegen Schule behindert seine Konzentration.

G. Er ist sehr sensibel und muss ständig angespornt werden.
H. Seine Arbeitshaltung ist sehr oberflächlich.
I. Er ist sehr ruhig und antriebsarm.
J. Hochgradige Unruhe zeigt sich durch ständiges Herumrutschen auf dem Stuhl.
K. Er bezieht oft eine Schmollposition.
L. Es muss ihm gesagt werden, womit er anfangen soll.
M. Die Eltern sagen, dass er Leistungen erbringen kann, aber nur nicht will.

Klasse 4:
A. Er führt angefangene Arbeiten nicht selbsttätig zu Ende.
B. Seine Arbeitsweise ist langsam und planlos.
C. In der Einzelzuwendung nimmt er nonverbale Anweisungen an.

Lesen/Schreiben

Klasse 2:
A. Er kann Buchstaben nicht wieder erkennen.
B. Fibelwörter erkennt er auch an der Tafel nach dem Wortbild nicht immer wieder.

Klasse 3:
A. Er ist sehr lebhaft, verspielt und lässt sich leicht ablenken. Es kommt häufig zu Buchstabenverwechselungen.
B. Sätze aus Wortbausteinen kann er nicht bilden.
C. Er kann nicht beantworten, was kommt nach x, was steht vor y.
D. Er macht bei geübten Diktatsätzen überdurchschnittlich viele Fehler.

Klasse 4:
A. Einige Wörter sind ganzheitlich erfasst.
B. Er kann Wörter nur schwer zu Silben zusammenfügen.

Mathematik

Klasse 2:
A. Sein Zahlenverständnis ist sehr begrenzt.
B. Seine Fähigkeit zum logischen Denken ist sehr beschränkt.
C. Zahlen kann er nicht wiedergeben, für 5 schreibt er 7.

Klasse 3:
A. Er hat keine Vorstellung vom linearen Aufbau der Zahlen.

musische und ästhetisch-kreative Fähigkeiten

Klasse 3:
A. Er leidet unter großer Langsamkeit auch im musischen Bereich.

Klasse 4:
A. Oft fehlt bei Zeichnungen der Grund, auf dem sie stehen.
B. Bastelarbeiten sind funktionsuntüchtig.

weitere Gründe

Klasse 2:
A. Er hat ständigen Speichelfluss.
B. Seit seiner Geburt leidet er unter einer Gliederschwäche.

Klasse 3:
A. Er ist deutlich überaltert und soll deshalb überprüft werden.
B. Er hat große Schwierigkeiten beim An- und Ausziehen.

Klasse 4:
A. Er fällt durch häufiges Fehlen auf, daher war eine kontinuierliche Förderung der Schulfähigkeit nicht möglich.
B. Die Handlungsabläufe bei lebenspraktischen Tätigkeiten verlaufen oft in falscher Reihenfolge.

Sicher wird die Leserin so nicht formulieren, aber manche in der Eile gefundene Formulierung dürfte es doch wert sein, einmal überprüft zu werden.

Zusammenfassend kann festgehalten werden, dass Formulierungen präzise und aussagekräftig sein sollten. Dazu ist das Einbringen von konkreten Beispielen sehr hilfreich. Des Weiteren sollte der Schreiber insofern auf seine Formulierungen achten, dass er Füllworte (wie z. B. aber, auch, sogar) meidet, die negative Zuschreibungen implizieren. Ebenso sollten Füllworte (wie z. B. oft, häufig, manchmal) vermieden werden, da diese sehr unpräzise sind.

Weitere Beispiele für Formulierungen ("positive" und "negative") finden sich in Kapitel 5.

Das Beratungsgutachten sollte ein Anlass für ein Gespräch mit den Eltern und den Kollegen der anderen Schulen **auf inhaltlicher Grundlage sein.** Es sollte einen Überblick über die Lernvoraussetzungen, die Lernbasis und die Lernentwicklung des Kindes in verschiedenen Lernumwelten ermöglichen **um weitere Förderschritte planen** zu können.

Es dürfte auch **Aussagen über die Leistungsbewertung nicht vermeiden**, da die Förderbedürfnisse des Kindes im Rahmen von Bewertungsmaßstäben wie etwa der Versetzungsordnung entstanden ist.

Es sollte die **bisherigen Fördermöglichkeiten und ihren Erfolg** dokumentieren, wobei auch hier eine Bewertung oft nicht zu vermeiden ist. Werden dabei Unterrichtsstil oder andere Verhaltensweisen von Kollegen in anderen Schulen beurteilt, so können sich dadurch trotz größter Vorsicht in den Formulierungen Erschwernisse in der Verständigung ergeben.

4.2.2.2 Zielsetzungen für ein Beratungsgutachten

Die Zielsetzungen für eine Zusammenfassung von Beobachtungen und Informationen über Förderbedarf und Fördermöglichkeiten eines Kindes könnten im Konzept der Lernförderungsdiagnostik dabei für ein sonderpädagogisches Beratungsgutachten von folgenden Prämissen ausgehen (vgl. Kap. 2.7):

Individuelle Beschreibung und Beurteilung
Individuelle Bedürfnisse erfordern individuelle Lösungen. Es gibt keine Lösungen für Typen von Schülern, die zu einer bestimmten Schulform als Förderungsmöglichkeit führen; Klassifikationen sind wenig sinnvoll. Gefragt sind Beschreibungen individueller Lernwege.

Systemische Sichtweise
Die Bedürfnisse eines Schülers signalisieren oft mehr die "Störungen" in Beziehungen zwischen dem Kind, seiner Umwelt und der Familie, als individuelle Funktionsstörungen des Kindes selbst (Betz/Breuninger 1982). Die Beschreibung dieser Beziehungen sollte deshalb zum Gutachten gehören. Verlassen des medizinischen Modells und Analyse der systemischen Wechselbeziehungen, der Beziehungen zwischen Kind und Familie, Familie und Schule, Schule und Kind etc. sind dazu wünschenswert. Warum kann das Kind nicht lernen? Wie müssten die Situationen verändert werden? Was würde geschehen, wenn keine Förderung oder Veränderung erfolgen würde?

Die Perspektive des Kindes ernst nehmen
Welche Probleme sieht das Kind selbst, und welche Lösungsmöglichkeiten bietet es von sich aus an? Wie sieht sich das Kind in der Schule und der Familie? Mit welchen Gefühlen kommt es in die Schule? Welche Bedeutung hat das Geschehen in der Familie auf das Kind? Wie sieht es seine Stärken und seine Förderbedürfnisse? Hat es eigene Lösungsmöglichkeiten? Kompensationen? Ablenkungen?

Von den Stärken des Kindes ausgehen
Zuerst einmal sollte man die Stärken bzw. Kompetenzen des Kindes suchen und nach dem positiven Kern seiner Handlungsmöglichkeiten suchen. Ganz banal heißt das, die Fähigkeiten des Kindes in den Vordergrund zu stellen und zu versuchen, möglichst viel positiv zu sehen und darzustellen, was vielleicht bislang negativ bewertet wurde. Wenn man so z.B. sagt „Daniel braucht sein eigenes Arbeitstempo, um zu Ergebnissen zu kommen, die auch Andere interessant finden", dann ist dies eine qualitativ andere Beschreibung als die Bewertung: „Daniel ist zu langsam." Zwar sollte man nicht versuchen, tatsächlich existierende Förderbedürfnisse umzuinterpretieren, dennoch kann eine positive Formulierung oft den Anschluss zu Fördermöglichkeiten gewinnen helfen, die sonst vielleicht übersehen werden könnten.

Breites Spektrum von Beobachtungen in offenen Situationen
Verzicht auf eine „objektive" testpsychologische Beschreibung und Bewertung

der Fähigkeiten des Kindes, weil „objektive" Daten keine sinnvollen Vorhersagen des möglichen Lernerfolgs darstellen. Die Informationen sollten über einen längeren Zeitraum aus verschiedenen Blickwinkeln gesammelt und zur Bildung von unterschiedlichen Hypothesen herangezogen werden.

Dauernde Kooperation mit den Eltern

So wie die Beeinträchtigungen oft durch die spezifischen Familienbeziehungen entstehen oder diese signalisieren, gibt es Lösungspotentiale in der Familie, wenn die Mitglieder unter ganzheitlichen und systemischen Gesichtspunkten befragt werden. Über Hausbesuche und Gespräche mit den Eltern ist es wünschenswert, nicht nur die „sozio-ökonomischen" und „sozio-ökologischen" Rahmenbedingungen, sondern die Erziehungshaltung der Eltern, deren eigene Erfahrungen in der Schule und ihre Einstellung zur Schule zu erfragen und zu besprechen. Dann könnte man auch z. B. fragen, ob die Eltern mehr über ihr Kind in der Schule wissen wollen und eventuell bereit sind, z.B. an einer Elterngruppe teilzunehmen. Was wäre, wenn die Eltern allein über die Förderung und Schullaufbahn des Kindes entscheiden könnten?

Einbeziehung des Entwicklungsprozesses im Kindergarten und der Vorschule

Welchen Eindruck haben die Erzieher(innen) vom Kind geschildert?
Berichte des Kindergartens anfordern; Kindergarten ansehen und Förderungsmöglichkeiten erfragen, die Entwicklung des Kindes in der Kindergartenzeit beschreiben lassen – all dies wäre eine sinnvolle Basis zur Einschätzung der Entwicklung des Kindes. Zu oft sind Kindergarten und Vorschule noch institutionell weit von der Schule entfernt oder der Zugang zu diesen Informationen fällt schwer.

Dauernde Zusammenarbeit mit der Grundschule

Idealerweise sollte das Beratungsgutachten auf den Informationen des Kindergartens und der Grundschule aufbauen **und einer kontinuierlichen Zusammenarbeit von ersten kleineren individuellen Förderbedürfnissen bis hin zum sonderpädagogischen Förderbedarf aufbauen. Individuelle Entwicklungspläne könnten diese Zusammenarbeit inhaltlich strukturieren** (vgl. Kap. 5). Wie lange existiert die Zusammenarbeit zwischen beiden Schulen? Wie sieht der Bericht der Klassenlehrerin aus? Was ist ihr wichtig bei der Beschreibung des Schülers und bei der Genese seiner Entwicklungsbeeinträchtigungen? Wie sieht sie das Kind und seine Förderungsmöglichkeiten? Wie schätzt sie die Klasse ein? Welche Lösungen für die Förderbedürfnisse des Kindes oder der Klasse schlägt sie vor? Welche Schritte müssten in welcher Reihenfolge durchgeführt werden, um etwas zu ändern - und welche Erfolge/ Misserfolge könnten erwartet werden?

Ausgehen von der Lernbasis

Aussagen über Lernvoraussetzungen, Lernausgangslage sind und bleiben für eine Planung von Fördermaßnahmen und für einen notwendigen IST-SOLL-

Vergleich unabdingbar, um Förderung konkret planbar, individuell abgestimmt und erfolgreich betreiben zu können.

Lernvoraussetzungen im motorischen Bereich, der Wahrnehmung und der körperlichen Funktionen (Sehen, Hören, Tasten, Fühlen etc.) beobachten und ihre Bedeutung für das schulische Lernen sehen. Mit welchen Lern- und Entwicklungsvoraussetzungen ist das Kind in die Schule eingetreten? Wie sehen die Startchancen in der Familie und der Umwelt aus?

Prozessorientierung in der Beschreibung der Entwicklung
Ein Beratungsgutachten sollte detailliert auf den Prozess der Entwicklung der Stärken und dann auch der Schwächen des Kindes eingehen; dabei sollten im wesentlichen Aspekte der nach realistischer Einschätzung möglichen Förderung die Inhalte des Gutachtens bestimmen.
Nicht den Schüler nach seinen Leistungen am Ende des Schuljahres im Sinne der Versetzungsordnung bewerten, sondern von seinen Stärken ausgehend die individuellen Fortschritte sehen lernen.

Verfügbare Fördermöglichkeiten und mögliche Erfolge beschreiben
Nur realistisch verfügbare Fördermöglichkeiten beschreiben und empfehlen. Eine konkrete Beschreibung von Fördermöglichkeiten und eine Vorausschau für denkbar gehaltene Fördererfolge (lang-, mittel- und kurzfristig) sind wünschenswert.
Was könnte eventuell realistisch empfohlen werden? Welche kurzfristigen und welche langfristigen Förderziele könnten erreicht werden? Was müsste zusammenkommen, um diese Erfolge zu erreichen oder zu stabilisieren? Was müsste sich ereignen, wenn keine Erfolge erwartet werden könnten? Wie könnte man eine spätere Erfolgskontrolle erhalten?

Dies sind nur einige der unter förderdiagnostischen Gesichtspunkten möglichen Aspekte für Informationssammlungen im Rahmen eines sonderpädagogischen Beratungsgutachtens.

Auf dem Wege zu diesem Gutachten als Beratungsgrundlage könnte man mit Diagnostischen Menüs arbeiten, in denen auf die jeweiligen besonderen Bedürfnisse von Kindern Rücksicht genommen wird (vgl. Kap. 4.1).

Die Kompetenzen zur Erfüllung dieser vielfältigen diagnostischen Aufgaben sind fraglos in sehr unterschiedlicher Weise bei Sonderpädagogen vorhanden bzw. eingeübt. Das Gleiche gilt für die verfügbaren notwendigen Ressourcen, die in sehr unterschiedlicher Weise in den Schulen vorhanden sind. Bei der gegenwärtigen angespannten Personallage in den Schulen wird nicht überall gemeinsamer Unterricht möglich sein oder eine Kooperation zwischen Grund- und Förderschule. Man wird dann Abstriche am geplanten diagnostischen Konzept machen müssen.

Das Beratungsgutachten könnte übrigens auch ein Anlass für ein Gespräch mit den Eltern und den Kollegen der anderen Schulen **auf inhaltlicher Grundlage**

sein. Es sollte einen Überblick über die Lernvoraussetzungen, die Lernbasis und die Lernentwicklung des Kindes in verschiedenen Lernumwelten ermöglichen, **um weitere Förderschritte planen** zu können. Es dürfte auch **Aussagen über die Leistungsbewertung nicht vermeiden**, da die Auffälligkeit des Kindes auch im Rahmen von Bewertungsmaßstäben wie etwa der Versetzungsordnung entstanden ist. Es sollte die **bisherigen Fördermöglichkeiten und ihren Erfolg** dokumentieren, wobei auch hier eine Bewertung oft nicht zu vermeiden ist. Werden dabei Unterrichtsstil oder andere Verhaltensweisen von Kollegen in anderen Schulen beurteilt, so können sich dadurch trotz größter Vorsicht in den Formulierungen Erschwernisse in der Verständigung ergeben. Wünschenswert wäre es im Interesse der Förderung in der am besten geeigneten Lernumwelt, diesen Konflikten nicht aus dem Weg zu gehen. Für diese Ziele wäre u. E. die Einrichtung von Förderkommissionen notwendig.

Ein Leitfaden für die Erstellung eines solchen sonderpädagogischen (Beratungs-)Gutachtens, der diese Zielsetzungen für die Informationssammlung, die Beschreibung des Entwicklungsverlaufs und die Formulierung des Berichtes findet sich zusammen mit einigen Beispielgutachten im Anhang.

4.2.3   Förderpläne

Einzelfallbeschreibung

Vor allem in der Diagnostik der "geistigen Behinderung" ist unter dem Einfluss des Paradigmenwandels immer wieder auf die Methode der Einzelfallbeschreibung unter Verzicht auf Festlegungen und Klassifikationen hingewiesen worden. Spreen (1978) hat schon relativ früh festgestellt, dass sich die Psychologie mit einer Einzelfallorientierung sowieso ihren eigentlichen Fragestellungen der individuellen Beschreibung und Förderung viel eher annähert, als dies unter der Zielsetzung einer Auslese für bestimmte Einrichtungen möglich war.

Wir wollen also im folgenden Textteil über die Methode der Einzelfallbeschreibung im Rahmen des oben beschriebenen Konzepts einer qualitativen Lernförderungsdiagnostik sprechen.

Eine individuumszentrierte Diagnostik als Grundlage der Veränderung individueller Person-Umwelt-Einheiten im lebenslangen Verlauf ist der Versuch, Veränderungen in einer konkreten Handlungsstrategie für den Psychologen umzusetzen und ihm - wie wir später sehen werden - eine Fülle differenzierter Möglichkeiten für seine professionelle Tätigkeit in die Hand geben.

Die folgende Textbox zeigt anhand von konstruierten einfachen Beispielen, wie sich Ziele und Beschreibungsweisen vor und nach dem Paradigmenwandel unterscheiden.

Berichte und Gutachten
… vor und nach dem Paradigmenwandel

<u>**Vorher:**</u>
Ziele:
- Zuordnung zu einer Typologie der Störungen
- Einordnung in eine Klassifikation nach dem Schweregrad der Störung
- Beschreibung der Ausprägung typischer Persönlichkeitsmerkmale
- Ableitung von Konsequenzen für die zukünftige „Behandlung" aus dem Erscheinungsbild
- Zuweisung zu einer Einrichtung

Beispiel:
M. zeigt das typische Erscheinungsbild einer mittelgradigen geistigen Behinderung vom Typus einer Imbezillität am Rande der Debilität. Seine Intelligenz ist sehr stark herabgesetzt (entspricht dem Stande eines vierjährigen Kindes) und seine motorischen Leistungen sind stark retardiert. Seine soziale Reife ist mangelhaft; seine Steuerungsfähigkeit stark herabgesetzt. Aufgrund seiner eingeschränkten Umweltfähigkeit wird er wohl nur in einer geschlossenen Einrichtung gehalten werden können.

<u>**Nachher:**</u>
Ziele:
- Einzelfallbeschreibung
- Von den Stärken ausgehen
- Entwicklung in der spezifischen Umwelt beschreiben
- Fördermöglichkeiten beschreiben
- Typologien und Klassifikationen vermeiden

Beispiel:
Herr M. ist jetzt im Alter von 20 Jahren als junger Mann zu beschreiben, der im Kontaktverhalten offen ist, seine sprachlichen Mittel im Alltag und seine lebenspraktischen Fertigkeiten gut einsetzen kann, um in einer angepassten Wohnumgebung allein leben zu können.
Seine Stärken liegen im Kontaktverhalten und in der Bewältigung von zielgerichteten Kommunikationen im Alltag; seine Förderbedürfnisse liegen im speziellen Lernverhalten vor allem bei komplexen Lernaufgaben - hier braucht er viel Zeit für seine individuellen Lösungen. Die Förderziele für seine weitere Entwicklung liegen vor allem im psychomotorischen und sensomotorischen Bereich, wo er weiterhin Unterstützung braucht, um das gewonnene Niveau der Wahrnehmungsorganisation und der Körperkoordination aufrechterhalten und vielleicht noch weitere Fortschritte machen zu können.

Er hat durch eine intensive Frühförderung eine bestehende Entwicklungs-
störung weitgehend ausgleichen können.

Eine Einzelfallbeschreibung als Versuch, ein individuelles Bild eines ganzen
Menschen in seiner Entwicklung und in seiner spezifischen Lebenssituation zu
geben und Fördermöglichkeiten in seiner zukünftigen Entwicklung zu beschreiben, könnte dann von folgenden Zielsetzungen ausgehen.

Ein Bild vom ganzen Menschen geben ...

- von den Stärken ausgehen ...
- bewertungen vermeiden ...
- nicht (ab-) klassifizieren ...
- anschaulich auf der Grundlage von Verhaltensbeschreibungen schil-
  dern ...
- individuellen Förderbedarf beschreiben ...
- unterstützende Bedingungen beschreiben ...
- hemmende Bedingungen und deren mögliche Überwindung beschreiben ...

Vergangenheit, Gegenwart und Zukunft beschreiben

- Vergangenes durch Beschreibung der Biographie in seiner Bedeutung
  für Gegenwärtiges und Zukünftiges deutlich werden lassen
- aus der Biographie das Entstehen und die Bewältigung von Konflikten
  und Lernsituationen beschreiben und verstehen
- bisherige Förderung und Erfolge oder Misserfolge analysieren

**Kompetenzen und ihre Ausprägung und Bedeutung für das Leben
des Menschen beschreiben...**

- basale Kompetenzen (sensomotorische und psychomotorische Fähigkeiten)
- kognitive Fähigkeiten
- Anpassungsleistungen (soziale und emotionale Fähigkeiten)
- Selbstkonzept
- ästhetische und kreative Fähigkeiten
- kreativer Umgang mit dem Körper und seinen Ausdrucksmöglichkeiten
- Verständnis für technische und wirtschaftliche Zusammenhänge
- Vorstellungen von Arbeit und Arbeitsmotivation
- schulische Techniken und Leistungen
- Sport- und Freizeit-Aktivitäten

Selbstkonzept und Körpererleben beschreiben

> **Formen der Kommunikation und Interaktion** mit anderen wichtigen Bezugspersonen des Umfelds beschreiben (Beziehungsaspekt)

In der folgenden Textbox findet sich ein ausführliches praktisches Beispiel (Martin) für eine Einzelfallbeschreibung nach diesem Muster.

MARTIN   7,5 Jahre alt

Biographie:
M. kam im Oktober 1987 als zweites Kind seiner verheirateten Eltern per Kaiserschnitt auf die Welt. Er hat einen 7 Jahre älteren Bruder, der aufgrund einer Rötelnembryopathie mit einer schweren Mehrfachbehinderung geboren wurde. Martin selbst war - bis auf eine Lungenentzündung – immer gesund.

Vor seiner Einschulung besuchte Martin ganztags einen Kindergarten der Lebenshilfe in Hannover, in dem er an der Sprach- und Spieltherapie teilnahm.

Gegenwart:
M. besucht eine Integrationsklasse in der Nähe der Wohnung seiner Eltern. Nach der Schule verbringt er seine Nachmittage in der 3-Zimmer-Wohnung der Familie im dritten Stockwerk einer Hochhaus-Wohnanlage in einem Stadtteil mit besonderen Erneuerungsbedarf (sozialer Brennpunkt). Er hat keine Möglichkeit im Freien zu spielen, weil Mutter mit einer Gehbehinderung es ihm nicht gestattet. Die Mutter hat Angst vor „bösen Kerlen". Zudem mag sie den älteren bettlägerigen Sohn nicht allein in der Wohnung lassen.

Martin wird jeden Tag mit einem Taxi zur Schule und zurück gefahren, hält sich also ausschließlich „drinnen" auf. Er hat dementsprechend kaum Außenwelterfahrungen und wenig Möglichkeiten für großräumige Bewegungserfahrungen.

Beschreibungen und Einschätzungen des Verhaltens von Martin:
Martin ist ein kontaktfreudiger und freundlicher Junge, der sich visuell stark an seinen Mitmenschen - und speziell an seiner Schulfreundin Karin - orientiert. Martin wurde als „geistig behindertes „ Kind in die Integrationsklasse eingeschult. Er wird von seinen Mitschülern akzeptiert, scheint aber noch nicht voll in die Klasse integriert zu sein. In der Klasse sind 16 Kinder ohne und 3 Kinder mit einer Behinderung. Seine Klassenkameraden ärgern sich oft über ihn, weil er sich Dinge gedankenlos ausleiht und nicht von allein wieder zurückgibt. Seine Tischnachbarn irritiert es, wenn er in

Stillarbeitsphasen scheinbar grundlos plötzlich laut auflacht oder sich wiederholt die Nase mit dem Hemdsärmel säubert.

Wenn er das Bedürfnis nach körperlicher Nähe hat, klammert er sich sofort an Mitschüler oder an die Lehrerin an und zerrt dabei recht kräftig an ihren Kleidern. Er dosiert dabei seine Kraft nicht angemessen.

Weint ein anderes Kind, dann gesellt sich Martin spontan zu ihm, wirkt betroffen und erkundigt sich nach den Ursachen. Wenn er wütend ist, kann er dies durch seine Mimik unterstreichen und außerordentlich „finster" aussehen. Im Gesprächskreis hört er den Erzählungen anderer bis auf gelegentliche Rückfragen oder Unterbrechungen geduldig und ausdauernd zu und hält die Gesprächsregeln ein.

Martin spricht aus meiner Sicht verhältnismäßig schnell, undeutlich und in stichwortartig verkürzten Sätzen, so dass es oft schwierig ist, den Sinn seiner Ausführungen zu begreifen. Oft springt er in seinen Erzählungen unvermittelt von einem Thema ins andere. Er reagiert dann auf Nachfragen irritiert oder beantwortet sie nicht.

Martin gilt als schwerhörig, jedoch scheint es mir nach meinen Beobachtungen eher, dass er sehr hoch geräuschempfindlich ist, denn er deckt bei manchen Spielen seine Ohren mit den Händen ab. Eher scheint seine auditive Aufmerksamkeitsspanne sehr gering. Er wirkt oft so, als hinge er seinen eigenen Gedanken nach. Durch eine Strategie, sich visuell an seinen Mitmenschen zu orientieren, findet er sich dann wieder im sozialen Geschehen in der Klasse.

Martin lässt sich gern von seinen Lehrern und Mitschülern bei der Bewältigung schulischer Aufgaben helfen. Für jeden Arbeitsschritt - etwa beim Buchstabenschreiben – fordert er von ihnen Aufmerksamkeit oder Bestätigung. Lob und emotionale Zustimmung sind ihm sehr wichtig. Ergebnisse selbstständiger Arbeit präsentiert er stolz.

In verschiedenen Bewegungssituationen fielen mir seine Schwierigkeiten in der Raum-Lage-Orientierung in kleinen Räumen auf, die im Widerspruch zu seinen ansonsten präzisen Angaben zu Örtlichkeiten in seiner Umgebung stehen; M. kann rechts und links nicht sicher unterscheiden und sucht zum Beispiel auf dem Papier nicht von rechts nach links, sondern ungeordnet nach bestimmten Buchstaben beim Spiel „Buchstabenjagd". Seine Schuhe verwechselt er häufig und fragt nach dem Anziehen, ob er sie richtig angezogen habe. Statt zu laufen geht er eher sehr schnell bei Spielen. Dabei ballt er seine Hände zu Fäusten oder spreizt seine Finger mit zum Körper gewandten Handrücken „krallenartig" ab. M. kann Gefahren bei der Bewegung abschätzen und bewegt sich sicher. M. hat wenige

Möglichkeiten, vielfältige und großräumige Bewegungserfahrungen zu machen. Seine Bewegungen erscheinen wenig gelockert und wirken steif und unkoordiniert. Er kann seinen Körper sehr gut zur pantomimischen Darstellung einsetzen und hat ein gutes rhythmisches Empfinden.

Martin ist anderen Menschen und neuen Sachverhalten gegenüber sehr aufgeschlossen.

Zukunft:
In der Integrationsklasse kann Martin auch in Zukunft eher diejenige Förderung erhalten, die ihm zu einer erfolgreichen Bewältigung seines Alltags verhelfen kann: psychomotorische Förderung für seinen Förderbedarf im Bereich der sensomotorischen und psychomotorischen Fähigkeiten und die Unterstützung seiner Lehrerin und seiner Mitschüler dabei, mehr Selbstständigkeit für eigene Aktivitäten zu gewinnen, sind empfehlenswert. Seine gut ausgeprägten sozialen Fähigkeiten sprechen gegen eine Unterrichtung in einer Förderschule mit Förderschwerpunkt kognitive Entwicklung.

Diagnose:
Es sind für Martin weiter unterstützende Maßnahmen zur Förderung der beruflichen Eingliederung und Hilfen zur Erziehung zu gewährleisten, wie sie im Rahmen eines Individuellen Entwicklungsplans bereits beschrieben und erprobt wurden.

Der Schwerpunkt sollte dabei weiter auf einer psychomotorischen Förderung und der Erweiterung der bestehenden sozialen und lebenspraktischen Kompetenzen liegen.

Vgl. Mamsch (1995): Körpererfahrung als zentraler Bestandteil psychomotorischer Förderung in einer Integrationsklasse, unveröff. Examensarbeit Lehramt an Sonderschulen, Universität Hannover.

Es scheint, dass eine derartige beschreibende individuelle Diagnostik durchaus geeignet ist, nicht nur ein sehr facettenreiches Bild von Martin zu entwerfen, sondern auch relativ klare Vorstellung davon zu vermitteln, welche Kompetenzen und Förderschwerpunkte bei Martin vorhanden sind. Dies Beispiel schildert gut die Möglichkeiten einer qualitativen Förderdiagnostik mit dem Ziel, Förderbedürfnisse und notwendige Förderung miteinander zu verbinden.
Da die Beobachtung nicht nur auf eigenen Beobachtungen der Verfasserin beruhen, sondern sich aus der Zusammenarbeit mit der Grundschullehrerin und der Sonderpädagogin in der Integrationsklasse ergeben, erheben sie auch den Anspruch einer recht weit reichenden intersubjektiven Übereinstimmung, da die geschilderten Aspekte das Ergebnis eines Teamprozesses sind. Wir möchten es dem Leser überlassen, diese Einzelfallbeschreibung mit gängigen auslesediagnostischen Beschreibungen mit normativen Verfahren zu vergleichen

und selbst den Schluss zu ziehen, aus welcher Beschreibung mehr Hinweise zur Förderung und für die Lebensplanung eines Kindes möglich sein könnten.

Man kann also annehmen, dass schon an vielen Orten derartige individuelle Beschreibungen der Fähigkeiten routinemäßig durchgeführt werden.

Ein Versuch, einen breiten Rahmen an Informationen **strukturiert** zu sammeln und **in Fördervorschläge** umzusetzen, findet sich in den individuellen Entwicklungsplänen (vgl. Kap. 5).

Abschließen möchten wir dieses Kapitel mit einem positiven Beispiel für ein gelungenes sonderpädagogisches Beratungsgutachten, das aus einer Schule für Lernhilfe stammt und im Frühjahr 1996 geschrieben wurde[20].

Sonderschule für Lernbehinderte (jetzt: Förderschule mit Förderschwerpunkt Lernen)

Verfasserin: Sonderschullehrerin

Beratungsgutachten zur Feststellung des sonderpädagogischen Förderbedarfs
Name: Mella geb.: 15.10.1986
Erziehungsberechtigte:
Anschrift:

1. Vorstellungsgrund
Welche Schule soll Mella angesichts ihrer Förderbedürfnisse besuchen?

2. Informationsquellen

– Gutachten zur Feststellung des sonderpädagogischen Förderbedarfs vom … durch … Schule
– Entwicklungsberichte der Grundschule
– Gespräche mit Fr. Y (Klassenlehrerin) und Fr. X (Kontaktlehrerin)
– Gespräche mit der Mutter und dem Kind
– Beobachtungen im Unterricht der Förderschule Lernen
– Lern- und Leistungskontrollen
– DMB-Kurzfassung KF 13 (Diagnostisches Inventar motorischer Basiskompetenzen)

3. Angaben zur Vorgeschichte

3.1. Vorschulische und schulische Laufbahn
Mella wurde am 15.10.1986 in A. geboren. Die Eltern trennten sich 10 Monate nach der Geburt ihrer Tochter. Zum Vater bestand seit dem noch ge-

---

20 Dank gilt Frau Wasserzier für die freundliche Überlassung des Gutachtens. Der Name des Kindes und andere zur Identifizierung dienliche Angaben sind verändert.

ringer Kontakt, die Großeltern väterlicherseits kümmerten sich weiterhin sehr liebevoll um Mella.

Für ein Jahr nahm die Mutter das „Babyjahr" in Anspruch, danach war sie wieder berufstätig. Deshalb besuchte Mella im Alter von 1 bis 3 Jahren eine Kinderkrippe täglich von 6.00 bis 17.00 Uhr. Danach ging sie mit einem halben Jahr Unterbrechung täglich von 7.00 bis 16.00 Uhr in den Kindergarten.

1989 heiratete die Mutter Herrn K., die gemeinsame Tochter Karin wurde im gleichen Jahr geboren. Die Eltern zogen mit den Kindern erstmals in eine eigene kleine Wohnung, Frau K. hörte auf zu arbeiten.
Im August 1993 wurde Mella in die „13. Grundschule" eingeschult. In der 1. Klasse zeigte sich laut Fr. K., dass Mella dem Lerntempo der Klasse nicht gewachsen war. Hinzu kamen sprachliche Probleme, die durch eine Sprachtherapie von nur geringer zeitlicher Dauer nicht verringert werden konnten.

Im Februar 1994 zog die Familie nach B. und Mella kam in die Klasse 1 der Grundschule G. Mit Verfügung vom 3.3.1994 wurde Mella wegen ihrer Sprachbeeinträchtigungen durch die Schule L. überprüft. Von einer Überweisung an die Förderschule mit Förderschwerpunkt Sprache wurde abgesehen, da man Mella der Belastung einer erneuten Umschulung nicht aussetzen wollte. Gleichzeitig wurde erhöhter Förderbedarf im sprachlichen Bereich festgestellt und eine Sprachförderung im Rahmen einer Kontaktmaßnahme vorgeschlagen.

Mit Beginn des 2. Schuljahres erhielt Mella 1 Stunde Förderunterricht im Rahmen einer Kontaktmaßnahme durch Fr. X. von der Förderschule für den Förderschwerpunkt Lernen.
Aufgrund der Leistungsbeeinträchtigungen im Lern- und Leistungsverhalten erhielt sie zusätzlich in einer Lerngruppe von 6 leistungsschwachen Schülern parallel zum Unterricht eine Sonderbetreuung mit eigens auf sie zugeschnittenen Übungen in Deutsch und Mathematik.

Nach anfänglichen Erfolgen wurden jedoch Mellas Förderbedürfnisse im schulischen Bereich immer größer, Mella wurde wieder ängstlicher und zog sich immer mehr in sich zurück. Im Elternhaus erfuhr sie wenig Unterstützung, so dass die Mutter einen Wechsel an die Förderschule mit Förderschwerpunkt Lernen wünschte (s. ausführliche Berichte vom 12.1. und 20.5.95).

3.2. Physische und psychische Entwicklung und familiärer Hintergrund
Laut Aussage der Mutter verliefen Schwangerschaft und Geburt normal. Mella wurde mit etwa 16 Monaten sauber und begann auch zu dieser Zeit frei zu laufen.

Der Sprechbeginn ist der Mutter nicht mehr gegenwärtig, sei aber nicht auffällig gewesen. Mella wird von der Mutter als jeher ruhiges, sehr zurückhaltendes und scheues Kind beschrieben. Sie habe sich häufig allein beschäftigt statt mit Gleichaltrigen zu spielen.

Mella ist als Kleinkind an Mumps und Windpocken erkrankt. Sie hatte im Alter von anderthalb und zweieinhalb Jahren jeweils eine schwere Lungenentzündung, die je einen 2-3-wöchigen Krankenhausaufenthalt erforderten. Die Mutter sieht heute Gründe für Mellas emotionale und soziale Entwicklung in dem langen Aufenthalt in der Kinderkrippe und den belastenden Krankenhausaufenthalten.

Hinzu kommt aktuell eine problematische Familiensituation. Die Mutter berichtete, dass der Vater die gemeinsame Tochter Karin Mella vorziehe, was zu Streitigkeiten zwischen den Eheleuten und einem zeitweiligen gespannten Verhältnis zwischen den Geschwistern führe. Der Vater habe für Mellas Schulschwierigkeiten wenig Verständnis, treibe sie an, ohne wirklich helfen zu können und habe große Vorbehalte gegen die Förderschule mit Förderschwerpunkt Lernen. Durch schlichtende Gespräche versuche Frau K., bei ihrem Mann Verständnis zu wecken, um eine Verhaltensänderung zu bewirken.

Frau K. beschreibt ihre Tochter als eher langsam und schwerfällig. Sie sei sehr verlässlich, selbständig und hilfsbereit. Sie könne sich sehr gut orientieren, unternehme nachmittags allein Fahrten zu Freunden und bewältige den Schulweg selbständig.
Die Mutter gibt an, dass sich Mella über die B.-Schule positiv geäußert habe und sich dort wohl fühle. Mella selbst bestätigte dies mir gegenüber.

Die Familie bewohnt eine 3-Zimmer-Wohnung, in der sich die Mädchen ein Zimmer teilen. Frau K. kümmert sich um den Haushalt und versorgt die Familie. Der Vater ist als Getränkefahrer oft bis spätabends tätig, so dass er nur wenig Zeit für seine Kinder findet.

3.3 Schulische Rahmenbedingungen
Mella konnte aufgrund der Leistungsrückstände in Deutsch und Mathematik nach Klasse 3 nicht versetzt werden. Frau X. befürchtet, dass Mella auch mit einer Wiederholung der Klasse 2 den weiteren Anforderungen nicht wird folgen können, da die Klasse 2 sehr leistungsstark ist und eine, wie zuvor durch sie durchgeführte Sonderbetreuung nicht mehr stattfinden kann. Der Förderunterricht ist wegen der schlechten Unterrichtsversorgung auf 1 Wochenstunde reduziert und die Kontaktmaßnahme zur Behebung der Sprachbeeinträchtigungen gestrichen worden, so dass die dringend benötigte Förderung von Mella nicht mehr erfolgen kann.

Erschwerend kommt hinzu, dass in der Klasse vier Lehrer unterrichten und Mella nur schwer Kontakt zu einer dringend benötigten Bezugsperson aufbauen könnte.

Deshalb befürwortet die Klassenlehrerin in Übereinstimmung mit der Mutter den Übergang von der Grundschule an die B -Schule.

4. Medizinische Untersuchung
Die Ergebnisse der medizinischen Untersuchung lagen zum Zeitpunkt der Erstellung des Gutachtens noch nicht vor.
Es fiel während der Beobachtung auf, dass Mella im visuellen Bereich Förderbedarf hat. Eine Kontrolle der Sehfähigkeit mit einem informellen Beobachtungsbogen aus dem DMB (Eggert/Ratschinski 1993) ergab Ergebnisse, die eine genaue Untersuchung der Sehfähigkeit anraten.

5. Verhaltensbeobachtung
Mella wirkte anfangs verschlossen und ernst, mitunter auch bedrückt und sehr angepasst. Sie nahm jedoch nach anfänglicher Zurückhaltung zuerst zu mir und dann auch bald zu Klassenkameraden Kontakt auf. Inzwischen hat sie eine feste Stellung in der Klasse eingenommen, in der sie selbstverständlich Aufgaben übernimmt, Hilfen gibt und mit schwierigeren Schülern partnerschaftlich zusammenarbeitet. In der Klasse wirkt sie wie ein „ruhender Pol".
Sie beteiligt sich mündlich mit sachbezogenen Antworten am Unterricht, arbeitet ruhig, konzentriert und nahezu selbständig. Sie übernimmt gerne und eifrig Sonderaufgaben und genießt es, wenn ich allein mit ihr arbeite. Sie hat Kontakte zu Schülern aus anderen Klassen. Mit diesen Kindern trifft sie nachmittags Verabredungen.

6. Lern- und Leistungsverhalten
Mella hat Spaß am Gestalten mit unterschiedlichen Materialien. Sie malt ausdrucksvoll mit klaren Farben bis ins Detail gehende Bilder.
Mit besonderer Freude und großem Einsatz beteiligt sie sich im Sportunterricht, mitunter bis an ihre körperliche Leistungsgrenze. Sie interessiert sich für Sachkunde-Themen und äußert sich mit überraschenden Kenntnissen.
Sie nimmt Hilfestellungen des Lehrers bereitwillig an, kann Arbeitsanweisungen nachvollziehen und planvoll arbeiten.

Aus der bereits 1994 durchgeführten Überprüfung liegen Ergebnisse über die Sprache und die damaligen Schulleistungen vor. Die derzeitigen Leistungen in der Grundschule sind dem Bericht der Klassenlehrerin zu entnehmen.

In der Beobachtungszeit gezeigte Leistungen in Deutsch:

Mella liest einfache Texte nach selbständiger Vorbereitung noch fehlerhaft. Es fällt auf, dass sie Endungen weglässt oder verändert oder Wörter durch andere ersetzt, so dass sich, von ihr unbemerkt, Sinnänderungen ergeben. Den Inhalt des Gelesenen kann sie nicht immer sinngemäß wiedergeben, sie versucht vielmehr, durch das Erkennen von Reizwörtern einen Sinn zu interpretieren.

Da sie sehr motiviert ist und sich große Mühe gibt, gelingt es ihr, wenn der Lehrer Hilfestellungen durch Zergliedern längerer Wörter gibt, Texte zu erlesen. Die Fehler beim Lesen decken sich dabei häufig mit den noch nicht immer richtig artikulierten Lauten.

Mella kann Bilderfolgen in der vorgegebenen Reihenfolge ordnen und sich dazu, wenn auch nicht immer sehr differenziert, mündlich äußern. Sie schreibt Texte aus dem Übungsbereich mit wenigen Fehlern ab, hat dabei noch Schwierigkeiten mit der Schreibweise einiger Buchstaben, was vermutlich auf den Wechsel der Schriftarten zurückzuführen ist. Während sie noch große Probleme beim Schreiben von ungeübten Wörtern hat, schreibt sie geübte Texte nahezu fehlerfrei.

Mathematik:
Mella rechnet sicher im Zahlenraum bis 20.
Zehnerüber- und -unterschreitung, einstellige Zahlen addiert, subtrahiert und ergänzt sie. Sie addiert und subtrahiert mit Hilfsmitteln volle Zehner. Bei einfachen Textaufgaben erkennt sie die Rechenoperationen und kann sie mit Hilfe lösen. Sie kann Strecken in ganzen cm messen, die Längen angeben und Strecken nach Maßangabe zeichnen.

7. Sprache
Auf eine eingehende Sprachüberprüfung wurde verzichtet, da hierzu bereits aus der Überprüfung im Jahre 1994 Unterlagen vorliegen. Durch die Fördermaßnahme im 2.Schuljahr hat sich inzwischen Mellas Sprache gebessert. In der Übungssituation artikuliert sie nahezu alle Laute richtig und kann einfache Sätze grammatisch korrekt anwenden.

In der Spontansprache ersetzt sie noch oft [ge] durch [de], [k] durch [t], [b] durch [d]. Die Lautverbindung [spr] bereitet ihr noch Schwierigkeiten.
Satzmuster spricht sie fehlerfrei nach. Es zeigen sich jedoch noch Unsicherheiten im Gebrauch des Plurals, der Präpositionen, der Deklination und der Artikel.

8. Motorik
Zur Feststellung motorischer Basiskompetenzen wurde das DMB in einer Kurzfassung durchgeführt. Mella hat sehr motiviert mitgearbeitet und war sofort in der Lage, die mündlich gegebenen Arbeitsanweisungen umzusetzen.

In den Bereichen Kraft/Ausdauer, Schnelligkeit und Gleichgewicht zeigte Mella gute Ergebnisse. In der Gelenkigkeit hatte sie leichte Probleme, was meiner Meinung nach auf ihr Übergewicht zurückzuführen ist. In den unterschiedlichen Wahrnehmungsbereichen waren nur geringe Beeinträchtigungen festzustellen. Sie konnte nicht alle Aufgaben in der vorgesehenen Zeit erfüllen.

9. Zusammenfassung und Förderbedarf

Trotz bisheriger Fördermaßnahmen und der Sonderbetreuung durch die Grundschule in einer Arbeitsgruppe für Schüler mit erhöhtem Förderbedarf in den Fächern Deutsch und Mathematik, entsprechen Mellas Leistungen inzwischen nicht mehr den Mindestanforderungen der Klasse 2. Auch bei einer Wiederholung der 2. Klasse sieht die Klassenlehrerin geringe Chancen für Mella, den Anforderungen der Grundschule folgen zu können,

weil:
- die Wiederholungsklasse sehr leistungsstark ist,
- eine Sonderbetreuung nicht mehr stattfinden kann,
- die notwendige sprachtherapeutische Kontaktmaßnahme nicht mehr erfolgen kann und
- der Förderunterricht wegen Personalmangels auf eine Wochenstunde begrenzt wurde.

Zu diesen für Mella ausgesprochen ungünstigen Bedingungen in der Grundschule kommt die emotionale Belastung in der Familie. Durch die ständigen Misserfolge und die in schulischen Dingen ablehnende Haltung des Vaters wurde das Mädchen zunehmend ängstlich und verunsichert. Die Mutter fühlt sich überfordert, bei den Hausaufgaben zu helfen.

Mella benötigt dringend einen kleinschrittig und anschaulich organisierten Unterricht in einer kleinen Lerngruppe. Eine sprachtherapeutische Fördermaßnahme kombiniert mit Hilfen im Leselernprozess und im schriftsprachlichen Bereich sind unerlässlich. Neben der gezielten Einzelförderung sollte eine unterrichtsbegleitende Sprachkorrektur stattfinden.

Es sollte zudem möglichst bald eine fachärztliche Überprüfung der Sehfähigkeit erfolgen, um ggf. mögliche Beeinträchtigungen ausgleichen zu können.

Die kurze Zeit an der Förderschule hat gezeigt, dass Mella in einer kleinen Gruppe mit einer festen Bezugsperson motivierter, entspannter und angstfrei bessere Leistungen erzielen kann und so ihr Selbstwertgefühl gestärkt wird.

Dem Wunsch der Mutter und der Empfehlung der Grundschule sollte deshalb entsprochen werden und Mella sollte weiterhin am Unterricht der Klasse 3 der Förderschule mit dem Förderschwerpunkt Lernen teilnehmen.

> **10. Ergebnis des Elterngesprächs**
>
> Die Eltern sind mit dieser Empfehlung einverstanden.
> Sie verzichten auf die Einrichtung einer Förderkommission.
>
> (Sonderschullehrerin)

4.3 Haltungen und Überlegungen des Pädagogen/Therapeuten im diagnostischen Prozess

4.3.1 Elemente der Themenzentrierten Interaktion im förderungsorientierten diagnostischen Prozess

Je stärker das Vorgehen die Person des Pädagogen/Therapeuten mit einbezieht, desto eher sind aus der Psychotherapie Handlungsanweisungen und Prinzipien des Handelns zu übernehmen (vgl. Eggert/Lütje-Klose 2005, 128-139). Dies wird im Folgenden unter Bezugnahme auf die zwei wichtigsten psychotherapeutischen Quellen des Konzepts versucht: die themenzentrierte Interaktion nach Ruth Cohn (1971, 2004) und die kindzentrierte Spieltherapie (Schmidtchen 1991).

Regeln für das therapeutisch orientierte Vorgehen in der psychomotorischen Förderung

In pädagogisch-therapeutischen Prozessen ist die Beziehungs- und Interaktionsgestaltung ein entscheidendes Element.

Dabei kann sich einerseits auf grundlegende Überlegungen der themenzentrierten Interaktion nach Cohn sowie und andererseits auch auf Überlegungen zu der klientenzentrierten Spieltherapie nach Schmidtchen bezogen werden.

Im Folgenden werden beide Konzepte nicht konkret dargelegt, jedoch möchten wir in diesem Zusammenhang, d.h. der Rolle des Pädagogen/Therapeuten im diagnostischen Prozess, einzelne Elemente aus beiden Konzepten aufgreifen[21].

Einzelne Elemente der themenzentrierten Interaktion in ihrer Bedeutung für den diagnostischen Prozess

Cohn geht davon aus, „daß Menschen zwar Tatsachen und Zusammenhänge mit dem Denken allein erfassen können, daß jedoch sinnvolles Lernen den ganzen Menschen als psychosomatisches - daher auch gefühlsbetontes und sinnliches - Wesen betrifft" (Cohn 1975, 116).

---

[21] Für eine intensive Auseinandersetzung mit beiden Konzepten empfehlen wir Cohn (1975, 2004) und Schmidtchen (1991).

Sie kritisiert am traditionellen Schulunterricht, dass die Gefühle und persönlichen Befindlichkeiten der einzelnen Beteiligten und ihre Beziehungen zueinander zu wenig berücksichtigt werden, so dass die Beziehungsebene zugunsten der Inaltsebene vernachlässigt wird. Die Bedeutsamkeit der Lerninhalte wird dadurch gemindert, und der Lernprozess wird erschwert.

Lernen mit der ganzen Person zur Erreichung humaner Ziele aus der Vorstellung, dass der Mensch lebenslang lernen und sich verändern kann und dass seine Person dabei zur Erreichung der gesetzten Ziele wichtig ist, dass sind Vorstellungen, die unseres Erachtens für jede Form therapeutischer und pädagogischer Arbeit bedeutsam sind.

Die Postulate der themenzentrierten Interaktion[22]

Die Postulate Ruth Cohns wurden von uns zur Anwendung im Rahmen von Förderdiagnostik leicht verändert. Sie sollen im Folgenden zusammen mit den veränderten Hilfsregeln versuchsweise geschildert werden; dabei hoffen wir, sie sprachlich zur besseren Verständlichkeit verändert zu haben:

- **Sei dir der Bedeutung deiner Aussagen für dich und für die Gruppe in jedem Moment bewusst!** (Sei dein eigener „Chairman").

Das Postulat drückt für den Pädagogen aus, dass er für seine Handlungen selbst verantwortlich ist und seine Ziele mit den Interessen der Teilnehmer abstimmen soll.

- **Was dich und andere stört ist wichtig!** (Störungen haben Vorrang).

Auch in förderdiagnostischer Arbeit sollte dieses Prinzip stets Geltung besitzen. Nebenaktivitäten haben ihren Sinn. Verlassen Kinder den Gesprächskreis oder stellen sie sich bei Aufgaben bewusst außerhalb der Gruppe oder isolieren sich gar, so sollte man versuchen, sie direkt in die Gruppe einzubeziehen und/oder mit ihnen die Ursachen ihres Handelns zu besprechen. Auch den Pädagogen betroffen machende Äußerungen oder grob störende Bemerkungen sind ein Beitrag zum Gruppengeschehen. Wahrscheinlich hat sich der Pädagoge in diesem Moment mehr an seinen eigenen Interessen als an denen der Kinder orientiert. Auf jeden Fall sollte man auch vermeintliche Verhaltens- oder Disziplinschwierigkeiten als in sich sinnhafte Äußerungen des Kindes ansehen.

Hilfsregeln nach COHN

Die Umformulierung der Hilfsregeln von Ruth Cohn gilt vor allen Dingen für die Situation der Besprechung der gemeinsamen Aktivität. Sie können jedoch auch

---

[22] Die folgenden Postulate beziehen sich ursprünglich auf alle Mitglieder eines Gruppenprozesses. Hier werden die Postulate lediglich aus der Perspektive des Pädagogen/Therapeuten dargelegt.

als grundlegende Hinweise für die nicht-sprachliche Kommunikation angesehen und umgesetzt werden.

Die Hilfsregeln von Cohn sind in erster Linie Hilfen zur Erleichterung der Kommunikation. Einige werden im Folgenden für (förder-)diagnostische Situationen dargelegt:

1. **Vertreten Sie sich selbst in ihren Aussagen. Sprechen Sie nicht per „wir" oder „man" sondern per „ich".**

Umsetzung: Das Kind und der Pädagoge/Diagnostiker sollten sich kennen lernen, jeder den anderen als ein Ich. Dabei ist es hilfreich, die Kommunikation mit Worten wie „Ich denke..." etc. durchzuführen, damit Pauschalisierungen und Verallgemeinerungen im Sinne von Vereinnahmungen Anderer reduziert werden können.

2. **Begründen Sie Ihre Fragen und wenn Sie eine Frage stellen, sagen Sie warum Sie fragen und was Ihre Frage für Sie bedeutet. Fragen Sie den anderen nicht aus, sondern sprechen Sie mit ihm.**

Umsetzung: Der Zusammenhang aus dem heraus eine Frage gestellt wird, kann zu völlig unterschiedlichen emotionalen Reaktionen bei demjenigen führen, dem die Frage gestellt wird. Falls eine Frage als Kontrolle miss gedeutet werden könnte, dann sagen Sie warum Sie fragen und was Sie nach der Beantwortung tun möchten, um solche Dinge vermeiden zu lernen.

3. **Machen Sie sich bewusst, was Sie denken und fühlen, wählen Sie aus, was Sie sagen oder tun wollen, seien Sie authentisch und selektiv in Ihrer Kommunikation.**

Umsetzung: Authentisches Vorgehen in der Diagnostik kann zu einer positiven Beziehungsgestaltung beitragen.

Machen Sie sich bewusst, was das Anliegen des (förder-)diagnostischen Vorgehens ist und machen Sie dies kenntlich.

4. **Sprechen Sie lieber zuerst Ihre persönlichen Reaktionen als Ihre Interpretationen aus; sagen was das für Sie bedeutet, was der andere sagt und interpretieren Sie ihn nicht - jedenfalls solange es geht.**

Umsetzung: Versuchen Sie, dem Anderen zuzuhören und verdeutlichen Sie, dass Sie für Gedankenaustausche offen sind. Versuchen Sie Gefühle und Empfindungen transparent zu machen (durch Sprache und Körpersprache). Vermeiden Sie zu sagen, „ach ja, ich weiß wie du das meinst..." o. ä., weil Sie es nicht sicher wissen können und oft mit ihren Vermutungen daneben liegen.

5. **Seien Sie sehr zurückhaltend mit Verallgemeinerungen. Verallgemeinerungen unterbrechen die Gespräche, in der Regel hemmen sie die Interaktion.**

<u>Umsetzung:</u> Aussagen im diagnostischen Prozess sollten sich nur auf die momentane Situation beziehen. Inwieweit sie verallgemeinbar sind, muss im gesamten Prozess und im Einvernehmen mit der beobachteten Person und den beteiligten Personen geklärt werden.

6. **Wenn Sie etwas über eine Person sagen, dann sagen Sie auch, was es für Sie bedeutet, dass er ist wie er ist, d.h. sagen wie Sie ihn sehen und erklären Sie auch, warum Sie ihn so sehen.**

<u>Umsetzung:</u> Um seinem Gegenüber das Gefühl zu vermitteln, dass er in seiner Individualität sehr ernst genommen wird und dass die Interdependenz funktioniert, d.h. keine Verletzungen beabsichtigt sind, sollten Meinungen über den Anderen jeweils in Bezugnahme auf die eigenen Gefühle geschildert werden.

4.3.2 Vorüberlegungen des Pädagogen/Therapeuten zum diagnostischen Prozess

Der Pädagoge/Therapeut ist immer zugleich auch Teilnehmer. Für ihn gilt, dass er sich nicht hinter irgendwelchen Tricks verstecken soll, sondern als Person mit all seinen Stärken und Schwächen fassbar für die Klientel bleiben muss. Er soll sich nicht für alles verantwortlich fühlen, was geschieht, soll aber dennoch seine Vorschläge und seine Rahmenplanung haben und sie als solche einbringen. Themenformulierung, Strukturvorschläge und Intervention sollen vor allem von der Eigenverantwortlichkeit und von der Entscheidung des Einzelnen in der Situation und für die Situation ausgehen.

Wichtig ist es, das eigene Handlungs- und Reaktionsspektrum kennen zu lernen und zu erfahren, mit welchen Kindern und mit welchen Situationen der Pädagoge/Therapeut individuell besonders gut und mit welchen weniger gut umgehen kann.

Gedanken, die sich der Pädagoge/Therapeut vorher machen sollte

Diese Gedanken können etwa um die folgenden Fragen kreisen[23]:

- Wie ist die vermutliche Motivation des Kindes beim Erscheinen zum ersten Kontakt?
- Wie und wo wird die Diagnostik stattfinden? Wie ist der Raum ausgestattet? Ist Material in der Nähe und schnell zugänglich? Wie kann man die Atmosphäre des Raumes angenehm gestalten? etc.
- Wie viel Zeit steht zur Verfügung? Wie viel Zeit kann ich selbst investieren? Wie lang soll und kann eine Diagnostiksequenz dauern?
- Wie viel Zeit haben wir langfristig für den diagnostischen Prozess (1 Stunde, 3 Stunden, 10 Stunden, fortlaufend)?

---

[23] Hier werden Anregungen und Hilfen von Seaman aus einem TZI-Kurs im Jahr 1977 aufgegriffen.

- Mit welchen vorausschaubaren Beeinträchtigungen kann ich rechnen? Worauf muss ich mich vorbereiten? Welches sind die Aufgaben und Sequenzen, die ich mir für die individuelle Diagnostik vorstellen kann? Habe ich die Zeit, um mich intensiv auf das Thema vorzubereiten? Sind meine Wünsche nach Vor- und Nachbereitung größer als die Zeit, die ich dafür habe?
- Was kann für das Kind nach der Untersuchung folgen? (Förderung im Alltag in einer Therapie, in der Schule, Umschulung auf eine Schule mit individuellem Förderschwerpunkt? etc.
- Was und wie kann ich beitragen, die Erfahrungen aus der Diagnostik in den Alltag, die Schule, die Freizeit, die Familie einzubringen und dort Veränderungen anzuregen?
- Wie kann ich den Eltern der Kinder verdeutlichen, was in der Diagnostik geschieht?
- Welche persönlichen Beziehungen habe ich zu dem Kind aufgebaut?
- Welche Gefühle habe ich dem Kind und/oder Bezugspersonen gegenüber? Welche Erfahrungen habe ich mit ihnen gemacht, wer ist mir sympathisch, wer ist unsympathisch?
- Wie kann ich am besten das sagen, was sie erfahren/erleben sollen?
- Was sind die Interessen des Kindes? Wie kann ich diese für den diagnostischen Prozess nutzen (z. B. Erstellung eines diagnostischen Menüs, vgl. Kap. 4.1)?

4.3.3 Prinzipien für das Verhalten des Pädagogen/Therapeuten[24]

Die fünf Therapeuten-Verhaltensmerkmale der klientenzentrierten Spieltherapie lassen sich gleichfalls gut als Prinzipien für ein diagnostisches Vorgehen mit Kindern umsetzen. Diese Prinzipien sind:

1. Wachheit und Momentzentriertheit

Schmidtchen (1978, 46-64) definiert dieses Merkmal so: "Interessierte Aufmerksamkeit für die momentanen Handlungen und Gefühle des Kindes. Die Fähigkeit, schnell auf Handlungen und Äußerungen des Klienten reagieren zu können. Bezugspunkt ist das jeweilige Geschehen in der Gegenwart."

Umgesetzt für eine förderungsorientierte Diagnostik heißt dies, dass aus der Situation heraus auf Äußerungen und Ausdrucksformen des Kindes eingegangen werden soll und nicht sehr viel später. Dazu ist es erforderlich, von dem geplanten Vorgehen für eine diagnostische Situation abweichen zu können oder, wenn zwei Therapeuten zusammenarbeiten, das Kind gezielt und einzeln anzusprechen.

---

[24] Die folgenden Regeln sind angelehnt an die klientenzentrierte Spieltherapie (vgl. Schmidtchen 1978, 1991).

2. Ruhe und Zuversicht

"Auch in kritischen Situationen zeige sich der Therapeut ruhig und entspannt. Er soll über der Situation stehen. Um diese Haltung einnehmen zu können, sollte sich der Therapeut immer der spezifischen Situation eines therapeutischen Verhältnisses bewußt sein. (...) Es gehört zur Rolle des Therapeuten, mögliche Aggressionen, Frustrationen und andere Verletzungen durch den Klienten, die im Verlauf der Therapie auftreten können, zu ertragen. Es ist wesentlich für den Therapeuten zu erkennen, daß der Klient ihn in seiner außertherapeutischen Rolle, d.h. in seiner Persönlichkeit, nicht verletzen kann."

Für den diagnostischen Prozess umgesetzt heißt dies, dass der Therapeut sich bemühen soll, ruhig und entspannt zu wirken, sofern er dies realisieren kann, ohne eine gekünstelte Haltung von Gleichgültigkeit einzunehmen.
Wichtig ist, Angriffe und Konflikte nicht als persönliche Aggression sich selbst gegenüber zu interpretieren, sondern als notwendige und in sich sinnvolle Ereignisse im Verlaufe einer Diagnostik.

3. Regulierung der Nähe

"Der Therapeut achte darauf, daß er in seinem physischen und psychischen Verhalten die Persönlichkeit des Klienten voll akzeptiert. Er versuche nicht, den Klienten durch körperliche, seelische oder intellektuelle Überlegenheit zu bedrängen. Der Therapeut ist davon überzeugt, daß der Klient ein gleichberechtigter Partner ist, der das Recht hat, gegebenenfalls zu schweigen, sich zurückzuziehen und in der Therapie das Tempo des Vorgehens zu bestimmen."

Gemeint ist mit "Regulierung der Nähe", dass der Pädagoge/Therapeut auch in einer (förder-)diagnostischen Situation dem Kind die Akzeptierung, die Freundlichkeit und Wärme zeigen kann, die für eine Beziehungsgestaltung notwendig sind.
Körperhaltung, Körperabstand, Lautstärke, sich gegenseitig anschauen usw. sind auch in der nicht-verbalen Realisierungsebene Möglichkeiten zur Regulierung der Nähe.

4. „Nondirektives Verhalten"

"Der Therapeut verhält sich möglichst wenig lenkend und führend, das Kind bestimmt den Verlauf (...). Der Therapeut versucht sich so zu verhalten, daß die Hauptaktivität beim Klienten liegt und daß der Klient lernt, selbständig zu denken und zu handeln."

Auch wenn der Pädagoge/Therapeut diagnostische Sequenzen vorbereitet hat, so orientiert er sich dennoch an den Bedürfnissen des Kindes und beobachtet es in seiner Eigenaktivität und unterstützt es hierbei nach Bedarf. Das kreative Explorieren mit vorgegebenen Situationen, Materialien und Umweltbedingungen können zu gewinnbringenden Strukturelementen genutzt werden.

5. Reflexion von Gefühlen und Problemlösungsverhalten

"Der Therapeut verbalisiert das emotionale und problemorientierte Verbal- und Aktionalverhalten des Klienten. Die Reflexion umfaßt den gesamten Verhaltensbereich einschließlich des Spielverhaltens. Die Reflexion soll möglichst kurz und dem Kinde verständlich sein."

Gemeint ist hier generell die Notwendigkeit, eine Zielsetzung der Diagnostik mit dem Kind zusammen noch einmal zu verbalisieren, damit Gefühle und Problemlösungsstrategien gleichermaßen ausgedrückt werden können. Dazu ist es nötig, dass Akzeptanz und Verständnis gegenüber geäußerten Gefühlen vom Pädagogen/Therapeuten vorgelebt werden.

Eine förderungsorientierte Diagnostik beginnt mit dem Versuch, das Selbstwertgefühl des Kindes zu stärken und versucht von da aus, dem Individuum in seiner spezifischen Situation (Umfeld) bessere Möglichkeiten in die Hand zu geben, den Anforderungen komplexer Situationen erfolgreich entsprechen zu können und das Muster der Beziehungen der bedeutsamen Personen seiner Umwelt miteinander zu berücksichtigen (vgl. Eggert/Lütje-Klose 2005, 161).

Damit ist die Rolle des Pädagogen/Therapeuten in der Diagnostik im übertragenen Sinne, für ein Kind eine an seine individuellen Bedürfnisse angepasste spezielle förderdiagnostische Situation zu entwickeln und nicht das Kind im Rahmen eines vorgegebenen Verfahrens zu *diagnostizieren*. Diese Forderung birgt natürlich eine große Zahl von Risiken in sich. Verfügt der Therapeut über ein so großes Methodenrepertoire, dass es flexibel den Bedürfnissen und Fragestellungen in Bezug auf das Kind entspricht?

In diesem Prozess kann der Pädagoge/Therapeut ein Helfer des Kindes sein oder ein Mit - Spieler oder auch ein sorgsamer Beobachter auf der Basis einer balancierten vertrauensvollen Kooperation zwischen dem Kind und ihm. Diese Beziehung ist die Grundlage einer angemessenen Diagnose und Förderung.

Vielleicht geben die formulierten Prinzipien dem Leser für die eigene Praxis in Diagnostik und Förderung Anregungen und unterstützen den eigenen Prozess zu reflektieren.

5. Individuelle Entwicklungs- und Förderpläne (IEPs)

5.1 Ziele, Inhalte, Vorgehen eines IEP

Die **Idee**, die hinter der Erstellung von Individuellen Entwicklungsplänen (IEPs) steht, ist der Versuch einen breiten Rahmen an Informationen strukturiert zu sammeln und in Fördervorschläge umzusetzen. Dabei stellt ein IEP einen Teil eines Unterrichts- bzw. Förderkonzeptes dar und beinhaltet keine zusätzlichen Aufgaben. Anstelle einzelner Dokumentationen von an einem Förderprozess beteiligten Fachkräften, ermöglichen IEPs eine integrierende Zusammenfassung der diagnostischen Informationen und dienen als Lernprozessbegleitung. Andere Begriffe dafür sind: individuelle Förderpläne oder Lernentwicklungspläne.

Als **Ziel** steht eine gemeinsame Suche nach einem bestmöglichen Entwicklungsweg für die zu fördernde Person. Dabei soll ganz im förderdiagnostischen Sinne die am geringsten einschränkende Lernumwelt sowie die geeignetsten Fördermöglichkeiten gefunden werden. Eine Beschreibung der individuellen Lernentwicklung wird fortlaufend erfasst und dokumentiert. Dabei geht es weniger um eine Feststellung des Förderbedarfs, sondern mehr um eine Übersicht über stattgefundene Entwicklungsprozesse und eine theoriegeleitete Begründung von Förderinhalten.

Ziele der Arbeit mit einem IEP sind (vgl. Eggert SVBI 2001, 515):
- Ein Rahmen für die Sammlung und Strukturierung diagnostischer Daten liefern
- Mögliche Fragen zur diagnostischen Beobachtung und zur Förderung an einem bestimmten Lernort zu entwickeln
- Die diagnostischen Daten in Zusammenhang mit dem Fortschritt der Förderung zu verändern und neu zu formulieren
- Den individuellen Prozess der Entwicklung zu dokumentieren und zu begleiten
- Den Dialog mit dem Kind beschreiben

Nach der Durchführung lernzielorientierter Aufgabensammlungen und/oder Diagnostischer Inventare bleibt dem Anwender die Frage offen, wie er denn die vielfältig gewonnenen diagnostischen Informationen strukturiert und wie er daraus Hinweise zur Förderung gewinnt.

Mit großer diagnostischer Erfahrung wird ihm dies gut gelingen. Anders sieht die Situation bei einem relativen „Anfänger" aus. Ihm fehlt ein Raster für die Einordnung der gewonnenen Daten und für die Beschreibung der Stärken und Förderbedürfnisse.

Hier können Individuelle Entwicklungspläne (IEP) sich als methodischer Weg zur Integration der gewonnenen Informationen in einem **Entwicklungsprotokoll** und als Grundlage für Berichte und eventuelle Beratungsgutachten im Bereich der Schule anbieten.[25]

Individual Education Plans (IEP) oder „Individualised Educational Programs" sind „personalisierte Unterrichtsprogramme für jedes Kind", die besonders bei sonderpädagogischen Fragestellungen bedeutungsvoll werden (Ashman/ Elkins 1990, 2) und deshalb auch dort besonders häufig verwendet werden. Sie stammen aus dem amerikanischen „Mainstreaming" (gemeinsamer Unterricht behinderter und nicht behinderter Kinder in der Integration) und sollen dazu dienen, einerseits die am geringsten einschränkende Lernumwelt (least restrictive environment = LRE) und andererseits die beste individuelle Fördermöglichkeit für ein Kind mit besonderem Förderbedarf zu finden. Ihr Prinzip lässt sich jedoch ohne weiteres auf andere Fördersituationen übertragen.

Ein IEP muss enthalten (Ashman/Elkins 1990, 19):

- die gegenwärtigen Leistungsniveaus (der Klasse und Schule etc.),
- die jährlichen Erziehungsziele,
- eine Aussage darüber, welche pädagogischen Hilfen notwendig erscheinen und wie das Kind von regulären Förderprogrammen profitieren kann,
- das angenommene Datum für den Beginn der Förderung, die angenommene Dauer der Förderung,
- die zugrunde gelegten Kriterien und die Bewertungsmaßstäbe für einen mindestens jährlichen Bericht darüber, ob die angestrebten Ziele auch erreicht wurden.

Wird von einem Kind ein IEP angefertigt, so ist die Notwendigkeit von Fördermaßnahmen sowie erste konkrete Schritte der Förderung bereits besprochen und dokumentiert worden.

Probleme mit IEPs ergaben sich daraus, dass Lehrer sie als selbständige Arbeitsaufgaben ansehen, die an sich erfüllt werden müssten, und nicht den IEP als Teil des gesamten Unterrichtsprogramms für ein Kind ansahen, also auch für den Lehrer verständlich sind. „In some school districts in the USA, the focus is upon how to the relevant forms are completed rather than on how to plan and implement an effective program" (Banbury 1987). Sie waren als Bericht über eine stattgefundene Förderung gedacht, die im Mittelpunkt des IEP stehen sollte.

---

[25] Man könnte in diesem Zusammenhang zum Beispiel auch daran denken und aus unserer Erfahrung ist es auch umzusetzen, dass für eine Beratung der Eltern und/oder der Förderkommission keine schriftlich formulierten Gutachten vorliegen müssen, sondern dass die Beratung anhand des IEP-Formulars erfolgen könnte.

Die Arbeit in Integrationsklassen und die Kooperation zwischen Grund- und Förderschullehrern macht auch Veränderungen im diagnostischen Vorgehen in der Praxis notwendig. Der vorliegende Vorschlag für ein Formular zum Aufbau und der Beschreibung eines Individuellen Entwicklungs- und Förderplans[26] folgt sowohl Prinzipien der gegenwärtigen Förderdiagnostik, als auch Vorstellungen der angelsächsischen Pädagogik für „Individual Educational Plans" im Rahmen des Mainstreaming für Kinder mit „besonderen Bedürfnissen (special needs)". Für die deutsche Praxis der Beobachtung und Förderung von Kindern mit *sonderpädagogischem* Förderbedarf haben wir versucht, einige dieser Vorstellungen möglichst praxisorientiert umzusetzen.

Der **Ausgangspunkt** eines jeden IEP ist dabei die Schilderung der Stärken des Kindes ("Was ... besonders gut kann"). Danach erst folgen die Beschreibung, was noch weniger gut gekonnt wird und dann erst die Beschreibung der Förderbedürfnisse ("Wo ... noch Unterstützung braucht").

Die Hilfen zur Arbeit sollen zeigen, welche Gesichtspunkte berücksichtigt werden könnten. In der schulischen Praxis werden meist nicht alle Bereiche gleichermaßen mit Informationen gefüllt müssen. In der Regel werden, je nach Schwerpunkt der möglichen Förderung einzelne Bereiche im IEP stärker und andere weniger betont werden und deshalb unterschiedliche Informationen enthalten. So wird z.B. beim Entwickeln eines IEP im Kindergartenbereich der Schwerpunkt eher auf den senso- und psychomotorischen Daten im Bereich der Lernvoraussetzungen liegen, während bei der Förderung eines Kindes mit Förderbedarf im Lesen und Schreiben der Schwerpunkt eher im Bereich der schulischen Leistungen gesetzt werden könnte.

Das **Schreiben** eines IEPs sollte optimalerweise in einem Team gemeinsam erfolgen. Der IEP lebt davon, dass Informationen von verschiedenen Bezugspersonen des Menschen mit Förderbedarf eingeholt werden. Dabei ist es wichtig, die jeweiligen **Informationsquellen** im IEP anzugeben, so dass sich eventuelle Differenzen in der Wahrnehmung von „Beeinträchtigungen" und/oder anderen Sachverhalten erklären lassen. Des Weiteren ist es empfehlenswert, die Zeitpunkte der Datenerfassung zu dokumentieren, das heißt, dass das **Datum** jeweils an den Informationen/Beobachtungen vermerkt wird. Nur so kann ein Entwicklungsverlauf gut sichtbar gemacht werden.
Nach dem Erfassen und Beschreiben von Informationen/Beobachtungen erfolgt wie in Kapitel 2 dargestellt, das Aufstellen von **Hypothesen und Alternativhypothesen**, um dementsprechend erste Förderschritte zu formulieren.
Die Formulierungen sollten so präzise wie möglich sein, das heißt, dass sich ein Leser, der das Kind/die Person nicht kennt, den Menschen genau vorstellen kann. Dazu können die Beobachtungen mit prägnanten **Beispielen** unter-

---

[26] Das Formular kann hier aus Platzgründen nur in der Übersicht dargestellt werden. Eine ausführliche Fassung nebst Beschreibung und Beispielen findet sich im Anhang.

legt werden. Hierbei ist bei den **Formulierungen** von Verallgemeinerungen (z. B. immer, nie, oft), Füllworten (z. B. aber, sogar, trotz, dennoch) abzuraten, da diese negative Zuschreibungen implizieren. Es sollten nicht ausschließlich Förderbedürfnisse/"Defizite" beschrieben werden, sondern Kompetenzen in ihrer gezeigten Form (z. B. er kann…). Das Positive sollte auch positiv formuliert werden, z. B., dass der Beobachter schreibt, „er kann…" anstelle „er hat keine Probleme".

5.2 Berichtsformular für einen Individuellen Entwicklungsplan (IEP)

Das Material besteht aus einem *Berichtsformular* mit ausführlichen *Erläuterungen* für den Schreibenden (**Glossar**) und einem *Entwicklungs- und Förderprotokoll*. Der Praktiker sollte eigene Überlegungen anstellen, welche bewährten Methoden der Beobachtung und Planung aus der eigenen Praxis vielleicht an Stelle der vorgeschlagenen Verfahren der Informationsgewinnung eingesetzt werden könnten und wie diese dann in das Formular eingefügt werden könnten.

Das IEP-Formular versteht sich als eine **offene Anregung ausgehend von den Stärken des Kindes** und möchte keine festen Vorschriften machen. Am wichtigsten ist u. E. ohnehin, dass **fortlaufend** der (möglichst auf das Format DIN A3 vergrößerte oder wenn möglich auf einem PC, der für alle am Förderprozess beteiligte Personen zugänglich ist) Protokollbogen zur Entwicklung mit den Beobachtungen und Planungen und weiteren Informationen gefüllt wird, um dadurch im Überblick vielfältige Informationen über den Entwicklungsverlauf und die Lerngeschichte des Kindes mit besonderem Förderbedarf gewinnen zu können.

Die erste Seite des IEP ist vor allem der Beschreibung der Stärken des Kindes gewidmet, dann folgen die einzelnen strukturierten Informationen für den Beginn der Beobachtung und Förderung und die ersten Schritte zur Förderung. Wichtig für den Beginn und das Fortschreiben des IEP scheint uns, dass auch die Situation mit beschrieben wird, in der die Beobachtungen angestellt bzw. die Informationen gewonnen wurden und eventuell auch die möglichen Veränderungen in den Vorstellungen der Teammitglieder. Die Zielsetzungen einer solchen **entwicklungsorientierten** diagnostischen Arbeit liegen weniger in der formalen Feststellung des Bedarfs an Förderung, sondern eher im Versuch einer Übersicht über den Entwicklungsprozess des Kindes zur Begründung der Wahl der Fördermethoden und ihrer Veränderung.

Individueller Förder- und Entwicklungsplan
von Dietrich Eggert und Nicola Wegner-Blesin u.a. 2003

Übersicht über Erfassungsbögen mit Glossar

Bogen 1: **Kind-Umfeld-Analyse**

Familiensituation
Selbstkonzept
Beziehungsmuster

Bogen 2: **Basiskompetenzen**

Motorik
Wahrnehmung
Raum-Zeit-Dimension
sprachliches Handeln

Bogen 3: **grundlegende Lernkompetenzen**

Sozialverhalten in der Schule
Lern- und Arbeitsverhalten
Problemlöseverhalten und Denkstrategien
allgemeine Lernvoraussetzungen

Bogen 4: **Lernstand in einzelnen Unterrichtsbereichen**

Mathematik
Schriftspracherwerb
Sachunterricht
musische und ästhetisch-kreative Fähigkeiten
Besonderheiten in anderen Unterrichtsfächern

Bogen 5: **Förderplan**

Situation der Schule
Langfristige Ziele der Förderung (Grobziele)
Kurzfristig erreichbare Ziele
Förderschritte
Zeitplan
Kontrolle und Modifikationen

171

Individueller Förder- und Entwicklungsplan

Vorläufige Endfassung Version 11
von Dietrich Eggert und Nicola Wegner-Blesin u.a. 2003

Name des Kindes: _____   Datum: _____

Schule/ Förderort: _____

Beobachtungsteam: _____

Berichtzeitraum/ 1. und/ oder 2. Halbjahr

Stärken des Kindes

Förderbedarf

Selbstkonzept des Kindes (vgl. Bogen 1)

Sichtweise des schulischen Umfeldes (vgl. Bogen 1)

Sichtweise der Eltern (vgl. Bogen 1)

Kooperation mit den Eltern

Fördervorschläge (vgl. Ergänzungsbogen 1-4)

Förderschwerpunkt bzw.
Ausgangspunkt für die Förderung:

weiterer möglicher Förderbedarf bzw.
spätere aufbauende Förderung:

Weitere Vorgehensweise (ankreuzen; differenzierter im Förderplan)

○ Ziele der nächst höheren Förder- und Entwicklungsstufe anstreben ○ Vertiefen der aktuellen Entwicklungsstufe ○ Zurückgreifen auf eine vorhergehende Entwicklungsstufe	weitere Unterstützungen erforderlich durch: ○ Eltern ○ Beratungslehrer in der Schule ○ Elternberatungen ○ Jugendamt ○ Fachärztliche Untersuchungen ○ Therapiemaßnahmen (Logopäde, Ergotherapie, …) ○ … ○ …

Entwicklungsprotokoll

Datum	Lern- bzw. Entwicklungsbereich	Lernziel	Fördervorschlag	Organisation der Förderung	Erfolg oder Veränderung der Förderung/ Modifikation

Kernstück eines IEP ist das **Entwicklungsprotokoll**, ein fortlaufend über mindestens ein Jahr von einem Team gemeinsam geführtes Protokoll der einzelnen Beobachtungen, der geplanten und durchgeführten Förderung und der Erfolge, bzw. notwendigen Veränderungen der Förderung in den einzelnen angeführten Bereichen. Dieses Entwicklungsprotokoll sollte mindestens alle vier Wochen überprüft und ergänzt werden, um eine fortlaufende Einschätzung des aktuellen Entwicklungsstands und der Förderbedürfnisse des Kindes zu erhalten.

Die Darstellung des gesamten Formulars erfolgt am Ende des Kapitels.

5.3 Die „Säulen" eines Individuellen Entwicklungsplans (IEP)

Für die Zusammenstellung eines IEP sind die folgenden Elemente wichtig (sozusagen die „Säulen" des IEP):

- Arbeit im Team (Grundschul- und Sonderpädagogen)

- Einheit von Diagnose und Förderung

- Prozessbegleitung (ca. 1 Jahr)

- Passung der Fördermöglichkeiten (d.h. es müssen auch die passenden Fördermöglichkeiten in der Umgebung vorhanden sein. Es genügt z.B. nicht, psychomotorische Förderung zu empfehlen, es muss auch angeboten werden können und es sollten einzelne inhaltliche Empfehlungen erfolgen.)

- Aufbau auf Berichten aus dem Kindergarten

- Mitarbeit der Eltern

- Individuelle Beschreibung, keine normativen Vergleiche

- Hohe Professionalität

Wie schon an anderer Stelle aufgeführt, stellt der Individuelle Entwicklungsplan zuerst einmal den Versuch dar, eine **strukturierte Informationssammlung** über den Prozess der Lernentwicklung des Kindes im Rahmen einer Kind-Umfeld-Analyse zu dokumentieren. Zweitens kann der IEP eine Übersicht über die angestrebten Unterrichts- und Erziehungsziele geben und im Prozess zeigen, welche Lernziele angestrebt und wie sie mit welchen Fördermaßnahmen erreicht werden konnten, bzw. welche Veränderungen in welchen Situationen zur Weiterentwicklung geführt haben.

Darüber hinaus kann ein IEP, angenommen die Informationssammlung wurde in einer ständigen Kooperation zwischen Grund- und Sonderschule gewonnen, auch die Informationsgrundlage für weitere Berichte oder Gutachten sein - etwa für ein Gutachten zur Feststellung eines sonderpädagogischen Förderbedarfs (VO-SF/AO-SF). Das von uns entwickelte Formular versteht sich lediglich als Anregung zu eigenen Dokumentationen und Informationssammlungen.

Ein Problem der praktischen Arbeit mit IEPs besteht oft darin, dass der Rahmencharakter der Vorgaben des Formulars missverstanden wird. Die Auflistung der **möglichen** Informationen und Beobachtungen heißt nämlich nicht, dass diese Informationen **auch alle** gemacht werden sollten. Es kann sich z.B. die Information eines Individuellen Entwicklungsplans (IEP) auf wenige Bereiche des Formulars konzentrieren und reduzieren. Es besteht auch die Möglichkeit und wird dem Anwender empfohlen, sich aus unseren Vorlagen mittels CD ein eigenes IEP-Formular für die eigene Praxis und/oder dem individuellen Anlass zu erstellen. Vorschläge bzw. Beispiele für eine derartige Zusammenstellung finden sich auf der beigefügten CD (z.B. IEP Grundschule, IEP-Motopäden).

5.4 Die Geschichte vom IEP und Hawik-R

Eine utopische Geschichte in Form eines Märchens soll die Problematik erläutern. Diese Geschichte, geschrieben 1996 in Hannover von Nicole Böhrk, ist all denen gewidmet, die ein Interesse daran haben, Kinder und Jugendliche zu fördern und sich mit ihnen und dem Prozess ihrer Entwicklung zu beschäftigen und sie nicht nur beurteilen und festschreiben wollen.
Das Ganze spielt sich in der Zukunft ab…

Wir schreiben in dieser Geschichte den 3. Mai 2020. Herr S., Lehrer für die Klassen 1-4, macht sich auf den Weg zur Arbeit. Er ist guter Dinge, denn weil heute der monatliche Gesprächskreis stattfindet, konnte er erstens zwei Stunden länger schlafen und zweitens freut er sich auf einen intensiven Gedankenaustausch mit seinen Kollegen. Sie ist ihm eine lieb gewonnene Gewohnheit geworden, diese jeden Monat stattfindende Runde und sie erscheint ihm längst nicht mehr als lästige Pflicht. Man tauscht Erfahrungen aus, jeder bringt neues Material für die förderdiagnostische Bibliothek mit und außerdem bespricht man Probleme und neue Ideen in der Teamarbeit.
Das ganze Team, welches die Schulen in den Stadtteilen der Stadt Hannover betreut, kommt zusammen. Da sind die Lehrer, die Therapeuten, die Sozialpädagogen, die Sozialarbeiter, die Physiotherapeuten, die Logopäden und noch viele mehr. Herr S. kann sich gar nicht vorstellen, wie ein Lehrer im vorigen Jahrhundert unterrichten konnte, so auf sich allein gestellt. Natürlich gab es auch mal Probleme in den Teams, das bleibt ja nicht aus. Doch zum Glück gibt es regelmäßige Supervision und die Teambildung findet immer in Absprache aller Beteiligten statt. So steht es auch im Schulgesetz Paragraph 5: „Wenn ein Mitglied des Teams sich trotz Gesprächen und Bemühungen von allen Seiten nicht wohl fühlt im Team, so soll es das Team verlassen und in ein anderes gehen. Denn wenn es im Team Unstimmigkeiten schwerer Art gibt, könnte dies, zu Lasten der Schüler und aller Betroffenen gehen." Sein Team hatte zu Anfang zwar einige Schwierigkeiten gehabt, aber jetzt klappte alles prima.

Sie arbeiteten an der Grundschule in der Nordstadt. „Ich bin mal gespannt, welche Neuigkeiten das Südstadt-Grundschul-Team hat, sie hatten doch einen neuen Unterpunkt für den IEP gefunden und wollten nun über ihre Erfahrungen damit berichten", dachte Herr S.. Ihm fiel ein, dass er noch etwas vergessen hatte einzupacken, und lief noch einmal schnell zu seinem Schreibtisch. Er gab ja jetzt die vierte Klasse ab an den Lehrer des Mittelstufen-Teams. Da nächste

Woche das Schuljahr zu Ende ist, konnte er ihm ja gleich die IEPs der Klasse weiterreichen.

Über jeden Schüler wurde fortlaufend ein IEP geführt. Angefangen wurde dies im Kindergarten, sowie es im Paragraph 12 des Deutschen Schulgesetzes vorgesehen ist. Nächste Woche würde er die IEPs für seine erste Klasse, die er bekommen soll, aus dem Kindergarten holen. Er war schon gespannt auf die 12 Kinder, die er nun vier Jahre begleiten würde. Nie im Leben hätte er sich vorstellen können, immer von einer Klasse zur anderen springen zu müssen; wie hätte er da die Schüler entsprechend ihrer individuellen Förderbedürfnisse fördern sollen.

Nun musste er aber sehen, dass er loskam. Er war schon gespannt, wie sein Satz Matheaufgaben für Kinder, die auf der ikonischen Ebene rechnen, ankommen würde. Außerdem hatte er ein Märchen gefunden, welches er seinen Kollegen vortragen wollte.

Angekommen auf der Tagung wurde Herr S. aufgefordert, doch gleich das Märchen vorzulesen. Er räusperte sich und begann:

„Es war einmal vor vielen vielen Jahren, als es noch Sonderschulen gab und dort und an den anderen Schulen kaum ein Lehrer im Team arbeitete. Da gab es ein Ereignis, welches „die Überprüfungswoche" genannt wurde. Die Lehrer aller Sonderschulen kamen zusammen, um die Schüler zu begutachten und zu entscheiden, welches ihre Bestimmung sei. Denn es gab da Gymnasiasten, Realschüler, Hauptschüler und die Schar der Sonderschüler. Die Letzteren galt es herauszufinden, damit sie entsprechend beschult würden. Um dies nun zu entscheiden, wurden die Schüler zur Sonderschule bestellt und begutachtet. Dazu wendeten die Lehrer eine große Zauberkunst an. Diese Fähigkeit konnte man erwerben, wenn man sich in die Lehre der Lehrer begab, man lernte zu testen. Dabei musste man die Worte des Zaubers erlernen. Ein Beispiel sei genannt: man nehme zum Beispiel den HAWIK-R. Dieser Test, obwohl er nicht bei allen beliebt war und es ein paar Aufständige im Volke der Lehrer gab, die ihn beschimpften, zeigte auf, welch Schicksal dem Kind bestimmt war. Und so nahmen sich die Lehrer der Schüler an, beurteilen und verurteilten sie und sie machten immer weiter, und wenn sie nicht gestorben sind, so testen sie noch heute."

Zum Glück ist das nur ein Märchen, sagte Herr. S., und alle nickten zustimmend. Frau G. fügte noch hinzu: „Ein richtiges Horrormärchen, mir ist ein Schauer nach dem anderen über den Rücken gelaufen, wenn man bedenkt, dass es auf der Vergangenheit basiert."

An diesem Punkt endet die Geschichte und wir kehren zurück in die Gegenwart. Ist das Märchen nicht noch Wirklichkeit heute?! Wir müssen es zum Märchen machen! Wie wird wohl unsere Zukunft aussehen? Werden wir noch in der Vergangenheit leben? Das Heute ist morgen Vergangenheit und das Morgen ist dann Heute. Wie wird es?

Es liegt an uns, das zu gestalten.

5.5 Erfahrungen im Umgang mit Individuellen Entwicklungsplänen (IEP)

Neben eigenen Erfahrungen möchten wir im Folgenden unterschiedliche Umsetzungen in verschiedenen Praxisfeldern aufzeigen:

- in Integrationsklassen gibt es viele Einsatzmöglichkeiten, um eine individuelle Förderung laufend zu dokumentieren. Ein regelmäßig geführter IEP erleichtert nicht nur das Schreiben eventueller Gutachten, er kann auch das notwendige Gespräch zwischen den Lehrern und den Kollegen inhaltlich anregen und bereichern.

- in der Beratungsarbeit in der Ambulanz wird die Planung und Durchführung individueller Fördermaßnahmen durch ein IEP erleichtert und es besteht damit eine Möglichkeit, aus dem Entwicklungsprotokoll mehr Ansätze zur weiteren Förderung zu finden - vor allem in der Kooperation von Grundschul- und Förderschullehrern, aber auch Kostenträgern, wie z.B. Jugendamt (KJHG).

- in der Zusammenarbeit mit den Eltern und dem Kind/der zu fördernden Person findet sich im IEP eine Möglichkeit, das Gespräch in Bezug auf das Kind und mit dem Kind/der zu fördernden Person zu strukturieren und Inhalte für gemeinsame Gesprächsgegenstände zu finden.

- last but not least: in der sonderpädagogischen Ausbildung und in der Lehrerfortbildung hat sich die Arbeit mit IEPs als sehr brauchbare Methode erwiesen, veränderte Vorstellungen für diagnostisches Handeln praxisorientiert zu erproben. Hilfreich sind dazu auch die Ausführungen zum sonderpädagogischen Gutachten in diesem (vgl. Kap. 4).

- als Informationssammlung in der psychologischen Beratung.

Das Konzept lässt sich von der Grundidee gut auch in anderen Förderungszusammenhängen anwenden, wenn die Prinzipien einer ganzheitlichen Sichtweise und der individuellen Förderungsplanung durch ein Team Leitlinien der Förderung/Therapie sind. Die Inhalte müssten dann den Bedingungen der jeweiligen Praxisfelder angepasst werden.

Im Anhangteil dieses Buches sowie auf der CD finden sich detaillierte Beispiele für verschiedene Anwendungsfelder.

5.6 Das Beratungsgutachten im Kontext der Lernförderungsdiagnostik

Wie in Kapitel 4 bereits dargelegt, sollte ein Gutachten zur Feststellung eines sonderpädagogischen Förderbedarfs eine Beschreibung der individuellen Förderbedürfnisse eines Schülers abgeben. Die Inhalte eines solchen Gutachtens sind nicht klar formuliert; auf jeden Fall sollte dieses Gutachten nicht mehr (wie bis 1995) ein Entscheidungsgutachten über die zu besuchende Schulform sein, also quasi die Entscheidung der Schulaufsicht vorbereiten, sondern eher die Diskussionen in einem Förderausschuss über die notwendige und mögliche Förderung und Förderort sachverständig begründen.

5.6.1 Zwei verschiedene Vorgehensweisen bei der Begutachtung im Vergleich: Expertengutachten versus individuelle Entwicklungspläne

A) Traditionelles Expertengutachten

Die folgende Abbildung gibt eine Übersicht über Prinzipien eines Expertengutachtens traditioneller Art.

Zu den Grundlagen eines Expertengutachtens, das mit dem Ziel geschrieben wurde, die Behandlung eines Patienten zu optimieren, gehörte, dass arbeitsteilig vorgegangen wurde. Ein Diagnoseexperte schrieb ein Gutachten, ein Therapieexperte empfing das Gutachten und führte die Therapie durch. Es wurde für dieses Verfahren eine punktuelle Untersuchung weniger ausgewählter Parameter für wichtig gehalten, daraus ergaben sich ein geringer Zeitaufwand und eine vermeintlich hohe Objektivität und Ökonomie.

Das Ziel des Expertengutachtens war eine Auswahl für Sonderinstitutionen oder Therapiegruppen zu machen und zu diesem Zweck führte der Gutachter oder die Gutachterin standardisierte Tests und eine normative Bewertung durch. Als Expertengutachten in diesem Sinne sehen wir die konventionellen sonderpädagogischen Gutachten an, die im Rahmen des ehemaligen Sonderschul-Aufnahmeverfahrens (SAV bis 1995) bisher geschrieben wurden.

Der Gutachter verglich die ermittelten Werte mit normativen Daten der Intelligenz oder der anderen Entwicklung, verglich sie mit den Merkmalen von Syndromen oder anderen klinischen Gruppen und führte den Patienten einer dieser Gruppen zu. Im Sinne der Zuordnung zur Gruppe der Lernbehinderten war dies ein Vorgehen, das niemals falsch sein konnte, wie wir im ersten Abschnitt nachgewiesen haben.

Grundzüge eines traditionellen Expertengutachtens

Arbeitsteilige Durchführung
durch: - Diagnose - Experten (Absender)
          - Therapie - Experten (Empfänger)

Punktuelle Untersuchung
Geringer Zeitaufwand
Objektivität und Ökonomie

> **Auswahl für:**
> - (Sonder-) Institutionen
> - Therapiegruppen
>
> **Normative Bewertung:**
> - Vergleich mit Lebens-, Entwicklungs- oder Intelligenzalter
> - Vergleich mit Syndromen und (klinischen) Gruppen
> - Vergleich mit Leistungs- oder Fähigkeitsnormen

B) Individuelle Entwicklungspläne

Im Gegensatz dazu geht eine diagnostische Einschätzung im Rahmen eines individuellen Entwicklungsplanes von ganz anderen Voraussetzungen aus. Es geht nicht mehr um die Klassifikation oder Typologie, d.h. nicht mehr um die Zuordnung des einzelnen Kindes anhand seines Profils zu typischen Profilen von Bezugsgruppen, sondern es geht darum, für ein individuelles Kind eine möglichst optimale *individuelle* Förderung zu finden.

Damit sind im Zuge der Individualisierung der Diagnostik andere Verfahren notwendig als unter der Zielsetzung der Klassifizierung. Bei einer Lernförderungsdiagnostik im Team entfällt die Zweiteilung in Diagnostiker und Therapeut und stattdessen wird die Einheit von Diagnose und Förderung betont. Damit verbunden sind eine Abkehr von unterschiedlichen Expertenfunktionen und eine Anerkennung der Tatsache, dass Diagnose und Förderung in einem untrennbaren Zusammenhang miteinander stehen. Am besten macht doch derjenige die Förderung eines Kindes, der auch mit dem Kind diagnostisch gearbeitet hat, sonst müsste ja ein anderer wieder das Vertrauen des Kindes zu gewinnen suchen etc.

Ein individueller Entwicklungsplan ist so die Begleitung des Prozesses der Förderung eines Kindes über mindestens ein Jahr. Ausgeschlossen ist eine punktuelle Untersuchung; ersetzt wird sie durch eine prozessorientierte Diagnostik über einen längeren Zeitraum. Feststellungen des sonderpädagogischen Förderbedarfs werden in dem Moment nötig, in dem das Kind nötig eine Förderung braucht - und das ist nun mal nicht zu einem festgelegten Zeitpunkt im Schuljahr, sondern kann jederzeit eintreten.

Die Kooperation zwischen Grundschule und Förderschule wird vorausgesetzt unter der Annahme, dass in der Regel das Ziel eines individuellen Entwicklungsplanes eine Beschreibung der Veränderung des Kindes in der Grundschule angesichts sonderpädagogischer Fördermaßnahmen ist. Das Ziel der sonderpädagogischen Förderung ist ja gerade die Vermeidung der Überweisung in eine Förderschule und der Verbleib im Klassenverband der Grundschule.

Wie die Zusammenarbeit bewerkstelligt werden soll, ist Aufgabe der Lernförderungsdiagnostik. Die Passung der Fördermöglichkeiten ist das Ziel, d.h. die

Frage, in wie weit vorhandene Fördermöglichkeiten bei einem Kind mit konkreten Förderbedürfnissen eingesetzt werden können und inwieweit sie auch erfolgreich sind.

Dazu ist es notwendig, dass auf der ständigen Mitarbeit des Kinder/der zu fördernden Person und der Eltern/der Bezugspersonen aufgebaut wird. Diese Zusammenarbeit gilt es zu suchen und auch die Zusammenarbeit mit dem Kindergarten bzw. bereits besuchten Institutionen, denn auf deren Berichten beruht oft eine erfolgreiche Förderung der zu fördernden Person.

Eine solche individuelle Beschreibung und Bewertung ist gekennzeichnet von hoher Professionalität, d.h. von einem hohen Grad des Engagements aller Beteiligten und der hohen Zulänglichkeit der pädagogischen Vorgehensweise. Vom Sonderpädagogen/Förderschullehrer im Team ist deshalb zu erwarten, dass er in besonderer Weise in der Durchführung diagnostischer Methoden ausgebildet ist; man muss von ihm erwarten, dass er um die Relativität seines Vorgehens weiß.

Wenn er in der Förderdiagnostik bezogen auf das individuelle Kind und seine Lebenswelt argumentiert, muss er von Vorstellungen ausgehen, die auch Arbeitshypothesen und Alternativhypothesen umfassen: er muss wissen, welche Bedeutung und welchen Wert Fähigkeiten, Fertigkeiten und Kenntnisse eines Kindes in seiner Lebenswelt haben und unter welchen Bedingungen dieser Lebenslauf verändert werden könnte.

5.6.2 Kompetenzen für ein förderungsorientiertes/sonderpädagogisches Beratungsgutachten

Ausgehend davon, dass der Sonderpädagoge/Förderschullehrer für die Förderkommission einen verhandlungsfähigen Fördervorschlag abgeben soll, soll „das Beratungsgutachten eine Beschreibung **der Lernentwicklung des Kindes** unter Einbeziehung seines familiären, schulischen und außerschulischen Umfelds sein und entwicklungsorientierte Aussagen für schulisches Lernen enthalten (Schuck 1994, 2).“

Die dafür notwendigen Kompetenzen der Sonderpädagogen müssten sein:
- die diagnostische Kompetenz (für die diagnostische Handlung)
- die beratende Kompetenz (für den Vortrag vor der Förderkommission)
- die didaktische Kompetenz (für den Fördervorschlag zusammen mit dem Grundschullehrer)
- die therapeutische Kompetenz (für die Förderung aus ganzheitlicher Sicht).

Diese Kompetenzen sind fraglos in sehr unterschiedlicher Weise bei Sonderpädagogen/Förderschullehrern vorhanden bzw. eingeübt. Hier könnte eine Aufgabe der gemeinsamen Fortbildung von allgemeinen Pädagogen und Sonderpädagogen liegen, diese Kompetenzen zusammen zu erwerben, zu erproben und darüber z.B. in der Supervision sprechen zu können.

5.6.3 Aufgaben für ein Beratungsgutachten

Für ein Beratungsgutachten haben wir bis hierher unten angeführte Aufgaben beschrieben. Wie deutlich wird, erfolgt dabei eine Orientierung an den nochmals aufgeführten „Wegen/Aufgaben (sonder-)pädagogischer Diagnostik und Förderung" (Vgl. Kap. 2):

❍ Beobachten
❍ Beschreiben
❍ Bewerten/Einschätzen auf Grundlage von Hypothesenbildungen
❍ Erklären unter Einbezug der Vergangenheit, Gegenwart und Zukunft
❍ Prognosen anhand von Hypothesenbildungen

Im Detail sind dies folgende Aufgaben (vgl. Kap. 2):

– Beschreibung der Lebensumstände und der Familiensituation (**Beschreibung**)
– Beschreibung der (Förder-)Situation aus den Blickwinkeln von Kind, Eltern und anderen Bezugspersonen (**Beschreibung**)
– Beschreibung der Beziehungen zwischen Familie und Schule (**Beschreibung**)
– Überlegung und Formulierung von Hypothesen und Alternativhypothesen zu dem gezeigten Verhalten (**Einschätzen**)
– Feststellung des **individuellen** Förderbedarfs (**Bewerten/Einschätzen**)
– Analyse der bisherigen und zukünftigen Entwicklungs- und Lernmöglichkeiten (**Erklären**)
– Analyse der jeweiligen schulischen Bedingungen (**Erklären**)
– Beschreibung des individuellen Förderbedarfs (**Beschreibung, Einschätzung**)
– Beschreibung der realistisch vor Ort verfügbaren Fördermöglichkeiten
– Spekulation über den denkbaren und wünschenswerten Erfolg in einem bestimmten Zeitraum (**Prognose**)
– Beschreibung des Entwicklungs- und Lernprozesses des Kindes in bestehenden und veränderten Bedingungen (**Beschreibung**)
– Denkbare Veränderungen in den Fördermaßnahmen und mögliche Grenzen (**Prognosen**).

5.7 Hinweise und Regeln bei der Formulierung von Berichten/Gutachten

- **von den Stärken ausgehen** ➡ zuerst das Positive schreiben und Schwächen nachgeordnet

- am **Anfang** steht eine **Fragestellung** bzw. Darlegung des Zwecks des GA (z.B. Beratung, Entscheidung oder anderer Zweck)

- **Subjektivität** zulassen ➡ keine Beobachtung ist objektiv

- **Quellen** kennzeichnen ➡ woher wird welche Aussage bezogen; eigene Meinung kennzeichnen

- **deutliche Sprache**

- **Erklärung von fachspezifischen Begriffen** und Untersuchungsmethoden

- Inhalte: Kind-Umfeld-Analyse, Wohnsituation, Freizeitgestaltung, Eltern, Ereignisse vor der Schulzeit, Vergangenheit und Gegenwart

- es erscheint sinnvoll, die **Situation zu beschreiben**, in der beobachtet wurde

- keine globalen Fördervorschläge, sondern **detaillierte Begründungen**

- alle Maßnahmen und schriftlichen Äußerungen sollten sich letztlich immer nur an **Besonderheiten des einzelnen Kindes** orientieren

- **Formulierungen, die auf Stärken hinweisen, aber Schwächen nicht vertuschen** ➡ **Achtung: es fällt scheinbar leichter, negativ zu beschreiben, als positiv zu formulieren**

Konkrete Beispiele für gelungene und weniger gelungene Formulierungen finden sich im folgenden Kapitel.

5.8 Allgemeine Hinweise für Gutachtenformulierungen

- IMMER VON DEN STÄRKEN DES KINDES AUSGEHEN !!!!

- Kein vorgefertigtes Schema verwenden, sondern die Begutachtung stets an die Persönlichkeit und die Förderbedürfnisse des Kindes und die Fragestellung anpassen.

- Statt pauschalisierender Aussagen über Leistungen besser die Kompetenzen in bestimmten Situationen darstellen (Kind-Umwelt-Analyse).

- Die Fragestellung muss von Anfang an deutlich erkennbar sein. Am Schluss sollte diese Fragestellung mit den ermittelten Informationen auch klar beantwortet werden.

- Den Entwicklungsprozess im Umfeld darstellen und weniger ein (negatives) Ergebnis betonen.

- Erreichbare Förder-/Entwicklungsziele schon früh hypothetisch formulieren.

- Getroffene Aussagen sollten immer abgestützt sein durch beschriebene Informationen.

- Die Informationsquellen müssen offen gelegt werden.

- Da der Empfänger des Gutachtens oft nicht bekannt ist, sollten auch fachliche Aussagen allgemein verständlich formuliert werden.

- Die Probleme sollten aus der Sicht aller Betroffenen beschrieben werden.

- Die Motivation der Betroffenen zur Mitarbeit sollte beschrieben werden.

- Welches Verhalten zeigte sich in den Beobachtungssituationen?

- Hypothesen und Spekulationen sollten als solche gekennzeichnet werden.

- Da die Fragwürdigkeit anamnestischer Daten bekannt ist, sollte auf unsichere Informationen über Geburtsverlauf und frühkindliche Entwicklung u. ä. gänzlich verzichtet werden.

- Wie realistisch ist es, die als erforderlich betrachteten Fördermaßnahmen auch einsetzen zu können?

- Generell Tests vermeiden, wenn „handwerkliche" Anforderungen an den Umgang mit Tests nicht erfüllt werden können.

- Wenn Testergebnisse benutzt werden, dann sollten Messfehlerbereiche sowie Geltungs- und Gültigkeitsbereiche berücksichtigt und berichtet werden.

- Etikettierende und klassifizierende Aussagen müssen unbedingt vermieden werden, vor allem solche in quantitativer Form.

- Beim Umgang mit Daten ggf. auf Datenschutz verweisen.

5.9 Gift- und Goldsätze

Das Beratungsgutachten soll eine sinnvolle Grundlage bilden für ein Gespräch in der Förderkommission. Einige Aussagen scheinen hierfür geeignet („Goldsätze"), andere sollten besser vermieden werden („Giftsätze").

Alle unten aufgeführten Beispiele sind aus Gutachten und Berichten entnommen. Bei der Durchsicht fiel auf, dass wesentlich mehr „Giftsätze" zu finden waren als „Goldsätze" – es fällt eben leichter, negativ zu beschreiben, als positiv zu formulieren.

„Goldsätze"

Allgemeine Aussagen

„Im folgenden Gutachten werden ausschließlich Daten verwendet, die für die Beantwortung der Fragestellung bedeutend sind."

„Die Aussagen des Gutachtens stützen sich auf folgende Quellen, von denen … besonders bedeutungsvoll sind. Die Ausführungen zu den Abschnitten … stützen sich auf eigene Beobachtungen in der Zeit vom … bis …"

„Die für mich wesentlichen Aspekte im bisherigen Leben von Torben habe ich in meiner Beschreibung besonders hervorgehoben (es könnte sein, dass andere Betrachter zu abweichenden Aussagen bei anderer Gewichtung kommen könnten)."

„Jaqueline nimmt Hilfestellungen des Lehrers an, kann Arbeitsanweisungen nachvollziehen und handlungsorientiert arbeiten."

„Janni setzt die Arbeitsanweisungen um. Seine Vorgehensweise erscheint planvoll und organisiert."

„Bei individueller Zeitermöglichung setzt Karin die Aufgabenstellung vollständig und korrekt um."

„Anna beteiligt sich mündlich mit sachbezogenen Antworten am Unterricht, arbeitet ruhig, konzentriert und größtenteils selbstständig."

„Dennis sucht sich sein eigenes Arbeitstempo. Dadurch verbessert sich seine Arbeitsleistung."

„Maria ist fleißig, bearbeitet selbständig Aufgaben sobald sie die Möglichkeit erhält einzeln zu arbeiten."

Daniel besitzt ein großes Interesse und Wissen über die Tierwelt, v. a. Dinosaurier. Besonders viel Freude zeigt er darin, eigene Spielideen zu entwickeln, in die er sein Wissen über Tiere einbettet.

Sozial-emotionaler Bereich

Nikolaos kann sehr gut auf andere Kinder zugehen und zeigt sich zum Beispiel bei der Vereinbarung von Regeln kompromissbereit.

Alexios kann seine Gefühle (z. B. Wut, Freude) benennen und mimisch und gestisch unterstreichen.

Zur mündlichen Beteiligung

„Yann zeigt sich stark motiviert, zu verschiedenen Themen Stellung zu nehmen. Aufgrund von Artikulationsschwierigkeiten gelingt ihm dies meist noch begrenzt."

„Sabine bemüht sich sehr darum, am Unterrichtsgespräch teilzunehmen. Sie freut sich über jede Form der Anerkennung."

Deutsch

„Da sie sehr motiviert ist und sich große Mühe gibt, gelingt es ihr Texte zu lesen, wenn der Lehrer Hilfestellungen durch Zergliedern längerer Wörter gibt."

„Das Schreiben unbekannter Texte fällt ihr noch schwer. Bekannte Texte schreibt sie weitgehend korrekt."

„Im Vergleich zu den Angaben über ihr Verhalten in der Grundschule kann sie bei der Beobachtung im Probeunterricht in der Förderschule unbekannte Texte lesen."

Mathematik

„Timm kann im Zahlenbereich bis 10 mit Hilfsmitteln sicher addieren und subtrahieren."

„Tomm kann sicher bis 20 zählen."

Verhalten außerhalb des Unterrichts

„In den Pausen und während des Sportunterrichts zeigt sich Tanja dominant. (...) Sie folgt primär eigenen Bedürfnissen. Dies führt zum Teil zu einem gespannten Verhältnis zu ihren Mitschülern."

Wenn man an die Formulierung längerer Zusammenhänge geht, dann können die folgenden Mitteilungen ganz nützlich sein:

„Gönul wurde am 5.3.79 als jüngstes von drei Kindern der türkischen Eheleute K. in Hannover geboren. Die Familie lebt seit 1970 in Deutschland und beabsichtigt hier zu bleiben. Die Leiterin des Kindergartens beschreibt G. wie folgt: „Sie sei zurückhaltend, freundlich und den anderen Kindern gegenüber fürsorglich und hilfsbereit. Sie scheint sehr auf Erwachsene fixiert und genieße wahrscheinlich eine sehr behütete Erziehung... Nach meinen Beobachtungen ist Gönul in der Gruppe ein sehr sensibles Mädchen, das stets darauf achtet, sich den anderen verständlich zu machen. Wenn es der Schule gelingt, auf ihre Stärken einzugehen und mit ihr zusammen an den noch förderbedürftigen Fertigkeiten zu arbeiten, sollte sie durchaus mit Erfolg die Ziele der ersten Klasse erreichen können."

„Giftsätze"

„..., aber der in CMM-LB erreichte Prozentrang von 18 gilt nur im Vergleich mit lernbehinderten Kindern, die ohnehin einen niedrigen IQ haben." (!!!!)
„Deutlich wird hier eine ausgeprägte Unflexibilität in der Wahrnehmung und Schwierigkeiten in der Figur-Grund-Wahrnehmung."

Aussagen der Lehrerin über das Kind

„Drei von Sybilles Geschwistern haben bereits die Förderschule mit Förderschwerpunkt Lernen besucht. Eine Schwester befindet sich zur Zeit in der 8. Klasse in einer solchen Schule."

Arbeitsverhalten

„... bestätigt sich Eriks über die gesamte Testzeit beobachtetes starres Lösungsverhalten ..."

„Susannes Arbeitsverhalten war vorwiegend mechanisch und rigide."

Zur mündlichen Beteiligung

„Kevins Wortschatz ist mangelhaft ausgebildet. Er spricht nicht altersgemäß."

„Dem sehr geringen aktiven Wortschatz steht ein erstaunlich großer passiver Wortschatz gegenüber."

„Kai ist desinteressiert und verspielt. Er meldet sich nie. Er kann kein Gespräch verfolgen und zur Sache sprechen."

„Karsten baut schnell ab."

Zum Mathematikunterricht

„Sven kann im Zahlenbereich bis 10 weder addieren noch subtrahieren, auch Größer- und Kleinerbeziehungen kennt er nicht."

Folgende Sätze sollte man zu vermeiden suchen:

- „Er ist Linkshänder und trägt auch noch eine Brille."

- „...Verhaltensstörungen multipler Art auf der Grundlage einer vermutlichen Hirnstörung..."

- „Aufgrund seiner starken Behinderung sind Jans Leistungen nach schulischen Maßstäben ungenügend."

- „Melanie ist durch verschiedene therapeutische Maßnahmen in Ansätzen gefördert worden, jedoch noch nicht genug."

- „Mit einem IQ von 85 verfehlte Marc nur knapp die gültige Norm."

- „Im Bereich der visuellen Wahrnehmung sind keine auffallenden Schwächen festzustellen."

- „Nicole ist am 5.4.1974 als uneheliches Kind geboren."

- „Nach von ihm genommenem Leistungsdruck ist Sven spontan ein nun endlich fröhliches und aufgeschlossenes Kind."

- „Es ist zu prüfen, welche Fähigkeiten dem Kind überhaupt noch zur Verfügung stehen."

- „Fehler verringern sich, wenn er strengstens zurechtgewiesen wird (schneller, pass auf, los,)."

- „Anton zeigt eine langsame, aber dennoch korrekte und genügende Arbeitsweise."

- „Unter den Kindern war nur ein Mädchen, alles andere waren Jungen, davon waren sechs aus türkischen Familien, vier aus Aussiedlerfamilien. Von den übrigen acht Jungen zeigten drei deutliche Verhaltensstörungen, einer war wegen einer Drüsenerkrankung stark übergewichtig."

- „Sie ist bemüht, erkennt aber ihre Unfähigkeit nicht."

- „Er hat eine unsympathische Ausstrahlung."

- „Wäre sie ein Junge, würde man sie als Rotzbengel bezeichnen."

- „Aufgrund der Ergebnisse der Intelligenzprüfung ist wahrscheinlich, dass Ediths intellektuelle Leistungsfähigkeit eingeschränkt ist."

- „Sie liegt damit insgesamt gesehen im Grenzbereich, d.h. in dem Bereich, in dem sich die Leistungen lernbehinderter und geistig behinderter Kinder überschneiden."

- „Sein Ausdauer- und Konzentrationsvermögen sind ebenso wie unter anderem sein Arbeitstempo gering."

- „Sie leidet unter starkem Übergewicht, welches die Folge von maßlosem Essen ist. Die Eltern sind ebenso stark überproportiert, so dass ohne Ernährungsberatung keine Verbesserung in der gesamten Familie zu erwarten ist."

- "Die Äußerung des Jungen ´ich bin zwar dick, aber dafür halte ich im Tor jeden Ball mit meinem Bauch´ ist absolut unrealistisch, entspricht nicht seinen motorischen Leistungen und spricht für ein überhöhtes Idealselbst."

- „Trotz eines guten Denkvermögens zeigt Andrea einen Mangel an Ausdauer."

- „Marianne hat im Bereich der optischen Wahrnehmung eine Lernstörung."

- „Trotz der eingeschränkten räumlichen und finanziellen Möglichkeiten macht die Wohnung noch einen erstaunlich ordentlichen Eindruck."

- „Sie sieht äußerlich nicht behindert aus."

Wie schnell negative Beschreibungen zur Hand sind, wenn spontan aufgefordert wird, ein Syndrom zu beschreiben, mag man an folgender Beschreibung von zwei Syndromen sehen, die von Teilnehmern eines Fortbildungskurses stammt.

Die Teilnehmer eines Kurses[27] waren aufgefordert worden, aus der Erinnerung

---

[27] Eringerfeld, AKM, 9.- 11.6.95

einen „typischen" Fall zu beschreiben. Die Beschreibungen folgen dem Muster der „Schädigungsfaszination" und benutzen vorwiegend negative Bilder:

Markus, 7 Jahre alt , Kind mit autistischen Zügen

- Stereoptypien (Schaukelbewegungen)
- kein Blickkontakt, Kontaktstörungen
- Verharren in Ritualen
- meidet ungewohnte Umgebungen
- Autoaggressionen (beißt sich)
- in sich gekehrt
- keine Sprache, aber Sprachverständnis
- kein Körperkontakt
- schlaffer Muskeltonus
- bewegungsarm, undynamisch
- Einkoten

Ein Kind mit einem so genannten hyperkinetischen Syndrom:

- ständige Anspannung
- Bewegungsdrang
- Muskeltonus erhöht
- überschießende Bewegungen
- aggressiv
- Konzentrationsstörungen
- benötigt ständig stärkere Reize
- laut
- eigene Selbstüberschätzung
- Störungen der feinmotorischen Koordination
- wirkt tollpatschig
- unruhig, distanzlos, umtriebig

Aus diesen Bildern meinen wir herauslesen zu können, wie ein Kind sich verhält, das wir diesem Syndrom zuordnen. Es ist jedoch so, dass bei einer individuellen Beschreibung eines Kindes sehr große Unterschiede auftreten. Es können nur einige Züge des Bildes wiederkehren. Es können Widersprüche auftreten oder es können die meisten Züge des Syndroms nicht vorhanden sein - und wir können trotzdem zum Eindruck gelangen, dass das Syndrom vorhanden sei. Dies spricht gegen die Benutzung von Koppelungen von Verhaltenssymptomen zu Syndromen. **Besser ist es, ganz darauf zu verzichten.**

Von den Stärken ausgehen ...

Häufig werden negative Aussagen über ein Kind gemacht, die von vorgefundenen Problemen, Störungen und Schwächen berichten. Diese Aussagen können aber auch so **umgedeutet** werden, dass die **Stärken und die Persönlichkeit des Kindes in den Mittelpunkt** gerückt und so zum **Ansatzpunkt für Hilfe und Förderung** gemacht werden.

Sicher ist es nicht immer sinnvoll, nur umgedeutete Formulierungen zu verwenden, da auch so eine unvollständige Beschreibung des Kindes entsteht. Auch sind die Umdeutungen nicht immer zutreffend für das, was beschrieben werden soll und verfälschen das Bild, das vom Kind gezeichnet werden soll. **Ziel** sollte es sein, eine Verbindung herzustellen zwischen den verschiedenen Arten der Beschreibung und seine Wortwahl immer sehr deutlich zu überlegen. Häufig ist es so, dass bewusst oder unbewusst Eigenschaften, Verhaltensweisen usw. negativ beschrieben werden. Durch andere Beschreibungen, die eine wertschätzende Haltung beinhalten, kann dem Gesehenen bzw. Beschriebenen eine andere positivere Bedeutung zuteil werden. Zu betonen ist, dass es hier nicht um „richtig" und/oder „falsch" geht, sondern um das Finden eines Zugangs zum Menschen und seinen Kompetenzen. Damit werden ebenso Ansatzpunkte für die Förderung gegeben.

Im Folgenden wurde versucht, einige Beispiele für mögliche Formulierungen zu finden, die zu einem gewissen Optimismus für die Förderung beitragen können. Diese Vorschläge stammen sowohl von Studierenden als auch von Pädagogen/Lehrern (Grund- und Sonderschule, Erzieher).

Formulierungen[28], die für fast jede Ausgangsbeschreibung immer wieder zu finden waren, sind: „**individuell**", „**nicht normorientiert**" und „**stellt Werte und Normen in Frage**".

ablenkbar unaufmerksam	• Fokussierung der Aufmerksamkeit • interessiert sich für viele Dinge gleichzeitig • handelt spontan • offen für andere Reize • lässt sich von äußeren Einflüssen leiten • nimmt sich selbst Ruhepausen • hat Fantasie • selektiert nach eigenen Interessen • ist vielen Dingen zugewandt/ gegenüber aufmerksam • richtet die Aufmerksamkeit auf ihr/ihm wesentliche Dinge
Antriebsarmut	• ruhig • zurückhaltend • geringe Eigeninitiative
aggressiv	• leicht reizbar

---

[28] Die hier angeführten Begriffe (linke Spalte) sind im Sinne des Alltagsgebrauchs zu verstehen und nicht im Sinne eines präzise bestimmten Syndroms.

- kann Emotionen zulassen
- kann seine Energie ausleben
- durchsetzungsstark; kann sich durchsetzen
- ausdrucksstark
- temperamentvoll
- nimmt Konflikte an
- wehrt sich verbal und/oder körperlich
- geringe (Frustrations-)Toleranzgrenze
- emotionsgeladen
- äußert sich mit Körpereinsatz
- kann sich behaupten
- setzt zur Zielerreichung seine körperliche Kräfte ein

ängstlich	- vorsichtig (im fremden Umfeld) - bedacht - traut sich nicht viel zu - abwartend - Sicherheit suchend - zurückhaltend - beobachtend - Schutzbedürfnis
anhänglich	- hält intensiven Kontakt zu einer Person - Nähe suchend - kontaktfreudig - bindungsfähig - braucht viel Zuneigung und Wärme
autistisch	- ruht in sich selbst - hat seine eigene Welt - weiß sich zurückzuziehen und abzuschirmen - kann sich mit sich selbst beschäftigen - ist nach innen gekehrt - introvertiert
bösartig	- vertritt seine Absichten progressiv - versucht, Konflikte auf eigene Art zu lösen - berechnend
brutal	- hat große Kräfte - setzt sich unbedingt durch - erledigt seine Probleme spontan und schlagkräftig
depressiv	- kann Stimmungen (Unwohlsein/ Traurigkeit) zulassen und zeigen - emotional - sensibel - tiefsinnig
desinteressiert	- anderweitig interessiert - ist schwer für etwas zu motivieren

distanzlos	• kontaktfreudig • scheut keinen engen Kontakt • erkennt die Grenzen/Abstand Anderer nicht an • sucht Körperkontakt/Nähe/Nähe suchend • kann gut Nähe aufbauen • geht auf andere bedenkenlos zu • aufgeschlossen • geht schnell Beziehungen ein • offen für soziale Kontakte
disziplinlos	• setzt seine eigenen Grenzen und Maßstäbe
ungehorsam	• aktiv
egoistisch	• auf sich bezogen • für eigene Bedürfnisse sorgend • stellt eigene Interessen in den Mittelpunkt
Einzelgänger(in)	• beschäftigt sich gut und gerne mit sich selbst • kann sich auch alleine beschäftigen • ordnet sich keiner Gruppe zu • arbeitet am liebsten alleine • selbständig • geht eigene Wege • ist gern für sich • verlässt sich auf sich • Individualist
faul	• setzt eigene Prioritäten in der Aufgabenwahl • setzt seinen Arbeitsaufwand gezielt ein • liebt es gemütlich • spart Kräfte • kann sich auf das wesentliche begrenzen • ist passiv
frech **vorlaut**	• selbstbewusst • überzeugt • ungezwungen • aufgeweckt • äußert sich unangemessen • vertritt seine Interessen/Meinungen • eigene Meinungsformulierung • mitteilsam • kann eigene Auffassungen formulieren und vertreten, • möchte seine Meinung zu Gehör bringen
gehemmt	• zurückhaltend • still • zurückgezogen
hyperaktiv	• schwankende Aufmerksamkeitsspanne

	• ist temperamentvoll
	• bewegungsfreudig
	• lebhaft
	• lebendig
	• agil
langsam	• überlegt, bedacht
	• sorgfältig
	• bedächtig
	• denkend
	• hat/sucht eigenes Arbeitstempo
	• nimmt sich mehr/viel Zeit
	• trifft seine Entscheidungen mit Sorgfalt,
	• arbeitet entsprechend der Aufgabenstellung besonders gründlich und sorgfältig
	• sorgfalt ist primär, Tempo sekundär
lethargisch	• wirkt abwesend
	• in sich gekehrt
	• mangelnder mimischer und gestischer Ausdruck
	• sehr ruhig
	• zeigt keine Gefühle
motorisch unruhig	• (sehr) bewegungsfreudig
	• aktiv
	• lebhaft
	• braucht viel Bewegung
	• viel Energie
	• bewegt sich viel
	• agil,
	• lebendig,
ohne Plan	• benötigt direkte Aufgabenstellung
	• Schwierigkeiten bei der Arbeitseinteilung
	• entwickelt eigene Strategie, die Außenstehenden nicht zugänglich sein müssen
	• unsortiert
schüchtern	• sensibel
	• reserviert
	• abwartend
	• zurückhaltend
	• kann nicht gut auf andere zugehen
	• Förderbedarf hinsichtlich Kontaktaufnahme
	• introvertiert
	• entdeckt zuerst seine Umwelt
	• ruhiges Wesen
	• sozial unsicher
	• bleibt gern im Hintergrund
	• sucht sich seine Handlungspartner mit Bedacht aus,

sozial	• hilfsbereit • kontaktfreudig • offen
steif	• ungelenkig • hohe Körperspannung • nicht flexibel im Bewegungsbereich
stört	• ist vielseitig interessiert • seinem spontanem Kommunikationsbedürfnis folgend • kontaktfreudig
stur	• uneinsichtig • willensstark • Grenzen austestend • hartnäckig
unselbständig braucht ständig Hilfe	• sucht Unterstützung • fordert die eigenen Bedürfnisse ein, • arbeitet gerne mit anderen

Das Ziel besteht nicht darin, bestehende Förderbedürfnisse „schön zu reden". Jedoch wird durch diese beispielhafte Aufzählung deutlich, dass ein Wort verschiedene qualitative Inhalte haben kann. Die Interpretation einzelner Worte ist dabei sicherlich von der Sichtweise, den Erfahrungen und der zugrunde liegenden Theorien der Leser abhängig.

Jedes Wort, jeder Begriff hat für jeden Leser und/oder Schreiber eine eigene Bedeutung, welche nicht allein durch ein Wort deutlich wird und daher sollte das Verhalten individuell und detailliert beschrieben werden, anstelle einzelner Worte im Sinne von Stigmata zu verwenden.

Insgesamt ist es nicht das Ziel bzw. der Sinn von Förderdiagnostik bzw. von dem Motto „von den Stärken ausgehen", die Schwächen schön zu formulieren, sondern als erstes einmal nicht nur Schwächen zu sehen, sondern auch Stärken zu beschreiben, zu beachten und immer nach den Beweggründen von bestimmten Verhaltensweisen zu fragen bzw. Verhalten überhaupt zu hinterfragen.

Man sollte diese kleine Übung nicht überstrapazieren, denn aus einer positiven Formulierung wird sich an sich noch keine positive Verhaltensweise des Kindes ableiten lassen - aber wir können einen Weg zumindest versuchen, von der „Schädigungsfaszination" wegzukommen.

Die Wirkung negativer Formulierung ist bekannt: sie schränken die Sichtweise möglicher Förderung an sich eher ein. Zwar geschieht dies in sehr individueller Weise und die Problematik des Verständnisses von adjektivischen Beschreibungen ist bekannt. Dennoch denken wir, dass eine positive Beschreibung eher zu einer Erweiterung der Förderung beiträgt als ein Verhaften in schädigungsfasziniertem Denken.

Positive Beschreibungen - solange sie realistisch sind und nicht zur Selbsttäuschung werden - können die Beziehungen auch positiv beeinflussen und sich selbst erfüllende Prophezeiungen vermeiden.

Jede Wahrnehmung ist selektiv. Sie ist geprägt durch Erfahrungen, aktuelle Lebenssituationen, Norm- und Wertvorstellungen, kurz gesagt durch die Biographie des Einzelnen.

Diese biographischen Erfahrungen gehen in die Gestaltung der Lern- und Beziehungssituation von Lehrern/Pädagogen und Kindern mit ein. **Somit kann es keine objektive Entwicklungsstandbeschreibung geben.** Jeder legt andere Schwerpunkte, ordnet Verhalten anders ein, bewertet je nach theoretischen Bezugsquellen anders.

Jede pädagogische Situation ist eine Beziehungssituation und auch die Schule, der Kindergarten oder der Förderort ist ein Ort der intensiven **Beziehungsgestaltung**. Positive Beziehungen wirken sich positiv auf die Motivation aus, und das auf beiden Seiten. Beziehungen aber können auch in eine Sackgasse geraten, wie folgende, bekannte Äußerungen zeigen.

Lehrer: „Bei dem Schüler ist Hopfen und Malz verloren, der lernt das nie!"

Oder das Gegenstück dazu:

Schüler: „Ich kann mich anstrengen wie ich will, bei dem Lehrer bekomme ich nie eine gute Zensur."

Diese Aussagen spiegeln subjektives Erleben wieder. In beiden Fällen ist der Weg für ein gegenseitiges Verständnis verbaut. Das subjektive Erleben trägt entscheidend für den Aufbau des Selbstkonzepts bei. Es käme jetzt darauf an, diese Kruste zu durchbrechen.

Durch die einseitige negative Formulierung wird die Aufmerksamkeit auf die Schwächen des Kindes gelenkt. Vielleicht wäre es hilfreich, eine andere Person um eine Einschätzung des Schülers zu bitten. Neue Bezugspersonen sehen das Kind nicht durch eine vorgefertigte Brille. Die Chancen einer unvorbelasteten Kontaktaufnahme sind erleichtert.

Was passiert, wenn ich über einen Schüler

so berichte ... oder	so berichte
Interessiert sich Juliane für ein Thema und sind ihr die Strukturen in der Klasse bewusst, gelingt es ihr dem Unterricht aufmerksam zu folgen und sie bringt eigene Gedanken und Ideen zum Sachverhalt ein. Sind ihr die Strukturen	Juliane stört häufig den Unterricht. An bestehende Strukturen kann sie sich nicht halten. Sie unterhält sich mit ihrem Tischnachbarn und ruft die Antworten einfach in die Klasse.

des Unterrichtsablaufs nicht präsent, fällt es ihr schwer, aufmerksam und ruhig dem Unterricht zu folgen. Dann unterhält sie sich mit ihrem Tischnachbarn oder ruft Antworten auf gestellte Fragen ohne Aufforderung in die Klasse. Nach meinem Eindruck verhält sie sich so, weil es ihr schwer fällt, spontane Ideen und Gedanken für sich zu behalten.	
Bei Diktaten ist aufgefallen, dass Janni das Diktat nicht bis zum Ende mitschreibt. Nach einem Gespräch stellte sich heraus, dass er große Angst hat, Fehler zu machen. Er fühlt sich unsicher in Bezug auf die Schreibweise der Wörter. Unser Eindruck ist, dass Janni eine erhöhte Misserfolgserwartung hat, wodurch er Frustrationen erlebt, die dazu führen, dass Janni nur ungern schreibt und z. T. die Schreibaufgaben verweigert.	Janni entspricht in seinen schriftlichen Leistungen nicht dem Klassendurchschnitt. Sein Schreibtempo ist sehr langsam. Bei Diktaten schreibt Janni nur wenige Wörter mit, teilweise verweigert er die Bearbeitung von Schreibaufgaben. Auch kürzere Diktate führen zu keiner Verbesserung seiner Motivation, so dass erhebliche Defizite bleiben.
Yann zeigt großes Interesse an bewegungsorientierten Angeboten. Er ist sehr sportlich. In den Pausen spielt er häufig Fangen oder Volleyball. Yann ist Mitglied in einem Volleyballverein.	Yann zeigt lediglich Interesse an seinen Sportarten. Bei anderen Unterrichtsinhalten nimmt er häufig nicht am Sportunterricht teil.
Lukas beginnt einzelne Buchstabenverbindungen zu erlesen. Der Leselernprozess ist noch nicht abgeschlossen. Er schreibt sauber und formklar. Das Abschreiben von Texten gelingt fehlerfrei. Lautgetreue Wörter kann Lukas bereits mit wenig Unterstützung selbständig lesen. Seine Leistungen werden noch nicht bewertet.	Lukas kann nur einzelne Buchstabenverbindungen erlesen. Bei lautgetreuen Wörtern muss er noch Hilfe haben. Seine Leistungen im Deutschunterricht können noch nicht bewertet werden.
Elke ist im Unterricht stets motiviert und anstrengungsbereit. Sie entwickelt Freude am Lernen und ist sehr begeisterungsfähig. Im Biounterricht arbeitet sie eigenständig und selbstbewusst. Bei Schreibaufgaben zeigt sie sich unsicher und bedarf einer Motivation durch die Lehrerin.	Das Schreiben gelingt Elke nur mit Ermutigung und Unterstützung. Wird ihr diese nicht gegeben, schafft sie es nicht und ist schnell frustriert und gibt auf.

Weitere Beispiele

Drei konkrete Beispiele (1-3) sollen die unterschiedlichen Arten der Eingangs- oder Erstbeschreibung von Kindern verdeutlichen. Sie sollen nicht gegeneinander stehen, sondern eine Anregung geben, sie zu einem sinnvollen Ganzen – für das Kind und seine individuelle Förderung- zu verbinden, das von Stärken ausgeht.

Beispiel 1: Wie würden Sie formulieren?

Dorothee ist ein besonders aktives Mädchen. Sie liebt es, während des Unterrichts aufzustehen und interessiert sich vor allem für große Menschen, die sich bewegen. Hierbei bevorzugt sie Menschen die sie kennt und ist motiviert neue Bekanntschaften zu schließen.

Oder

Dorothee ist ein stark geistig und gleichzeitig körperbehindertes Kind. Die bei ihr zu beobachtenden Fehlfunktionen sind Folge einer in der frühen Kindheit abgelaufenen Meningoenzephalitis. Sie ist räumlich und zeitlich desorientiert und benötigt ständige Aufsicht. Die Greiffunktionen der oberen Extremitäten sind stark eingeschränkt, das Gangbild weist eine deutliche Innenrotation als Folge der zerebralen Bewegungsstörung auf. Dorothee kann frei gehen, ist hierbei aber nur eingeschränkt belastbar.

Beispiel 2:

Bernd fiel mir vor allem durch seine ruhige, ausgeglichene Art des Umgangs mit anderen Kindern auf. In der Verwirklichung seiner selbst gesteckten Ziele ist Bernd sehr ausdauernd und kennt keine Grenzen. Er geht planvoll vor und setzt seine Schritte methodisch gut überlegt ein.

oder

Bei Bernd findet sich eine linksseitige Hemiparese mit Armbetonung. Der linke Arm kann nur bedingt zu Haltearbeiten mit eingesetzt werden. In der räumlichen Orientierung ist Bernd geringfügig eingeschränkt, bedarf aber nicht der ständigen Begleitung. Die Behinderung besteht seit der Geburt und ist Folge einer zystischen, gutartigen Raumforderung im Bereich des Stirnlappens.

Beispiel 3:

Petra ist ein Mädchen, das es besonders schätzt, wenn man ihr stets die ungeteilte und uneingeschränkte Aufmerksamkeit zuwendet und sich nicht mit anderen Kindern beschäftigt. Sie mag gern Dinge selbstständig planen und ausführen, wenn sie sich dieser Aufmerksamkeit sicher ist. Sie kann dann auch gut Hilfe annehmen. Sie liebt es, nach Beendigung ihrer Tätigkeit auch ihre Produkte zu zeigen.

oder

Petra ist ein Mädchen mit einer spastischen Tetraparese. Sie ist nicht mobil und benötigt aus diesem Grund einen Elektrorollstuhl. Die starke Spastik in den oberen Extremitäten hat eine stark eingeschränkte Greiffunktion zur Folge. Die Umsetzung altersgemäßer kognitiver Leistungen ist ihr nicht möglich, so dass sie als Mädchen mit einer Lernbeeinträchtigung anzusehen ist.

5.10 Schlussfolgerungen

Eine individuumszentrierte Diagnostik der Veränderung individueller Person-Umwelt-Einheiten im lebenslangen Verlauf ist der Versuch, Veränderungen der Paradigmen in der Entwicklungspsychologie und Veränderungen vom medizinischen Krankheitsmodell hin zum sozio-psychologischen Modell in einer konkreten Handlungsstrategie umzusetzen (vgl. Eggert 2003, 496).

Zusammenfassend bleibt zu sagen, dass man bei einer Einzelfallbeschreibung versuchen sollte, folgende Schritte zu berücksichtigen:

Ein Bild vom ganzen Menschen geben und deshalb:
- von den Stärken ausgehen
- negative Bewertungen vermeiden
- nicht (ab-)klassifizieren
- anschaulich auf der Verhaltensebene u.situationsspezifisch beschreiben
- individuellen Förderbedarf beschreiben
- Reaktionen (von Kind u. a. Bezugspersonen) auf durchgeführte Förderungen beschreiben
- Vergangenes durch Beschreibung der Biographie in seiner Bedeutung für Gegenwärtiges und Zukünftiges deutlich werden lassen
- Chancen und Einschränkungen der möglichen Förderung sehen

Kompetenzen und deren Bedeutung für das Leben des Menschen beschreiben
- Basale Kompetenzen (sensomotorische und psychomotorische Fähigkeiten)

- Selbstkonzept (vgl. SKI: Eggert/Reichenbach/Bode 2003)
- Kognitive Fähigkeiten
- Anpassungsleistungen (soziale und emotionale Kompetenzen)
- Psychomotorische Lernvoraussetzungen: Erfassung durch DMB (Eggert/Ratschinski 1993), DIAS (Eggert/Reichenbach 2005), DITKA (Eggert/Wegner-Blesin 2000), RZI (Eggert/Bertrand 2002))
- Ästhetische und kreative Kompetenzen
- Kreativer Umgang mit dem Körper und seinen Ausdrucksmöglichkeiten
- Verständnis für technische und wirtschaftliche Zusammenhänge
- Vorstellung von Arbeit und Arbeitsmotivation
- Sport- und Freizeitaktivitäten u. a.

Daneben spielen die Beschreibung der Interaktionen der Familienmitglieder untereinander und der Bezugsperson insgesamt mit dem Klienten und die Interaktion mit den anderen bedeutungsvollen Personen im Leben der zu fördernden Person eine Rolle neben anderen Faktoren des Umfeldes, was wiederum durch eine spezielle, die Beziehungsmuster möglichst erfassende, Diagnostik untersucht werden könnte.

5.11 Einführung in die praktische Arbeit mit IEPs

5.11.1 Der Umgang mit Langformen

Der theoretische Anspruch der Arbeit mit Individuellen Entwicklungsplänen (IEP), das heißt eine ganzheitliche Betrachtung und Beschreibung der Persönlichkeit des Kindes in der Entwicklung, in der Familie und der Schule/ Kindergarten, wird am deutlichsten bei der Arbeit mit verschiedenen Langformen und ist damit sehr gut möglich.

Der IEP in der Langform besteht aus fünf Formularen zur Erfassung verschiedener Kompetenzbereiche. In jedem Formular befinden sich zahlreiche Bereiche, die inhaltlich erfasst werden können. Wenn ein Pädagoge mit einem Kind arbeitet, ist es sicherlich interessant, alle genannten Bereiche zu beschreiben. Da der IEP fortlaufend (z.B. über die Schuljahre hinweg) erstellt wird, ist es nicht erforderlich, alle Informationen auf einmal zu dokumentieren, sondern der Pädagoge kann nach und nach neu gewonnene Informationen hinzufügen. Er stellt demnach eine Möglichkeit dar die Informationen und Beobachtungen zu systematisieren und zu strukturieren.

Der häufig genannte Einwand hinsichtlich des Umfangs und des damit zusammenhängenden zeitlichen Aufwands des IEPs in seiner Langform lässt sich aus folgenden Gründen nicht nachvollziehen:

- Ein IEP in der Langform ersetzt eine lose Blattsammlung von Informationen und Beobachtungen, die bei der täglichen pädagogischen Arbeit gemacht werden
- Ein IEP in der Langform kann die täglichen Beobachtungen sofort strukturieren, so dass eher noch Zeitkapazitäten geschaffen werden

- Ein IEP ermöglicht, Informationen zu einem Kind auf einen Blick für alle Personen, die mit dem Kind zusammenarbeiten sowie eine Ergänzung aus individueller Perspektive

Jede Bezugsperson des Kindes kann seinen Teil zu dem IEP in der Langform beitragen und es ist nicht erforderlich, dass jede Bezugsperson beispielsweise allgemeine Daten zum Kind und/oder der Familie erhebt.

Auf dieser Grundlage kann das eigene pädagogische Handeln erleichtert geplant und durchgeführt werden. Zudem vereinfacht ein IEP den Nachweis der Effektivität des eigenen pädagogischen Handelns (siehe Kapitel 6).

5.11.2 Der Umgang mit Kurzformen

Trotz unserer Überzeugung, dass die Nutzung eines IEP's in der Langform ein optimales Arbeiten ermöglicht, haben wir Kurzformen für bestimmte Kompetenzbereiche (z.B. Selbstkonzept) entwickelt. Auch die Kurzform(en) kommen den oben genannten Möglichkeiten und Vorteilen nach:
- Strukturierung
- Dokumentation
- Zeitersparnis
- Förderung und Planung

Auf der beigefügten CD sind weitere Kurzformen von pädagogischen Fachkräften beigefügt, die
- für eine bestimmte Institution (z.B. Grundschule, Kindergarten),
- für spezielle Fachkräfte (z.B. Motopäden, Lehrer) und/oder
- für ausgewählte Entwicklungskompetenzen (z.B. schulisches Lernen)

ausgelegt sind.

Kurzformen stellen eine Möglichkeit dar, die Inhalte, die für das eigene Arbeitsfeld nicht relevant sind, herauszunehmen. Nicht in jeder Institution bzw. Einrichtung ist es beispielsweise erforderlich motorische Basiskompetenzen zu dokumentieren. **Sie können sich somit ihr eigens IEP-Formular erstellen!**

Auf der beigefügten CD befindet sich der IEP in seiner Langform. Diese Langform ist nicht schreibgeschützt und somit ist eine individuelle Bearbeitung des Formulars möglich. Dadurch kann eine Passung des Individuellen Entwicklungsplanes an die Arbeit der Institution erfolgen.

Optimalerweise kann der eigene zusammengestellte Individuelle Entwicklungsplan für jedes Kind auf einem zentralen PC der Einrichtung installiert werden, auf den alle pädagogischen Fachkräfte zugreifen können.

5.12 Rohformular IEP

Individueller Förder- und Entwicklungsplan
Vorläufige Endfassung Version 11
von Dietrich Eggert und Nicola Wegner-Blesin u.a. 2003

Name des Kindes: .... Datum:
....
Schule/ Förderort:
....
Beobachtungsteam:
....
Berichtzeitraum/ 1. und/ oder 2. Halbjahr

Stärken des Kindes

Förderbedarf

Selbstkonzept des Kindes (vgl. Bogen 1)

Sichtweise des schulischen Umfeldes (vgl. Bogen 1)

Sichtweise der Eltern (vgl. Bogen 1)

Kooperation mit den Eltern

Fördervorschläge (vgl. Ergänzungsbogen 1-4)

Förderschwerpunkt bzw.
Ausgangspunkt für die Förderung:

weiterer möglicher Förderbedarf bzw.
spätere aufbauende Förderung:

Weitere Vorgehensweise (ankreuzen; differenzierter im Förderplan)	
	weitere Unterstützungen erforderlich durch:
O Ziele der nächsthöheren Förder- und Entwicklungsstufe anstreben	O Eltern O BeratungslehrerIn in der Schule O Elternberatungen
O Vertiefen der aktuellen Entwicklungs-stufe	O Jugendamt O Fachärztl. Untersuchungen O Therapiemaßnahmen (Logopäde, Ergotherapie, ...)
O Zurückgreifen auf eine vorhergehende Entwicklungsstufe	O ... O ...

Entwicklungsprotokoll[29]

Datum	Förderziele	Vorgesehene Förderung (Vorschläge für Fördermaß-nahmen, Erfolg und ggf. Modifikation)	Beobachtung und Beurteilung des Kindes in der Förderung

[29] Entwicklungsprotokoll bitte auf DIN A 3 vergrößern;
bitte spätestens alle vier Wochen (oder ein anderer zumutbarer Zeitabstand) im Team der an der Förderung beteiligten Personen überprüfen und ergänzen, um eine fortlaufende Beurteilung des aktuellen Entwicklungsstandes und der Förderbedürfnisse des jeweiligen Kindes zu gewährleisten.

Bogen 1: Kind-Umfeld-Analyse

Tabellarische Übersicht über besondere Ereignisse

Jahr	Ereignis/Auffälligkeiten	Rahmenbedingun-gen	Förderbedarf	Förderung

Familiensituation

Familie:

Wohnsituation und Wohnlage:

ethnische Herkunft der Familie:

psychosoziale Situation der Familie:

Freizeitaktivitäten:

zusätzliche Beobachtungen:

Selbstkonzept

Selbsteinschätzung

Selbstvertrauen:

Selbstwertgefühl:

(Miss-) Erfolgserwartung:

Selbstwertschätzung:

Kausalattribuierung:

Zielorientierung:

Belohnungsstruktur:

moralische Selbsteinschätzung:

Körperkonzept

Körperschema (Kognition)
    Körperorientierung:

    Körperausdehnung:

    Körperwissen:

    Körper in Raum und Zeit:

Körpergefühl (Emotion):
    Körperbewusstsein:

    Körperausdruck:

    Körperausgrenzung:

    Körpereinstellung:

Fähigkeitskonzept
Wahrnehmung der eigenen Fähigkeiten:
Kenntnis der eigenen Fähigkeiten:
Bewertung der eigenen Fähigkeiten:
Selbstbewertung:
Selbstbild:
Idealselbst:
Realselbst:
soziales Selbst:
zusätzliche Beobachtungen:

Beziehungsmuster

Eltern/Familie

normative Erwartungshaltungen in Bezug auf das Kind:

Aktionen des Kindes und Reaktionen der Familie darauf:

Aktionen der Familie und Reaktionen des Kindes darauf:

Beziehungen innerhalb der Familie:

Reaktionen der Peergroup:

Beziehung der Familie zu der Schule/Lehrerin:

Freunde

Aktionen des Kindes und Reaktionen der Freunde darauf:

Aktionen der Freunde und Reaktionen des Kindes darauf:

Beziehung der Familie zu den Freunden:

Schule

normative Erwartungshaltungen in Bezug auf das Kind:

Aktionen des Kindes und Reaktionen der Klasse darauf:

Aktionen der Klasse und Reaktionen des Kindes darauf:

Aktionen des Kindes und Reaktionen der (Klassen-) Lehrerin darauf:

Aktionen der (Klassen-) Lehrerin und Reaktionen des Kindes darauf:

Beziehung Schule/Lehrerin zu den Eltern:

Konzeption und Anforderungsstil der Schule:

Ausstattung:

Möglichkeiten der Förderung:

räumliche und materielle Bedingungen:

Rolle des Kindes im Klassenverband:

Kind

Zusammenhänge, die das Kind erkennt:

Handlungen, die es als angenehm oder unangenehm empfindet:

dem Kind besonders wichtige Personen (Familie, Freunde, Klasse, ...):

zusätzliche Beobachtungen:

206

Glossar zu Bogen 1: Kind-Umfeld-Analyse

Tabellarische Übersicht über besondere Ereignisse in Lebenslauf und Schullaufbahn des Kindes

Dieser Teil kann als Kurzanamnese besonderer Ereignisse in tabellarischer Form verstanden werden.
"Besondere Ereignisse" im Leben eines Kindes bedürfen einer gesonderten Betrachtung und sollten auf ihre Relevanz für die Förderung reflektiert werden. Wir nehmen hier die Bereiche außerschulisches und schulisches Leben zusammen, da zwischen ihnen eine sehr enge wechselseitige Beeinflussung bestehen kann, die im Rahmen der von uns angestrebten Kind-Umfeld-Analyse von großer Bedeutung ist. Falls in diesen bedeutenden Lebensphasen aufgrund von Problemen, wie z.B. Sprachauf-

fälligkeiten, Verhaltensauffälligkeiten, motorische Auffälligkeiten, besondere Schwierigkeiten im schulischen Bereich, psychische Probleme u. ä., Förderbedürfnisse beim Kind entstanden sind, sollen diese notiert werden; ebenso die tatsächlich erfolgten Fördermaßnahmen im schulischen und außerschulischen Bereich.
Neben dem "Ereignis" tritt hier die Frage auf, welche Probleme sich für das Kind ergaben, welche Förderbedürfnisse sich daraus entwickelten und welche Fördermaßnahmen tatsächlich erfolgten.

Jahr	Ereignis/Auffälligkeiten	Rahmenbedingungen	Förderbedarf	Förderung

Familiensituation

Im Rahmen der Lernförderdiagnostik sind nicht nur Fragen hinsichtlich der schulischen Bedingungen von Bedeutung, sondern ebenfalls solche, die das außerschulische Umfeld des Kindes betreffen. In diesem Sinne ist dieser

Abschnitt als Ausgangspunkt für eine Kind-Umfeld-Analyse zu verstehen.
Es sollen daher die Bereiche "Familie", "Wohnen", "Freizeit" aber auch allgemeine Angaben zum schulischen Umfeld des Kindes als zirkuläres Beziehungsgeflecht beschrieben werden.

Familie
- Zusammensetzung der Familie
- Anzahl und Reihenfolge der Geschwister
- Verhältnis der Geschwister untereinander
- im Haushalt lebende Personen
- besondere Beziehungen zu einzelnen Familienangehörigen, Verwandten
- welche Stellung nimmt das Kind in der Familie ein?
- Spielverhalten, Gewohnheiten

Ethnische Herkunft der Familie
- Bedingungen der Umsiedlung
- besondere Sichtweise von Schule und der Rolle des Lehrers (Geschlechtsspezifisch)

Freizeitaktivitäten
- Spielplätze und Spielmöglichkeiten
- Bevorzugtes Spielzeug, Sportgerät (Skateboard, Inlineskates)

Wohnsituation und Wohnlage
- Wohnung (Größe, Lage, eigenes Zimmer, teilt sich Zimmer mit..., etc.)
- Rückzugsmöglichkeiten außerhalb der Wohnung
- Bewegungsmöglichkeiten in der Wohnung

Psychosoziale Situation der Familie (Einkommen, soziale Stellung, Bildungsniveau, Umgebung)
- Beruf, Tätigkeiten der Eltern
- Einkommen
- Stellenwert: Bücher, Fernsehen, Musik
- welchem Milieu ist die Familie am ehesten zuzuordnen?

- (Sport)Vereine
- Kindergruppen
- Freunde

Selbstkonzept

aus: Eggert/Reichenbach/Bode (2003): Das Selbstkonzeptinventar (SKI). Dortmund: borgmann.

Selbsteinschätzung

Ausgangspunkt zur Entwicklung eines individuellen Selbstkonzeptes bildet eine individuelle Selbsteinschätzung. Diese Selbsteinschätzung wird wesentlich durch Faktoren bedingt, welche von der Umwelt, in der ein Mensch lebt, beeinflusst werden. Zu diesen Faktoren zählen: (Miss-)Erfolgserwartung, Kausalattribuierung, Zielorientierung, Belohnungsstruktur und moralische Selbsteinschätzung.

Die Selbsteinschätzung eines Menschen verdeutlicht, wie ein Mensch sich und seine Fähigkeiten einschätzt. Eine Einschätzung seiner

Selbst besteht zum einen aus einer gedanklichen Vorwegnahme (Selbstvertrauen), aus einer aktuellen Komponente (Selbstwertgefühl) und aus einer übersituativen bzw. generalisierten Einschätzung (Selbstwertschätzung).

Ehe die Faktoren erläutert werden, die eine Selbsteinschätzung maßgeblich mit beeinflussen, wird das Verständnis der Teilaspekte Selbstvertrauen, Selbstwertgefühl und Selbstwertschätzung, anlehnend an NEUBAUER (1976), dargelegt.

Von **Selbstvertrauen** spricht man, wenn es um die Einschätzung individueller Fähigkeiten bzgl. der kommenden An- bzw. Herausforderungen geht. Die Frage, ob eine konkrete zu bewältigende Aufgabe geschafft werden kann, steht hierbei im Vordergrund.

Von **Selbstwertgefühl** wird gesprochen, wenn es um die aktuelle Einschätzung individueller Kompetenzen nach der Bewältigung einer Handlung geht. Welches Gefühl hat der Mensch nach der Handlungsausführung bzgl. seiner individuellen Fähigkeiten.

Selbstwertschätzung meint hingegen eine generelle Einschätzung von individuellen Fähigkeiten bzgl. bestimmter Anforderungen (motorisch, kognitiv, psychosozial, kommunikativ). Hier liegen bereits bestimmte Erfahrungen zugrunde, welche diese Einschätzung prägen.

Die individuelle Selbsteinschätzung einer Person wird umweltbedingt durch folgende Faktoren maßgeblich beeinflusst:

(Miss-)Erfolgserwartung beinhaltet die Frage, welche Erwartungen bzgl. Erfolg oder/ und Misserfolg ein Mensch an sich selbst (im Vorhinein) stellt. Und die zweite Frage ist, wie der Mensch mit Erfolg oder Misserfolg umgeht.

Hat ein Mensch eine hohe Erwartung an sich selbst, so kann er zum einen Handlungen selbstbewusster, mit einem erhöhten Selbstvertrauen, angehen, er kann sich dadurch aber auch einem großen inneren Druck aussetzen. Bei Nichterfüllung der an sich gestellten Erwartung wird die Selbsteinschätzung nicht erfüllt und das Selbstwertgefühl, das Selbstvertrauen und die Selbstwertschätzung können nachhaltig beeinflusst werden. Bei einer Erfüllung der Erwartung ist aufgrund einer Bestätigung der Wirkung des eigenen Handelns bzw. Verhaltens eine Steigerung oder Konstanz des individuellen Selbstwertgefühls, des Selbstvertrauens und der Selbstwertschätzung zu vermuten.

Hat ein Mensch eine niedrige Erwartung an sich selbst bzw. sieht ein Mensch keine Verbindung zwischen seinem eigenen Handeln und den Konsequenzen, so kann er zum einen Handlungen unsicher und mit einem eher niedrigen Selbstvertrauen angehen, da er nicht weiß, was folgt. Es ist aber auch möglich, dass er lockerer an die Handlungsausführung herangeht, da er von seinem Misserfolg überzeugt ist und die Konsequenzen nicht seinem Handeln, sondern externen Faktoren zuschreibt.

Bei Nichterfüllung der Erwartung eines Misserfolges, also bei auftretendem Erfolg, könnte der Mensch mit einem erhöhten Selbstwertgefühl und erhöhter Selbstwertschätzung hervorgehen; außerdem könnte sein Selbstvertrauen bei nächsten Aufgaben größer sein. Er könnte aber diesen Erfolg auch wiederum externen Faktoren zuschreiben und nicht seinen eigenen Fähigkeiten, so dass sich an seiner Selbsteinschätzung nichts verändert.

Bei Erfüllung der Erwartung eines Misserfolges liegt die Vermutung nahe, dass der Mensch sich in seiner Selbstwertschätzung bestätigt fühlt, was eine Konstanz oder Verringerung seines Selbstwertgefühls und/oder seines Selbstvertrauens für zukünftige Anforderungen nach sich zieht bzw. ziehen kann.

Letzteres bezeichnet SELIGMANN auch als sog. "erlernte Hilflosigkeit". Hierbei wird davon ausgegangen, dass das eigene Verhalten nicht kontrollierbar ist, sondern eher extern verursacht wird (Schicksal, Glück, Zufall...) und somit das eigene Verhalten und die Konsequenz unabhängig voneinander sind, also dass eine Person die Konsequenz durch sein Verhalten nicht beeinflussen kann. Dementsprechend wird Hilflosigkeit erlernt und es stellt sich ein Motivationsverlust und Passivität bzgl. des willentlichen Handelns ein (vgl. LASKOWSKI 2000, S.99).

Kausalattributierung beinhaltet die Frage, ob und wenn ja welche Eigenschaften ein Mensch sich selbst (stets) zuschreibt. Es ist der Frage nachzugehen, ob eine Zuschreibung permanent gegeben oder von bestimmten Aspekten abhängig ist.
Fähigkeit bzw. Begabung, Anstrengung, Aufgabenschwierigkeit und Zufall werden als die vier bedeutendsten Attributionen erachtet, auf die Personen ihre Leistungsergebnisse zurückführen. Andere Ursachen wie Müdigkeit, Krankheit, Missverstehen der Aufgabenstellung usw. erscheinen dagegen als weniger aussagekräftig für das Selbstkonzept eines Menschen (vgl. LASKOWSKI 2000, S.92).

Weiterhin ist zu berücksichtigen bzw. zu hinterfragen, ob derartige Attributionen in bestimmten Situationen oder Interaktionsformen auftreten oder unabhängig von diesen vorhanden sind.

Eine Zuschreibung bestimmter individueller Eigenschaften ist stark mit der individuellen (Miss-) Erfolgserwartung verbunden. Demzufolge hat eine derartige Zuschreibung auch Auswirkungen auf die Entwicklung von Selbstvertrauen, Selbstwertschätzung und Selbstwertgefühl.

Schreibt sich ein Mensch negative Eigenschaften bzw. Nichtkönnen zu, so werden Erfolge eher als zufällig bewertet und nicht als eigene Kompetenz anerkannt. Misserfolge hingegen werden dann als selbstverständlich angesehen und bestätigen die Person in seinem (negativen) Bild über sich selbst.

Zielorientierung geht der Frage nach, ob ein Mensch sich im Vorhinein Ziele bzgl. der Bewältigung von einer Anforderung aufstellt.
Die individuelle Zielorientierung wird demnach auch von der eigenen (Miss-) Erfolgserwartung sowie der Kausalattributierung beeinflusst. Je mehr ein Mensch an seinen Erfolg glaubt bzw. davon ausgeht, desto eher wird er sich Ziele stecken und desto höher bzw. differenzierter werden die entsprechenden Ziele sein.

Eine **Belohnungsstruktur** zeigt sich im Verhalten des Menschen nach der Absolvierung einer Aufgabe.

Moralische Selbsteinschätzung beinhaltet Vergleiche bzgl. der eigenen Einschätzung seiner Selbst zu vorhandenen (eigenen oder fremden) moralischen Vorstellungen. Die Frage, ob es gut war, wie sich jemand verhalten hat steht dabei im Vordergrund.

Die individuelle Selbsteinschätzung eines Menschen ist unmittelbar abhängig von dem Körperkonzept und dem Fähigkeitskonzept der Person in seinen jeweiligen Facetten bzw. wird von diesen geprägt.

Körperkonzept

Das individuelle Körperkonzept eines Menschen kann als Grundlage für die Entwicklung des Selbst und eines Selbstkonzeptes betrachtet werden, da der Körper der Ausgangspunkt für jegliche Erfahrungen (affektiv wie kognitiv, bewusst wie unbewusst) ist. Die vielfältigen Aspekte des Körperkonzeptes sind stark durch die Möglichkeiten der individuellen Entwicklung in verschiedenen Entwicklungsphasen und die individuellen Entwicklungsvoraussetzungen eines Menschen geprägt und dementsprechend auch beeinflussbar.
Im Rahmen des Körperkonzeptes werden verschiedene Termini genannt, die Einfluss auf das KK haben. Primär kann das Körperkonzept unter den Dimensionen Körperschema (Kognition) und Körpergefühl (Emotion) betrachtet werden (anlehnend an BIELEFELD 1991):

Unter Körperschema werden die Aspekte gefasst, welche sich an kognitiven Inhalten orientieren. Es wird die Frage gestellt, ob der eigene Körper wahrgenommen werden kann und ob der Mensch Kenntnis über einzelne Teile, Aufbau und Struktur seines Körpers besitzt.

Körperorientierung beinhaltet konkret, ob der Mensch die Informationen bzw. Meldungen, die er über seinen Körper hat, auch in Beziehung zu anderen Faktoren setzen kann und diese mit bereits vorhandenen Informationen und Erfahrungen vergleicht. Die Meldungen über seinen eigenen Körper bzw. die Orientierung *im* eigenen Körper erhält der Mensch über sog. Proprioceptoren und derartige Orientierungsleistungen werden auch als Tiefensensibilität bezeichnet (vgl. BIELEFELD 1991, 20). Die Orientierung am eigenen Körper (Oberflächensensibilittät) erfolgt mittels taktiler Wahrnehmung (Differenzierung und Lokalisation).

Körperausdehnung beschreibt die Einschätzung der eigenen körperlichen Grenzen (Höhe, Breite, Umfang) auf rein kognitiver Ebene. Über Erfahrungen des eigenen Körperraums gelangt der Mensch zu Vorstellungen über den außerkörperlichen Raum. Die Fähigkeit der Körperausdehnung bildet nach FISCHER das Fundament für alle Orientierungsleistungen in Raum und Zeit (vgl. 1996, 103).

Körperwissen kennzeichnet das Wissen vom eigenen Körper, dessen Bau und Funktionen, einschließlich der Lateralität, und zeigt auf, in welcher Form der Mensch sein Wissen darlegt (verbal, handlungsorientiert etc.) (vgl. BIELEFELD 1991, 17).

Körper in Raum und Zeit hinterfragt den Umgang des Menschen mit räumlichen und zeitlichen Strukturen (vgl. EGGERT 2002). Das Fundament für alle Orientierungsleistungen in Raum und Zeit bildet die Fähigkeit der Körperausdehnung (vgl. FISCHER 1996, 103).

Unter Körpergefühl werden die Aspekte gefasst, welche sich an emotionalen Inhalten orientieren. Es wird die Frage gestellt, wie der eigene Körper emotional wahrgenommen und individuell bewertet wird. Des Weiteren befasst sich das Körpergefühl mit der Frage nach dem Ausdruck, dem Bewusstsein und der Einstellung des bzw. zum eigenen Körper. Die Entwicklung eines Körpergefühls ist sehr stark erfahrungsabhängig und entwickelt sich parallel oder später im Vergleich zum Körperschema (vgl. BIELEFELD 1991).

Körperbewusstsein beschäftigt sich damit, inwieweit ein Mensch sich bewusst mit seinem Körper auseinandersetzt, ihn erlebt und diesen wahrnimmt.

Körperausdruck geht der Frage nach, was ein Mensch mit seinem Körper in bestimmten Situationen ausdrückt bzw. ausdrücken möchte.

Körperausgrenzung erfasst die Fähigkeit, den eigenen Körper als deutlich von der Umwelt abgegrenzt zu erleben.

Körpereinstellung verdeutlicht, welche Einstellung der Mensch zu seinem eigenen Körper besitzt, ob er mit diesem allgemein (un-)zufrieden ist. Einstellungen eines Menschen zu seinem Körper stehen immer in einem engen Zusammenhang mit den Werten und Normen der jeweiligen zeitlichen Epoche.

Fähigkeitskonzept

Mit dem Fähigkeitsselbstkonzept wird der Bereich des Selbstkonzeptes beschrieben, der sich auf die Selbstwahrnehmung der eigenen Leistungen und Fähigkeiten bezieht (vgl. KRUPITSCHKA 1990, 66). Neben dem Wissen über die eigenen Fähigkeiten umfasst das Fähigkeitskonzept außerdem Bewertungen und Gefühle gegenüber der eigenen Leistungsfähigkeit. Das individuelle Fähigkeitskonzept beinhaltet somit sowohl kognitive als auch emotionale Aspekte und wird häufig durch das Körperkonzept mit geprägt. Insbesondere im Bereich der psychomotorischen Förderung, in dem Bewegung und somit auch der Körper das primäre Medium einer Entwicklungsförderung darstellt, nimmt das Körperkonzept großen Einfluss auf das Fähigkeitskonzept.
Als Determinanten des Fähigkeitsselbstkonzeptes nennen MEYER und PLÖGER (1979):
- Die zeitliche Konsistenz und Abfolge eigener Handlungsergebnisse (individuelle Lerngeschichte)
- Der Vergleich eigener Handlungsergebnisse mit denen anderer Personen (soziale Bezugsnorm)

210

- Direkt und indirekt mitgeteilte Fremdbewertungen der eigenen Fähigkeiten durch andere Personen

(vgl. KRUPITSCHKA 1990, 71)

Dimensionen des Fähigkeitskonzeptes bilden dabei Aspekte der Wahrnehmung, der Bewertung und des Wissens der individuellen eigenen Fähigkeiten (vgl. KRUPITSCHKA 1990).

Die Frage nach der **Wahrnehmung eigener Fähigkeiten** (ob und wie wahrgenommen wird) ist bedeutend bei der Erstellung eines individuellen Bildes von seinen eigenen Fähigkeiten.

Eine **Kenntnis eigener Fähigkeiten** auf verschiedenen Entwicklungsebenen verdeutlicht neben dem eigenen Wissen und der Reflexion auch etwas über die individuelle Lerngeschichte des Menschen und seinen bisherigen Erfahrungen.

Eine **Bewertung eigener Fähigkeiten** gibt Auskunft über die individuelle Einschätzung und Wertung der persönlichen Kompetenzen eines Menschen.
Der Aspekt der Bewertung der eigenen Fähigkeiten hängt sehr eng mit der *Selbstwertschätzung* und der *Selbsteinschätzung* eines Menschen zusammen.

Werden Fragen zum Fähigkeitskonzept eines Menschen gestellt, so stellt sich auch die Frage, ob die Wahrnehmung, Kenntnis und Bewertung der Person übereinstimmen oder ob es Differenzen gibt.

Aus den Komponenten der Selbsteinschätzung, verbunden mit dem Körperkonzept und dem Fähigkeitskonzept entwickeln sich individuell die Selbstbewertung und das Selbstbild. In diesen beiden Aspekten spiegeln sich die bisher genannten Aspekte eines Selbstkonzeptes wieder. Selbstbewertung und Selbstbild werden durch Selbsteinschätzung sowie dem Fähigkeitskonzept und dem Körperkonzept geprägt.

Selbstbewertung meint, wie ein Mensch emotional seine eigenen Handlungen bewertet und welche Gefühle er bzgl. der Bewertungen zeigt.

Selbstbild meint hingegen, wie ein Mensch seine eigenen Handlungen "objektiv" einschätzt. Was weiß der Mensch über seine Kompetenzen und wie beschreibt er diese?

Aussagen bezüglich des Selbstbildes und der Selbstbewertung ermöglichen dann eine Einschätzung von außen bzw. auf einer Metaebene. Die folgenden drei Komponenten des Selbstkonzeptes, welche sowohl affektive als auch kognitive Elemente beinhalten, verlangen demzufolge eine gewisse Reflexionsfähigkeit in Bezug auf sich selbst und setzen dementsprechend ein vorhandenes Selbstbild und eine Selbstbewertung voraus.

Das Idealselbst zeigt Vorstellungen des Menschen, wie er gern sein möchte. Es beinhaltet neben dem erwünschten Selbst, das innerhalb der eigenen erreichbaren Möglichkeiten liegt, auch das unrealistische, nicht erreichbare Wunschbild einer Person sowie die Vorstellungen darüber, wie die Person sich entsprechend den individuellen, gesellschaftlichen und/oder kulturellen Standards verhalten bzw. sein sollte (vgl. KRUPITSCHKA 1990, 14).

Vorstellungen vom Realselbst beinhalten die Betrachtungen des Menschen über sein (äußeres) Erscheinungsbild, das Wissen um die eigene soziale Identität (Etikettierungen, Staatszugehörigkeit, soziale Schicht), die Hervorhebung von Personen oder Gegenständen für sein Leben (Ausdehnung des Selbst) sowie auch psychische Dispositionen (Einstellungen, Werte, Gewohnheiten) (vgl. KRUPITSCHKA 1990, 14).

Das Soziale Selbst gibt Auskunft, wie der Mensch sich selbst in Bezug zu anderen Personen sieht, wie er sich gegenüber anderen darstellt und verhält. Es gibt zum einen Auskunft über die wahrgenommenen Einschätzungen durch andere Personen (so, wie sich das Individuum von anderen Personen wahrgenommen glaubt) sowie bzgl. der Darstellung des Selbst anderen Personen gegenüber. Je nach sozialem Kontext und Motiven kann sich eine Person anderen Menschen gegenüber unterschiedlich darstellen. Mögliche Motive einer unterschiedlichen Selbstdarstellung können u.a. sein:

Bedürfnis nach Anerkennung, Bedürfnis der Aufrechterhaltung eines positiven Selbstkonzeptes, Einübung bzw. Ausübung sozialer Rollen (vgl. KRUPITSCHKA 1990, 15f).
Die wahrgenommene Fremdeinschätzung beinhaltet, wie ein Mensch glaubt auf andere zu wirken und von anderen beurteilt zu werden, sowie die erlebte Wertschätzung durch andere (vgl. BALDERING 1993, S.59). Laut KRUPITSCHKA nimmt die wahrgenommene Fremdeinschätzung einen sehr viel größeren Einfluss auf das Selbstkonzept als die direkte Fremdeinschätzung selbst (1990, 27). Dabei wird das Selbstkonzept insbesondere von wahrgenommenen Fremdeinschätzungen jener Personen geprägt, die für das Individuum von emotionaler Bedeutsamkeit sind.

Gedanken zur Beobachtung und Einschätzung:
Bzgl. des vorliegenden Modells vom Selbstkonzept ist eine Beobachtung der verschiedenen Dimensionen und Aspekte in sehr unterschiedlichem Ausmaß gegeben.

Die Dimension des **Körperkonzeptes** ist am stärksten eingegrenzt (Körper steht im Mittelpunkt) und bietet eine Vielzahl von Beobachtungsmöglichkeiten. Hier kann das freie und bzw. das strukturierte Spiel, in dem das Medium Bewegung eine große Bedeutung hat, sehr viele Informationen liefern. Ebenso bedeutend sind auch hier das Gespräch bzw. die Befragung des Kindes zu seinem Wissen und seinen Gefühlen.

Die Dimension des **Fähigkeitskonzeptes** ist zum einen sehr weit gefasst, vor allem, da sich Informationen diesbezüglich auf vielfältige Entwicklungs- und Interessensbereiche des Individuums beziehen können. Andererseits können die Fragestellungen und Beobachtungsgesichtspunkte diesbezüglich sehr klar formuliert werden: nimmt ein Mensch seine Fähigkeiten wahr, hat er Kenntnis von seinen Fähigkeiten und wie bewertet er seine Fähigkeiten?!

Die Dimension der **Selbsteinschätzung** ist grundlegend, kann aber m.E. häufig allein sehr undifferenziert beschrieben werden. Vor allem hängt dies mit der Reflexionsfähigkeit des zu beobachtenden Individuums zusammen, aber auch mit dessen Bereitschaft über sich selbst Auskunft zu geben (Gespräch, Befragung).
Aus diesem Grund beruhen Hypothesen bzgl. der Selbsteinschätzung eines Menschen zumeist auf Fremdeinschätzungen des Beobachters und dessen Interpretationen.
Außerdem ist zu berücksichtigen, dass gerade die Faktoren, die eine individuelle Selbsteinschätzung beeinflussen (Misserfolgserwartung, Kausalattribuierung, Zielorientierung, Belohnungsstruktur, moralisches Selbst) sehr stark durch die Umwelt des Individuums mitgeprägt sind und dementsprechend zwar schon zum Selbst gehören, aber auch stark fremdbestimmt sein können.

Beziehungsmuster

Dem Leser sei empfohlen, sich diesen Abschnitt nur dann zu nähern, wenn ihm grundlegende Begriffe systemischen Denkens vertraut sind. Grundlage ist die Annahme eines wechselseitig zirkulären Beziehungsgeflechtes.
Im Idealfall ergibt sich die Sammlung von Informationen in diesem Teil aus dem freien Gespräch mit den Betroffenen. Man sollte dabei bedenken, dass die Freiwilligkeit der Befragten dabei die höchste Bedeutung hat. Um die Zusammenhänge zwischen dem Familiengeschehen und den anderen Beteiligten sowie dem Kind verstehen zu können, sind Angaben aus dem familiären Bereich notwendig. Wenn sie allerdings nicht freiwillig eingebracht werden, sollte auf sie besser verzichtet werden. Auch besteht die Gefahr, dass bei einem zu starken familientherapeutisch orientierten Vorgehen die Reichweite des pädagogischen Handelns überschritten wird. Dies gilt auch für den Einbezug der Peergroup und für Informationen aus diesem Bereich.

Letzten Endes sollte nicht vergessen werden, dass alle Informationen zu Hypothesen Anlass geben können, aber nur hypothetischen Charakter haben, d.h. keine Feststellungen darstellen. Außerdem sind durch die Fragen nur die Perspektiven für mögliches Handeln und Erklären vorgegeben. Die Fragen wollen aber nicht therapeutisches Handeln vorgeben. Es bleibt eine Frage, inwieweit man auf die beobachtete Problematik intensiv in der Intervention auch eingehen kann.

Eltern/Familie

Normative Erwartungshaltungen in Bezug auf das Kind

⇨ Aus kulturspezifischer Sicht
⇨ Aus der Biographie der Eltern Generationenauftrag „oder Lebensplanung"
⇨ Geschlechtsspezifische Sozialisation

Aktionen der Familie und Reaktionen des Kindes darauf

⇨ Entscheidungen werden ohne Absprache getroffen
⇨ Einfordern von häuslichen Aufgaben
⇨ Leistungen des Kindes vor Freunden besonders hervorheben

Aktionen des Kindes und Reaktion der Familie darauf

⇨ Loben
⇨ Ermahnen, strafen, wenn ja in welcher Art und Weise
⇨ Besondere finanzielle oder emotionale Zuwendung oder Entzug

Zur Reaktion der Peergroup in der Freizeit auf das Kind

⇨ Als wechselseitiges zirkuläres Beziehungsgeflecht
⇨ Gruppenzwänge im Hinblick auf z.B.: Kleidung, Verhalten anderen gegenüber, gesellschaftliche Normen
⇨ Konfliktlösungsstrategien
⇨ Position des Kindes in der Peergroup:
⇨ Ist es integriert?
⇨ Wird es akzeptiert, ernst genommen, bewundert, gehänselt, ausgenutzt?
⇨ Bedeutung des Kindes für den Zusammenhalt der Gruppe:
⇨ Anführer, Unterstützer, Sündenbock, Prellbock etc.

Beziehungen innerhalb der Familie und ihrer Situation

⇨ Position des Kindes innerhalb der Familie (aus dem Blickwinkel verschiedener Familienmitglieder)
⇨ Beziehung zu den einzelnen Familienmitgliedern (aus dem Blickwinkel verschiedener Familienmitglieder)
⇨ Welchen Einfluss haben Verwandte/Bekannte?
⇨ Gibt es eine eindeutige Bezugsperson?
⇨ Inwieweit ist die Beziehungsstruktur „bewusst"?
⇨ Wie weit könnte man sie bewusst machen?
⇨ Inwieweit wird konkret darauf reagiert?

Beziehung der Eltern zu der Schule/ Lehrerin

⇨ Welche Einstellung haben die Eltern zur Institution Schule bzw. zu Lehrkräften allgemein?
⇨ Erwartungshaltung des Vaters/der Mutter bezüglich des Fördererfolges an die Schule
⇨ Was machen die Eltern, dass die Situation transparent für die Schule wird?
⇨ Eltern übernehmen Aufgaben, sind zuverlässig

Normative Erwartungshaltungen in Bezug auf das Kind

⇨ Erfolgreiche Schulkarriere
⇨ Position/Leistung in der Klasse zu halten
⇨ Verantwortungsbewußt o. ä. zu sein

Aktionen des Kindes und Reaktion der Klasse

⇨ In der Pause, im Unterricht, in einer Spiel- oder Lernsituation
⇨ Welche Handlungen folgen oder gehen dem problematischen Verhalten voraus?
⇨ Wechselnde Freundschaften

Aktionen der Klasse und Reaktionen des Kindes

⇨ Verbales ausgrenzen
⇨ Ausschluss vom gemeinsamen Spiel
⇨ Verbale, körperliche Reaktion
⇨ Ignorieren/heftiges Reagieren bei weniger

Aktionen des Kindes und Reaktionen der Klassenlehrerin

⇨ Vergleichen mit Handlungen der Mitschüler
⇨ Häufige/weniger häufige Handlungen

213

wichtigen/wichtigen Bezugspersonen

Aktionen der Klassenlehrerin und Reaktionen des Kindes

⇨ Stimmeinsatz
⇨ Umsetzen
⇨ Loben, ermutigen
⇨ Sonderrechte
⇨ Einfordern von Zuwendung

Beziehung Schule/ Lehrein zu den Eltern

⇨ Erwartungshaltung der Schule bezüglich des Fördererfolges an den Vater/die Mutter
⇨ Zusammenarbeit zwischen Eltern und Schule/Schule und Eltern
⇨ Gestaltet die Schule z.B. die Förderung für die Eltern transparent?
⇨ Besteht eine Kooperation?
⇨ Bedingungen der Kontaktaufnahme
⇨ Enger Kontakt
⇨ Akzeptanz der Kompetenzbereiche von Schule und Elternhaus

Konzeption bzw. Anforderungsprofil der Schule

- Kooperation mit anderen Schulen oder außerschulischen Einrichtungen / Öffnung der Schule nach außen
- Zusammenarbeit mit den Eltern
- Einstellung zu integrativen Maßnahmen
- Wie sind die Ziele der pädagogischen Arbeit beschrieben?
- Mit Hilfe welcher Methoden sollen die formulierten Ziele erreicht werden?
- ausländische Schüler (Integrationsmöglichkeiten)
- Gewichtung schulischer Leistungen und individueller Interessen
- Stellenwert sozialen Verhaltens
- Welches „Ansehen" hat die Schule im Stadtteil, in der Stadt, in der Umgebung?
- Gibt es zusätzliche therapeutische Angebote; wenn ja, welche?
- Welche Angebote macht die Schule für die Freizeitgestaltung ihrer SchülerInnen?
- Ausstattung der Schule, Möglichkeiten der Förderung

Beschreibung der räumlichen und materiellen Bedingungen in der Schule

- Klassenraum - Ausstattung, Sitzordnung, Materialien
- Bewegungsmöglichkeiten
- Fachräume und ihre Nutzungsmöglichkeiten
- Fördermaterialien
- Lage der Schule
- Zugänglichkeit von Bibliotheken und/oder Medienräumen
- Auslastung der Schule / Lehrerversorgung

Rolle des Kindes im Klassenverband

- Schließt leicht/schwer Freundschaften
- Klassenclown
- Steht im Mittelpunkt/schüchtern/zurückhaltend
- Wechselnde Freundschaften/stabile Beziehungen
- Enger Kontakt, gemeinsame Freizeitgestaltung
- Außerhalb der Schule kaum Möglichkeiten sich mit Gleichalterigen zu treffen

Bogen 2: Basiskompetenzen

Motorik

psychomotorische Basiskompetenzen

Gleichgewicht:

Ausdauer:

Kraft:

Gelenkigkeit:

Schnelligkeit:

Gesamtkörperkoordination

Feinmotorik

zusätzliche Beobachtungen:

Wahrnehmung

visuelle Wahrnehmung:

auditiveWahrnehmung:

taktil-kinästhetische Wahrnehmung:

vestibuläre Wahrnehmung:

gustatorische und olfaktorische Wahrnehmung:

Lateralität und Dominanz von
      Augen
      Ohren
      Händen
      Füßen

zusätzliche Beobachtungen:

Raum-Zeit-Dimension
Kenntnisse vom eigenen Körper

Lokalisation und Orientierung im dreidimensionalen Raum

Bildung zeitlicher Raster für Ereignisse und Personen

zusätzliche Beobachtungen:

Orientierung im Rahmen der Lebensumwelt
Kenntnisse von Namen und Lebensdaten u.a. in der Familie

Kenntnisse von Tageszeiten, Datum, Wochentag, Monat, Jahreszeit

Kenntnisse von Wegen und Orten der Lebensumwelt

Lebenspraktische Fähigkeiten

zusätzliche Beobachtungen:

sprachliches Handeln
phonetisch-phonologische Ebene:

morpho-syntaktische Ebene:

semantisch-lexikalische Ebene:

pragmatisch-kommunikative Ebene:

metasprachliche Fähigkeiten:

Mehrsprachigkeit:

zusätzliche Beobachtungen:

216

Glossar zu Bogen 2: Basiskompetenz

Motorik und Wahrnehmung sowie Sensomotorik, bilden eine Basis für jedes weitere Lernen - insbesondere für das schulische Lernen.
Für die Erstellung eines IEP muss die Betrachtung der oben genannten Bereiche für die Beschreibung der Lernvoraussetzungen selbstverständlich sein. Kinder lernen durch Bewegung und durch praktische Tätigkeiten. Sie sind zugleich die Voraussetzung für gedankliches Handeln.
Des Weiteren lässt sich ein enger Zusammenhang zwischen der psychomotorischen Entwicklung, der Entwicklung der Wahrnehmung und den sozial- emotionalen Verhaltensweisen feststellen. So sind motorische Fähigkeiten sowohl in der Feinkoordination grundlegend für den Schriftspracherwerb, als auch für die Entwicklung des Selbstkonzepts. Die Eigenwahrnehmung ist Voraussetzung für die Entwicklung des Körperbilds worauf wiederum das Selbstkonzept aufbaut. Eine positive Einstellung zum eigenen Körper stellt die Grundlage für die Verbesserung und Stabilisierung des Selbstwertgefühls dar.

Grobmotorik meint im Gegensatz zur Feinmotorik die Bewegung des gesamten Körpers bzw. größerer Körperteile. Feinmotorik bezieht sich auf die Kleinbewegungen der Hände, der Finger oder der Füße. Beide Bereiche sind aber sehr eng miteinander verknüpft.

Unter Sensomotorik oder auch sensorischer Integration versteht man das Zusammenführen, Ordnen und Strukturieren der Informationen, die uns über unsere Wahrnehmungsorgane erreichen. Integration meint hierbei die Verknüpfung der verschiedenen Empfindungen (aus allen Wahrnehmungsbereichen). Förderbedarf im Bereich der Sensomotorik zeigt sich auch durch gestörte Bewegungsabläufe, wie z. B. bei Aufgaben zur Augen–Hand- und Augen–Fuß-Koordination.

In dem folgenden Abschnitt werden Informationen gesammelt, die für weitere schulische Entwicklungsschritte, wie den Lese- und Schreibprozess und den Mathematikunterricht von entscheidender Bedeutung sind. Probleme in diesen Bereichen können weitreichende Folgen haben. In den Abschnitten schulische Grundlagen sowie Lesen und Schreiben und Mathematik werden die wesentlichen Auszüge aus diesem Abschnitt wiederholt. Dem Anwender/der Anwenderin bleibt es überlassen an welcher Stelle er die Daten vermerkt.

Motorik

motorische Basiskompetenzen
- vgl. hierzu DMB (Diagnostisches Inventar motorischer Basiskompetenzen von Eggert)

Gesamtkörperkoordination
- Was auf den ersten Blick auffällt: positiv und negativ
- Bewegungsverhalten in anderen Situationen: Freizeit, ohne Anspannung etc.
- Bewegungsbeobachtungen
- Bewegungsverhalten in der Pause und im Klassenunterricht

Feinmotorik

- Augen-Hand-Koordination an der Wandtafel, auf dem Papier, ...
- Augen-Fuß-Koordination
- Ohr-Hand-Koordination
- Ausschneiden
- Kleben
- Malen
- Nähen
- Taktile Differenzierung
- Figur-Grund-Wahrnehmung: Raumlage und Raumlagesicherheit

Feinmotorischer Umgang mit Materialien
- Schneiden: Haltung der Schere, Kontur fransig oder sauber, Einhalten der Linien
- Malen: Ausmalen, Stifthaltung (Pfötchengriff), kreisende Bewegungen beim Pinsel oder hin- und her

Wahrnehmung

Visuelle Wahrnehmung
- Figur-Grund-Unterscheidung
  - Gegenstände, Bilder ordnen
  - Veränderungen feststellen
  - versteckte Dinge wiederfinden
  - Figuren ergänzen
  - Einzelabbildungen, Symbole, Buchstaben aus Abbildungen ausgliedern, herausfinden
- ⇨ Wahrnehmungskonstanz
  - gleiche Gegenstände trotz unterschiedlicher Abbildung (Form, Größe, Farbe) als gleich erkennen
  - Symbole, Buchstaben als verschieden voneinander erkennen
  - Formveränderungen wahrnehmen
- ⇨ Raum-Lage-Orientierung
  - Objekte in eine räumliche Beziehung zum Betrachter bringen
  - Wahrnehmung der räumlichen Beziehungen
  - zwei oder mehrere Gegenstände in Beziehung zueinander und zum Betrachter bringen, erkennen
  - Bilder-, Symbol- und Buchstabenfolgen beachten
  - Rechts-Links-Vergleich
  - Formen nachlegen

Auditive Wahrnehmung
- Raumvorstellung und -orientierung mit offenen Augen
- Raumvorstellung mit geschlossenen Augen
- Beobachtung mit Hilfe des DIAS
- Differenzierung: Erkennen verschiedener Geräusche als unterschiedlich
- Lokalisation: Erkennen unterschiedlicher Geräusche in Raum und Zeit
- Strukturierung: Rekonstruktion von Handlungsstrukturen anhand auditiver Auslöser

Taktil-kinästhetische Wahrnehmung
- Raumvorstellung mit geschlossenen Augen
- Gegenstände mit unterschiedlicher Oberfläche und Form ertasten, unterscheiden, benennen
- Spuren nachfahren und erzeugen
- Buchstaben ertasten, unterscheiden und benennen
- Ausgewählte Aufgaben aus dem DITKA

Raum-Zeit-Dimension

Raum und Zeit gelten als fundamentale Bezugssysteme im Hinblick auf die Möglichkeiten der (Selbst-) Wahrnehmung eines Menschen. Diese beiden grundlegenden Kategorien menschlichen Denkens und Handelns werden in einem stufenweise verlaufenden Prozess erworben. Die Entwicklung von räumlichen und zeitlichen Beziehungen ist nicht nur wichtig bei der Ausbildung von Objekt- Konzepten sondern trägt auch entscheidend zur Entwicklung von Selbstbild und Selbstkonzept bei. Die Erkenntnis von der Existenz einer Welt außerhalb des eigenen Körpers ermöglicht das Bewirken von Ereignissen, die sich nur die eigene Person betreffen. Jede Art von Handlung enthält durch ihren Verlauf immer auch eine zeitliche Dimension, die es zu berücksichtigen gilt.

Während sich Abhandlungen der elementaren Geometrie zum Raumbegriff überwiegend auf *euklidische Beziehungen* (von Euklid festgelegte Axiome) konzentrierten, haben andere Forschungen ergeben, dass nicht der euklidische Raumbegriff am Anfang der Raumentwicklung eines Menschen steht, sondern vielmehr *topologische Beziehungen*, (Lage und Anordnung geometrischer Gebilde im Raum) die qualitative Zuordnungen wie "Benachtbartsein", "Trennung", "Reihenfolge" und "Umschlossenheit" beinhalten.

Die Entwicklung von räumlichen und zeitlichen Strukturen kann in die Bereiche "innerer Raum" (Nahraum) und "äußerer Raum" (Fernraum) unterteilt werden. Zur Entwicklung des "inneren Raumes" gibt die kinästhetische Wahrnehmung Informationen über die Stellung des eigenen Körpers in Bezug auf die Senkrechte ab. Erzielt werden diese Informationen durch Bewegungen mit und am eigenen Körper einer Person (Mundraum, Greifraum, Muskelbewegungen). Zur Entwicklung des „äußeren Raumes" werden Informationen aus den Bereichen der visuellen, taktilen, auditiven und olfaktorischen (gustatorischen) Wahrnehmung hinzugezogen. Die Fähigkeit, Wahrnehmungen und Handlungen zeitlich strukturieren zu können, erhält jetzt zunehmend Relevanz.

Die Zeit ist unserem Lebensraum unmittelbar zugeordnet und wird als vierte Dimension des Raumes beschrieben. Um sich in der Zeit zu bewegen stellen sich dem Menschen drei Arten von Fragen: Sie beziehen sich auf die *Wahrnehmung einer zeitlichen Folge*, auf die *Wahrnehmung und Schätzung von Zeiteinheiten* und auf die *Orientierung in der Zeit*.

Nach BERTRAND (1997) spielt die Entwicklung der räumlichen und zeitlichen Wahrnehmung „eine sehr wesentliche und oft vernachlässigte Rolle als Prädiktor schulischer Lernprozesse und der Entwicklung der Schriftsprache im Gesamtkontext der kindlichen Entwicklung". Um aber förderdiagnostisch relevante Daten in bezug auf den Entwicklungsstand raumzeitlicher Beziehungen bei Kindern zu gewinnen, ist es notwendig, Situationen zu schaffen, die über die Möglichkeit, ausschließlich visuelle Eindrücke zu erhalten, hinausgehen. Es sollten globalere, dem Kind erfassbare Aspekte des Raumes und damit auch der Zeit einbezogen werden.

Das Raum – Zeit – Inventar (EGGERT & BERTRAND, 2001) versucht die Raum – zeitliche Entwicklung praxisrelevant zu beschreiben.

Kenntnisse vom eigenen Körper

⇨ Lateralität
⇨ Kenntnisse und Orientierung am eigenen Körper
⇨ Kenntnisse der sprachlichen Fassung von Präpositionen (vor, hinter, über, unter etc.)
⇨ Selbstbild, Selbstkonzept

Lokalisation und Orientierung im dreidimensionalen Raum

⇨ Kenntnisse von der Lage und Ausdehnung eines Raumes (Raumvorstellung)
⇨ Erkunden und Ausnutzen verschiedener Räume (Raumerfahrung)
⇨ Präferenz für bestimmte Informationsquellen zur Erfassung des äußeren Raumes: Visuelle , taktile, auditive, olfaktorische (gustatorische) Wahrnehmung
⇨ Bewusster Einsatz einzelner Informationsquellen zur Orientierung im Raum Orientierung mit verbundenen Augen
⇨ Verbale Beschreibung eines Raumes (Symbolisierung, Raumkonstruktion)
⇨ Präferenz für bestimmte Räume (subjektives Raumgefühl, Raumerleben)
⇨ Planen von Handlungen im Raum (Raumplanung, Raumorientierung)
⇨ Planen von gleichen Handlungen in verschiedenen Räumen

Bildung zeitlicher Raster für Ereignisse und Personen

⇨ Entwicklung von Routinen in Abläufen (Zeitreihenkonstruktion, Rhythmisierung) Kenntnisse von täglichen Abläufen An- und Ausziehen, Tisch decken, Aufräumen
⇨ Bildfolgen zu Handlungsabläufen ordnen
⇨ Zeitliche Strukturen in Sprache fassen (vorher, nachher, zwischendurch ...)
⇨ Kenntnisse von der Uhrzeit, dem Tagesabschnitt (morgens, mittags, abends ...)
⇨ Dauer von Tätigkeiten abschätzen können (Zeitgefühl, Zeiterfahrung, Zeitdauer)
⇨ Handlungen nachmachen und in einzelne Schritte segmentieren (Rhythmisierung)
⇨ Handlungen anstreben, planen/koordinieren und vollziehen

Orientierung im Rahmen der Lebensumwelt

Die aufgeführten Fragen sind dem Orientierungs- und Gedächtnisfragebogen (OFG von EGGERT 1998) entnommen und sollen nach

Möglichkeit nur in einem offenen Gespräch oder in einer Spielsituation mit dem Kind gestellt werden - aber keinesfalls schematisch nacheinander. Es empfiehlt sich darüber hinaus, nicht alle Fragen im Rahmen von einem Treffen durchzusprechen, sondern zu verschiedenen Zeitpunkten einzelne Abschnitt, die inhaltlich in bestimmte Situationen passen, anzusprechen.

Es geht vorwiegend darum, eine Vorstellung vom Orientierungsrahmen des Kindes in seiner Lebensumwelt zu gewinnen. Dazu gehören die Kenntnis des eigenen Namens, der eigenen Lebensdaten und der der Familie, aber auch die Kenntnis von Wegen und Orten in der näheren und weiteren Lebensumwelt.
Es ist zu berücksichtigen, dass die Fremdheit des Befragers und die Besonderheit einer Beobachtungssituation Unsicherheit und Befangenheit beim Kind auslösen können. Insofern dürfen "falsche" Antworten nicht überbewertet werden, sie dienen höchstens als diagnostische Anmerkungen. Vielmehr spielt der "innere Dialog" des Kindes, den es sozusagen mit sich

selbst während des Gespräches führt, eine wesentliche Rolle. Der Diagnostiker/die Diagnostikerin sollte stets Mimik und Gestik des Kindes genau beobachten und gegebenenfalls Auffälligkeiten notieren.

Es versteht sich von selbst, dass die Fragen nicht im vollen Wortlaut gestellt werden sollten, sondern auf die Aufnahmefähigkeit des Kindes umformuliert werden müssen. Die notierten Fragen skizzieren lediglich den Umfang dessen, was man fragen könnte.

Die gesammelten Informationen zur Orientierung im Rahmen der Lebensumwelt geben Aufschluss über den Entwicklungsstand im semantisch-lexikalischen Bereich und Einblicke in verwendete grammatische Strukturen. Bereits verwendete Zeiten und eingesetzte Umschreibungen sollten bereits notiert und dem Bereich XI hinzugefügt werden.

Kenntnisse von Namen und Lebensdaten u. a. in der Familie:
-   Wie heißt du?
-   Bist du ein Junge oder ein Mädchen?
-   Wie heißt du mit Nachnamen?
-   Wie heißt deine Mutter (Vorname etc.)?
-   Wie heißt dein Vater?
-   Hast du Geschwister?
-   Wie heißen sie?
-   Wie heißt die Straße, in der du wohnst?
-   Die Stadt?
-   Hast du Freunde? Wie heißen sie? Wo wohnen sie?

Kenntnisse von Tageszeiten, Datum, Wochentag, Monat, Jahreszeit:
-   Was für ein Tag ist heute (Wochentag)?
-   Welches Datum?
-   Jahreszeit?
-   Jahr?
-   Gestern?
-   Morgen?
-   Uhrzeit?
-   Wann hast du Geburtstag?
-   Wie alt wirst du dann?
-   Wann haben deine Eltern Geburtstag? deine Geschwister?
-   Wann/Um wie viel Uhr stehst du auf? Wann gehst du zur Schule?
-   Kannst du dich erinnern, was du gestern nach der Schule gemacht hast?
-   Warst du in den Ferien im Urlaub?

Kenntnisse von Wegen und Orten der Lebensumwelt
-   Wo wohnst du (Weg beschreiben lassen)?
-   Wie kommst du zur Schule?
-   Wo war dein Kindergarten?
-   Fährst du mit dem Fahrrad zur Schule? Wie? Wohin sonst?
-   Wo wohnt deine Oma (oder Tante etc.)?
-   Wo wohnen deine Freunde?
-   Was ist: weit/nah; lang/kurz; oben/unten; hinten/vorn und links/rechts (mit Beispielen)?
-   Beschreibung der Wohnlage und der Wege in seinem Umfeld

Lebenspraktische Fähigkeiten
-   Selbständig mit Messer, Gabel und Löffel essen
-   Selbständig anziehen, Knoten oder Schleife binden, Reißverschluss schließen
-   Erkennt beim Einkaufen Preise, kennt den Geldwert
-   Beteiligt sich an der anfallenden Hausarbeit, wenn ja wie
-   Erkennt Straßen, Gebäude im Umfeld und kann sie benennen

Sprachliches Handeln

Aussagen, die zur Sprache eines Kindes im weitesten Sinne gemacht werden, sind davon gelenkt, welchen Sprachbegriff ein Beobachter seinen Beobachtungen implizit oder auch explizit zugrunde legt.

Für die folgenden Ausführungen und angebotenen Beobachtungsmöglichkeiten im Rahmen des IEP beziehen wir uns auf einen Sprachbegriff aus der Sprachbehindertenpädagogik, der Sprache als *eine Form* menschlichen Handelns beschreibt und dieses sprachliche Handeln damit als geordnete und ordnende Form des Denkens und Handelns des Kindes versteht.

Unter dem Aspekt einer *linguistischen Betrachtungsweise* ist Sprache als ein konventionelles Zeichen- und Regelsystem zu verstehen. Dieses Regelsystem gründet auf spezifischen phonetischen, phonologischen, morpho-syntaktischen, lexikalisch-semantischen (und pragmatischen) Merkmalen.

Die ersten nachfolgenden Beobachtungspunkte versuchen demnach, Aussagen über die linguistischen Merkmale der gesprochenen Sprache des Kindes zu gewinnen:

Phonetische Ebene

- Welche Einzellaute und Sprachlautfolgen kann das Kind sprechmotorisch realisieren?
- Inwiefern entspricht die Aussprache des Kindes der Hörererwartung?
- Welche Einzellaute und/oder Sprachlautfolgen bereiten dem Kind Schwierigkeiten
- Mundmotorische Auffälligkeit, Kieferanomalien

Phonologische Ebene

- Über welche Möglichkeiten verfügt das Kind, produzierbare Sprachlaute in ihrer bedeutungsunterscheidenden Funktion zu verwenden?
- Werden mehrere Phoneme durch den gleichen Sprachlaut realisiert?
- Inwiefern variieren die Realisierungen einzelner Phoneme in Abhängigkeit vom phonetischen Kontext?
- Welche phonologischen Regeln liegen den Phonemrealisierungen zugrunde (phonologische Prozesse)?
- Kann das Kind auditiv phonematisch differenzieren, dies aber nicht verbal umsetzen (Rezeption/Produktion)?

Morpho-syntaktische Ebene

- Welcher Art sind die Satzmuster, die Satzlänge, die Komplexität der Sätze?
- Beherrscht das Kind verschiedene Deklinationsformen?
- Beherrscht das Kind verschiedene Konjugationsformen?
- Zur Pluralbildung
- Zur Komparation
- Fragemarkierung, Kongruenzen
- Verbstellung

Lexikalisch-semantische Ebene

- Wie gestaltet sich der aktive Wortschatz des Kindes? (Kenntnisse von Oberbegriffen, Verwendung von Synonymen, verwendete Verben, Substantive, Adjektive etc.)
⇨ Welche Vermutungen lassen sich zum passiven Wortschatz machen?
- Individuelle Besonderheiten in der Begriffsbildung (Nationalität, Ortswechsel)
- Wortfindungsschwierigkeiten, viele Umschreibungen

Linguistische Kategorien dieser Art verweisen damit auf mögliche Funktionen, die der Sprache eines Menschen zugeschrieben werden können. Unter dem Aspekt *psycholinguistischer Betrachtungsweisen* lassen sich der Sprache zwei miteinander verknüpfte Kategorien zuordnen: Zum einen wird Sprache hier als Mittel der Repräsentation verstanden, was bedeutet, dass ein Kind sein bereits entwickeltes Wissen von seiner Lebenswelt *mittels* Sprache *repräsentieren* kann. Zum anderen ermöglicht es die Sprache dem Kind, mit anderen Menschen in Beziehung zu treten, also *mittels* Sprache zu *kommunizieren*. Diese beiden Funktionen (Repräsentations- und Kommunikationsfunktion) sind untrennbar miteinander verbunden, sie bilden eine Kategorie. Die folgende zweite Kategorie beschreibt die Fähigkeit des Kindes, seine Sprache und sich selbst zu erkennen und zu erleben. So wird die Sprache also selbst ein Gegenstand des Erkennens und Erlebens und übernimmt als solche eine Metakommunikationsfunktion.

Kommunikativ-pragmatische Ebene

- Inwiefern ist das Kind in der Lage Kommunikationssituationen zu erfassen; setzt es Sprache zum Erreichen seiner Ziele ein?
- Wie gestaltet sich die nonverbale Kommunikation? Einsatz von Gestik und Mimik
- Welche Gesprächsinhalte wählt das Kind, an welchen ist es interessiert / Beteiligung an Gesprächen?
- Zur Dialogfähigkeit: Inwiefern kann das Kind seine Intentionen mitteilen bzw. die anderer verstehen / wie reagiert es, wenn es nicht verstanden wird oder nicht versteht?
- Wie verhält sich das Kind beim Zuhören?
- Sucht es eher das Einzelgespräch, bringt es sich in einer Gruppendiskussion mit ein?

Metasprachliche Fähigkeiten

⇨ Welchen Wert sieht das Kind im Gebrauch der Schriftsprache?
⇨ Ist das Kind in der Lage, über Sprache nachzudenken/ zu reflektieren?
⇨ Verbessert sich das Kind selbst – wenn ja: wann und in welcher Form?
⇨ Auf welche Art und Weise werden metasprachliche Kompetenzen im Unterricht gefördert?
⇨ Vergleich der Lernstände im Unterrichtsfach Deutsch (Grammatik)

Mehrsprachigkeit

- Erste Sprache: wann begonnen?
- Zweite Sprache: wann begonnen?
- Dialektformen?
- Stand in den Sprachen?
- "Übersetzer" für die Eltern?
- Muttersprache
- Sprache der Eltern
- Sprache der Geschwister
- Bedeutungen, Wert der verschiedenen Sprachen
- in der Familie/ in der Schule
- Verwendete Sprache im Alltag
- Zusätzliche Fremdsprachen
- Methode des Erlernens der verschiedenen Sprachen
- Muttersprachlicher Unterricht
- Lexikon in der Zweitsprache
- Kontext der Sprachverwendung

Literaturhinweise:

Baumgartner, S./ Füssenich, I. (Hrsg): Sprachtherapie mit Kindern. München; Basel: E. Reinhardt 1997

Eggert, D./ Bertrand, L.: RZI – Raum-Zeit-Inventar der Entwicklung der räumlichen und zeitlichen Dimension bei Kindern im Vorschul- und Grundschulalter und deren Bedeutung für den Erwerb der Kulturtechniken Lesen, Schreiben, Rechnen. Dortmund 2002.

Eggert, D./ Peter, T.: DIAS - Diagnostisches Inventar auditiver Alltagshandlungen von Kindern im Grundschulalter . Dortmund 1992.

Eggert, D./ Ratschinski, G: DMB - Diagnostisches Inventar motorischer Basiskompetenzen. Dortmund 2000.

Eggert, D./ Wegner-Blesin, N.: DITKA - Diagnostisches Inventar taktil-kinästhetischer Alltagshandlungen von Kindern im Vorschul- und Grundschulalter. Dortmund 2000.

Knebel, U. v. : Aussprachestörungen als phonetisch-phonologische Entwicklungsstörungen. Unveröffentl. Seminarreader an der Universität Hannover 1997.

Kracht, A./ Welling, A.: Migration und kindliche Zweisprachigkeit: Probleme und Perspektiven in der Sprachbehindertenpädagogik. In: Grohnfeldt, M. (Hrsg.): Handbuch der Sprachtherapie, Bd. 8. Sprachstörungen im sonderpädagogischen Bezugssystem. Berlin. 365-404. 1995

Bogen 3: grundlegende Lernkompetenzen

Sozialverhalten in der Schule

Belastbarkeit und Durchhaltevermögen:

Selbstsicherheit und Selbständigkeit:

Kontaktfähigkeit:

Durchsetzungsvermögen:

Kooperationsfähigkeit
(Verhalten in der Gruppe, Fähigkeit zur sozialen Integration):

zusätzliche Beobachtungen:

Lern- und Arbeitsverhalten

allgemein
Konzentration:

Arbeitsverhalten:

Umgang mit Hilfestellungen:

Kreativität und Produktivität:

Neugier- und Fragehaltungen, Neigungen und Interessen:

Initiative und Risikoverhalten, Aktivität und Antrieb:

Genauigkeit, Schnelligkeit, Ausdauer:

in der Schule
Motivation und Entscheidung/ Art der Auswahl der Arbeit:

soziale Organisation der Arbeit:

Unterrichtsinhalte
Vorliebe für bestimmte Inhalte:

Deutliche Verbindungen zu bestimmten erlernten Fähigkeiten:

Mündliche und schriftliche Beteiligung:

bevorzugte Methoden
Vorliebe für ein bestimmtes Materialangebot:

gewählter Aufgabentypus :

gewählter Aufforderungsgrad:

Abstraktionsebene (bildhaft, ikonisch, symbolisch):

Vergleich unterschiedlicher Lernsituationen/-orte:

Unterstützende und hemmende Bedingungen:

Hausaufgaben:

zusätzliche Beobachtungen:

Problemlöseverhalten und Denkstrategien

Kritisches Denken und Urteilen:

Reflexionsvermögen eigenen und fremden Verhaltens:

Allgemeines Herangehen an Probleme und Lösungsverhalten:

Allgemeine Problemlösestrategien etc.:

Beschreiben der Denkstrategien:

Unterrichtsbezogene Aspekte
Mathematisches und formales Denken:

Sprachliches Denken:

Umgang mit schriftsprachlichen Symbolen:

Lebenspraktische Fähigkeiten:

Ganzheitliches oder mehr synthetisches Denken:

zusätzliche Beobachtungen:

allgemeine Lernvoraussetzungen

Diskrimination:
- visuell
- akustisch
- taktil
- kinästhetisch
- sozio-emotional

Formdifferenzierung und -erkennung:

Farbdifferenzierung und -erkennung:

Figur - Grund - Unterscheidung:

Raum - Lage - Wahrnehmung:

Größenunterscheidung:

Oberflächendifferenzierung:

Lokalisation:

Lateralität:

Raumorientierung/ Räumliches Vorstellungsvermögen (2 und 3 dimensional):

Zeitreihenbildung:

Visuelle Wahrnehmung und visuelles Operieren:

Auditive Wahrnehmung und Raumstrukturierung:

zusätzliche Beobachtungen:

225

Glossar zu Bogen 3: grundlegende Lernkompetenzen

Sozialverhalten

In diesem Abschnitt geht es darum, die Situation des Kindes im Zusammensein mit anderen zu erfassen und zu beschreiben.

Wir weisen an dieser Stelle darauf hin, dass es keinesfalls darum gehen darf, ein moralisches Urteil über das Kind hinsichtlich seines sozialen Verhaltens gegenüber anderen Kindern und/oder Erwachsenen zu fällen. Die Beschreibungsebene sollte deskriptiv sein, da wir als Beobachter nur dann die Strategien des Kindes, sich mit seiner Umwelt auseinanderzusetzen, erfahren, wenn wir dem Verhalten des Kindes zunächst möglichst vorurteilsfrei und vor allem losgelöst von bestehenden Normvorstellungen begegnen.

Insofern beschreiben *Belastbarkeit und Durchhaltevermögen* die Fähigkeit, ein Spiel oder eine Aufgabe über einen längeren Zeitraum zu verfolgen und zu vollenden unter Berücksichtigung der gestellten Aufgabe.

Selbstsicherheit umfasst das Maß, in dem das Kind an seine Fähigkeiten und Fertigkeiten glaubt und sich seiner sicher ist. Die Einschätzung der Fähigkeiten muss dabei nicht die realen Möglichkeiten des Kindes aufweisen.

Selbständigkeit ist die Fähigkeit, Aufgaben alleine, also ohne fremde Hilfe, zu lösen.

Bei der Frage nach der *Kontaktfähigkeit* sollen die Form und Fähigkeit der Kontaktaufnahme näher betrachtet werden. Hier spielen u.a. Gesichtspunkte, die die Sprache, Mimik oder Gestik betreffen eine große Rolle. Desgleichen ist danach zu fragen, zu wem das Kind ver-

mehrt den Kontakt sucht und aufbaut: zu Gleichaltrigen, zu Jüngeren oder zu Erwachsenen.

Der Punkt *Durchsetzungsvermögen* fragt nach der Art und Weise der Umsetzung von Zielen, die das Kind für sich selbst als bedeutungsvoll definiert. Werden Argumente eher sprachlich vorgetragen oder in Form von Androhung körperlicher Gewalt?

Die Frage nach der *Kooperationsfähigkeit* zielt auf die Kompetenz des Kindes, mit anderen zusammenzuarbeiten, Kompromisse einzugehen, die Akzeptanz und Toleranz gegenüber andersartigen Vorschlägen. Gleichzeitig soll hier beobachtet werden, inwieweit das Kind in der Lage ist, anderen Kindern zu helfen, sich helfen zu lassen und sich im Klassenverband als festes Mitglied zu integrieren.

Der direkte Zusammenhang von Sozial-, Lern- und Arbeitsverhalten mit den Rahmenbedingungen der und der daraus resultierenden Motivationslage sollte hierbei stets ins Gedächtnis gerufen werden.

Auch hier gilt wieder, dass Beobachtungen an dieser und an anderer Stelle notiert werden können. Da es aber verschiedenen Anwendern stets ein Bedürfnis war eine Extrakategorie zum Sozialverhalten im Gesamtformular aufzunehmen, werden an dieser Stelle Informationen gesammelt und berichtet, die auch an anderen Stellen auftauchen. Gegebenenfalls können hier auch sehr knappe Ausführungen schon hilfreich sein.

Belastbarkeit und Durchhaltevermögen
- Irritation
- Erschöpfung oder Ausdauer
- Ablenkbarkeit
- Orientierung oder Desorientierung
- Kontinuität
- Benötigte Pausen

Selbstsicherheit und Selbständigkeit
- Aufbau des Wunsches/ Willens und der entsprechenden Fertigkeiten, ohne Hilfe anderer (v.a. Erwachsener) auszukommen
- Selbstvertrauen entwickeln und fördern
- Selbständige Bewältigung von Lebenssituationen
- Entscheidungen - auch in Konflikt- und Problemsituationen – treffen
- Selbständige Materialbeschaffung
- Benötigt Lob der Bezugspersonen
- Verzichtet auf Überprüfung der Aufgaben durch die Lehrerin
- Einschätzen eigener Leistung: sicher/unsicher

Kontaktfähigkeit

- Interesse an Kontaktaufnahme
- Spricht andere an
- Holt Materialien von anderen
- Bittet um etwas
- Spielt mit anderen
- Art der Kontaktaufnahme (verbal, emotional, körperlich) zu Gleichaltrigen, Erwachsenen, ...

Kooperationsfähigkeit
(Verhalten in der Gruppe, Fähigkeit zur sozialen Integration)

- Gemeinsam mit anderen handeln
- Erkennen, übernehmen, durchführen von Teilaufgaben
- Kompromisse annehmen
- Vorschläge anderer akzeptieren
- Anderen helfen
- Allgemein gestellte Forderungen als für sich verbindlich erleben
- Im Klassenverband integriert sein

Durchsetzungsvermögen

- Eigene Wünsche und Bedürfnisse artikulieren
- Argumentative Überzeugung oder körperliches Durchsetzen
- Einbringen eigener Beiträge in die Gruppenarbeit

Lern- und Arbeitsverhalten

Das Lern- und Arbeitsverhalten eines Schülers ist Produkt und Spiegel seiner individuellen Persönlichkeit, seiner psychischen Verfassung und seines spezifischen sozialen Umfeldes. Zudem steht es in enger Beziehung zu den Fähigkeiten und auch Schwierigkeiten des jeweiligen Kindes, den Lehr- und Lernmethoden und den Rahmenbedingungen.

Im Hinblick auf die *Beobachtung* des Lern- und Arbeitsverhaltens und die *Beschreibung* der Einstellung zum Lernen in und außerhalb der Schule ist zu berücksichtigen, dass sich *charakteristische* Eigenheiten nur über einen längeren Beobachtungszeitraum erkennen lassen.
Darüber hinaus ist zu bedenken, dass Verhalten immer in Situationen stattfindet - es gibt kein Verhalten an sich - und Situationen unterscheiden sich immer voneinander. Die Einstellungen, die Menschen zu verschiedenen Dingen haben, sind immer kontextgebunden - der Kontext ist aber immer ein anderer. THOMAE, 1976 weist zusätzlich darauf hin, dass Verhaltensbeobachtungen einen bestimmten Figur-Grund-Charakter besitzen - dass also bestimmte Verhaltensweisen in den Mittelpunkt der Aussage rücken, während andere nicht gesehen oder erwähnt werden. "Die Wahrscheinlichkeit, dass ein bestimmtes Ver-

halten erfasst wird, nimmt zu mit dem Grad der Abweichung dieser Verhaltensweise vom *Üblichen*, von der Norm" (ebd. S. 10). Als Beobachter sind wir in unserer Wahrnehmung natürlich auf unsere Erfahrungen, Wertmaßstäbe, Vorannahmen etc. angewiesen, so dass wir uns von bestimmten Normvorstellung kaum lösen können. Dies hat zur Folge, dass die Beobachtung eines Schülers immer subjektiv ist. Sie wird aber um so objektiv*er* - wenn auch nie wirklich objektiv - je länger der Zeitraum der Beobachtung andauert und je mehr Beobachter ihre Beobachtungen zusammentragen. Aus diesem Grund wird beim IEP außerordentlich viel Wert auf die *kontinuierliche* und *kritische* Überprüfung der Beobachtungsergebnisse in *Kooperation mit allen*, die an der Erstellung beteiligt sind, gelegt. Es müssen jederzeit Revisionen, also die Neugestaltung der Hypothesen, angesichts neuer diagnostischer Erkenntnisse möglich sein.

In diesem Sinne sollen die im Folgenden aufgeführten Kategorien die Beobachtung erleichtern, indem sie als Stukturierungshilfe verstanden werden. Es ist jedoch entscheidend, dass wir als Beobachter darum bemüht sind, nicht nur die vorgegebenen Aspekte im Auge zu haben oder gar alle angegebenen Merkmale finden zu wollen.

Konzentration
- Im Unterricht
- Im Spiel und in der Freizeit
- Ablenkbarkeit
- Benötigte Arbeitsumgebung

Arbeitsverhalten
- Arbeitsbeginn
- Unterstützung, Zuwendung, Bestätigung
- Instuktionsverständnis
- Benötigte Zeit zur Aufgabenbewältigung
- Aufgabenlösung als Ganzes oder in Teilschritte zerlegt
- Zielbewusstes und ausdauerndes Arbeiten , Sorgfalt und Genauigkeit
- Konzentration, Aufmerksamkeit
- Ausdauer
- Arbeitsverlauf
- Selbständigkeit

Umgang mit Hilfestellungen
- Hilfestellungen annehmen
- Hilfestellungen weitergeben
- Interesse an Korrektur
- Akzeptanz und Umsetzung von "Hilfe zur Selbsthilfe"
- Partner bei Hilfestellungen (Lehrerinnen, Schülerinnen, ...)

Kreativität und Produktivität
- Spontaneität und Phantasie
- Experimentieren und Entdecken
- Ungewöhnliche Ideen, Leistungen und Lösungen, neuartige Ergebnisse

Neugier und Fragehaltungen, Neigungen und Interessen
- Aufgeschlossenheit gegenüber Erscheinungen und Ereignissen in der Umwelt
- Unbefangenheit, Offenheit, Fragen und Problematisieren in allen Bereichen, allem Neuen gegenüber
- Entdeckendes, beobachtendes Lernen
- Anerkennung und Entwicklung, Aufbau und Erweiterung spezieller Interessen
- Fähigkeit zur Verbalisierung von Fragen, Meinungen, Gefühlen
- Einbringen außerschulischer Erfahrungen

Initiative und Risikoverhalten, Aktivität und Antrieb
- Unternehmensbereitschaft, Entschlussfähigkeit
- Bereitschaft, den Anstoß für Handlungen zu liefern
- Einsatz für eine Meinung, eine Sache, einen Menschen
- Einsatzbereitschaft - auch bei ungewissem Ausgang oder möglichen persönlichen Nachteilen

Genauigkeit, Schnelligkeit, Ausdauer
- Sorgfältig/ungenau/akkurat
- Langsam aber konzentriert/ abgelenkt schnell und sicher

Motivation und Entscheidung/Art der Auswahl der Arbeit
- Benötigte Zeit zum Auswählen der Arbeit
- Anregung/ Unterstützung/ Zuwendung durch Lehrerin oder Mitschülerinnen nötig (verbale Hinweise, Danebenstehen, ...)
- Bedingungen besonders motivierten Arbeitens
- Bevorzugte Aufgabentypen
- Methoden besonderer Motivation (Einstiegsphasen der Stunden)

sozialen Organisation der Arbeit
- Alleine od. Partnerarbeit - Lehrerin od. Mitschülerinnen; kleine od. große Gruppe
- Bevorzugte Fächer, Inhalte, Aufgabentypen
- Wählt schwierigere Aufgaben bei differenziertem Angebot
- Häufiger Wechsel oder Abbruch
- Eigene Ideen bestimmen das Handeln
- Bestätigung und Rückmeldung notwendig
- Eigenständige Beurteilung

Partnerwahl
- Typus des Partners
- Gründe für die Wahl (Freundschaften, ...)
- Gestaltet sich schwierig, Außenseiterrolle
- Wird gern ausgewählt

228

Unterrichtsinhalte

Vorliebe für bestimmte Inhalte:
- Bezug zur eigenen Lebensumwelt (Bauernhof, Haustiere, Berufe der Eltern...)
- Eigene Hobbys, besondere Erfahrungen
- Deutliche Verbindungen zu bestimmten erlernten Fähigkeiten

Mündliche und schriftliche Beteiligung
- Gleich oder Diskrepanz
- Fächerabhängig
- Fremdreaktionen auf die Äußerungen

bevorzugte Methoden

Vorlieben für bestimmte Materialien
- ⇨ Gründe für die Wahl
- ⇨ Umgang mit dem Material

vom Schüler gewählter Aufgabentypus,
- nachmachend od. kreativ
- wiederholend od. entdeckend
- knifflig

vom Schüler gewählter Aufforderungsgrad
- leicht
- mittel
- schwer
- Selbstüber oder -unterschätzung

Abstraktionsebene
- konkrete Anschauung, Objekt
- Symbol
- Abbildung
- neu eingeführt od. vertraut

Vergleich unterschiedlicher Lernsituationen/-orte
- Frontalunterricht
- Offener Unterricht, Wochenplan
- Gruppengröße
- Klassenunterricht
- diagnostischen Probeunterricht

Unterstützende und hemmende Bedingungen
- Unterrichtsform und -gestaltung
- Sozialform

Hausaufgaben
- eigener Raum
- Ruhe
- andere Aufgaben
- Tätigkeiten nebenbei (TV, Radio, auf Geschwister achten)
- regelmäßig
- mit Hilfe
- Wo Eltern helfen können, wo Geschwister?
- Welche Bedeutung Hausaufgaben für die Eltern haben?
- vorherige genaue Erklärung in der Schule nötig
- vollständig
- Begründungen für fehlende Aufgaben
- Strategien zur Vermeidung und Lösung

Problemlöseverhalten und Denkstategien

Die wesentlichen Inhalte von verschiedenen zur Bestimmung des Förderbedarfs benutzten Intelligenztests können bei Bedarf in diesem Abschnitt qualitativ beschrieben werden, dabei stehen im Vordergrund die inhaltliche Betrachtung der Vorgehensweise des Kindes angesichts von Aufgaben, die die Breiche des Problemlöseverhaltens betreffen. Wichtig erscheint dabei, dass der Anwender sich vollständig von einer quantitativen Analyse (Bestimmung des Intelligenzquotienten) löst und das Schwergewicht auf eine Beschreibung des Prozesses der Auseinandersetzung des Kindes mit den Aufgaben legt.
Wie bereits erwähnt überschneiden und ergänzen sich einige Bereiche. Hierbei ist eine Verbindung mit dem beobachteten Lern- und Arbeitsverhalten sinnvoll.
Das genaue analysieren der Herangehensweise an verschiedene Aufgabentypen gibt Aufschluss über präferierte Lösungsstrategien und ihre Methoden. Dadurch können mögliche Fehlerquellen und Ansätze zur Förderung aufgezeigt werden. Informationsverarbeitungsprozesse können jedoch nicht in ihrer ganzen Komplexität entschlüsselt werden. Dem Diagnostiker bleibt nur die Beobachtung der einzelnen Handlungsschritte sowie die Aufforderung, dass das Kind seine Handlungen sprachlich begleiten soll.

Die kognitive Psychologie betont, dass Lernen ein sinnstiftender Prozess ist. Die Art und Weise, wie Schüler über Aufgaben und Probleme nachdenken, die individuellen Schemata die sie dabei anwenden und die "naiven" Wahrnehmungen die sie haben, müssen erkannt werden, wenn Unterricht erfolgreich sein soll. Es gibt jedoch immer verschiedene Methoden zur Problemlösung.

Kritisches Denken und Urteilen
- Informationen aufnehmen und verarbeiten
- Flexibilität des Denkens
- Prüfen, Vergleichen, Werten
- Kritikfähigkeit
- Vor- und Nachteile erkennen, sie gegeneinander abwägen
- Schlüsse ziehen
- Arbeitsergebnisse beurteilen

Reflexionsvermögen eigenen und fremden Verhaltens:
⇨ Die Gefühle anderer nachvollziehen können
⇨ Eigene Anteile in Konfliktsituationen erkennen können
⇨ Ursache-Wirkungszusammenhänge erkennen

Allgemeines Herangehen an Probleme und Lösungsverhalten
- Freude am Problemlösen (Rätsel)
- Probleme erkennen und aufgreifen
- Probieren, um Lösungswege zu finden
- Kompromissbereitschaft

Allgemeine Problemlösestrategien etc.
⇨ Wie ist der Prozess von Aufnahme und Verarbeitung der Aufgaben gestaltet?
⇨ Wie wird eine Aufgabe in Angriff genommen bzw. gelöst?
⇨ Mit welchen Mitteln und Wegen wird sie gelöst?
⇨ Welche Instruktionen werden benötigt?
⇨ Wie wird mit den Hilfen umgegangen?

Beschreiben der Denkstrategien
Logisch - schlussfolgerndes Denken: Durch Beobachtungen (Wahrnehmung) gewonnene Erkenntnisse mit Erfahrungen verknüpfen, zueinander in Beziehung setzen und Rückschlüsse ziehen
- deduktiv: Ableiten des Einzelfalls aus dem Allgemeinen
- induktiv: Ableiten von Schlussfolgerungen aus vorgegebenen Fakten
- analog: Bezug nehmen auf ein anderes ähnliches Problem
-digital: Stufen-, Schrittweise
Strategisches Vorgehen: Vorsätzliche und überlegte Mittel werden zur Zielerreichung eingesetzt, Anwendung von Regeln
Transfertechniken: können Wissen aus einer bereits gelernten Situation auf eine neue Situation übertragen
Ganzheitliches oder mehr synthetisches Denken: vernachlässigt einzelne Faktoren, löst die Aufgabe in Abschnitten

Bogen 4: Lernstand in einzelnen Unterrichtsbereichen

Mathematik

Erläuterungen zur Gestaltung des Mathematikunterrichtes:

Pränumerische Operationen und „Zahlbegriff":

Zahlen und Zählkompetenz:

Relationen, Ordnungen, Stellenwertbegriff:

Geometrie:

Anwendungen von Rechenoperationen im Zahlenraum von_____ bis_____:

- Addition:

- Subtraktion:

- Multiplikation:

- Division:

- Geldwerte, Längen, etc.:

Umgang mit Textaufgaben:

zusätzliche Beobachtungen:

Schriftspracherwerb

Voraussetzungen des Schriftspracherwerbs
Einsicht in den Gebrauchswert der Schriftsprache:

Einsicht in den Aufbau der Schriftsprache:

Lesen

verwendeter Leselehrgang/ Leselernmethode (analytisch...):

verwendete Lesestrategien:

Zeichenverständnis/Sichtwortschatz:

Lautanalyse:

Schriftaufbau/Bausteingliederung:

Buchstabenkenntnis:

Verstehen von Texten:

Schreiben

Verwendete Schrift im Lesen und Schreiben:

Buchstabenkenntnis:

Schreibmotorik:

Schriftqualität, Handschrift:

Techniken beim Abschreiben, Aufschreiben, Niederschreiben:

Fehlerkontrolle:

Verfassen von Texten:

zusätzliche Beobachtungen:

musische und ästhetisch-kreative Fähigkeiten

Musik:

Rhythmik:

Kunst:

Werken / Textiles Gestalten:

zusätzliche Beobachtungen:

Besonderheiten in anderen Unterrichtsfächern

Sachunterricht:

Verkehrserziehung:

Religion/ Werte und Normen:

Förderunterricht:

Arbeitsgemeinschaften:

zusätzliche Beobachtungen:

Glossar zu Bogen 4:
Lernstand in einzelnen Unterrichtsbereichen

Die Feststellung des Entwicklungsstands in den einzelnen Unterrichtsbereichen trägt maßgeblich dazu bei, den sonderpädagogischen Förderbedarf eines Kindes zu ermitteln.

Die Fragen, die sich dem Beobachter für diesen Bereich stellen, sollten jedoch weder nur bei jenen normativen Bezugssystemen wie beispielsweise den "Rahmenrichtlinien" für die einzelnen Unterrichtsfächer ansetzen, *also bei der Frage: Welche Ziele hat das Kind erreicht, welche noch nicht?*, noch ausschließlich bei dem Kind und seinem Entwicklungstand allein, *also bei der Frage: Welche Fähigkeiten und Fertigkeiten hat das Kind bislang entwickeln können?*.
Es geht vielmehr auch um die Frage, *unter welchen Bedingungen sich das Kind in den einzelnen Unterrichtsbereichen wie entwickeln*

konnte; wo gibt oder gab es hinderliche bzw. förderliche Bedingungen für das Kind?
Denn von "den Stärken auszugehen", bedeutet nicht nur, die Stärken des Kindes selbst für seine Förderung nutzbar zu machen, sondern ebenso auch die Stärken – die förderlichen Bedingungen – in der Lernumgebung des Kind zu nutzen, um sie zu erhalten.
Dieser Zusammenhang (Bildungsziel – Individualität des Kindes – Lernumgebung) muss bei allen nachfolgenden Beobachtungsebenen mitgedacht und berücksichtigt werden, sofern die Ergebnisse für die Erstellung eines IEP tauglich sein sollen. Die im Unterricht geforderten Kompetenzen setzen verschiedene Basisfertigkeiten voraus, die bereits im Bogen 2 verzeichnet sind.

Mathematik

Die wesentlichen Aufgaben des Mathematikunterrichts in der Grundschule bestehen in der Entwicklung des Zahlbegriffes, der Vermittlung von Einsichten in den Aufbau der natürlichen Zahlen und dem Erwerb erster Rechenfähigkeiten (Addition, Subtraktion, Multiplikation, Division, der Umgang mit Geldwerten, Längen,

Zeiteinheiten, Gewichten Rauminhalten, geometrischen Grundformen).
Da Rechnen eine Kulturtechnik ist, sollte man diese in den grundlegenden Bereichen beherrschen, um am gesellschaftlichen Leben teilhaben zu können.

Alltagsbeobachtungen zum Rechnen und zum Umgang mit Geld
- ⇨ Beziehung zur Mathematik
- ⇨ Wie und wann wird Rechnen, Zählen, Zahlen etc. eingesetzt?
- ⇨ kauft bereits selbständig ein

Erläuterungen zur Gestaltung des Mathematikunterrichts
- ⇨ verwendeter Lehrgang
- ⇨ Bedeutung der Mengenlehre
- ⇨ Größe des zuerst eingeführten Zahlenraums
- ⇨ Veranschaulichungsmittel
- ⇨ Umgang mit den drei Darstellungsebenen (enaktiv, ikonisch, symbolisch)
- ⇨ Formen und Prinzipien des Unterrichts
- ⇨ Wann wurden Symbole verwendet?
- ⇨ Welche Materialien, Spiele und Medien wurden in welchen Zusammenhängen eingesetzt?
- ⇨ Formen des Unterrichts
- ⇨ Wie wurde all das von dem Kind angenommen?

Pränumerische Operationen und "Zahlbegriff"

⇨ Anzahlvergleiche durch 1:1-Zuordnung oder durch Zählen?
⇨ Invarianz (Absehen von der Anordnung der Elemente)
⇨ Repräsentanz (Absehen von den Eigenschaften der Elemente)
⇨ Wodurch wurde der Zahlbegriff vorbereitet?
⇨ Wie und wann wurde er eingeführt?
⇨ Elemente nach Eigenschaften (Form, Farbe, Größe,...) erkennen, sortieren, benennen
⇨ 1:1-Zuordnung
⇨ Begriff von mehr oder weniger, größer/kleiner
⇨ Klassifikation vornehmen können
⇨ Zahlen als Beziehungsbegriff (Reihenbildung, Umgang mit Teilmengen) erkennen
⇨ Zahl als Symbol einer Menge erkennen
⇨ Umgang mit einstelligen Zahlen
⇨ Zahlen im Bereich bis ... lesen und nach Diktat schreiben
⇨ Größenvergleiche anstellen
⇨ Zahlenfolgen
⇨ Vorgänger und Nachfolger bestimmen
⇨ Zeitreihenfolge

Relationen, Ordnungen, Stellenwertbegriff:

⇨ Vorgänger/Nachfolger
⇨ Welche Zahl liegt zwischen ... und ...?
⇨ Größenvergleiche [<, >, =]
⇨ Zahlen der Größe nach ordnen
⇨ Verdoppeln/Halbieren
⇨ Ungleichungen
⇨ Bündeln
⇨ mehrstellige Zahlen lesen und aufteilen in T, H, Z, E (Leserichtung wird vertauscht)
⇨ Zahlen darstellen (z.B. in Punkt-, Strich-, Quadratdarstellung)
⇨ der geschriebenen Zahl die entsprechende Menge zuordnen

Zahlen und Zählkompetenz

⇨ Vorwärtszählen/Rückwärtszählen von 1 bzw. einer beliebigen Zahl
⇨ Zählen in 2er, 3er, . .- Schritten
⇨ Wie werden Gegenstände gezählt (mit/ohne Zeigen/Tippen mit den Fingern)?
⇨ Zählen von Klopfzeichen, Tönen
⇨ rhythmisches Zählen
⇨ Schreiben und Lesen von Zahlen (nach Diktat)

Geometrie

⇨ Spiegeln
⇨ Formen wiedererkennen
⇨ Formenkenntnis (Kreis, Dreieck, Quadrat, Rechteck)

Addition

⇨ Welche Strategien (Zählstrategien, Auswendigwissen, weiterführende Strategien) werden angewendet?
⇨ Werden Analogien eingesetzt?
⇨ Werden die Finger oder ein anderes Material benutzt oder ist es hilfreich?
⇨ Vorstellung von den einzelnen Operationen
⇨ qualitative Fehleranalyse (besonders bei schriftlichen Verfahren
⇨ Zahlenoperationen bis ...... vornehmen
⇨ Zahlenoperationen bis ...... jemandem erklären
⇨ Addition im Zahlbereich bis ...... ohne Zehnerüberschreitung
⇨ Addition im Zahlbereich bis ...... mit Zehnerüberschreitung
⇨ Addition mit mehreren Summanden mit/ohne Übertrag
⇨ Zerlegen von Zahlen
⇨ Kommutativität (Vertauschbarkeit)

Subtraktion

⇨ Zahlenoperationen bis ...... vornehmen
⇨ Zahlenoperationen bis ...... erklären
⇨ Subtraktion im Zahlbereich bis ...... ohne Zehnerüberschreitung
⇨ Subtraktion im Zahlbereich bis ...... mit Zehnerüberschreitung
⇨ Subtraktion mit einem Subtrahenden
⇨ Subtraktion mit mehreren Subtrahenden

Multiplikation

⇨ Zahlen im Zahlenbereich bis ...... verdoppeln
⇨ Kleines 1x1
⇨ Großes 1x1
⇨ schriftliche Multiplikation mit ......stelligem zweiten Faktor

Division

⇨ Zahlen im Zahlenbereich bis ...... halbieren
⇨ schriftliche Division mit ......stelligem Divisor

Geldwerte, Längen, etc.

⇨ Werte von Münzen und Banknoten kennen
⇨ Addition und Subtraktion mit Geldwerten
⇨ Umwandlung von Maßeinheiten

Umgang mit Textaufgaben

⇨ Fragestellungen erklären
⇨ Aufgabe mit eigenen Worten nacherzählen:
⇨ Was wollen wir wissen?
⇨ Was weißt du bereits?
⇨ Was kannst, was mußt du rechen (ggf. Skizze oder Zeichnung anfertigen lassen)
⇨ Niederschreiben der Rechenoperationen
⇨ Beantwortung der Fragestellung

Schriftspracherwerb

Die Schriftsprache ist aus dem Bedürfnis des Menschen heraus entstanden, Informationen auch über größere zeitliche und räumliche Entfernungen hinweg festhalten zu können. Der Erwerb der Schriftsprache erfordert vom Kind eine Reihe von Einsichten, die es in den Aufbau und die Struktur der geschriebenen Sprache gewinnen muss.
Unser Schriftsystem folgt dabei dem Prinzip einer Buchstaben- bzw. Alphabetschrift. Diese beruht auf phonetisch-phonologischen Kriteri-en, also auf einer Zuordnung von einzelnen graphischen Zeichen zu Lauten oder Lautsegmenten der gesprochenen Sprache. Der deutschen Schriftsprache liegt das lateinische Alphabet mit einer festgelegten Zahl graphischer Zeichen zugrunde. Da die Anzahl dieser graphischen Zeichen geringer ist als die der deutschen Phoneme, kann zwischen der Laut- und Schriftsprache keine 1:1-Relation bestehen. Es ist nicht möglich, die Lautsprache in allen Einzelheiten in die Schriftsprache zu übertragen;

sie ist somit keine Transkription der Lautsprache, aber an der Lautung der gesprochenen Sprache orientiert.

Diese Orientierung ist keinesfalls zufällig, sie folgt - auf einen bestimmten Zeitabschnitt gesehen - konventionellen Regelsystemen, die verschiedenen Prinzipien unterliegen.
Die Beziehungen zwischen Laut- und Schriftsprache sind keinesfalls linear. Beide Sprachformen haben trotz ihrer komplexen Beziehungen zueinander eine relative Eigenständigkeit.

Voraussetzungen des Schriftspracherwerbs

Einsicht in den Gebrauchswert der Schriftsprache
⇨ Hat die Schriftsprache eine persönliche Bedeutung für das Kind?
⇨ Weiß das Kind um die gesellschaftliche und kulturelle Bedeutung der Schriftsprache?
⇨ Besteht das Bedürfnis nach schriftlicher Kommunikation? Wenn ja, wodurch ist es geweckt, wenn nein, wodurch vermutlich nicht?

Einsicht in den Aufbau der Schriftsprache
Hat das Kind die Einsicht gewonnen, ...
⇨ dass Schrift Bedeutung trägt, also für etwas anderes steht, und somit Zeichen ist?
⇨ dass Schrift nicht äußerliche, sinnlich wahrnehmbare Eigenschaften von Gegenständen oder Handlungen abbildet, sondern Hinweise auf den Klang von Wörtern bzw. eine Anweisung für ihre Aussprache gibt?
⇨ welche Einheiten der Schrift mit welchen Einheiten der Lautsprache korrespondieren, d.h. auf welche Teile der gesprochenen Sprache sich die einzelnen Schriftzeichen beziehen?
⇨ dass die Raumlage, die Reihenfolge und die Richtung der Buchstaben(folge) bedeutungsvoll sind?
⇨ welche Lautmerkmale bzw. -unterschiede in ihrer Sprache überhaupt bedeutungsunterscheidend und welche bewusst zu vernachlässigen sind?
⇨ dass die Beziehung zwischen Schriftzeichen und Laut willkürlich ist?
⇨ welche graphischen Unterschiede die Identität einzelner Zeichen bestimmen und welche unwesentlich sind?

Lesen

Verwendeter Leselehrgang/Leselernmethode (analytisch...)
⇨ Nach welchem Lehrgang, nach welcher Methode wird unterrichtet?
⇨ Wie handhabt das Kind das verwendete Unterrichtsmaterial?
⇨ Verwendete Leselernmethode (synthetisch, analytisch, gemischt)

verwendete Lesestrategien
⇨ Leserater
⇨ Erkennt sich wiederholende Segmente –en, und, -ung
⇨ Orientiert sich stark am Anlaut
⇨ Erkennt Zusammenhang zwischen Wortlänge und Klangbild
⇨ Liest sinnentnehmend, wenige Schwierigkeiten bei unbekannten (langen) Worten

236

Zeichenverständnis/Sichtwortschatz

⇨ Kann das Kind Symbolsysteme (Pikto-gramme, Bilder etc.) regelgerecht auf eine Situation anwenden/ ihnen Inhalte und Handlungsanweisungen entnehmen?

⇨ Umgang mit einem Stadtplan, Fahrplan, Bauanleitungen etc.

⇨ Schriftzüge im Kontext lesen

⇨ Wiedererkennen von Wörtern, z.B. aus der Werbung (Coca Cola) – logo-graphemische Kenntnisse

⇨ Wie geht das Kind mit unterschiedlichen Schrifttypen um?

Lautanalyse

⇨ Kann das Kind seinen Sprachstrom glie-dern und segmentieren?

⇨ Kann es durch Schriftzeichen repräsen-tierte Sprachlaute zu Lautfolgen verbin-den?

⇨ Kann es einzelne Laute diskriminieren?

⇨ Erkennen von An-, In- und Endlauten?

⇨ Unterscheidung ähnlich klingender Wörter / Minimalpaare

Buchstabenkenntnis

⇨ Welche Buchstaben sind dem Kind be-kannt, welche unbekannt?

⇨ Verwechselt das Kind bestimmte Buch-staben? Wenn ja, was sind vermutlich die Gründe?

⇨ Vermischt es Groß- und Kleinbuchstaben oder ordnet es sie sicher einander zu?

Schriftaufbau/Bausteingliederung

⇨ Weiß das Kind um die Konvention einer Leserichtung?

⇨ Kennt das Kind die distinktiven Merkmale von Schriftzeichen (Raum-Lage-Wahrnehmung, p, b, d)?

⇨ Hat das Kind einen Wortbegriff, kennt es die Funktion der Lücke zwischen Wör-tern?

⇨ Weiß das Kind um das morphematische Prinzip der Schriftsprache?

⇨ Weiß das Kind um die Kennzeichnung ei-nes Satzes?

⇨ In welche handhabbaren Teile zergliedert das Kind Wörter oder Sätze?

⇨ Welche Strategien verfolgt das Kind beim Lesen / beim Schreiben?

Verfassen und Verstehen von Texten

⇨ Kann das Kind sinnentnehmend lesen? (sprachliche Wiedergabe des Inhaltes, Nacherzählen, Inhalt in Bilder umsetzen)

⇨ Kann das Kind Buchstaben, Silben, Wörter, einfache Sätze, komplexe Sätze lesen und schreiben?

⇨ Wie ist das Lesetempo bzw. das Schreibtempo des Kindes?

Schreiben

Verwendete Schrift im Lesen und Schrei-ben

⇨ Blockschrift

⇨ Druckschrift

⇨ Vereinfachte Ausgangsschrift

⇨ Lateinische Ausgangsschrift

⇨ Andere Schrifttypen

Schreibmotorik

⇨ Sitzhaltung

⇨ Stifthaltung

⇨ Schreibdruck

⇨ Handhaltung, Griffweise

⇨ Schreibgerät

⇨ Lateralität

⇨ Auge-Hand-Koordination

Schriftqualität, Handschrift

⇨ Formklarheit

⇨ Flüssigkeit

⇨ Schreibgeschwindigkeit

⇨ Verbundenheit

⇨ Verkrampftheit

⇨ Einhalten von Linien und Zeilenrändern

Techniken beim Abschreiben, Aufschrei-ben und Niederschreiben

⇨ Buchstabe für Buchstabe

⇨ Silbenschritte

⇨ Wörter

⇨ Diktat bekannter und unbekannter Wörter, Texte

⇨ Ganzheitliche Sinnspeicherung

Fehlerkontrolle

⇨ Eigenständig
⇨ Mit Hilfe (von Schülerinnen oder von der Lehrerin)
⇨ Wie geht das Kind mit Fehlern um?

Verfassen von Texten

⇨ Vgl. Verstehen von Texten

Musische und ästhetisch-kreative Fähigkeiten

Hierunter fallen die gestalterischen und kreativen Tätigkeiten eines Kindes, wie das Malen, Zeichnen, Musizieren, Singen, Tanzen und Werken. Beobachtungen in diesem Bereich geben dem Pädagogen u. a. darüber Aufschluss, inwiefern sich die melodische und rhythmische Differenzierungsfähigkeit des Kindes bereits ausgebildet hat. Diese Fähigkeiten sind bedeutend für die akustische Durchgliederung der Sprache und die Wahrnehmung und Interpretation der Prosodie des Sprechers.

Die Beachtung gemalter Bilder kann zum einen Rückschlüsse auf die Entwicklung der Feinmotorik und der allgemeinen Gestaltungsfähigkeit geben, zum anderen geben sie Auskunft über die Weltsicht des Kindes und sein Selbstkonzept. Mit einer Interpretation sollte man allerdings sehr vorsichtig sein, da sie immer unpräzise und subjektiv sind und nur einen relativen Hinweischarakter haben. Nicht zu vernachlässigen sind die parallel zur Zeichnung gemachten Äußerungen.

Interesse und Freude an musischen und rhythmischen Aktivitäten in der Gruppe

⇨ Tanzen
⇨ Singspiele
⇨ Fingerspiele
⇨ Beibehalten eines Rhythmus
⇨ Variabilität rhythmischer Abfolgen wahrnehmen

Singen, Musizieren, eigenes Instrumentalspiel etc.

⇨ Spaß am Singen
⇨ Musikunterricht außerhalb der Schule
⇨ Rhythmen hören und wiederholen können
⇨ Pausen hören und einhalten können
⇨ Unterschiede laut/leise, schnell/langsam hören und wiederholen können
⇨ Instrumenten -und Notenkenntnis
⇨ Selbständig ein Lied rhythmisch und melodisch singen können

Musik genießen können

⇨ Fähigkeit zum Zuhören
⇨ Fähigkeit zum Abschalten
⇨ Fähigkeit zum Träumen
⇨ Kraft sammeln

Malen

Interesse und Freude am Malen

⇨ Spontane Kritzeleien
⇨ Lust am Malen mit und auf verschiedenen Materialien
⇨ Bevorzugung bestimmter Materialien
⇨ Vorhandene außerschulische Möglichkeiten und Angebote

Differenziertheit von dargestellten Motiven (Mensch, Baum)

⇨ Ausmalen
⇨ Nach Vorlage
⇨ Ohne Vorlage
⇨ Eigene Ideen
⇨ Ausnutzung des Blattes
⇨ Art der Verwendung von Farben (dienen der größtmöglichen Bedeutungsunterscheidung, als Objektfarbe)
⇨ Perspektivische Darstellung (Bodenkantenbild, mehrere Perspektiven)
⇨ Proportionen

Welche Bildinhalte werden dargestellt

⇨ Kritzelbilder
⇨ Kopffüßler
⇨ Skizzen
⇨ ausführliche Darstellungen
⇨ gibt Aufschluss über Interessenlage

Werken/ Textiles Gestalten

⇨ Geschicklichkeit
⇨ Interesse, Motivation
⇨ Vorerfahrungen
⇨ kreative Gestaltung
⇨ feinmotorisches Geschick
⇨ Planung, Strukturierung der Arbeitsschritte

Besonderheiten in anderen Unterrichtsfächern

Nicht nur die Fähigkeiten und Fertigkeiten in den Kulturtechniken spielen eine Rolle für die Erstellung eines Förderplans. Da viele Kinder durch die systematische Aufsplittung der einzelnen Lernbereiche in Unterrichtsfächer sich dem enormen Druck ausgesetzt sehen, zu einem bestimmten Zeitpunkt eine spezifische Leistung erbringen zu müssen, entfalten sie oftmals ihre Fähigkeiten erst in den Zeiten des Schultages, in denen die so genannten "Nebenfächer" unterrichtet werden.
Gerade diese Zeiten sind hinsichtlich der Beobachtung eines Kindes von großem Wert und geben die Möglichkeit, Aussagen über die gesamtschulische Entwicklung und über die Schulmotivation des Kindes machen zu können. Darüber hinaus können Vorlieben und Interessen im außerschulischen Bereich Aufschluß über Zusammenhänge von Unterrichtsmotivation und Problemfächern geben. Dieser Bereiche sollte um spezifische Fächer ergänzt werden (Technik, AG´s, Schwimmen).

Sachunterricht
⇨ Mit welchen Themen setzt sich das Kind gerne auseinander?
⇨ Bringt es sich in den Unterricht ein?
⇨ Wird vorwiegend frontal unterrichtet oder gibt es Gruppenarbeiten, Projektunterricht, Werkstattunterricht?
⇨ Stellt das Kind Bezüge zwischen den Unterrichtsthemen und seiner Lebenswelt her?
⇨ Setzt sich besonders intensiv/ weniger intensiv mit Realobjekten/ Sachtexten/ Versuchen auseinander.

Verkehrserziehung

Religion/ Werte und Normen
⇨ Kommt das Kind aus einem religiösen Umfeld? Wenn ja, welcher Art ist es?
⇨ Bringt das Kind eigenen Anschauungen in den Unterricht mit ein?
⇨ Weiß das Kind um spezifische kulturgebundene Werte und Normen?
⇨ Gibt es Rückkoppelungen zwischen der außerschulischen Lebenswelt des Kindes und den Unterrichtsinhalten?

Förderunterricht

Arbeitsgemeinschaften

Sport
⇨ Bewegt sich das Kind gerne?
⇨ Hat es Spaß am Sportunterricht?
⇨ Welche Sportarten favorisiert das Kind?
⇨ Wie kooperiert es mit seinen MitschülerInnen?

Literaturhinweise:
- **Breuer, H./ Weuffen, M.**: Lernschwierigkeiten am Schulanfang. Schuleingangsdiagnostik zur Früherkennung und Frühförderung. Weinheim, Basel 2000.
- **Brügelmann, H.** : Die Schrift erfinden. Beobachtungshilfen und methodische Ideen für einen offenen Anfangsunterricht im Lesen und Schreiben. Lengwil 1998.
- **Brügelmann, H.**: Die Schrift entdecken.: Beobachtungshilfen und methodische Ideen für einen offenen Anfangsunterricht im Lesen und Schreiben. 3. Aufl., Konstanz 1989.
- **Brügelmann, H.**: Lesen- und Schreibenlernen als Denkentwicklung. In: Zeitschrift für Pädagogik 30/1, 69-91. 1984
- **Dehn, M.**: Zeit für die Schrift. Lesenlernen und Schreibenkönnen. 4. Aufl., Bochum 1994.
- **Gerster, A.**: Schülerfehler bei schriftlichen Rechenverfahren, Freiburg 1982.
- **Kretschmann, R.**: Prozeßdiagnose der Schriftsprachkompetenz in den Schuljahren 1 und 2. Horneburg 1998.
- **Lorenz, M./ Radatz, H.**: Handbuch des Förderns im Mathematikunterricht. Hannover 1993.
- **Osburg, C.**: Geschriebene und gesprochene Sprache. Aussprachestörungen und Schriftspracherwerb. Hohengehren 1997.

- **Radatz, H./ Rickmeyer :**Handbuch für den Geometrieunterricht an Grundschulen, Hannover 1991.
- **Radatz, H./ Schipper, W./ Ebeling, A.:** Handbuch für den Mathematikunterricht, Hannover 1996.
- **Sassenroth, M. :** Schriftspracherwerb. Entwicklungsverlauf, Diagnostik und Förderung. 2. Aufl., Bern; Stuttgart; Wien. 1995.
- **Sassenroth, M.:** Kinder im Schriftspracherwerb. Zur Notwendigkeit der intensiven Lernprozeßbegleitung. In: Grohnfeldt, M. (Hrsg.): Handbuch der Sprachtherapie. Bd. 8: Sprachstörungen im sonderpädagogischen Bezugssystem. Berlin. 337-362. 1995.
- **Valtin, R.:** Zur Entstehung von Lern-Behinderungen durch falsche Lehr-/ Lernkonzepte beim Schriftspracherwerb. In: Eberwein, H. (Hrsg.): Handbuch Lernen und Lern-Behinderungen. Aneignungsprobleme, Neues Verständnis von Lernen, Integrationspädagogische Lösungsansätze. Weinheim; Basel. 1996.

Bogen 5: Förderplan

Situation der Schule

mögliche Förderung am derzeitigen Lernort:

mögliche andere Förderorte:

mögliche zusätzliche Förderung außerhalb der Schule:

Langfristige Ziele der Förderung (Grobziele)

Zeitraum, in dem Förderziele erreichbar erscheinen:

Bedeutung, die die Erreichung der Ziele für *das Kind* hat:

Bedeutung, die die Erreichung der Ziele für *die schulische Laufbahn* hat:

Bedeutung, die die Erreichung der Ziele für *die Eltern* hat:

Kurzfristig erreichbare Ziele

Zeitraum, in dem Förderziele erreichbar erscheinen:

Bedeutung, die die Erreichung der Ziele für *das Kind* hat:

Bedeutung, die die Erreichung der Ziele für *die schulische Laufbahn* hat:

Bedeutung, die die Erreichung der Ziele für *die Eltern* hat:

Förderschritte

Ziele der nächsthöheren Entwicklungsstufe anstreben:

Vertiefen der aktuellen Entwicklungsstufe:

Zurückgreifen auf vorhergehende Entwicklungsstufe:

Zeitplan

(vgl. hierzu auch Entwicklungsprotokoll)

Kontrolle und Modifikationen

(vgl. hierzu auch Entwicklungsprotokoll)

242

5.13 Beispiel IEP[30]

Individueller Entwicklungs- und Förderplan (I-E-P)
Version 9.2 - Copyright by Eggert und anderen 08/2000[31]

Für Ingo, geboren am: 19.09.1988
Internat ...
seit: 13.08.2000
I-E-P begonnen am: 20.09.2002; von: Juliane Giesbert
Schule: Realschule; Klasse: 8 d; Klassenlehrer: Herr B.

Genutzte Informationsquellen:
- Gespräche mit Ingo
- Familiengespräche (Gespräche mit der Mutter, ihrem neuen Mann, dem Bruder)
- Gespräche mit Lehrerinnen der Realschule
- Gespräche mit der zuständigen Sachbearbeiterin des Jugendamtes
- Anamnese der Einrichtung
- Teamgespräche/Fallbesprechungen

Was Ingo besonders gut kann (besondere Fähigkeiten):
Ingo ist ein bewegungsfreudiger Jugendlicher mit einer fröhlichen emotionalen Grundstimmung. Er lacht viel, ist stets gut gelaunt und schnell begeisterungsfähig.
Ingo hat viele Fähigkeiten im Malen, Fußball- und Diabolo – spielen. Er übt hierfür intrinsisch motiviert und nimmt an gruppenübergreifenden Fußballturnieren oder Aufführungen der Jonglier – AG teil.
Als ein weiteres Hobby von ihm benennt er das "Nerven" von Menschen in seiner Umgebung. Ingo sucht viel Kontakt zu anderen Jugendlichen und spielt oder unterhält sich viel mit ihnen. Soziales Ansehen und eine gute Position unter den Jugendlichen der Gruppe sind ihm sehr wichtig.

Was Ingo weniger gut kann bzw. wo (vorübergehend) Förderung notwendig erscheint:
Wichtig erscheint mir, Ingo in seinem Selbstvertrauen und in seiner Selbstwertschätzung zu unterstützen. Ihm sollte ein sicherer Rahmen geboten werden, so dass sich Ingo mit seinem Selbstbild und seinem Rollenverständnis auseinander setzen kann und sich über sein Hobby "nerven" und der Oppositionshaltung gegenüber Erwachsenen hinaus mit seinen Fähigkeiten, Stärken und Schwächen zu definieren lernt.

Ingo sollte in einer ihn unterstützenden Umgebung die Möglichkeit haben, seine sozialen Fähigkeiten zu festigen und weiter auszubauen, so dass er mehr Eigenverantwortlichkeit und Selbstbewusstsein entwickeln kann, um zielgerichtet sein Handeln ausrichten zu können.
Einen weiteren Förderbedarf sehe ich bei Ingo im schulischen Bereich. Diese ist wichtig, um einen regelmäßigen Schulbesuch von Ingo sicher zu stellen, ihn bei der Erledigung der Hausaufgaben zu unterstützen und ihn in seinen Leistungen zu begleiten, so dass er das Klassenziel der 8. Klasse erreichen kann.

---

[30] Der folgende Teil ist der Ausschnitt eines IEPs, der sich komplett auf der CD im Anhang befindet. Wir bedanken uns bei Frau Juliane Giesbert für den zur Verfügung gestellten IEP.

	Der Blickwinkel des Kindes: seine Sichtweise der Situation und der Förderbedürfnisse

Selbstkonzept (s. Glossar):

24.09.02	Ingo zeigt im Alltag selten eine optimistische Grundhaltung. Er erwartet in der Regel eine negative Reaktion der Pädagogen auf seine Wünsche oder Vorstellungen. So äußert er z.b. dass die Pädagoginnen seinen Tagesablauf und seine Freizeit bestimmen, so dass sein Verhalten diesbezüglich völlig egal sei. In Hausaufgabensituationen erlebe ich oft, dass Ingo mich anspricht und formuliert, dass er seine Aufgaben sowieso noch einmal abschreiben müsse und deswegen nicht nach draußen gehen könne. Möglich ist, dass er eine höhere Erwartung als ich an die Sauberkeit und Ordnung seiner Aufgaben stellt und aus diesem Grund davon ausgeht, dass er die Aufgaben noch einmal schreiben muss. Ich vermute aber, dass Ingo oft die Erfahrung gemacht hat, dass sich seine Wünsche nicht umsetzen lassen und er durch eine negative Erwartungshaltung einer Enttäuschung vorbeugen möchte. Zudem kann er seine Erwartungen bei einer negativen Reaktion bestätigen. In Gesprächen mit Ingo wird mir deutlich, dass er sich seiner Umwelt ausgeliefert fühlt und sich wenig Möglichkeiten zuschreibt, seinen Alltag mitzubestimmen. Dies lässt aus meiner Sicht auf ein geringes Selbstvertrauen und Selbstwertgefühl schließen. **Förderungsansatz:** - Im Alltag ist es wichtig, Ingo oft in Entscheidungsprozesse einzubeziehen, insbesondere in Situationen, in denen eine Entscheidung von Ingo umgesetzt werden kann. - Die Verbindung zwischen Ursache und Wirkung sollte verbalisiert werden, Gründe für Entscheidungen sollten deutlich sein. - Regeln und Absprachen sollen klar und für Ingo verständlich sein, damit ein verlässlicher Rahmen und Orientierung gegeben ist. - In der Sport –AG soll ein hohes Maß an Mitbestimmung und Transparenz für Entscheidungsgrundlagen angeboten werden, damit Ingo die Einflussmöglichkeit auf die Ausgestaltung der Stunde erleben kann.
10.10.02	In Gesprächen äußert Ingo, dass er immer seine Meinung äußern werde, auch wenn es dann Ärger gäbe. Ich vermute, dass Ingo bei sich die Fähigkeit wahrnimmt, gut diskutieren zu können. Er redet gerne und erzählt viel von sich und anderen. Er begründet Situationen, in denen es Probleme gibt ausführlich und kann aus seiner Sicht gute Argumente anführen, die ihn entlasten und die Situation klären.
12.12.02	**Selbstzeugnis von Ingo** Ingo bekam von mir die Aufgabe sich ein eigenes Zeugnis zu schreiben, dass sich nicht nur auf den schulischen Bereich beziehen müsse. Er schrieb: "Der Schüler Ingo ist sehr unruhig in der Klasse und die Mitarbeit ist weiterhin "mangelhaft" bis "ausreichend". Die Fächer Englisch, Erdkunde, Mathe und Naturwissenschaften sind weiterhin seine Schwerpunktfächer. Insgesamt dazu sind seine Leistungen in den Fächern Physik, Sport, Chemie und Kunst "befriedigend" bis "gut". Des Weiteren wurde Ingo ganz knapp in die Klasse 8 versetzt; in diesem Jahr, wenn sich die Leistungen nicht ändern, wird er nicht in die Klasse 9 versetzt. Die Lernsituation in der Klasse wird durch Ingos Anwesenheit gestört, aber auch andere Schüler sind daran beteiligt. Ingo war die letzten Tage relativ gut am Unterricht beteiligt. Ingos Mitarbeit könnte sich noch mehr steigern, wenn er nur wollte, was durch lernen verbessert werden kann (aber nicht zu viel Englisch – Vokabeln)."

244

Fremdbild (s. Glossar):	
10.10.02	Ich vermute bei Ingo, dass er davon ausgeht, dass die Pädagogen des Interna-tes ihm eine negative Einstellung entgegen bringen. Ingo erlebt die Pädagogen überwiegend in Konfliktsituationen, in denen sie ihn dazu auffordern, sich mit seinem Verhalten auseinander zu setzen. Ingo reagiert auf Lob der Pädagogen oft abwehrend und kann es aus meiner Sicht nicht gut annehmen. Er sagt dann, dass es gar nicht sein könne, dass er etwas gut gemacht habe oder führt von sich aus vergangene negative Beispiele an. Auf kritische Ansprache reagiert Ingo meines Erachtens eher annehmend und in solcher Form, dass er es er-wartet habe – dies formuliert er z.B. indem er sagt „Ist mir klar ..." oder „Typisch, dass ich ....". In Gesprächen äußert Ingo, dass es ihm ganz egal sei, was andere über ihn denken und von ihm halten würden. Er würde nur das tun, was er wolle. Ich vermute, dass sich diese Aussage darin begründet, dass Ingo davon ausgeht, dass andere negativ ihm gegenüber eingestellt sind und sich vor negativen Re-aktionen seiner Umwelt schützen möchte. Er macht sich mit einer solchen Aus-sage unabhängig und unangreifbar. Vielleicht möchte er auch die Reaktionen und Beziehungen zu den anderen mit dieser Aussage testen. **Förderansatz:** - Konfliktsituationen sind auf sachlicher Ebene zu betrachten. Dies soll durch Verbalisierung über die Pädagogen für Ingo deutlich gemacht wer-den. - Die Beziehungsebene soll gefestigt werden durch gemeinsame positive Erlebnisse. - Ingo soll Lob bekommen für positives Verhalten. Wenn Ingo das Lob an-nimmt oder abwehrend darauf reagiert, sollte dies vom Pädagogen the-matisiert werden z.B. in dem der Pädagoge sagt: „Schön, dass du das Lob annimmst - oder schade, denn ich finde, du kannst dich darüber freuen, weil es ernst gemeint ist".
20.10.02	Ingo ist der viert – jüngste Junge in einer Gruppe von 29 Jungen im Alter zwi-schen 13 und 19 Jahren. Einige Jugendliche suchen den Kontakt zu Ingo, da sie mit ihm viel lachen kön-nen. Sie können sich mit ihm körperlich auseinander setzen, ohne dass er mek-kert oder sich verletzt fühlt. Wenn sie zu hart mit ihm umgehen, humpelt Ingo durch das Zimmer. Er geht von sich aus nicht zu den Erziehern um sich be-schweren. Ebenso würde Ingo nichts an die Erzieher weitersagen. Er wird von einigen Jugendlichen aus der Gruppe bestaunt, da er so viele Konflikte mit den Erziehern hat und dabei immer so wirkt, als mache ihm das nichts aus und als habe er trotzdem gute Laune. Ich vermute, dass Ingo die Wertschätzung dieser Jungen in der Gruppe sehr wichtig ist. Zu ihnen sucht Ingo im Alltag oft Kontakt. Die Jugendlichen geben ihm die Rückmeldung, dass sie ihn „cool" finden, da er alles mitmache, sich nichts von Erwachsenen gefallen lasse und nichts verrate. Einige ältere Jugendliche, die gerne ihre Ruhe haben, distanzieren sich von In-go, weil sie Ingo als unruhig und nervend empfinden.
12.12.02	Ich erlebe bei Ingo eine Veränderung dahingehend, dass er bestimmte Jugendliche aus der Gruppe nicht mehr so extrem nervt. Ich verbinde die Beobachtungen mit einer Situation, die ich in der Hausaufgabengruppe erlebt habe. Stefan, ein 16 –jähriger Jugendlicher, der für viele Jungen in der Gruppe ein Vorbild darstellt, gibt Ingo die Rückmeldung, dass er total nerve und endlich arbeiten solle, ohne ständig Theater zu machen. Ingo reagiert auf diese Aufforderung indem er Stefan anlacht und zu ihm sagt, dass Stefan doch zu ihm

	kommen solle, um ihn ruhig zu stellen. Als Stefan nicht darauf eingeht und ruhig arbeitet, arbeitet auch Ingo ruhig weiter. Ich habe das Gefühl, dass Ingo die Meinung von Stefan wichtig ist und er Stefans Aufforderung - nach dem Versuch, mit ihm über körperliche Auseinandersetzung in Kontakt zu kommen - ernst nehmen kann.
30.04.03	Ich denke, dass Ingo sich über ein anderes Selbstbild definiert und eine Veränderung des Fremdbildes zulassen kann. Ingo bekommt häufiger eine positive Rückmeldung von anderen Jugendlichen aus der Gruppe, wenn er seine Aufgaben erledigt und über Hobbys oder gleiche Interessen mit ihnen ins Gespräch kommt. Viele Jugendliche melden ihm des Öfteren zurück, dass sie durch ihn nicht genervt werden wollen. In einem Gespräch während der Hausaufgabenzeit gebe ich Ingo die Rückmeldung, dass er ruhiger und zügiger arbeiten würde. Ein Jugendlicher (Stefan) schaltet sich ins Gespräch ein und äußert, dass Ingo schon viel ruhiger in der Hausaufgabenzeit geworden sei. Ingo scheint sich über die Rückmeldung zu freuen, denn er lächelt mich und den Jugendlichen (Stefan) an. Er entgegnet darauf, dass er tue, was er könne.

Vom Kind an sich gerichtete, wahrgenommene Anforderungen:

10.10.02	Aus meiner Sicht kennt Ingo die Anforderungen, die an ihn gestellt werden. Er weiß die Anforderungen, die durch die Schule an ihn gerichtet werden in Gesprächen klar zu formulieren und sie mit seinem Verhalten zu vergleichen. In Gesprächen wird deutlich, dass Ingo keine Lust hat, diese Anforderungen zu erfüllen. Dieser Unlust gibt er nach, wenn er eine Möglichkeit sieht, dass es nicht auffällt, dass er den Anforderungen nicht entspricht. So verschweigt er z.B. Hausaufgaben und reist Einträge der Lehrer aus seinem Mitteilungsheft heraus, weil er sich erhofft, dass seine unerledigten Hausaufgaben nicht auffallen. **Förderungsansatz:** - enge und klare Struktur in der Hausaufgabensituation - enger Austausch mit den Lehrern, damit Ingo nicht mehr die Möglichkeit sieht, seine Aufgaben nicht machen zu müssen - Auseinandersetzung damit, dass Ingo eigene Ziele entwickelt - Einsicht fördern, so dass Ingo intrinsisch motiviert lernt und die schulischen Anforderungen aus dem Grund erfüllt, damit er seine Ziele erreicht und nicht nur zur Vermeidung von Konsequenzen Die Anforderungen, die im Internatsalltag an Ingo gerichtet werden, kann Ingo klar benennen.
05.02.03	Im Elterngespräch formuliert Ingos Mutter ihre Erwartungen an Ingo. In dem Gespräch macht Ingo den Eindruck auf mich, als kenne er die Erwartungen seiner Mutter. Er äußert, dass er die Erwartungen nicht alle einhalten könne. In dem Gespräch legt Ingo als Ziel fest, die Erwartungen der Mutter bezüglich seiner Hygiene und der Ordnung in seinem Zimmer zu erfüllen und keine Lügengeschichten und "Halbwahrheiten" mehr zu gebrauchen.

Welche Gefühle hat/äußert das Kind über die Situation/das Problem?

20.10.02	Ingos Wunsch ist es, wieder zu Hause bei seiner Familie leben zu können und aus dem Internat entlassen zu werden. In der Gruppe habe ich das Gefühl, dass Ingo sich wohl fühlt. Er kommt nach den Wochenenden oder nach Ferien mit einem Lachen in die Gruppe zurück und äußert, dass er sich freut, die anderen Jugendlichen wieder zu sehen. Auch die Pädagogen begrüßt Ingo freundlich und sucht mit ihnen das Gespräch. Offiziell, d.h. insbesondere, wenn andere Jugendliche in seiner Nähe sind, stellt er verbal

	heraus, dass er sehr ungern im Internat sei und das Leben im Internat als ein Leben in einem „Knast" empfinde. Als Grund führt er an, dass es im Internat viele Regeln gäbe, oft Ärger entstehe und er wenig Freizeit habe. Zudem müsse er alle Aufgaben erledigen. Positiv in Hinblick auf das Internat formuliert er die Freundschaften zu einigen anderen Jungen aus der Gruppe. Im Alltag gibt es Situationen mit Ingo, in denen er das Gefühl äußert, dass er die Konflikte nicht klären könne. Oft sind dies Situationen, in denen er nicht mit den Pädagogen diskutieren kann und Absprachen oder Konsequenzen einhalten muss. Ingo äußert, dass er es doof finde, dass er mit den Pädagoginnen nichts klären könne. Er schätzt ein, dass er 10% seiner Konflikte mit den Pädagoginnen klären kann. In ruhigen Gesprächen, die zeitlich versetzt zu Konfliktsituationen stattfinden, kann Ingo sein Verhalten reflektieren und seine Anteile an Konflikten benennen. In den Konfliktsituationen fällt es Ingo noch schwer, sein Verhalten zu sehen und sich seine Anteile einzugestehen. Er äußert über solche Situationen, dass er sich oft zu unrecht beschuldigt fühlt, dass die Lehrer oder Erzieher zu streng sein oder sich über jeden kleinen „Mist" aufregen würden und führt als Grund für Konflikte andere Jugendliche an, die ihn provoziert hätten. Er äußert, dass er Konsequenzen, die ihn betreffen und die aus diesen Situationen entstehen, nicht gerecht findet. Über die Erzieher im Internat äußert er, dass sie ungerecht sein, alles immer ernst nehmen würden und keinen Spaß verstehen könnten.
05.02.02	Ingo schätzt seinen Verbleib im Internat meines Erachtens realistisch ein, da er davon ausgeht, dass er noch bis zu seinem Abschluss der zehnten Klasse im Internat verbleiben werde. Er steht dieser Aussicht nicht frustriert oder enttäuscht gegenüber, sondern sieht für sich die positiven Auswirkungen bezüglich seiner Schullaufbahn und den Kontakt zu seinen Freunden. Ingo erzählt z.B. dass er noch fünf Jahre im Internat bleiben werde, da er gerne sein Abitur machen möchte und dies nur in Verbindung mit dem Internat möglich sei. Als er das sagt, betont er lachend, dass er sich bei diesem Gedanken eigentlich erschießen müsste. Ich habe dass Gefühl, dass Ingo sich in der Gruppe und im Internat wohl fühlt.
10.03.03	Ingo freut sich über eine Veränderung in seinem Verhalten. Er berichtet, dass er sehr viel seltener in Konflikten mit anderen Jugendlichen beteiligt sei. Er erzählt, dass er nicht mehr so oft körperliche Auseinandersetzungen habe oder dadurch Kontakt zu anderen Jugendlichen aufnähme. Er bewertet das positiv, was für mich deutlich macht, dass eine Veränderung seines Kontaktverhaltens und das Ernst nehmen durch andere Jugendliche ein Ziel von ihm ist. Dadurch, dass er sich bewusst macht, dass er dieses Ziel zum großen Teil erreicht hat, baut sich sein Selbstvertrauen und Selbstwertgefühl auf und erweitert sich seine Sozialkompetenz. Ingo entwickelt darüber hinaus Selbstvertrauen und Selbstwertgefühl, da er die Erfahrung macht, Konflikte besser lösen zu können. Er beschreibt selber, dass er Konflikte mit den Pädagoginnen der Gruppe besser klären könne und schätzt ein, dass er in der Gruppe den Pädagoginnen zu ca. 25 % die Wahrheit, zu 70 % Halbwahrheiten und zu 5 % die Unwahrheit sage. Halbwahrheiten oder die Unwahrheit würde er benutzen, um Konsequenzen und Ärger zu vermeiden. Ingo äußert, dass es ihm zu Hause leichter falle, bei der Wahrheit zu bleiben.

Welche Bedeutung hat das vermeintliche Problem?

20.10.02	Ingo sieht für sich Probleme in der Schule und im Zusammenleben mit den Pädagoginnen im Internat. In der Schule weiß Ingo darum, dass die Lehrer davon ausgehen, dass er den Anforderungen in der Schule leicht nachkommen könne, wenn er sich am Unterricht beteilige und zu Hause den Schulstoff aufarbeiten würde.
	Ingo weiß, dass durch sein Verhalten in der Klasse seine Versetzung in die Klasse „8" stark gefährdet war. Er möchte für die nächste Versetzung im Sommer 2003 sich keine Sorge um eine mögliche Versetzung machen müssen. Dies bedeutet für Ingo, dass er sehr eng bei der Erledigung seiner Hausaufgaben angeleitet wird und je nach Rückmeldungen der Lehrer über sein Unterrichtsverhalten in seiner Freizeit zusätzlich schulische Inhalte bearbeiten muss.
	Im Internatsalltag kommt es häufig zu Konflikten mit den Pädagoginnen, da Ingo andere Vorstellungen und Wünsche von Regeln oder Absprachen hat. Er versucht durch kreative Begründungen Anforderungen zu umgehen und die Pädagogen versuchen die Struktur für Ingo möglichst eng vorzugeben. Das bedeutet für Ingo, dass er eng begleitet und die Erledigung von Aufgaben und Einhaltung von Absprachen eng kontrolliert wird.
12.12.02	Ingos Mathematiklehrer erscheint im Internat und teilt Ingo mit, dass er eine Klassenkonferenz zu erwarten habe, wenn sich sein Verhalten in der Schule nicht sofort verändern würde. Ingo schätzt selber ein, dass er im Unterricht nur durch störendes Verhalten auffalle und Ermahnungen des Lehrers nicht ernst nehmen würde. Er würde laut schimpfend und indem er den Lehrer beleidige den Klassenraum verlassen und signalisieren, dass ihm dies egal sei.
	Ingo verbalisiert, dass er eine Klassenkonferenz und Schulverweis vermeiden möchte. Er nimmt sich vor, sein Verhalten im Unterricht zu verbessern, mitzumachen und nicht verbal ausfallend auf die Ansprache von Lehrern zu reagieren.
	Er erzählt am folgendem Tag, dass er ein gutes Gespräch mit dem Schuldirektor geführt habe und zum Zeichen, dass er sein Verhalten ernsthaft verändern wolle, freiwillig nach der 6. Stunde den Schulhof gereinigt habe.
10.04.03	Ingo schätzt sein Verhalten nach wie vor als „unzureichend" ein. Er äußert, die Klasse wiederholen zu müssen, da er in diesem Schuljahr nur im Unterricht „geschlafen" habe.
	Als ich seine Befürchtung ernst nehme und ihm den Vorschlag unterbreite, diesen Vorschlag mit seinen Lehren besprechen zu wollen, lenkt Ingo um und äußert, dass er die Klasse nicht wiederholen möchte. Vielmehr wolle er sich noch anstrengen, für die letzten Klassenarbeiten üben und seine mündliche Beteiligung im Unterricht verbessern.

Rolle des Kindes im Klassenverband, Freundschaften in der Schule:

20.10.02 Ingo äußert, dass er auf keinen Fall ein „Streber" sein möchte.
Die Lehrer (mehrere Lehrer wie z.B. der Mathelehrer, Englischlehrer, Physiklehrer und die Deutschlehrerin) berichten, dass Ingo oft den „Klassenclown" spielen würde. Er würde auf Anforderungen oder Ermahnungen der Lehrer reagieren, indem er diskutiere. Oft werde er dabei „frech" oder gebe „coole Sprüche" von sich. Ingo würde in der Klasse oft betonen, dass ihm Konsequenzen der Lehrer nichts ausmachen würden. Wenn Ingo als Konsequenz den Klassenraum verlassen müsse oder einen Eintrag bekomme, würde Ingo mit den Schultern zucken, grinsen und äußern, dass ihm dies egal sei.
Die Lehrer berichten von weiteren Schülern, die ein ähnliches Verhalten zeigen würden und von denen Ingo oft Unterstützung in solchen Situationen erhalte.

07.11.02	Ingo erzählt, dass er mit allen aus der Klasse zu Recht komme und sich in der Klasse wohl fühle. Er beschreibt sich als einen der „schlimmsten" Schüler in der Klasse, seit dem einige Jugendliche im Sommer nicht versetzt worden sind oder aus anderen Gründen die Klasse verlassen mussten.
27.01.03	In einem Gespräch erzählt Ingo, dass er einen Freund in der Klasse habe, den er gerne besuchen möchte. Der Freund heißt Lars.
07.02.03	Im Jugendhilfeplangespräch wird zwischen allen Beteiligten (auch Ingo) die Absprache getroffen, dass Ingo Lars besuchen kann, wenn er an vier Tagen in der Woche keinen Eintrag von den Lehrern bekomme und die Hausaufgabenzeit an vier Tagen in der Woche gut verlaufen. Ingo schätzt ein, dass er die Voraussetzungen für den Besuch bei Lars schaffen kann.
07.04.03	Ingo hat während der letzten 6 Wochen jedes Mal seinen Freund Lars besuchen können, da er sie Voraussetzungen dafür einhalten konnte. Ingo und Lars verstehen sich gut und spielen in der gemeinsamen Zeit zusammen Computer. Lars Mutter berichtet, dass Ingo ein sehr freundlicher Junge sei und sich bei ihnen vorbildlich benehme. Sie mag Ingo und freut sich, wenn Ingo bei ihnen ist. Da Lars Interesse hat, das Internat kennen zu lernen, verabreden wir (Ingo, Lars, Lars Mutter und ich), dass Lars beim nächsten Besuch zu uns in die Gruppe kommt und mit Ingo an den Freizeitangeboten teilnehmen kann.

Blickwinkel von anderen Personen
Sichtweise des Problems und der Situation

Wie die Eltern das Kind, seine bisherige und zukünftige Entwicklung und seine Probleme sehen:

27.09.02	Aus Gesprächen mit der zuständigen Psychologin habe ich erfahren, dass die Mutter die Situation in Bezug auf die Aufnahme ins Internat so geschildert habe: • Es gab vor der Internatsunterbringung viele Probleme in der Familie. Ingo habe sich viel und oft mit dem Bruder geschlagen und gestritten. Er habe sich von der Mutter nichts mehr annehmen wollen. Er habe oft gelogen. Ingo habe den Eltern Geld entwendet. Er sei zweimal wegen Straftaten (Zerstörung fremden Eigentums/ Sachbeschädigung) angezeigt worden. Die Aussagen der Beschädigten konnten nicht bestätigt werden. • Ingo habe in der Schule Unterricht geschwänzt. Er habe seine Hausaufgaben nicht gemacht, wenn sie dies nicht kontrolliert habe. Mit der Zeit habe er die Hausaufgaben erfolgreich verschwiegen.
20.11.02	Die Mutter beschreibt (im Rahmen eines Elterngespräches), dass Ingo viel besser mit seinem Bruder auskomme. Die beiden würden viel zusammen unternehmen, gemeinsam Computer spielen und hätten sehr viel seltener Streit. Sie bringt diese Entwicklung damit in Verbindung, dass die beiden Brüder nun getrennte Zimmer haben und sich bei Konflikten besser „aus dem Weg gehen" können.
05.02.03	Ingos Mutter nennt ihre Erwartungen und Wünsche in Bezug auf eine vollständige Rückkehr von Ingo in ihren Haushalt. Sie äußert: • den Wunsch, dass I. regelmäßig u. pünktlich zur Schule geht • den Wunsch, dass er gewissenhaft (vollständig) seine Hausaufgaben erledigt und selbständig übt, da sie ihm nicht helfen kann. • die Erwartung, dass er seine Schulmaterialien in Ordnung hält und wenn nötig, Material ersetzt sowie selbständig seine Schultasche packt •

	• dass Ingo sich um seine Körperhygiene kümmern soll (Duschen, Waschen, Nägel schneiden, Zähne putzen, Zahnspange tragen)
	• dass sie erwarte, dass I. keine Lügengeschichten mehr erzähle, sondern ausschließlich die Wahrheit sagen solle (auch keine Halbwahrheiten)
	• dass sie erwarte, dass Ingo Probleme anspreche (genug Vertrauen, so dass Ingo Probleme äußern könne, ohne dass sie knatschig werde)
	• dass Vertrauen vorherrschen solle (Ingo in Bezug zu ihnen, sie auch in Bezug zu ihm, so dass er z.B. auch mal alleine zu Hause bleiben könne)
	• die Erwartung, dass Ingo sein Zimmer in Ordnung halte und nicht alles in die Ecken stopfe (keine Geheimfächer für Müll)
	• dass sie wolle, dass Versprechen und Absprachen eingehalten werden
	• den Wunsch, dass Ingo Lob und Kritik annehmen kann, ohne zu "moppern"
	Sie äußert, dass nicht alles immer klappen muss, dass sie aber in Bezug auf eine Rückkehr von Ingo in ihren Haushalt das Vertrauen haben müsse, dass er diese Verhaltensregeln "im normalen Rahmen" einhalte.
20.03.03	Frau F. berichtet, dass es zu Hause zurzeit keine Probleme gebe. Ingo verstehe sich sehr gut mit seinem Bruder, wäre hilfsbereit und freundlich und würde sich mehr mit ihr unterhalten. Sie erzählt, dass sie zusammen schöne Osterferien verbracht haben. Ingo wäre für eine Woche bei ihren Bekannten gewesen und diese hätten Ingo in den höchsten Tönen gelobt. Sie sei zurzeit sehr zufrieden mit Ingos Verhalten in den Ferien und an den Wochenenden. Sie stelle sich dieses Verhalten von Ingo als Grundlage für ein gemeinsames Leben vor.

Was andere Sachverständige sagen/ fachärztliche Untersuchungsergebnisse:

20.11.02	Ingo war zwei Jahre (Mitte '98 bis Juli 2000) in dem heilpädagogischen Zentrum vor Ort. Unterlagen über Förderschwerpunkte oder die Entwicklung von Ingo liegen nicht vor.
12.12.02	In einem Gespräch mit der Psychologin des Internates erfuhr ich, dass Ingo vor der Internatsaufnahme für einige Wochen in einer Kinder – und Jugendpsychiatrie war. Die Mutter schilderte als Grund dafür die Probleme zu Hause (dass Ingo geklaut habe, gelogen habe und Absprachen nicht eingehalten habe). Über diesen Aufenthalt liegen keine Unterlagen vor. In Absprache mit der Mutter sind die Unterlagen Ende 2000 von der Psychologin des Hauses beantragt worden. Sie sind laut ihrer Aussage trotz mehrfacher Nachfrage nicht von der Klink herausgegeben worden.

Welche Veränderungen würden sich Eltern, Lehrer oder andere am ehesten wünschen?

Informationen aus Gesprächen mit dem Klassenlehrer:

Herr B. (Klassenlehrer)

Herr B. begleitet Ingo und die Klasse seit einem Jahr als Klassenlehrer. Er berichtet:

• dass die Klasse insgesamt sehr schwierig sei

• dass einige Schüler, die sehr auffällig im Verhalten gewesen sein, die Klasse im Sommer verlassen mussten (aufgrund von Schulverweisen; Entlassungen , da zehn Schuljahre voll; Klassenziel nicht erreicht – Klasse wiederholen) und Ingo jetzt einer der „Schwierigsten" in der Klasse sei

- dass Ingo sehr unruhig sei, sich oft im Unterricht bewege z.B. aufstehe, um Stifte anzuspitzen
- dass Ingo mit ihm und anderen Lehrern häufig diskutieren würde z.B. wenn er aufgefordert würde etwas zu tun. Ingo würde alles hinterfragen. Dabei würde er manchmal in seinem Ton ausfallend. Er sage dann: Sie können mich mal…, Das ist total ungerecht…, Immer ich…
- bei Konsequenzen z.B. wenn Ingo die Klasse verlassen müsse oder eine Strafarbeit aufbekomme, äußere er: Ist mir doch egal… Er gehe dann laut Herrn B. überlegend lächelnd aus der Klasse, so dass alle Mitschüler ebenfalls lachen würden.
- Herr B. vermutet, dass Ingo immer gut vor seinen Mitschülern angesehen werden wolle und aus diesem Grund durch seine Kommentare herausstellen wolle, dass ihn die Konsequenzen, die die Lehre aussprechen, nicht betroffen machen

Herr B. schätzt Ingo so ein, dass er den leistungsmäßigen Anforderungen der 8. Klasse entsprechen könnte. Er schätzt Ingos Leistungen in dem Fach „Englisch" als schwach ein und befürwortet, dass Ingo über die Hausaufgaben hinaus zusätzlich für das Fach „Englisch" übt.

5.14 Vorteile und Nachteile IEP

Abschließend möchten wir die bereits im obigen Text aufgezeigten Vorteile sowie auch eventuell auftretende Schwierigkeiten bei der Anwendung von IEPs im Überblick aufzeigen.

Vorteile sind vor allem in folgenden Bereichen:

- Ermöglichung einer ausführlichen Dokumentation des Förderprozesses
- die Verbindung von Diagnostik und Förderung ermöglicht eine lernprozessbegleitende Diagnostik
- Kooperation ist unabdingbare Voraussetzung und schafft durch die Einbeziehung mehrerer Sichtweisen (Kind, Eltern, Lehrer,…) neue Perspektiven
- Ermöglicht das Schließen von Kontrakten bzw. Vereinbarungen mit dem Kind und/oder Bezugspersonen, da diese direkt in den förderdiagnostischen Prozess involviert sind
- Bietet eine Evaluationsgrundlage (vgl. Kap. 6) und dient somit einer Qualitätssicherung
- Ermöglicht den Austausch von Konzepten hinsichtlich Diagnostik und Förderung auf interner Ebene (z.B. Lehrerkollegium) oder auf externer Ebene (z.B. Schulaufsicht, Therapeuten)
- Berücksichtigt das Bedürfnis nach individueller Handhabung durch die Anwender, das heißt, dass sich jeder Nutzer ein eigenes Formular erstellen kann

Schwierigkeiten sehen einige Praktiker in folgenden Bereichen:

- Oftmals wird ein erhöhter Zeitaufwand für die Führung eines IEPs beklagt; unserer Erfahrung nach ist bei einer fortlaufenden Nutzung eines IEPs eher eine Zeitersparnis zu sehen, da zum einen die Informationen gleich strukturiert werden und zum anderen ein IEP oftmals das Schreiben eines Gutachten erspart

- Sicherlich ist es zunächst einmal erforderlich, die Zeit für eine qualifizierte Fortbildung einzuplanen; da dies jedoch mittlerweile zumindest an Schulen die Regel ist, ist zu fragen, ob dies noch einen Kritikpunkt darstellt

- Die Organisation, das heißt die Treffen mit Bezugspersonen und/oder im Team ist noch nicht zur Selbstverständlichkeit geworden und hängt stark von den Strukturen der Institution sowie dem Engagement der Anwender ab

- Die Möglichkeit, ein Formular zu haben, welches für eigene Veränderungen offen ist, schätzen viele Praktiker sehr, jedoch gibt es auch Anwender, die sich lieber an festgeschriebenen Formularen orientieren

- Eine Transparenz des eigenen Vorgehens weckt bei manchem Anwender eventuell die Sorge, kontrolliert und bewertet werden zu können; jedoch sollte der Anwender lieber das Positive sehen, nämlich die Erweiterung der eigenen Kompetenzen durch den Austausch mit Anderen

- Der Datenschutz, das heißt, die Frage, ob ich überhaupt kooperieren darf, sollte heute kein „Problem" mehr darstellen, da unseres Wissens mittels einer Schweigepflichtsentbindung durch die entsprechende Person und/oder Bezugspersonen, ein interdisziplinärer Austausch gewährleistet ist

6. Individuelle Entwicklungspläne (IEP) als Instrument einer Qualitätssicherung im Rahmen von Diagnostik und Förderung

(Christina Lücking)

Zunehmend wird im pädagogischen und/oder therapeutischen Alltag von „Qualitätssicherung" und „Qualitätsentwicklung" gesprochen.

Im folgenden Abschnitt des Buches wird auf das Verständnis der Begrifflichkeiten, auf Formen der Evaluation sowie auf Chancen als auch Gefahren bei der Benennung von Qualitätsmerkmalen für den pädagogischen und/oder therapeutischen Arbeitsbereich eingegangen.

Vor diesem Hintergrund wird insbesondere der IEP (Eggert 1997) als ein Mittel im Rahmen von Qualitätsentwicklung und Qualitätssicherung in der Diagnostik und Förderung betrachtet.

6.1 Qualität

Der Begriff Qualität beinhaltet ursprünglich keinerlei Bewertung, stellt also zunächst ein neutrales Konstrukt dar. Im Alltagsgebrauch wird er jedoch oft wertend verwendet und als Gegenpol von Quantität verstanden. Somit ist Qualität in der Alltagssprache oft ein Synonym für Güte, man spricht daher oft von „guter" oder „schlechter" Qualität.

Der Begriff Qualität stammt ursprünglich aus der Wirtschaft und hat sich als eine allgemeine Bezeichnung für Wertmaßstäbe durchgesetzt. Qualität bezeichnet hier die Zweckangemessenheit eines Produktes oder einer Dienstleistung, also leistet ein Produkt das, wofür es entwickelt und eingesetzt wird. Um zu entscheiden, ob ein Produkt „zweckangemessen" oder qualitativ ist, wird eine Gesamtheit von Merkmalen hinsichtlich der Eignung der festgelegten und vorgegebenen Erfordernisse entwickelt und festgelegt.

Als eine einfache Definition für Qualität gilt:

„Qualität ist die Übereinstimmung von IST und SOLL, also die Erfüllung von Erfordernissen und Erwartungen" (wikipedia.org 20. März 2006).

Nach der Norm EN ISO 9000:2005 ist Qualität der Grad, in dem ein Satz inhärenter Merkmale Anforderungen erfüllt. Qualität gibt an, in welchem Maße ein Produkt oder eine Dienstleistung den bestehenden Anforderungen entspricht. Dabei müssen sowohl die objektiv messbaren, d.h. vorher festgelegten Vorgaben bzw. Angaben des „Produzenten" als auch die subjektiven Erwartungen der Empfänger des „Produktes" erfüllt werden.

Qualität beinhaltet die von Donabedian (1982) bekannte Trias bzw. Ebenen Ergebnis-, Prozess- und Strukturqualität. Die Ebenen werden im Folgenden zum näheren Verständnis kurz erklärt (vgl. DIN ISO 9004):

a) *Strukturqualität:* Rahmenbedingungen, Ausstattungen, materielle und personelle Ressourcen

b) *Prozessqualität:* Aktivitäten, die zwischen Leistungserbringern und Leistungsempfängern stattfinden; Problemstellungen, Maßnahmepläne, Handlungsabläufe, Aufgaben etc.: Planung, Strukturierung und Ablauf der Erbringung der Lern- und Lehrleistung auf der Grundlage eines (Schul-/Förder-) Programms; Konzipierung und Umsetzung von Fördermaßnahmen (Konzept, Inhalte und Schritte der Fördermaßnahmen; Inhalte und Bestandteile der Interventionen (Befunderhebung, Beratung, Anleitung, Förderung der Person, Interdisziplinäre Kooperation, Dokumentation/Berichte))

c) *Ergebnisqualität:* Veränderungen bei den Leistungsempfängern, z.B. im Verhalten, im Gesundheitszustand, im Wohlbefinden, in der Zufriedenheit sollen überprüft werden; Grad der Erreichung der gesetzten Ziele; (Selbst-)Kontrolle und Einschätzung für alle am Förderprozess beteiligten Personen (z.B. Schüler, Lehrer, Eltern)

Im Gegensatz zu anderen Konzepten werden neben einer reinen Ergebnisorientierung der Prozess an sich und auch die zugrunde liegenden Strukturen berücksichtigt.

Eine zusammenfassende Definition bereits oben genannter Teilaspekte liefert Speck (1999, 127f):

„Unter Qualität ist zunächst nichts anderes zu verstehen, als Regeln und Standards, die geeignet sind, Erwartungen zu erfüllen. Qualitätskontrolle bedeutet dann, Merkmale, Eigenschaften eines Produktes oder einer Tätigkeit daraufhin zu überprüfen, ob die geeignet sind, festgelegte Erfordernisse zu erfüllen. Also ist Qualität ein neutrales Konstrukt, dessen Elemente erst bezogen auf bestimmte Anforderungen erkennbar werden. Zugleich ist sie eine kontinuierliche und messbare Größe im Rahmen dieser festgelegten Erfordernisse. Sie wird erkennbar im Bezug zur Beschaffenheit eines Produktes oder einer Leistung und setzt sich zumeist aus einer Summe unterschiedlicher Merkmale und Eigenschaften zusammen" (zit. n. Wacker 2000, 23).

In der Definition von Speck werden zentrale Begriffe benannt, die im Folgenden zum besseren Verständnis inhaltlich präzisiert werden:

- Qualitätsentwicklung
- Qualitätskriterien/-merkmale
- Qualitätsstandards
- Qualitätssicherung

6.1.1 Qualitätsentwicklung

Qualitätskriterien stellen keine statische Größe dar, sondern müssen weiterentwickelt werden, da sie besonderen Erfordernissen genügen sollen. Damit der Prozess von Qualitätsentwicklung dauerhaft ist, können beispielsweise Qualitätsbeauftragte bestimmt werden. Diese können sich in so genannten Qualitätszirkeln treffen, um so Vorschläge und Verbesserungsvorschläge zu diskutieren. Als Ergebnis solcher Qualitätszirkel kann nicht allein eine Verbesserung der Leistungen sondern auch eine Weiterqualifikation der Fachkräfte angesehen werden.

Bei der Entwicklung von Qualität sind eine kontinuierliche Begleitung und Reflexion sowie die Einbeziehung der „Nutzer" erforderlich.

6.1.2 Qualitätskriterien/-merkmale

Als Qualitätsmerkmale bezeichnet man Indikatoren bzw. Merkmale für „gute Arbeit". Dabei gibt es verschiedene Sichtweisen auf Qualität. So können beispielsweise das Land, die Träger, die Institutionen, die pädagogischen/therapeutischen Fachkräfte sowie die Zielgruppe der Institution und deren bedeutende Bezugspersonen Indikatoren für Qualität bestimmen und/oder vereinbaren. Somit sind Qualitätsmerkmale stets durch verschiedene Erfordernisse und Erwartungen gekennzeichnet. Durch die jeweils aufgestellten Merkmale soll eine Qualität bestimmt werden.

Eine Gewährleistung der festgelegten Qualitätsmerkmale hängt beispielsweise zusammen mit:

- den verfügbaren fachlichen Ressourcen (z.B. Ausbildung der Fachkräfte, Fortbildungen)
- den verfügbaren finanziellen Ressourcen (z.B. vorhandene und eingeplante Investitionen, die zur Erreichung der Qualität dienen)
- den verfügbaren personellen Ressourcen (z.B. verfügbare Anzahl von Fachkräften pro Arbeitsauftrag)

6.1.3 Qualitätsstandards

Um Qualität eines „Produktes"/einer Leistung zu beurteilen, ist die Bestimmung von so genannten Qualitätsstandards Voraussetzung. Qualitätsstandards sind gekennzeichnet durch eine vorgegebene Ansammlung von Qualitätsmerkmalen (s. 6.1.2). Diese Vorgaben können gesetzlich festgelegt, fachlichen Standards entsprechen und/oder Markterfordernissen folgen. Durch das Einhalten von Standards soll die Konstanz bestimmter Qualitätsaspekte sichergestellt werden und/oder eine Weiterentwicklung gewährleistet werden.

6.1.4 Qualitätssicherung

Qualitätsvorgaben können durch interne und/oder externe Evaluation überprüft werden. Bei der Qualitätssicherung geht es um die Erhaltung einer vorgegebenen Qualität (z.B. Zielvereinbarungen).

Methoden zur Qualitätssicherung sind beispielsweise Checklisten, Fragebogen, Ablaufbeschreibungen, Berichte usw..

Die Nutzung von Verfahren zur Qualitätssicherung und Qualitätsentwicklung sind das Ergebnis einer Diskussion um die Notwendigkeit qualitätssichernder Maßnahmen und die Überprüfung ihrer Wirksamkeit. Es bedarf eines vielschichtigen und vielstufigen Verfahrens der Operationalisierung und Validierung von je spezifischer Qualität.

Eine Orientierung und Einhalten hinsichtlich bestimmter Standards und Regeln kann eine Konstanz bestimmter Qualitätsaspekte sicherstellen. Welches solche Standards für den pädagogischen Alltag sein können, werden an späterer Stelle konkretisiert.

Derartige Maßnahmen der Evaluation dienen der Sicherstellung von Standards, der Transparenz und der Weiterentwicklung von Qualität. Ein derartiges Einräumen von mehr Selbständigkeit setzt die Bereitschaft zur Rechenschaftslegung voraus (vgl. Forum Schule 2001, 10).

6.2 Formen von Evaluation

Evaluationsforschung als ein Zweig der angewandten Sozialforschung ermöglicht es, gewinnbringende Erkenntnisse zu erzeugen. Dadurch können Entscheidungsträger bestehende Programme besser einschätzen und daraus Konsequenzen für deren Weiterentwicklung oder auch Neuentwicklung ziehen (vgl. Heiner 2004, 135).

Der Begriff Evaluation bedeutet zunächst Bewertung und Kontrolle. In pädagogischen und /oder therapeutischen Prozessen geht es bei der Evaluation darum, Prozesse zu beurteilen und die Wirksamkeit des Vorgehens zu bewerten, um Ressourcen entsprechender einsetzen kann. Damit ist gemeint, dass die Wirksamkeit der aufgewendeten Mittel zum Erreichen eines gewünschten Ziels überprüft werden kann.

Hierbei ist zu beachten, dass die zu überprüfenden Kriterien sich nicht Kriterienkatalogen, wie z.B. den festen Kriterien der ISO Norm 9004, zu unterwerfen haben, sondern dass jede Institution sich eigene mögliche, sinnvolle und vertretbare Kriterien für pädagogisches und/oder therapeutisches Handeln bzw. pädagogische und /oder therapeutische Situationen entwickeln kann.

Eine Gefahr besteht vor allem darin, dass Qualität, zunächst als neutrales Konstrukt verstanden, immer implizit oder explizit aus unterschiedlicher Sicht und von unterschiedlichen Ebenen mit Qualitätskriterien gefüllt werden kann, die gleichzeitig unterschiedliche Ziele zur Folge haben (z.B. Selektion oder Integration).

Daher sollen an dieser Stelle übergeordnete Kriterien für Qualität benannt werden, die meines Erachtens erst die Grundlage für die Benennung von institutsbezogenen Qualitätskriterien sein sollten.

Übergeordnete Qualitätskriterien:
1. Menschenbild
2. Verständnis von Entwicklung
3. Ziele der Maßnahmen
4. Organisatorische Rahmenbedingungen
5. Personelle Kompetenzen

Die genannten übergeordneten Kriterien für Qualität werden in Kap. 6.4 nochmals aufgegriffen und inhaltlich konkret am Beispiel in der Arbeit mit IEPs verdeutlicht.

Es besteht Einigkeit darüber, dass es keine festen Kriterien für alle Institutionen geben kann, sondern dass im Rahmen eines dialogischen Vorgehens (welches auch eine Anerkennung der vereinbarten Kriterien durch die „Nutzer" beinhaltet) individuelle Kriterien für unterschiedliche Arbeitsbedingungen verschiedener Institutionen geschaffen werden müssen. Zum Beispiel wird vor dem Hintergrund sich veränderter Anforderungen an Bildung und den damit einhergehenden unterschiedlichen Zielen und Funktionen einzelner Bildungsbereiche, deutlich, dass es keine einheitlichen Kriterien für das gesamte Bildungssystem geben kann. Somit kann es auch kein einheitliches Modell von Qualitätsentwicklung und Qualitätssicherung geben (vgl. Forum Schule 2001, 7). Dennoch dürfen meines Erachtens grundlegende Kriterien von Qualität, wie sie oben benannt wurden, dabei nicht unberücksichtigt bleiben.

Im Rahmen von Qualitätsentwicklung und Qualitätssicherung können **interne** und **externe Evaluation** unterschieden werden.

Interne Evaluationen werden von den Mitgliedern einer Einrichtung/Institution selbst, in Form von Selbstberichten und Arbeitsprogrammen durchgeführt. Bei externer Evaluation beurteilen außen stehende Fachleute die Arbeit einer Einrichtung/Institution, der sie selbst nicht angehören. Sie sollen die nationalen und internationalen Standards in den Einrichtungen erkennen lassen und dienen der Transparenz und der Weiterentwicklung von Qualität.

Experimentierende Evaluation richtet sich primär auf die Optimierung der Praxis und ist Bestandteil der Prozessqualität.

Heiner (2001, 138) benennt vier Merkmale, die diesen Evaluationsansatz kennzeichnen:

1. eine Verknüpfung von Praxishandeln und Praxisforschung
2. eine detaillierte Analyse nicht nur der Interventionsergebnisse, sondern auch der Interventionsprozesse und ihrer Gestaltung
3. eine experimentierende Herangehensweise, die sich auf die gedankliche und praktische Erprobung von Interventionsalternativen und Interpretationsvarianten konzentrieren
4. ein hoher Anteil an Reflexionsarbeit vor und während der empirischen Untersuchung in Form von Konzeptdiskussionen, Zielklärungen und Gedankenexperimenten

Im Folgenden werden die Merkmale von Heiner etwas näher geschildert (2001, 138ff).

(1) Der Schwerpunkt liegt hier auf der kontinuierlichen Begleitung der praktischen Arbeit, die fortlaufend erforscht wird. Der Versuch liegt hierbei auf der Unterstützung des Verlaufes durch konzeptionelle Anregungen und kontinuierlichen Datenfeedbacks (ähnelt der Handlungsforschung).

Eine Kooperation der Evaluatoren erfolgt nicht nur mit den Mitarbeitern mit allen am Prozess beteiligten Personen. Das vorherrschende Prinzip liegt in der Hilfe zur Selbsthilfe.

(2) Eine Überprüfung der festgelegten Ziele orientiert sich an dem erzielten Ergebnis. Der Inhalt bleibt dabei zumeist ausgeblendet.
Treten Probleme im Prozess auf, ist eine Analyse der Interventionen notwendig, um herauszufinden, was die Ursachen sein könnten.
Die Bedeutung in pädagogischen und/oder therapeutischen Arbeitsfeldern wird umso deutlicher, da es „die" erfolgreiche Schule oder Lehrer, „den" guten Unterricht, „die" Therapie oder „die" Beratung nicht gibt.
Es besteht Konzeptvielfalt, wobei es innerhalb der Konzepte viel Raum für Deutungen und Umsetzungen gibt. Dies ist legitim, jedoch sollte jeder Mitarbeiter sich zum einen seiner theoretischen Orientierung bewusst sein, welches ein theoriegeleitetes Vorgehen (Auswahl an Interventionsmaßnahmen) leitet. Erst auf dieser Grundlage ist es möglich einen Zusammenhang zwischen Interventionen und Interventionsergebnissen differenziert zu verdeutlichen und stetig die Auswahl an Interventionen mit den individuellen Lernprozessen zu verbinden. Zum anderen ermöglicht dies eine fortlaufende Reflexion der eigenen Arbeit sowie über das eigene favorisierte Konzept (z. B. hinsichtlich Aktualität).

(3) Hiermit ist ein „ausprobierendes Praxishandeln" gemeint, „bei dem unterschiedliche Interventionen, allerdings systematischer als sonst üblich, variiert, dokumentiert und ausgewertet werden. Am nächsten kommt das Praxishandeln dabei dem wissenschaftlichen Experiment in seiner Logik bei der Planung und Weiterentwicklung von Interventionsansätzen auf der Grundlage von Gedankenexperimenten. Im Gedankenexperiment, in dem die praktischen und ethischen Probleme des Kontrollgruppenvergleichs nicht gegeben sind, lassen sich die Praxistheorien der Fachkräfte mit ihren Ursache-Wirkungsannahmen durchbuchstabieren. Vor der nächsten Erprobung einer Interventionsvariante können so die Interventionshypothesen gedanklich getestet werden" (2001, 141).

(4) Der hohe Anteil an Reflexionsarbeit schlägt sich in ausführlichen Konzepterörterungen, Zielklärungen und Kriteriendiskussionen nieder, die der Klärung von Handlungsalternativen vor und während der Erprobung verschiedener Varianten einer Intervention dienen. Hierbei genügt es nicht, Ziele festzulegen und ihnen Interventionen zuzuordnen, um dann festzustellen, ob die Ziele erreicht wurden. Hierbei handelt es sich schon um ein Gedankenexperiment. Auf dieser Basis werden die Hypothesen hinter den Interventionskonzepten, sowie Praxistheorien deutlich und alternative Annahmen diskutierbar.

6.3 Qualitätsentwicklung und Qualitätssicherung im Kontext Schule

Im Kontext Schule kann ein Schulprogramm als ständiger Prozess der internen Evaluation dienen und somit auch Grundlage einer externen Evaluation sein.

„Das Schulprogramm ist ein zentrales Bezugsdokument für Qualitätsentwicklung und Qualitätssicherung in der einzelnen Schule. Es beschreibt die grundlegenden pädagogischen Ziele einer Schule, die Wege die dorthin führen und die Verfahren, die das Erreichen der Ziele überprüfen und bewerten... " (Rd. Erl. MSW 25.06.1997).

Preuss-Lausitz sieht sowohl Gefahren als auch Chancen in der allgemein geführten Diskussion über Qualitätsmaßstäbe im schulischen Kontext.
„In dieser allgemeinen Entwicklung kontrollierter Schulqualität stecken Gefahren wie Chancen. Die Gefahr liegt darin, dass pädagogische Bezüge auf messbare, meist kognitiv verkürzte Leistungsebenen reduziert werden und damit der gesellschaftliche und bildende Zweck von Schule ökonomisch verengt wird. Die Chance liegt darin, dass alle Beteiligten – von der Öffentlichkeit und der Politik bis zu den Lehrkräften, Eltern, Schülern und Beratern im Umfeld – stärker über die eigene Arbeit reflektieren, Stärke- und Schwäche-Analysen durchführen und mehr Transparenz über die eigene Arbeit schaffen, auch sich selbst gegenüber." (Preuss-Lausitz 2001, 46)

Gerade PISA oder TIMM haben den Blick auf kognitive Themen und Kernfächer beschränkt. Dabei herrscht die Annahme vor, dass durch die regelmäßige Anwendung von Tests letztlich die Schule, der Schüler und die Lehrer „besser" werden.

Preuss-Lausitz (2001, 46) kritisiert vor allem, „dass sie allenfalls Schnappschussaufnahmen zulassen, also eine Art Black-Box-Forschung betreiben – wir also nichts über die wirklichen und individuellen Lern- und Entwicklungsvoraussetzungen der Kinder und über den realen Lernprozess in der Schule erfahren, der zu den gemessenen Ergebnissen führt."

Vor diesem Hintergrund wird deutlich, dass grundlegende Kriterien für Qualität für pädagogische und/oder therapeutische Arbeitsfelder zunächst sichergestellt werden sollten, bevor institutsbezogene Qualitätskriterien für Felder der schulischen Arbeit festgelegt werden, die dann einer internen und externen Evaluation bedürfen. Als geeignete übergeordnete Kriterien für Qualität werden hier, wie bereits erwähnt, die sich aus dem Paradigmenwandel ergebenden Konsequenzen auf die Sichtweise von Menschen, dem Verständnis von Entwicklung sowie der Rolle von Diagnostik und Förderung mit dem Ziel einer inklusiven Erziehung gesehen.

In Orientierung an den übergeordneten Kriterien für Qualität könnten qualitätssichernde Maßnahmen sich auf folgende Standards für schulische Strukturen, Prozesse und Ergebnisse beziehen, die einer internen und externen Evaluation bedürfen:

- personelle und sächliche Rahmenbedingungen sowie innerschulische organisatorische Abläufe, z.B. die Verzahnung von Unterricht und therapeutischen Angeboten

- lernprozessbegleitende Diagnostik und individuelle Lern-Leistungsfeststellung und -bewertung
- individuelle Förderpläne, die Entwicklungsverläufe fortlaufend, durch die Einbeziehung aller am Förderprozess beteiligten Personen, dokumentieren und Fach- und entwicklungsbezogene Aspekte in Beziehung setzen
- Generelle Kooperation mit Erziehungsberechtigten, mit anderen Schulen und/oder außerschulischen Partnern/Institutionen
- personeller Weiterentwicklung von Kenntnissen und Fähigkeiten von Mitarbeitern, z.B. durch Fort- und Weiterbildung der Lehrkräfte und des nicht lehrenden Personals

6.4 IEPs als Form einer internen Evaluation der Qualitätssicherung in der Pädagogik und/oder Therapie

Individuelle Entwicklungs- und Förderpläne ermöglichen auf der Grundlage der Dokumentation und Analyse individueller entwicklungsbezogener Daten die Vereinbarung von klaren und überschaubaren Lern- und/oder Förderzielen mit allen am Lernprozess beteiligten Personen (z.B. Kind, Lehrer, Eltern, Therapeut). Erst auf dieser Grundlage ist es möglich, „Prozessabläufe", d.h. das weitere pädagogische und/oder therapeutische Handeln theoriegeleitet zu planen und dessen Verlauf fortlaufend zu dokumentieren und bei Veränderungen gegebenenfalls neue Ziele und Handlungsschritte zu formulieren und festzuhalten.

Wie bereits in Kapitel 6.2 formuliert, wurden hier bereits übergeordnete Qualitätskriterien aufgestellt, die nun im Folgenden genutzt werden, um IEPs als Form einer internen Evaluation der Qualitätssicherung in der Pädagogik und/oder Therapie näher zu beschreiben.

Übergeordnete Qualitätskriterien:
1. Menschenbild
2. Verständnis von Entwicklung
3. Ziele der Maßnahmen
4. organisatorische Rahmenbedingungen
5. personelle Kompetenzen

Zu 1) Menschenbild

Die Arbeit mit IEPs nach Eggert (1997) orientiert sich an einem ganzheitlichen interaktionistischen und humanistischen Menschenbild. Ganzheitlich meint, das verschiedene Entwicklungsbereiche (Bewegung, Wahrnehmung, Kognition, Selbstkonzept, …) berücksichtigt werden.
Das zugrunde liegende Menschenbild bestimmt das Verständnis von Entwicklung, welches im Folgenden näher beschrieben wird.

Zu 2) Verständnis von Entwicklung

Eggerts Ausführungen basieren auf einer ökologischen Entwicklungstheorie, anlehnend an Bronfenbrenner (1981, 1989). Diese Sichtweise berücksichtigt den Einbezug verschiedener Lebenskontexte der zu beschreibenden Person. Dabei wird Entwicklung als dauerhafte Veränderung der Art und Weise, wie eine Person seine Umwelt wahrnimmt und sich mit ihr auseinandersetzt, beschrieben. Entwicklung findet somit lebenslang statt. Dabei ist das Individuum als handelnde Person sowie die stattfindende Person-Umwelt Interaktion entscheidend (vgl. z.B. Eggert/Reichenbach/Bode 2003).

Zu 3) Ziele der Maßnahmen

Die Arbeit mit einem IEP hat zunächst zum Ziel Daten und Informationen von einem Individuum und seinen Lebenskontexten zu strukturieren und zu dokumentieren. Die Analyse der Aufzeichnungen im IEP bildet die Basis, um zum einen individuelle Lern- und/oder Förderziele und zum anderen den bestmöglichen Förderort herauszufinden.

Es muss ein Einverständnis über die Ziele durch alle am Prozess beteiligten Personen vorliegen.

Ein weiteres Ziel besteht explizit auch darin, den IEP als Instrument einer Qualitätssicherung einzusetzen. Qualitätssicherung berücksichtigt, wie weiter oben ausgeführt, neben einer Ergebnisorientierung den Prozess und die zugrunde liegenden Strukturen. Die Prozesshaftigkeit zeichnet sich dadurch aus, dass fortlaufend Entwicklungsprozesse beschrieben und dokumentiert werden.

Zu den Strukturen zählen u. a. die organisatorischen Rahmenbedingungen und personalen Kompetenzen, auf die im Folgenden eingegangen wird.

Zu 4) organisatorische Rahmenbedingungen

Zu organisatorischen Rahmenbedingungen gehört einerseits die Möglichkeit zur Arbeit und zum Austausch im Team. Das bedeutet, für die Arbeit mit dem IEP ist es unerlässlich, sich mit weiteren Bezugspersonen mit dem Klienten in Verbindung zu setzen und zu kooperieren. Es müssen Möglichkeiten geschaffen werden, die ein kooperatives Zusammenwirken aller am Prozess beteiligten Personen erlaubt. Als notwendig werden v. a. die Reflexion und die Supervision angesehen.

Auch wenn in einigen Bundesländern das Schreiben von Individuellen Entwicklungs- und Förderplänen mittlerweile verbindlich sind, so stehen nicht immer genügend Zeitkapazitäten für eine ausführliche Dokumentation zur Verfügung. Hier ist es erforderlich, das die zuständigen Träger von Einrichtungen (z.B. Schule, therapeutische Institute,...) diese Kapazitäten oder Rahmenbedingungen schaffen, um Qualitätssicherung zu gewährleisten.

Zu 5) personelle Kompetenzen

Um einen IEP im Rahmen einer Qualitätssicherung gewinnbringend einzusetzen, ist die Kompetenz der Anwender in Hohem Maße gefordert.
Kompetenzen sind hinsichtlich folgender Bereiche notwendig:
- Anwendungskompetenz des IEPs
- Methodenkompetenz (z.B. Anwendung von diagnostischen Verfahren)

- Theoriekompetenz, um die Daten anhand eines oder mehrerer Bezugs-systeme einschätzen zu können
- Reflexionskompetenz (z.B. Eigenreflexion, Fallbesprechung, Fehlerana-lysen)

In Orientierung an den vereinbarten Zielen ist die Fachkraft dahingehend ge-fragt, ihr Vorgehen bzw. Wege zur Erreichung des Ziels theoriegeleitet zu ana-lysieren, zu begründen und transparent zu machen.
Nur durch spezifische fortlaufende Fort- und Weiterbildungen können diese Kompetenzen stets aufrechterhalten und aktualisiert werden.

Möglichkeiten der internen Evaluation mittels IEPs

Individuelle Entwicklungs- und Förderpläne als Methode der Qualitätssiche-rung bieten verschiedene Möglichkeiten der internen Evaluation auf unter-schiedlichen Ebenen.

Die Vereinbarung von individuellen Lern- und/oder Förderzielen orientiert sich dabei an den pädagogischen Zielsetzungen einer Institution und den dort fest-gelegten Lerninhalten. In Orientierung an den individuellen Lern- und/oder För-derzielen kann auf der Grundlage Individueller Entwicklungs- und Förderpläne die individuelle Entwicklung und der Lernprozess einer Person beschrieben werden. Eine Evaluierung der Vereinbarungen ist möglich, in dem die verein-barten individuellen Lern- und/oder Förderziele hinsichtlich ihrer Erreichbarkeit überprüft werden.

Er bietet Informationen über den aktuellen Stand des Lernprozesses sowie al-len am Prozess beteiligten Personen eine Einschätzung über die individuelle Entwicklung einer Person zu geben und kann Lernprozesse verdeutlichen.

Eine differenzierte qualitative Diagnostik und damit verbundene differenzierte theoriegeleitete Planung von Interventionsschritten stellen eine Voraussetzung für die Evaluation dar, da diese sich auch mit dem Prozess, also auch mit Inter-ventionsprozessen auseinander setzen sowie das methodische Handeln ana-lysieren.

Eine Stärke bei der internen Evaluation mittels IEP liegt sicherlich auch in der Möglichkeit eine genaue Analyse von Interventionen und Interventionsvarian-ten vorzunehmen. Eine kontinuierliche Evaluation ermöglicht jedem einzelnen Mitglied im Team eine persönliche und fachliche Weiterentwicklung, welche sich nicht zuletzt in der Zufriedenheit der einzelnen Teammitglieder repräsen-tiert (vgl. Heiner 2004, in: Peterander/Speck).

7. Lernportfolios als Möglichkeit einer individualisierten Diagnostik

7.1 Was ist ein Lernportfolio?

Mit dieser neu aufgenommenen Ergänzung zum Buch, die auf einem Text von Susanne Hindahl und Dietrich Eggert aus dem Jahre 2005 beruht, wird dem Leser ein Ansatz zu einer differenzierten kindbezogenen Beurteilung einen Weg zur Diagnostik aufgezeigt, der von einem subjektiven Lebens- und Lernbericht eines Kindes ausgeht, vom Lernportfolio.

Dieses Lernportfolio ist ein Konzept, das Teil einer veränderten Beurteilungskultur ist und beispielsweise im Kanton Luzern (Amt für Volksschulbildung) lange erprobt wurde (im Projekt „Ganzheitlich beurteilen und Fördern" Theiler 2001), das wiederum Teil eines Gesamtkonzeptes zur individuellen Förderung und Beurteilung ist. Die Grundannahmen dieses Konzepts sind: **alle Kinder können individuell gefördert werden** und so können Lernbeeinträchtigungen und Lernblockaden wirkungsvoll vermieden werden. Eine individuelle Förderung von den Stärken ausgehend verstärkt das Gefühl von Selbstwirksamkeit und gibt ein positives Selbstkonzept.

Das Lernportfolio ist ein Konzept, das in der Analogie zu den Künstler-, Architekten- und Journalistenportfolios entstanden ist. In diesen Berufsgruppen hat man sich nicht ausschließlich auf die Zeugnisbeurteilung konzentrieren wollen, sondern hat von den Bewerbern eine Mappe erwartet, die den berufsbezogenen Werdegang dokumentiert sowie den Entwicklungsverlauf, zum Beispiel anhand von ausgewählten Arbeiten, Rezensionen, Video- und Fotomitschnitten, transparent macht. Anhand dieser ausgewählten Dokumente hat der Autor des (Lern-)Portfolios die Möglichkeit, Einblicke in sein Können, seine Arbeitsweise und seinen Entwicklungsprozess zu geben und kann sich auf einem breiteren Spektrum darstellen.

Die Idee, das Portfoliokonzept in den allgemeinen Bildungsbereich zu übertragen, findet seine Anfänge in den Neunzigerjahren in Großbritannien sowie in den USA und entstammt dem Bedürfnis der Lehrkräfte bei der Schülerbeurteilung sich nicht ausschließlich auf die wenigen Klassenarbeiten und auf die beobachtete Mitarbeit verlassen zu müssen.

„Im Bildungsbereich bezeichnet das Lernportfolio eine Zusammenstellung von Dokumenten, die ein Lernprozess, einen Ausschnitt oder sogar die gesamte Lernbiografie eines Individuums beschreiben bzw. dokumentieren. Das können einzelne vom Lernenden angefertigte Materialien, Zeugnisse, Auszeichnungen, Zertifikate, Teilnahmebescheinigungen und anderes mehr sein. Portfolios werden häufig dazu verwendet, Lernerfahrungen und -erfolge systematisch zu erfassen, persönliche Lern- und Weiterbildungsstrategien zu planen, beispielsweise um die eigene Stellensuche zu verbessern, bei der in vielen Fällen die Vorlage solcher Unterlagen gefordert wird. Wesentliches Ziel der Portfolioarbeit ist der Aufbau der Selbst-Reflexivität der Beteiligten, die als eine wichtige Voraussetzung für die Erhöhung der Eigenverantwortung und Selbststeuerung im Lernen sowie die Selbstbeurteilung der Qualität eigener Leistungen betrachtet wird (vgl. Stangl 2005)" (Seelig 2005,6).

Als **Definition** kann sich an Lissmann (2001, 187) angelehnt werden:
„Ein Portfolio ist eine zielgerichtete Sammlung von Schülerarbeiten, welche die Anstrengungen des Lernenden, den Lernforschritt und die Leistungsresultate auf einem oder mehreren Gebieten zeigt. Die Sammlung schließt die Beteiligung des Schülers bei der Auswahl der Inhalte, Aufstellung der Kriterien für die Auswahl und zur Beurteilung sowie Selbstreflexive Gedanken mit ein."

Viele Lehrer wollen ihre Bewertungskriterien ausweiten und dem Schüler mehr Möglichkeiten bieten, sein Können zu dokumentieren und seinen individuellen Lernweg darzustellen. Diesen subjektiven Lernbericht kann man dann zum Gegenstand von Zielbesprechungen mit dem Schüler und den Eltern machen, bei dem es nicht nur um die Bestimmung von Lernzielen geht, sondern um die Frage, was diese individuell bedeuten. **Das Lernportfolio ist jedoch noch mehr als lediglich ein erweitertes Beurteilungsmuster oder eine Alternative der Leistungsbeurteilung.** Das Konzept des Lernportfolios wirkt sich unmittelbar auf den Unterricht aus. Ein Lernen im „Gleichschritt" ist mit diesem Konzept nicht möglich, sondern ein individuelles Lernen unter Ausnutzung individueller Stärken und (Förder-)Bedürfnisse. Es werden sowohl gemeinsame Zielsetzungen der Lerngruppe vereinbart als auch auf den einzelnen Schüler ausgerichtete bzw. von ihm selbst entwickelte Lernziele verfolgt. Voraussetzung für die Anwendung des Portfoliokonzeptes ist die **Individualisierung des Unterrichtes**, der sich an den Bedürfnissen und an den vorhandenen Kompetenzen des Kindes orientiert in einer Schule „für alle Kinder".

Dem Schüler wird also nicht nur die Möglichkeit gegeben seine Entwicklungen zu dokumentieren, sondern er kann seinen **Lernprozess aktiv mitbestimmen** und -gestalten. Er übernimmt Eigenverantwortung für sein eigenes Lernen und lernt nicht nur seinen Lernweg zu dokumentieren und zu präsentieren, sondern er lernt sich mit seinem Lernen kritisch auseinanderzusetzen. Er wird im Laufe der Zeit Erfahrungen sammeln, welche Lernwege für ihn fruchtbar oder auch weniger effektiv waren. Er wird erkennen welche Art des Lernens für ihn eher mühsam oder welche motivierend ist. Der Schüler lernt nicht nur Fachinhalte, sondern er lernt gleichzeitig eine der wichtigsten Schlüsselqualifikation: die kritische Auseinandersetzung mit dem eigenen Lernen (learning to learn).

Auch im Rahmen der **öko-systemischen Förderdiagnostik**, die den Schüler als aktiven Teil seiner Lebenswelt - also des Systems - betrachtet, ist die Portfolioarbeit eine Bereicherung. Insbesondere der Dialog zwischen dem Schüler und dem Lehrer wird sichtlich ausgeweitet und dies hat einen wesentlichen Einfluss, nicht nur auf die Einschätzung sondern auch auf die Anfertigung des individuellen Entwicklungsplanes, ja auch auf die Sichtweise des Schülers.

Lernportfolios können IEPs sehr gut ergänzen, je nachdem ob die Frage der Planung der Förderung oder Erkenntnisgewinnung über das Kind in seinem Umfeld im Vordergrund steht, um dem Kind besser und umfangreicher helfen zu können.

Das Lernportfolio hat eine Fülle von Vorteilen, wie sie die später folgende Abbildung (Vorteile eines Lernportfolios) zeigt.

7.2   Struktur des Lernportfolio

Die Grundlage dieser Struktur ist ein Lehr- und Lernverständnis, das davon ausgeht, dass der Schüler über vielfältige Kompetenzen verfügt und durchaus in der Lage ist ein Wissen zu erwerben, dass ihn in die Lage versetzt, eigenständig, selbstverantwortlich und selbst gesteuert zu lernen. Dieses Lernen erfolgt in den folgenden Schritten.

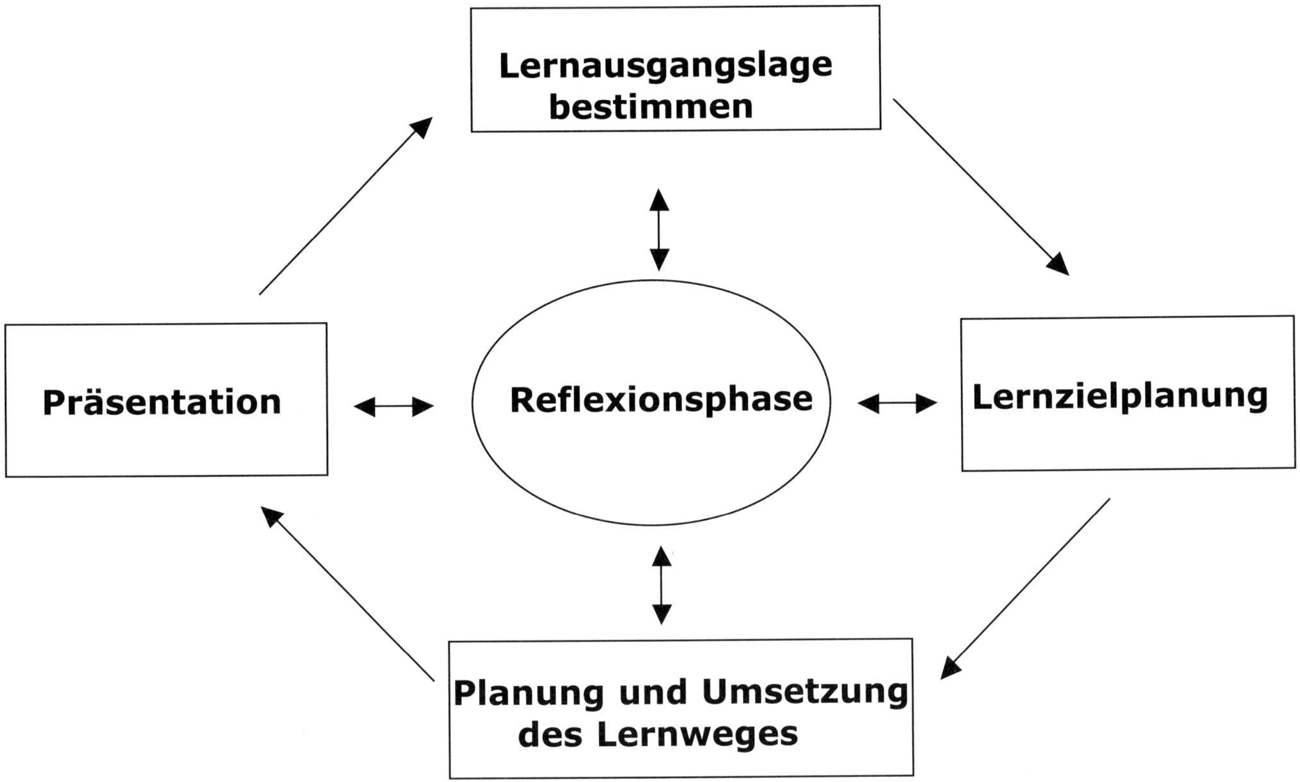

Abb. 15: Struktur Lernportfolio

7.2.1 Lernausgangslage bestimmen

In diesem ersten Schritt klärt der Schüler, auf welchem Lernstand er sich befindet, damit der überhaupt eine Basis für die Planung der weiteren Lernschritte erhält.

Seine Lernausgangslage kann der Schüler durch die Selbsteinschätzung und durch die Fremdeinschätzung bestimmen, wobei verschiedene Materialien und/oder Methoden genutzt werden können:

Selbsteinschätzung:
Selbstbeobachtungsbogen
Selbstbeurteilungsbogen
Arbeitsproben aus dem Portfolio

Fremdeinschätzung:
Beobachtung durch die Lehrkraft
Beobachtung durch Mitschüler
Diagnostische Inventare
Beurteilungsgespräch mit der Lehrkraft und den Eltern
Rückmeldungen von Mitschülern, Lehrern, Eltern …

Bei der Selbsteinschätzung kann er Selbstbeobachtungs- und Selbstbeurteilungsbogen nutzen. In diesem Verfahren absolviert der Schüler verschiedene Aufgaben, die er dann mit Hilfe des Selbstbeobachtungsbogens selbst beurteilt. Der Schüler kann auf diesem Wege eine Selbsteinschätzung vornehmen und für sich selbst herausfinden, in welchen Bereichen ihm die Aufgaben eher leicht gelingen, ihm gut gelingen oder wo er noch Förderbedarf hat. Durch das Ausprobieren und die Aufforderung zur Selbsteinschätzung mittels Fragebogen wird der Schüler aufgefordert, seine Leistungen reflexiv zu betrachten. Sollte der Schüler bereits über ein Portfolio verfügen, so kann er auch seine Entwicklung anhand von Arbeitsproben und den eigenen reflexiven Kommentaren zum Lernprozess für die Beurteilung seines Lernstandes heranziehen.

Aber auch der Bereich der Fremdeinschätzungen z.B. durch Rückmeldungen von den Eltern, Mitschülern und insbesondere von der Lehrkraft hat hier eine besondere Bedeutung und bildet eine Ergänzung der Selbsteinschätzung. Sie sind eine Bereicherung, da der Schüler durch die Hinzunahme weiterer Perspektiven seine eigene Selbsteinschätzung kritisch betrachten kann.

Bei der Rückmeldung durch den Lehrer sollte beachtet werden, dass **Schüler und Lehrer in einem Dialog** stehen und der Lehrer mehr leisten muss als dem Schüler seine Sichtweise über seine Leistungen mitzuteilen. Er sollte dem Schüler nicht nur als Kritiker zur Verfügung stehen, sondern insbesondere auch ihn in seinem Lern- und Entwicklungsprozess als zugewandter Begleiter und Berater unterstützen. Diese Aufgabe beinhaltet, dass der Lehrer für sich selbst ein Bild über den Lernstand des Kindes entwickelt, die nächste Zone der Entwicklung definiert und gemeinsam mit dem Schüler den weiteren Lernweg planen sollte.

Sein Ziel kann es nicht ausschließlich sein, dem Schüler die Sachinhalte zu vermitteln, sondern seine Aufgabe ist es vielmehr, dem Schüler zu einem selbstverantwortlichen Leben und Lernen zu verhelfen und dies beinhaltet auch die Vermittlung von Wissen in dem Bereich der Selbst- und Sozialkompetenz.

Langfristige Entwicklungs- und Lernziele können auch in einem gemeinsamen Gespräch zwischen den Eltern, dem Schüler und dem Lehrer entwickelt und in regelmäßigen Abständen überprüft werden. Die Beteiligten legen jeweils ihre Sichtweise über den Entwicklungsstand des Schülers dar, beurteilen dessen Fortschritte und planen die weitere Perspektive, so dass auch die Ziele gemeinsam entwickelt und definiert werden. Der Lehrer muss seine fachliche Kompetenz als Berater und Begleiter des Lernprozesses mit einbringen. Er muss sich von der Rolle verabschieden, dass er aufgrund seiner Ausbildung allein für die Zielsetzung, Planung und für die Förderung des Schülers verantwortlich ist. Lernen und Entwicklung findet in einem Dialog zwischen den Beteiligten statt, die bedeutet nicht eine weniger bedeutende Rolle der Lehrkraft, sondern der Aufgabenbereich verschiebt sich zum Berater und zum Begleiter des Schülers in Kooperation mit den Eltern.

7.2.2 Lernzielplanung

Die Aufgaben umfassen dabei:
  * Individuelle Ziele, Klassenziele und Rahmenrichtlinien berücksichtigen.
  * Ziele: Sachkompetenz, Selbstkompetenz, Sozialkompetenz.
  * Ziele im Selbstbeobachtungsbogen schriftlich festhalten.
  * Ziele gemeinsam im Eltern-Lehrer-Schüler-Gespräch entwickeln.
  * Unterschiedliche Lernniveaus berücksichtigen.
  * Anforderungsmaßstab festlegen zur Einschätzung der weiteren Arbeit.

Die Dimension der Ziele umfasst verschiedene Ebenen. So kann sich der Schüler individuelle Ziele setzen, die er nach Einschätzung der Lernausgangslage für sich selbst als sinnvoll und wichtig erachtet. Aber er lebt in einer Gemeinschaft und seine Entwicklung wird durch externe Faktoren berührt. So spielen auch Ziele der Klasse und seiner Altersgruppe eine Rolle. Der Schüler muss seinen Platz in der Gemeinschaft finden.
Er darf nicht nur auf sich selbst bezogene Ziele entwickeln. Der Schüler sollte seinen eigenen Bedürfnissen gerecht werden, aber auch gleichzeitig den Anschluss an seine Lerngruppe nicht verlieren. Er kann sich bei der Zielsetzung ganz konkret überlegen, ob auch andere Schüler aus seiner Klasse ähnliche Ziele verfolgen und ob eine Zusammenarbeit möglich wäre. Er kann sich auch die Frage stellen, ob er im Vergleich zu seiner Klasse auf dem gleichen Niveau arbeitet und ob von ihm aufgrund der gesetzlich bestimmten Lehrplanvorgaben mehr oder evtl. auch weniger verlangt wird. Bei der Bewertung der Lernausgangslage und der Definition seiner Ziele sollte der Schüler zusätzlich die Bezugsnorm mehrdimensional betrachten können:

a) der individuelle Lernzuwachs (Individualnorm),
b) der Vergleich mit der Klasse (Gruppennorm) und
c) die gesetzlichen Lehrplanvorgaben (administrative Norm).

Die wenigsten Schüler werden in der Lage sein, diese Anforderungen bei der Zieldefinition zu berücksichtigen. Aus diesem Grunde kommt der Beratung, Betreuung und Begleitung der Lehrkraft eine besondere Bedeutung zu. Schüler und Lehrer sollten langsam in diesen neuartigen Arbeitsansatz eingeführt werden.
Der Lehrer sollte die fachliche Kompetenz in den verschiedenen Dimensionen betrachten und in die Zielplanung des Schülers integrieren. Je nach Entwicklungsstand und Vermögen des Schülers das eigene Lernen zu managen, kann sich die Lehrkraft in einer stärkeren oder weniger starken Intensität zur Verfügung stellen, um sich entsprechend dem Zuwachs der Kompetenzen des Schülers auf diesem Gebiet, nach und nach entbehrlich machen. Die Schüler müssen lernen sich realistische Ziele zu setzen aber auch über eine adäquate Selbsteinschätzung verfügen. Sie müssen sich in ihrem Umfeld positionieren und ihre weitere Entwicklung wünschen und planen.

7.2.3 Planung des Lernweges

Hier ist eine kleine Auswahl an Fragen, die sich dem Schüler stellen können, nach dem er seine Ziele definiert hat:

* Wie möchte ich vorgehen?
* Welche Schritte sollte ich in welcher Reihenfolge machen?
* Welche Hilfen benötige ich?
* Unter welchen räumlichen Bedingungen arbeite ich?
* Welches Material steht mir zur Verfügung?
* Mit wem möchte ich zusammenarbeiten?
* Wie wollen wir die Zusammenarbeit gestalten?
* Was war beim letzten Mal hilfreich?
* Was hat mich aufgehalten?
* Was möchte ich vermeiden?
* In welchem Zeitrahmen kann ich meine Ziele erreichen?
* Welcher Zeitraum steht mir zur Verfügung?
* Von wem kann ich Hilfe und in welcher Form erwarten?
* Finde ich auch Lernfelder die außerhalb der Schule liegen?

Die Fragen können ganz unterschiedlich aussehen und richten sich nach den Zielen und Bedürfnissen des Kindes. Eines ist jedoch von wichtiger Bedeutung: der Schüler sollte nun in seinen Lernweg eine Struktur integrieren, damit er sein Lernen effektiv gestalten kann. Diese Struktur als Gerüst des Lernweges sollte der Schüler mit dem Lehrer individuell entsprechend seinen Bedürfnissen entwickeln. Folgendes grundlegende Vorgehen könnte so gestaltet werden:

1. Klärung in welcher Sozialform der Schüler seine Ziele verfolgen möchte? Einzel-, Partner- oder Gruppenarbeit?
2. Zusammenfinden der Lernpartnerschaft bzw. Lerngruppe.
3. Planungsphase: Die Lernpartner bzw. die Mitglieder der Lerngruppe planen das gemeinsame Lernen.

- ♦ Information zur Auswahl der Aufgaben sammeln: Beobachtungsbogen, Material, das von Lehrer gestellt wird, Aufbau in der Turnhalle, Bücher, eigene außerschulische Erfahrungen, z.B. aus dem Sportverein, ...
- ♦ Eine begründete Auswahl der Aufgaben treffen.
- ♦ Lernort festlegen (Turnhalle - Klassenzimmer - Sportplatz ...)
- ♦ Den Zeitrahmen klären.
- ♦ Material beschaffen bzw. klären, dass es zur Verfügung steht - Bücher - Luftballons – verschiedene Stifte - Arbeitsblätter - Kleinmaterialien....

4. Umsetzungsphase: Aufbau - Erprobung

Auch in dieser Phase spielt die fachliche und kompetent Begleitung und Betreuung des Lehrers eine wichtige Rolle. Er sollte das Vertrauen in den Schüler setzen, dass er in der Lage ist eigenständig seinen Lernprozess allein und auch in der Lernpartnerschaft oder Gruppe zu gestalten. Er darf nicht zu stark auf den Schüler Einfluss nehmen und gleichzeitig ein ausreichendes Maß an Hilfestellung geben, damit der Schüler seinen Lernweg selbst entwickeln, erproben und modifizieren kann.

7.2.4 Reflexionsphase

Im Prinzip kann die Umsetzungsphase nicht von der Reflexionsphase getrennt werden. Da jedoch die Reflexion in allen Phasen der Portfoliostruktur, der Lernausgangslage, der Lernzielplanung, der Planung des Lernweges und auch bei der Präsentation eine wichtige Funktion hat, wird sie hier theoretisch von den Phasen getrennt und als eigene Stufe beschrieben. Die Reflexion findet auf verschiedenen **Ebenen** und auch in unterschiedlicher Intensität statt: mit der Reflexion über den Sachinhalt (sachliche Reflexion), über den Verlauf des Lernprozesses (Selbstreflexion) über die Qualität des Lernergebnisses (Selbstbeurteilung), über die äußeren Bedingungen, unter denen gelernt wurde (Metareflexion) und über die Zusammenarbeit mit Anderen (soziale Reflexion).

- * Sie muss zielgerichtet sein, eine klare Struktur haben und von den Beteiligten als sinnvoll erachtet werden.
- * Kurze, prägnante Reflexion am Ende einer jeden Unterrichtsstunde.
- * Umfassende, intensive Reflexion, nach Bedarf, nach der Hälfte einer Lerneinheit und als Abschluss der Lerneinheit.
- * Reflexion auf verschiedenen Ebenen:
  - ♦ sachlich
  - ♦ sozial
  - ♦ den Lernprozess betreffend
  - ♦ die Qualität des bisher erreichten betrachten

◆ Metaebene - äußere Bedingungen
* Konsequenzen aus einer Reflexion ziehen und dokumentieren:
◆ Modifikation/Veränderung des Lernzieles?
◆ Veränderung des Lernweges?
◆ Veränderung in der Lerngruppe?
◆ Präsentationsform überdenken?
◆ Anpassung der Lernsituation an die äußeren Bedingungen.

Die kurze, prägnante Reflexion am Ende einer jeden Unterrichtsstunde:

So ist es empfehlenswert, eine kurze Reflexion zum Ende einer jeden Unterrichtsstunde einzuführen. Es sollte ein Ritual sein, dass jede Arbeitsgruppe, die Lernpartner oder auch der Schüler, der seine Ziele in Einzelarbeit verfolgt, im Plenum von seinen Erfahrungen berichtet. Hier bietet es sich an, dass der Lehrer die Reflexion leitet und moderiert, da er auf diese Weise den Zeitaufwand und den Umfang steuern kann. Um die Entwicklungen verfolgen zu können ist es wichtig, dass die Reflexionsphasen eine gleich bleibende Struktur haben. Es sollten aus diesem Grunde für die am Ende einer Unterrichtsstunde stehende kurze, prägnante Reflexion, mit knappen, immer wiederkehrenden Fragen nach dem Sachergebnis, der Vorgehensweise und der Qualität der Zusammenarbeit formuliert werden (Ebenen: sachliche, den Lernweg betreffende und auf die Kooperation bezogene Reflexion). Wichtige Rückmeldungen oder Modifikationen sollten notiert werden und in die Planung für das weitere Vorgehen mit einfließen. Der Lehrer sollte für die Reflexionsphase soviel Zeit einplanen, dass auch noch bei Problemen und Unstimmigkeit genug Reserve zur Klärung vorhanden ist. Andererseits sollte diese Reflexionsphase so wenig Zeit in Anspruch nehmen, dass sie nicht als langwieriges und langweiliges Ritual wahrgenommen wird.

Zielgerichtete Reflexion

Die Reflexion muss zielgerichtet sein und im Interesse des Schülers liegen und er muss danach das Gefühl haben, dass sie für ihn hilfreich und von Bedeutung war. Eine Reflexion, die nur noch als übrig gebliebenes Ritual vollzieht (weil man es ja so machen soll), und sich ausschließlich auf der emotionalen Ebene bewegt und zwar nur noch zur gegenseitigen emotionalen Bestätigung, wird von dem Schüler oft als lästig und zwecklos empfunden.

Umfassende, intensive Reflexion:

Diese intensive Reflexionsphase umfasst verschiedene Ebenen und kann in unterschiedlichen Sozialformen stattfinden. Sie sollte vom Lehrer geplant und koordiniert werden. Die Lehrkraft kann, aber muss nicht die Moderation übernehmen, sollte jedoch für den konstruktiven Verlauf der Rückschau verantwortlich bleiben. Diese Form der Reflexion nimmt wesentlich mehr Zeit in Anspruch und kann als Halbzeit- und Abschlussreflexion einer Lehreinheit sowie aus einer Krisensituation heraus notwendig sein.

Sie sollte, wenn sie im Rahmen einer Gruppenreflexion stattfindet, sich nicht ausschließlich auf die gesamte Gruppe beziehen, sondern die umfassende, intensive Reflexion sollte in diesem Fall zusätzlich die Ebene des einzelnen Schülers umfassen. Dieser Grundsatz gilt auch für die Sozialform der Lernpartnerschaft. Der Lehrer kann überlegen, ob er für die Einzelreflexion mit dem Schüler zusätzliche Gesprächstermine vereinbart, oder ob alles im Gruppenverband besprochen werden soll. Diese Entscheidung hängt insbesondere von dem Bedürfnis des Schülers ab. Wichtige Ereignisse, Gesprächsinhalte sowie die Ergebnisse und die Konsequenzen die aus der Reflexion gezogen wurden, sollten schriftlich festgehalten werden und zu einer Veränderung führen.

Konsequenzen der Reflexion:

* Lernziele
* Lernprozess
* Zusammenarbeit mit Klassenkameraden

Im Verlauf des Lernprozesses kann es notwendig werden, das die Ziele modifiziert werden müssen. Dies kann aufgrund einer ungenauen Selbsteinschätzung notwendig werden, so dass von Anfang an die Lernausgangslage eine andere war. Eine Veränderung des Lernzieles kann sich aber auch im Verlauf des Lernprozesses ergeben, wenn sich durch die gemachten Erfahrungen neue Möglichkeiten ergeben und diese für den Schüler von Interesse sind. Die Arbeit mit dem Portfolioansatz ist nicht starr, sondern erfordert von der Lehrkraft eine **Bereitschaft zur Flexibilität** und eine gewisse Offenheit für die Intentionen des Schülers. So kann eine Reflexion die Umwege und Irrwege eines Lernprozesses für den Schüler aber auch für den Lehrer deutlich machen, so dass sich der Schüler mit dem sonst verborgenen Wissen über den Lernprozess in kommunikativer Ebene mit seinem Lehrer oder auch mit den Mitschülern mehr erfahren und sich damit auseinander setzen kann. Diese Analyse und der Austausch mit anderen Schülern sowie mit dem Lehrer über den Lernweg kann kreatives Potential für neue Lernwege und Möglichkeiten freisetzen, um das anvisierte oder modifizierte Ziel zu erreichen. Wichtig ist die Fokussierung nicht nur auf das Sachergebnis sondern auch auf die Arbeitsweise, den Lernweg und den Prozess.

Eine weitere Perspektive kann die Zusammenarbeit mit der Lerngruppe umfassen. So kann unter anderem eine Konsequenz der Reflexion sich auch in der Veränderung der Lerngruppe widerspiegeln. So kann der Schüler analysieren, wie er sich in der Lerngruppe einbringt und seine eigene Teamfähigkeit betrachten, überdenken mit welchen Mitschülern er besonders gut kooperieren kann und in welcher Lerngruppe er sich aufgehoben und wohl fühlt. Der Schüler kann beispielsweise zu der Erkenntnis kommen, dass sein bester Freund nicht immer der beste Lernpartner ist.

7.2.5   Präsentation

Eine Präsentation kann auf vielfältige Weise erfolgen: Adressaten können die Klassengemeinschaft, die Eltern und die Familie des Schülers, Freunde, größere Personenkreise die außerhalb der Schule liegen, sein. Präsentationen können als Vorführung, Videodokumentation, Fotodokumentation, Buch, Ausstellungen, Hörbuch, Entwicklungsgeschichten, Rollenspiel, ... vorgenommen werden. Sie können verschiedene Formen (Kurzpräsentation, Zwischenpräsentation, Abschlusspräsentation, ...) haben und mit unterschiedlichen Zielen verbunden sein. So kann beispielsweise eine Kurzpräsentation, die der Klassengemeinschaft dargeboten wird, die Verfeinerung der Abschlusspräsentation zum Ziel haben. So sollen die Rückmeldungen der Mitschüler bei der weiteren Planung der Abschlusspräsentation berücksichtigt werden.

*   Die Portfoliomappe.
*   Kleine Präsentationsphasen im Unterricht (Vorstellung des Ergebnisses und des Lernweges in der Klasse). Wer einmal erlebt hat, wie eine ganze Klasse an dieser Präsentation arbeitet und wie lebendig dabei die Atmosphäre ist, der ist vom Ansatz überzeugt.
*   Abschlusspräsentation in der Schule, z.B. Vorführungen, Fotowand, Videoaufzeichnung ...
*   Präsentation des Erreichten an Elternterminen.
*   Öffentliche Vorführungen und Termine.
*   Rückmeldung nach der Präsentation dokumentieren.

Die Portfoliomappe ist das durchgängige Präsentationsmaterial des Schülers. Es ist immer präsent und schnell zur Hand. Es hat wesentlich mehr Aussagekraft als ein Zeugnis und kann Selbst- und Fremdeinschätzungen beinhalten. Der Schüler kann selbst entscheiden welches Material in seine persönliche Mappe aufgenommen wird. Er kann seine Leistungen in unterschiedlicher Form präsentieren sowie seine Lerngeschichte mit allen Höhen und Tiefen darstellen. Er legt dar, wie er die Einschnitte, Hürden, Einbrüche in seinem Lernprozess überwinden konnte und seinen ganz persönlichen Umgang mit Krisen darstellt. Er kann zeigen, dass er neue Kräfte mobilisieren konnte und nicht bei der ersten Schwelle aufgegeben hat. Wie er in der Lage war, neue Perspektiven zu entwickeln. Die Portfoliomappe ist ein ganz persönliches Dokument mit einer vielfältigen Aussagekraft und gleichzeitig für den Betrachter von Außen gedacht. Die Portfoliomappe eignet sich genauso als Referenz in einer Bewertungssituation (z.B. bei der Zensurenvergabe oder in einem Bewerbungsgespräch) wie auch als eigene Reflexionsgrundlage, wenn der Schüler seine eigene Entwicklung betrachten möchte.

Die Vielfältigkeit der Formen einer Präsentation spiegelt sich auch in den Gründen, weshalb sie gemacht wird wieder. Ein zentraler Punkt der Präsentation ist jedoch immer die Zusammenfassung und Interpretation des Erreichten aus der Sicht des Schülers und die adäquate Rückmeldung der Adressaten. Diese Fremdbeurteilungen spielen für den Schüler eine wichtige Rolle. Er ist auf die positive Resonanz genauso angewiesen wie auf eine kritische, jedoch angemessene Reaktion. Nur aus den sachlichen Einschätzungen kann der Schüler seine Rückschlüsse ziehen. Diese Fremdeinschätzung sollten schriftlich fixiert werden, denn sie dienen als Grundlage der Reflexion und sind auf diese Weise für die Entwicklung weiterer Perspektiven für das zukünftige Lernen von wichtiger Bedeutung.

Insbesondere in der Schlussphase einer Lerneinheit steht die Präsentation im Zentrum der Betrachtung. Sie ist ein wichtiger Schritt um eine Lerneinheit zum Abschluss zu bringen, damit im Anschluss daran der Schüler sich neuen Bereichen widmen kann. Der Schüler dokumentiert mit seiner Präsentation seine Sichtweise und Interpretation bezüglich des Lernergebnisses und des Entwicklungsverlaufes, möglichst auf allen Ebenen (Sach-, Selbst- und Sozialkompetenz). Die Präsentation ist einerseits eine ganz persönliche Angelegenheit und gleichzeitig für die Außenwelt bestimmt. Sie ist nicht nur als Dokumentation des eigenen Lernerfolges und Lernweges gedacht, sondern sie richtet sich an ein Publikum. So kann sich die Reflexion der Präsentation zusätzlich auch auf die Publikumswirksamkeit beziehen. Der Schüler muss sich darüber Gedanken machen, ob seine Präsentation für den Betrachter einen Aufforderungscharakter hat, ob der Inhalt verständlich ist oder ob ihn nur Insider entschlüsseln können. Auch über den Einsatz von Medien muss der Schüler nachdenken und auf diesem Bereich Kompetenzen entwickeln.

7.3 Dokumentation der Lernschritte

Die **Dokumentation der Lernschritte** kann auf verschiedene Weise erfolgen:

Schulische Arbeitsergebnisse:	Außerschulische Dokumente:
Beobachtungsnotizen zu Lernfortschritten, Arbeitspläne, Lernkontrollen, biographische Dokumentationen, Leseproben auf Kassette, Videodokumentation, Projekttagebuch usw.	Interviews mit Personen außerhalb der Schule, Zirkusbesuch, Hobbys, Musikschule, Sportverein, Museumsbesuch, Veranstaltung, Freizeitbeschäftigung usw.
Reflexion der Schüler/innen:	**Rückmeldungen:**
Reflexionsnotizen zum Lernprozess, Selbstbeurteilung der Lernzielerreichung, individuelle Lernziele formulieren, Förderplanung usw.	Fremdbeurteilungen und Feedbacks von Lehrpersonen, Lernpartner/in, Mitschüler/innen und Eltern

In: Ganzheitlich Beurteilen und Fördern: Handout Innovationskurse 2003/2004

7.4 Umsetzung der Arbeit mit Lernportfolios

Unterschiedliche Wege zum Lernportfolio

Früh sollte mit der Arbeit begonnen werden, damit die Kultur des Lernportfolios früh selbstverständlich wird. So können die Kinder schon im **Kindergarten** lernen, sich selbst zu dokumentieren, sich abzusprechen und auszutauschen mit anderen Kindern und Erziehern und Eltern.
Der Umgang kann mit Vorlagen erleichtert werden, man kann aber kritisch einwenden, dass dadurch die Kreativität der Kinder gelenkt wird und damit eingeschränkt. In der psychomotorischen Förderung zum Beispiel haben sich jedoch Vorlagen als Arbeitserleichterung erwiesen.

Wenn man erst in der Grundschule mit einem Lernportfolio beginnt, dann bietet sich das Führen eines **Klassenportfolio** in einem ersten Schritt an.

In eine große Sammelmappe oder ein Tapetenbuch werden Lernziele und Lernkommentare zum Unterrichtsgeschehen, Fotos o. ä. gesammelt und eingeklebt (z.B. Zoobesuch, Weihnachtsfeier etc.). Über das Schuljahr wird so eine hübsche Übersicht von den Schülern selbst zusammengestellt.

Dann kann man auf dieser Basis weiter mit **Vorlagen** arbeiten, wie etwa die Vorlagen zum Selbstkonzept am Ende dieses Kapitels. Problematisch ist dabei jedoch, dass Phantasie und Kreativität durch Vorlagen schon in bestimmte Richtungen gelenkt werden und das Kind sich ohne diese Vorlagen auf seine Weise vielleicht anders darstellen würde.

Wünschenswert ist also das Erlernen von Selbstverständlichkeit im Umgang mit Lernportfolios schon im Kindergarten.
Auf dieser Basis kann man dann zu Einzel-Lernportfolios übergehen.

7.5 Ziele der Arbeit mit Lernportfolios

Das Lernportfolio kann sowohl eine Beschreibung des subjektiv erlebten Lernprozesses durch den Schüler sein, es kann aber auch Grundlage für Gespräche zwischen Schülern sein, die ihre Kommentare gleich in das Lernportfolio der anderen Schüler schreiben können (Kommentare), es kann und sollte den Eltern gezeigt und mit Ihnen besprochen und dokumentiert werden und es könnte Gegenstand eines Zielgesprächs mit dem Lehrer sein, der so etwa vierteljährlich einen Einblick in die Wirksamkeit seines pädagogischen Wirkens bekommt (auch die Eltern können dies an seinen Protokollen der Zielgespräche sehen: Was wurde erreicht? Was Nicht? Warum? Wie könnte es erreicht werden? Was müsste dazu geschehen?).

Das Lernportfolio könnte so ein Meilenstein auf dem Wege sein, individuelle Förderpläne als Kontrakt zum Erreichen von Lernzielen zwischen Schule, Eltern und Schüler zu schließen. Dazu wären hilfreich:

(1) Die **Perspektive der Selbsteinschätzung des Schülers** kennen:
Die Diagnose und Planung der Förderung jedes einzelnen Schülers wird um die Perspektive der Selbsteinschätzung des betroffenen Kindes oder Jugendlichen ergänzt. Diese Ausweitung der Förderdiagnostik berücksichtigt aufgrund ihrer öko-systemischen Orientierung mehr als ausschließlich die Sichtweise der Lehrkraft.

(2) **Dialog über die Ziele und den Inhalt der Förderung:**
Die Lehrkraft und der Schüler treten in einen Dialog über die Ziele und den Inhalt der Förderung. Dies ist ein **zirkulärer Prozess** und bedeutet ein Umdenken von der bisherigen, hauptsächlich von der Lehrkraft ausgeführten diagnostizierenden und fördernden Tätigkeit hin, zu einer Ausweitung einer Kooperation zwischen mehren Beteiligten. Die zirkuläre Arbeitsweise realisiert sich dadurch, dass nicht nur das Wirken der Lehrkraft bei dem Schüler Spuren hinterlässt, sondern auch das Verhalten des Adressaten auf die Lehrkraft zurückwirkt und dadurch die folgende Kommunikation beeinflusst wird. In erster Linie arbeitet der Lehrer mit dem Schüler zusammen; aber auch andere Kooperationspartner können eine wichtige Rolle in dem Förderprozess übernehmen. Als weitere wichtige Beteiligte sind die Eltern, evtl. Großeltern, Lehrerkollegen oder auch Personen aus der Jugendhilfe zu nennen.

(3) **Mitwirkung der Eltern:**
Durch vermehrte Kooperation in der Förderdiagnostik, werden Außenstehende, insbesondere die Eltern, stärker an der Förderung ihres Kindes beteiligt. Sie können durch die Präsentation des Portfolios den **Lernprozess verfolgen**, haben die Möglichkeit **aktiv mitzuwirken** und sind dadurch erheblich stärker motiviert die Bemühungen des Kindes zu unterstützen.

(4) **Eigenaktivität der Schüler im Lernprozess:**
Portfolioarbeit beinhaltet, dass sich der Schüler **persönlich Ziele** setzen kann. Sie ist nur im Rahmen von **individuellen Lernprozessen** denkbar. Die Ziele des Unterrichts können sich nur auf den einzelnen Schüler beziehen. Mit ihm werden die einzelnen Lernschritte geplant und verfolgt. Durch den Unterricht wird so an die Kompetenzen jedes einzelnen Kindes angeknüpft, so dass diese Form als **vernetzendes Lernen** bezeichnet werden kann. Schüler verfolgen selbst aufgestellte Ziele **wesentlich motivierter** und effektiver, da sie selbst Verantwortung für ihren Lernprozess übernehmen und durch ihre Eigeninitiative direkt Einfluss auf das Lerntempo, die Inhalte und auf die Form der Aneignung nehmen. Sie können sich auf die Themen konzentrieren, die sie für bedeutungsvoll erachten. Diese haben für sie in der Regel nicht nur eine sachliche sondern auch eine emotionale und persönliche Relevanz.

(5) **Schlüsselqualifikationen:**
Selbststeuerung des Lernens und Eigenverantwortung für den Lernprozess zu übernehmen bedeutet: Jeder Schüler muss über vielfältige Kompetenzen verfügen, die in unserer heutigen Gesellschaft als Schlüsselqualifikationen von besonderer Bedeutung sind. Der Schüler muss die Fähigkeit entwickeln, sein Lernen eigenständig zu organisieren:
a) Lerninhalt, Ziele und Zeitrahmen bestimmen.
b) Sammeln von Informationen die im Zusammenhang mit der Verfolgung seiner Lernziele von Interesse sind.
c) Eine begründete Auswahl treffen, welches gesammelte Material für die Verfolgung der Lernziele weitere Wichtigkeit hat.
d) Die Arbeit mit dem Material und verschiedene Lernformen erproben und anwenden.
e) Reflexion auf inhaltlicher Ebene und des individuellen Lernprozesses.
f) Modifikation bzw. Bestimmen neuer Lerninhalte, Ziele …

(6) **Sach-, Sozial- und Selbstkompetenz:**
Der Schüler muss unter Anderem über die Fähigkeit verfügen, sich realistische Ziele zu setzen, Zielstrebigkeit, Selbständigkeit, Kreativität, Spontaneität, und über die Kompetenz der Selbstreflexion verfügen. Da sich das Lernen oft in Gruppen realisiert, sind weiterhin zusätzlich soziale Kompetenzen wie Rücksichtnahme, die Fähigkeit in Partner- oder Gruppensituationen kommunizieren zu können, Teamfähigkeit sowie Kritikfähigkeit zu nennen. Das Portfoliokonzept fördert gleichwertig die Sach-, Sozial- und Selbstkompetenz des Schülers.

(7) **Erfolgserwartung:**
Da sich selbst gestellte Ziele des Schülers an das bisherige Wissen anknüpfen, führt die Portfolioarbeit (bei individueller Begleitung durch die Lehrkraft) zum Erfolg. Aus den Arbeiten zum Selbstkonzept (vgl. Eggert/Reichenbach/Bode 2003) wissen wir, dass **Erfolg die Voraussetzung für weitere Erfolge** ist und häufiges Versagen eine Misserfolgserwartung bei den Menschen begünstigt. Diese Haltung wirkt sich unmittelbar auf die Persönlichkeit des Kindes bzw. Jugendlichen aus, so dass sich ein Teufelskreis der „selbst erfüllenden Prophezeiung" entwickeln kann. Erfolge tragen dazu bei, dass sich die Schüler als **selbstwirksam** erleben und eine positive Einstellung bezüglich weiterer Herausforderungen entwickeln können.

(8) **Individuelle Lernschritte:**
Portfolioarbeit ermöglicht, dass die individuellen Lernschritte des Schülers berücksichtigt werden. Der Schüler kann sich nicht nur im Vergleich zu seiner Lerngruppe betrachten, sondern erkennen welchen Lernweg er bereits beschritten hat und welche Hürden er schon gemeistert hat. Der Erfolg bzw. das Versagen hängt nicht mehr ausschließlich mit dem Klassenniveau und den administrativen Anforderungen zusammen, sondern eine weitere (unseres Erachtens sehr wichtige) Perspektive tritt hinzu.

(9)   Transparenz der Lernprozesse:
Durch die Dokumentation der Lernwege im Portfolio, werden Lernprozesse transparenter und bieten daher eine gute Grundlage für die Reflexion des individuellen Lernprozesses.

(10)   Selbsteinschätzung:
Die Schüler lernen durch die Reflexion des eigenen Lernprozesses ihre Stärken und Schwächen realistischer einzuschätzen. Sie können selbst Erfahrungen machen, welche Anforderungen sie bewältigen können und welche sie auf einen späteren Zeitpunkt verschieben sollten.

(11)   Ebenen der Reflexion:
Die Auseinandersetzung des Schülers findet auf unterschiedlichen Ebenen statt: mit der Reflexion über den Sachinhalt (sachliche Reflexion), über den Verlauf des Lernprozesses (Selbstreflexion) über die Qualität des Lernergebnisses (Selbstbeurteilung), über die äußeren Bedingungen, unter denen gelernt wurde (Metareflexion) und über die Zusammenarbeit mit Anderen (soziale Reflexion).

(12)   Vertrauen der Lehrkraft in die Kompetenzen der Schüler:
Durch die vielfältigen Anforderungen, die durch die Portfolioarbeit entstehen und für den größten Teil der Schüler eine Herausforderung darstellen sowie insbesondere durch die Haltung der Lehrkraft, die Vertrauen in die Kompetenzen des Schülers setzt, wird vermittelt, dass ihm eine eigenständige Lösung zugetraut wird.

(13)   Erreichtes selbst bestimmt darstellen und nachweisen:
Durch die Dokumentation der Lerninhalte, des Lernweges und der Lerngeschichte sowie durch die Präsentationseinheiten in der Klasse oder bei den Eltern, lernen die Schüler Erreichtes selbst bestimmt darstellen und nachweisen zu können. Darüber hinaus haben die Schüler die Möglichkeit ihre Fähigkeiten im Umgang mit medialen Präsentationsformen zu verbessern.

(14)   Klima des dialogischen Lernens:
Die Schüler erhalten im Rahmen des Portfoliokonzeptes durch die regelmäßig stattfindenden Präsentationstermine und durch die Kooperation mit den Klassenkameraden sowie durch die Begleitung durch die Lehrkraft wichtige Rückmeldungen (Fremdbeurteilungen) und können diese für sich als Anregung verwerten. Durch eine adäquate Kritik, durch das Kommunizieren über das Lernen und das Zusammenarbeiten in der Gruppe entsteht ein Klima des dialogischen Lernens, das eine anregende Feedback-Kultur hervorruft.

(15)   Erreichtes realisieren:
Nicht nur für Außenstehende wird der Lernprozess transparenter, sondern auch der Schüler erkennt an seinem Portfolio welchen Lernweg er beschritten hat, welche Ziele er sich gesetzt hat und was er im Laufe der Zeit erreicht hat; er kann Stolz auf ein Ergebnis zurückblicken.

7.6 Inhalte

Zur Umsetzung der genannten Ziele können folgende Inhalte nützlich sein:

Selbstporträt des Schülers:
Lebensgeschichte, Fotos, Bogen „So bin ich", Zeichnungen von sich selbst und der Familie ...

Dokumentation schulischer Arbeitsergebnisse:
Gelungene aber auch andere Produkte, Videoausschnitte, Fotos, Projekt- oder Lerntagebuch ...

Dokumentation außerschulischer Aktivitäten:
Museums-, Zoo- oder Zirkusbesuche, Ferienerlebnisse, Hobbies, besondere Interessen, Sammelmappen, Zeitungsausschnitte, ...

Rückmeldungen:
Beobachtungs- bzw. Rückmeldungsbogen des Lehrers und der Mitschüler, Protokoll der mündlichen Äußerungen, Zeitungsausschnitte ....

Dokumentation des Lehrergespräches:
Fragebögen, Gesprächsprotokolle, Vereinbarungen, Förderplanung ...

Reflexion des Schülers:
Lerninhalt, Lernprozess, Zusammenarbeit mit anderen, Aufzeichnungen zur Selbstbeurteilung, Notizen ...

Dokumentation der Lernziele:
Individuelle Lernziele, Klassenziele, auf eine Lerngruppe bezogene Zielvereinbarungen, Beobachtungen zur Zielverfolgung

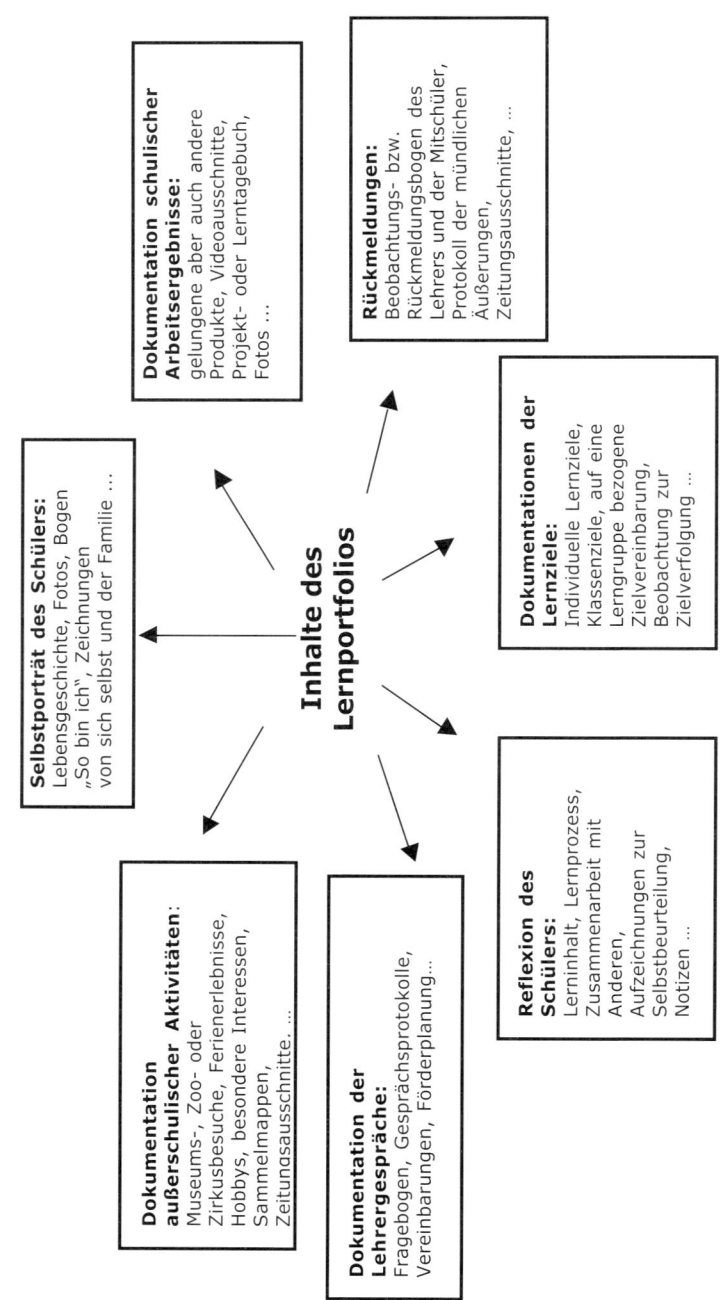

Selbstporträt des Schülers:
Lebensgeschichte, Fotos, Bogen
„So bin ich", Zeichnungen
von sich selbst und der Familie ...

Dokumentation schulischer Arbeitsergebnisse:
gelungene aber auch andere
Produkte, Videoausschnitte,
Projekt- oder Lerntagebuch,
Fotos ...

Rückmeldungen:
Beobachtungs- bzw.
Rückmeldungsbogen des
Lehrers und der Mitschüler,
Protokoll der mündlichen
Äußerungen,
Zeitungsausschnitte, ...

Inhalte des Lernportfolios

Dokumentation außerschulischer Aktivitäten:
Museums-, Zoo- oder
Zirkusbesuche, Ferienerlebnisse,
Hobbys, besondere Interessen,
Sammelmappen,
Zeitungsausschnitte. ...

Dokumentation der Lehrergespräche:
Fragebogen, Gesprächsprotokolle,
Vereinbarungen, Förderplanung...

Reflexion des Schülers:
Lerninhalt, Lernprozess,
Zusammenarbeit mit
Anderen,
Aufzeichnungen zur
Selbstbeurteilung,
Notizen ...

Dokumentationen der Lernziele:
Individuelle Lernziele,
Klassenziele, auf eine
Lerngruppe bezogene
Zielvereinbarung,
Beobachtung zur
Zielverfolgung ...

Abb. 16: Inhalte Lernportfolio

7.7 Praktische Ideen für die Umsetzung

Im Folgenden wird ein Beispiel für die praktische Arbeit mit Lernportfolios aufgezeigt, welches einen konkreten Unterrichtsbezug aufweist. Die Anwendung der Materialien erfordert gute Kenntnisse im Bereich förderungsorientierter Diagnostik und deren Auswertung.
Neben dem hier aufgezeigten Beispiel des „Lesetagebuchs" (vgl. Seelig 2005) befinden sich weitere Materialien auf der beigelegten CD.

Lesetagebuch / Portfolio

Lesetagebuch

Das Lesetagebuch im traditionellen Sinn begleitet, protokolliert und dokumentiert den Leseprozess, damit man sich später an das Gelesene besser erinnern kann.
Tagebuchartige Notizen dokumentieren auch zeitlich den Lesevorgang.

Mögliche Aufgabenstellungen

- Notieren, was man gelesen hat
- Über das Gelesene nachdenken und reflektieren
- Einzelne Kapitel kurz zusammenfassen oder nacherzählen
- Buchfiguren darstellen und dokumentieren
- Entscheiden, welche Buchstellen entscheidend sind
- Wertungen bezüglich des Buches bzw. bestimmter Buchstellen dokumentieren
- Einzelne Buchstellen kopieren und in das Lesetagebuch einkleben
- Sich in das Buch einmischen
- Sich eine eigene Meinung über das Buch bilden
- Fragen zu besonderen Textstellen finden und formulieren
- Zu einzelnen Kapiteln etwas schreiben oder zeichnen

- Aufschreiben, was man beim Lesen gedacht oder gefühlt hat
- Textstellen aufschreiben, die man besonders lustig, spannend, traurig... gefunden hat
- An geeigneten Stellen im Buch den Text verändern oder weiter schreiben
- Aussagen über eine Person aus dem Buch sammeln
- Personen des Buches zeichnen oder Steckbriefe für sie entwerfen
- An eine Person des Buches einen Brief schreiben
- Aus der Sicht einer Person des Buches eine Tagebucheintragung oder einen Brief entwerfen
- Aus einzelnen Textstellen eine Bildergeschichte oder einen Comic entwickeln
- Eine wichtige Seite abschreiben oder fotokopieren, einkleben und kommentieren
- Aufschreiben, was gut oder weniger gut gefällt
- Einen Brief an den Autoren bzw. die Autorin schreiben

Die Form

- DIN A4 Heft oder Mappe
- Jede Eintragung mit dem aktuellen Datum und der Seitenzahl oder der Kapitelüberschrift versehen
- Eine besondere Farbe nehmen, wenn man etwas wörtlich aus dem Buch abschreibt
- Unterstreichen/ Kennzeichnen, was man besonders wichtig findet.

Portfolio im Deutschunterricht

Das Portfolio im Deutschunterricht soll den Prozess der Textproduktion dokumentieren und kann folgende Aufgabenstellungen bzw. Lernprodukte enthalten:

- Brainstorming/Mindmap
- Materialsammlung
- Materialbearbeitung
- Gliederung
- Entwurf
- Bearbeitungsvorschläge
- Überarbeitung
- Endprodukt
- Selbstbeurteilung des Schülers
- Kommentar des Schülers zum Arbeitsprozess
- Rückmeldungen des Lehrers

Gegenüberstellung Lesetagebuch – Portfolio

	Lesetagebuch	Portfolio
	Begleitet einen Leseprozess	Begleitet einen Lernprozess
Aufgabenstellungen	Orientiert sich an dem Lektürestoff	Orientiert sich an den Lernzielen
Reflexion	Keine Reflexion über den Arbeitsprozess	Reflexion, ob und wie Ziele erreicht wurden, Reflexion über den Arbeitsprozess
Arbeitsplatz	Zu Hause/In der Schule	Zu Hause/In der Schule

Büchervorstellung / Buchauswahl in der Bibliothek
Informationen über die Arbeitsweise zum Lesetagebuch

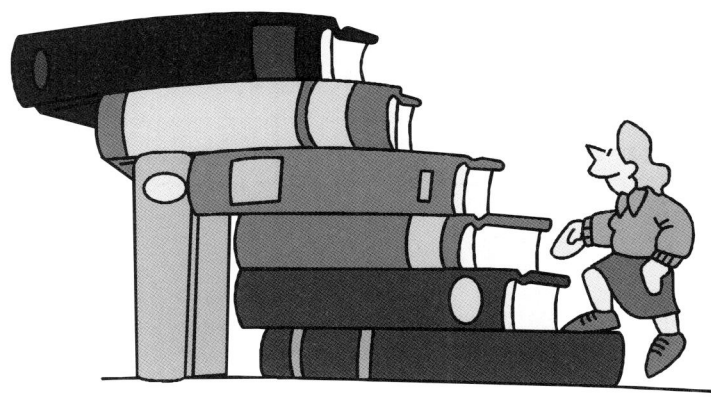

Vorbereitung:

- Jugendbücher der Bibliothek für die dritte Klasse auswählen
- Bücher nach Themenkreisen sortieren
- „Bücherkoffer": Die Schüler bringen eigene Bücher mit, die sie auch anderen in der Klasse leihen würden. Die Bücher werden in einer Liste mit einem Titel und Eigentümer eingetragen und werden dann in einem Karton mit der Aufschrift „Bücherkoffer" aufbewahrt. Jede Entleihung muss auf der Liste vermerkt werden.

Stundenorganisation:

- Zirka 10-15 min werden einzelne Bücher kurz vom Lehrer und auch von den Schülern vorgestellt.
- Im Anschluss haben die Schüler die Möglichkeit, Bücher anzulesen, mit Anderen über Bücher zu diskutieren, sich Lesetipps zu holen.
- Am Ende der Stunde sollten alle Schüler sich für ein Buch entschieden haben, wobei einige die Auswahl bereits zu Hause getroffen haben.
- Die Bücher werden in eine Klassenliste eingetragen.
- Die Schüler werden über die Arbeitsweise informiert (äußere Gestaltung eines Lesetagebuches) und müssen sich bis zur nächsten Stunde ein Heft oder eine Mappe besorgen.

Bücherkoffer – Entleihungen

	Titel	Eigentümer	Entleiher	Datum	Rückgabe
1					
2					
3					
4					
...					

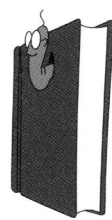

Klassenliste Lesetagebuch

	Name des Schülers	Titel des Buches
1		
2		
3		
4		
5		
...		

Arbeiten mit dem Titel

1. Gemeinsam mit der Klasse wird gesammelt, welche Angaben man zu einem Buch machen kann. Die einfache Form (Autor, Titel, Verlag und Seitenzahl) wird an die Tafel geschrieben. Diese Angaben muss jeder Schüler zu seinem Buch suchen und damit die erste Seite in seinem Lesetagebuch gestalten.

2. Der Buchtitel wird in die Mitte des Blattes in ein rundes oder eckiges Feld geschrieben. Nun sollen in einer Art Brainstorming alle Begriffe, die die Schüler mit ihrem eigenen Buchtitel assoziieren, um das Titelbild angeordnet werden.

3. Als weitere Übung sollen die Schüler 10 verschiedene Titelvarianten erarbeiten. Die Werbewirksamkeit soll dabei im Vordergrund stehen.

4. Weitere Beispiele für Vorlagen beziehen sich auf den Mathematikunterricht. Auch hier ist aber wieder die Frage, inwieweit solche Vorlagen den kreativen Umgang des Kindes mit dem Lernportfolio einschränken.

7.8 Vorteile der Arbeit mit Lernportfolios

Die folgende Grafik zeigt zusammenfassende wesentliche Vorteile der Arbeit mit Lernportfolios.

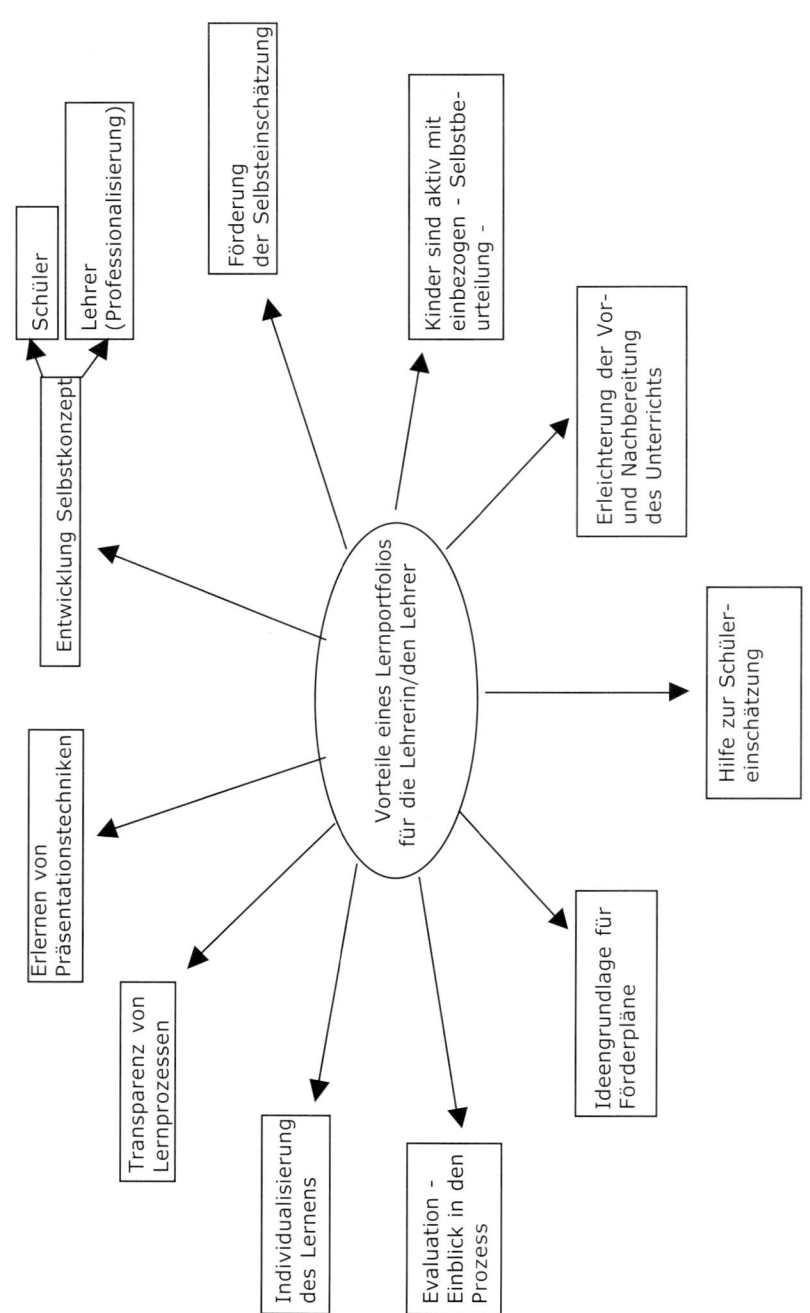

286

8. Auf dem Weg zu einem systemischen Verständnis von Diagnostik

Im letzten Kapitel wollen wir den Versuch unternehmen, den Weg zu einem systemischen Verständnis der diagnostischen Situation weiter zu gehen und an Beispielen zu erläutern.

Es stehen sich heute noch zwei verschiedene Modelle von Diagnostik gegenüber, deren Grundlagen im Folgenden kurz gegenübergestellt werden sollen.

8.1 Diagnostik im medizinischen Modell

Es geht uns jetzt um die Darstellung eines Wandels der Vorstellungen von einer normativen Diagnostik (Testdiagnostik, quantitative Diagnostik, Auslesediagnostik und andere Begriffe werden synonym verwandt) zu einer Lernförderungsdiagnostik (wobei hier qualitative, systemische oder verstehende Diagnostik als Begriffe verwendet werden) (vgl. Kap. 2.7).
In Verbindung damit steht eine Veränderung vom Begriffe der Therapie (Heilung, Behandlung) zum Begriff der Intervention oder Förderung.

Im Pschyrembel (1994), einem gängigen Lexikon der Medizin, finden wir unter dem Stichwort „Diagnostik" folgende Ausführungen:

Diagnostik:
Griech: dia = hindurch/durch und durch + gnosis = erkennen;
Sammelbezeichnung für Verfahren, die zur Abklärung einer Krankheitsursache bzw. Beratungsursache angewandt werden, z. B. Befragung (Anamnese), körperliche Untersuchung usw.

Diagnose, Diagnosis:
Zweifelsfreie Zuordnung einer gesundheitlichen Störung zu einem Krankheitsbegriff; in der Praxis die Summe der Erkenntnisse, auf denen das ärztliche Handeln beruht.

Nosologie:
Krankheitslehre; systematische Beschreibung und Lehre von den Krankheiten; Teilgebiet der Pathologie.

Pathologie:
Lehre von den abnormen und krankhaften Veränderungen im menschlichen Organismus, insbesondere von den Ursachen (Ätiologie) sowie Entstehung und Entwicklung (Pathogenese) von Krankheiten und den durch sie verursachten organischen Veränderungen und funktionellen Auswirkungen.

Die Diagnose ist mithin die Suche nach der Zuordnung von einem Krankheitsbild als „nosologische Einheit" zu einer systematischen Beschreibung - aus der Zuordnung in einem Katalog wird klar, was dem Individuum zugeschrieben wird. Diagnostik ist also im medizinischen Sinne die Zuordnung anhand von Symptomen zu einem bestimmten Krankheitsbild.

Für das Verständnis einer psychometrischen Testsituation gilt in der Regel die folgende einfache, aber nicht zutreffende Grundannahme: die Reaktion des Kindes auf eine Aufgabe repräsentiert die Leistung des Kindes. Eine (objektive) Bewertung der Leistung ist möglich.

Kind – Aufgabe – Reaktion – Bewertung
— abhängig von der Leistungsfähigkeit des Kindes —

Die einfache Grundannahme der Psychometrie, dass durch den Test ein Kind einer Aufgabe ausgesetzt wird und die Reaktion auf die Aufgabe und die Bewertung der Reaktion von der „Leistungsfähigkeit" des Kindes abhängt, ist falsch. Schon die Beziehung Kind/Aufgabe ist eine emotionale und rationale Beziehung, welche die Einflüsse der sozialen Situation, die Ziele und Bewertungen der Person wieder spiegelt. Noch komplexer sind die Beziehungen von der Aufgabe zum Selbstkonzept des Kindes, das sein Verhalten der Aufgabe gegenüber entscheidend steuert.

Mag das Modell für medizinische Krankheitsbilder durchaus zutreffen, so stehen ihm bei der Übertragung auf sozialwissenschaftliche Bereiche und Fragestellungen doch einige Probleme gegenüber.

8.2 Diagnostik im sozialwissenschaftlichen Modell

Zuerst einmal ist die Bewertung von Diagnosewerten als „normal", „Risiko - Wert" oder „pathologisch" problematisch. Wer bestimmt die Grenzen? Werden die Grenzen für alle Patienten gleichermaßen objektiv gesetzt? Oder bedeutet ein pathologischer Blutzuckerwert bei dem einen Patienten etwas anders als bei einem anderen?

Es liegt in der Kunst des Arztes, die festgelegten Grenzen für die Parameter in Anbetracht auf die Lebenssituation des Patienten zu bewerten. So werden die Werte intuitiv in Bezug auf die Lebensführung des Patienten gewichtet und nicht absolut interpretiert.

Der Arzt folgt damit der Veränderung der Definition von Krankheit in der Medizin, wie sie in der eingangs zitierten Ottawa-Erklärung (vgl. Kap. 1) zum Ausdruck kommt. Krankheit ist nicht mehr Abwesenheit von Gesundheit, sondern ist Fehlen eines umfassenden individuellen und gesellschaftlichen Wohlbefindens. In dieses Wohlbefinden fließen Faktoren des Gleichgewichts zwischen individueller und gesellschaftlicher Entwicklung ein.

Bei der Beurteilung der Werte von normativen Tests fällt in der sonderpädagogischen Praxis gerade diese individuelle Gewichtung weg. Die ermittelten Punktwerte werden zumeist absolut in ein Normraster eingeordnet. Es wird interpretiert, ohne dass dazu in der Messgenauigkeit eine Voraussetzung besteht. So finden sich unterschiedliche Einteilungen nach Prozenträngen in den Tests je nach Klassifikationssystem oder es finden sich unterschiedliche Grenzwerte für so genannte „geistige Behinderung" und „Lernbehinderung" etc. (vgl. Kap. 2), ohne dass in der Praxis daran Anstoß genommen wurde. Dabei ist zu oft übersehen worden, wie problematisch die Grundlage ist: die engen Punktwerte-Grenzen sind gar nicht mit den normativen Methoden ermittelbar. Sie können nur mit weiten Überschneidungen wegen der sehr großen Messwertintervalle erfasst werden. Die gewünschte Differenzierung ist überhaupt nicht möglich.

Außerdem ist es mehr als zweifelhaft, ob die Analogie zwischen krankhaften, physischen und psychischen Zuständen des Körpers und Lernproblemen o. ä. überhaupt tragfähig ist.

Eine Diagnostik auf der Grundlage von derart irrationalen Hypothesen hat sich für die Sonderpädagogik als unbrauchbar erwiesen. Man braucht eine Diagnostik und eine Vorstellung von Therapie, die einen sehr viel weiteren Bereich umfasst. Sie muss akzeptieren, dass Schwierigkeiten im Kontext Lernen auch vorübergehenden Charakter haben können (und nicht mit der Zuweisung zu einer Schulform beantwortet werden können, die praktisch keinen Rückweg möglich macht).

Eine Diagnostik nach einem anderen Verständnis scheint also angemessener zu sein, um diesen angeführten Tatsachen realistischer entgegen zu kommen.

Für die Diagnostik im sozialwissenschaftlichen Bereich sind also andere Modelle erforderlich. Wir möchten dies anhand eines ganz einfachen Beispiels verdeutlichen.

Eine Fülle von verschiedenen psychologischen Parametern mit unterschiedlichen Erwartungen und auch unterschiedlichen biochemischen, physiologischen und hormonalen Wirkungen spielen sich in jedem Moment des Menschen ab. Der Mensch ist in seinem Umfeld einer Fülle von miteinander verknüpften Empfindungen und Reflexionen ausgesetzt, die ihn und seine seelischen Zustände ständig beeindrucken und seinen Körper ständig beeinflussen.

Die Diagnose kann sich in den Sozialwissenschaften nicht damit begnügen, die Normwerte des Körpers zu betrachten, sondern sie muss von einem Verstehen des Zusammenhanges zwischen diesen Faktoren ausgehen und Hypothesen darüber bilden, in welcher Gewichtung sie zueinander stehen. Insofern verändern sich die Ziele von Diagnostik von einer reinen Beschreibung zu einem Verständnis der komplexen Zusammenhänge, die den Menschen ständig beeinflussen. Wir müssen den Sinn suchen hinter dem objektiven Geschehen in seiner Vielfältigkeit.

Modell von Diagnostik und Therapie:
Der sich gemeinsam bewegende Mensch

Der Mensch ist in seinem Umfeld einer Fülle von miteinander verknüpften Empfindungen und Reflexionen ausgesetzt, die ihn und seinen Körper ständig beeinflussen.

Diagnostik:
Öko-systemisch
denkend

Therapie/Förderung/
Intervention:
interaktiv, systemisch

Abb. 18: Modell von Diagnostik und Förderung

Genauso steht ein Kind ständig unter dem Einfluss von sehr vielen komplexen Vorgängen. Empfindungen, Absichten, Wünsche, Emotionen, Wollen und Streben gehen in sehr verschiedene Richtungen und das offen gezeigte Verhalten drückt nur einen Teil der Motivationen aus. Wir müssen uns aus dem Strom des Geschehens jeweils immer einen Aspekt herausgreifen und können nur hoffen, dass wir einen wichtigen Strang gefunden haben.

Natürlich kann es zu Problemen kommen, wenn zwei Diagnostiker mit völlig unterschiedlichen Modellvorstellungen gemeinsam arbeiten - z.B. der eine mit einem klassischen medizinischen Modell im Kopf und der andere mit einem vernetzten systemischen Modell. Auch hier ist Verständnis füreinander nötig. Ohne eine Abklärung der jeweiligen diagnostischen Vorstellungen kann es z.B. bei der Zusammenarbeit von zwei oder mehreren Diagnostikern nicht gehen. Und diese Abklärung sollte vor dem Beginn einer diagnostischen Maßnahme stehen. Dabei kann man nicht sofort einen vollen Erfolg der Abstimmung der Konzeptionen erwarten. Aber man könnte einem Verfechter des Medizinischen Modells z.B. mit der OTTAWA-Erklärung der WHO (vgl. Kap. 1) einige Vorzüge vernetzten Denkens verdeutlichen. Sicherlich können unterschiedliche Sichtweisen nicht nur zu Problemen sondern auch zu neuen Blickwinkeln und Ergänzungen führen.

Im folgenden Abschnitt soll der Aspekt der Bedeutung einer Aufgabe hervorgehoben werden.

8.3 Einflüsse im diagnostischen Prozess

Auf dem Weg von einer selektierenden Diagnostik zu einer „verstehenden Diagnostik" (Jetter 1995, 32) fehlt uns noch ein Baustein, auf den wir im Folgenden eingehen möchten: der Abschied von der Illusion, dass eine objektive Messung möglich sei.
Es ist nämlich eine Illusion, anzunehmen, dass das Ergebnis diagnostischer Beobachtungen allein die Beschreibung oder die Feststellung der Leistung der Fähigkeit oder der Fertigkeit des Probanden ist. In der Tat kann eine Diagnostik nie alles erfassen, sondern es handelt sich immer um einen Ausschnitt von Entwicklung, was sicherlich unter anderem auch dadurch begründet ist, dass jeder Beobachter Schwerpunkte setzt.

Das Ergebnis einer diagnostischen Beobachtung hängt von einer sehr komplexen Wechselwirkung zwischen verschiedenen Faktoren ab: sie ist genau so gut Widerspiegelung einer Beziehung wie sie Widerspiegelung von Kompetenzen eines Probanden ist. Sie drückt die Fähigkeit eines Probanden aus, sich mit einer Aufgabe oder verschiedenen Aufgabentypen auseinanderzusetzen, sie drückt aber auch den Stand der Beziehung zwischen dem Diagnostiker und dem Probanden etc. aus. Alle diese Faktoren gehen in einen beobachteten Testwert oder eine Beobachtung ein.

Die Faktoren, die z. B. in die Untersuchung eines Kindes eingehen, sind:

1. die Aufgaben in ihrer subjektiven Bedeutung für das Kind
   (Was fängt das Kind mit den Aufgaben an? Welche Bedeutung haben
   z.B. Fragen zum Allgemeinen Wissen für das Kind? Verstehen Diagnostiker und Kind dasselbe unter den angesprochenen Begriffen? Oder gibt
   es interkulturelle Unterschiede? Welche Bedeutung hat die Situation für
   das Kind? Welche Entscheidung hängt von dem Ergebnis ab? Ist das
   Ziel die Beratung für eine Optimierung der Förderung oder die Auslese
   für eine Schulform („Betrug am Kind", Korte 1980))
2. das Kind als Person, mit seinen Möglichkeiten und Kompetenzen, in der
   Situation diese auch zu mobilisieren
3. die gefühlsmäßige Einstellung des Kindes zu den ausgewählten Diag-
   nostikaufgaben, dem Diagnostiker, der Diagnostiksituation. (Mag es den
   Diagnostiker oder nicht? Was ist ihm an ihm/ihr sympathisch/unsympa-
   thisch?)
4. der Diagnostiker als Person und seine Einstellungen und Gefühle dem
   Kind und der Situation gegenüber (Fühlt er sich wirklich als neutraler Beobachter? Hat er ein Interesse am Kind?)
5. der Situation und den Gefühlen und Einstellungen, die durch sie ausge-
   löst werden (so ist es z. B. ein Unterschied, ob ein Kind zum Zwecke der
   Beratung sich auf die Kooperation mit dem Diagnostiker einstellt oder
   zum Zwecke der Auslese in diese Kooperation gepresst wird)

8.4 Diagnostik als Beziehung

Das Ergebnis einer diagnostischen Beobachtung hängt, wie oben angedeutet,
nicht allein von den Kompetenzen eines Menschen ab, sondern von einer komplexen Wechselwirkung zwischen sehr verschiedenen Faktoren:

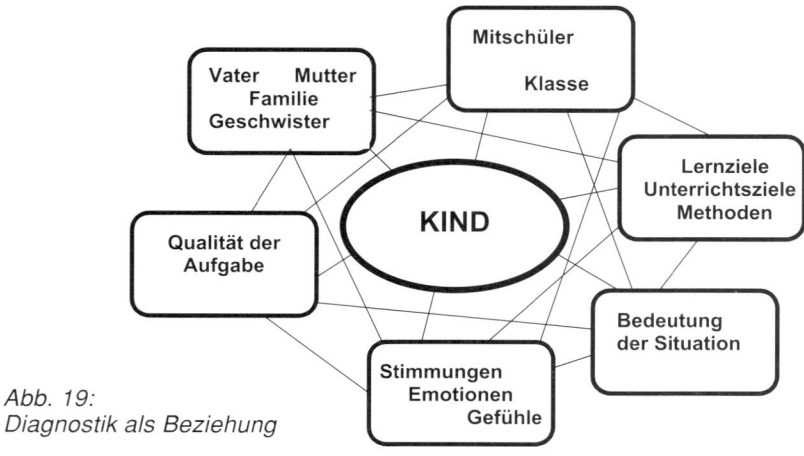

Abb. 19:
Diagnostik als Beziehung

Bereits die Beziehung Kind-Aufgabe ist eine emotionale *und* rationale Beziehung, welche die Einflüsse der sozialen Situation, die Ziele und Bewertungen der Personen widerspiegelt.

Die beiden folgenden Abbildungen (Bild 1 „positive Beziehung, positives Ergebnis" und Bild 2 „negative Vorerwartung, unbefriedigendes Resultat") wollen die Tatsache verdeutlichen, dass jede Form von Diagnostik zuerst einmal die Aufnahme und Bewältigung einer Beziehung ist.

Im ersten Beispiel sieht die Lehrerin den Schüler als „leistungsfähig" an und versucht durch eine positiv bestärkende Antwort den Schüler dazu zu veranlassen, sich doch noch einmal mit der Aufgabe auseinanderzusetzen, die ihm gestellt wird und die ihm zu schwer schien. Er überlegt: „Die ist aber richtig nett zu mir, ich streng mich noch mal an und versuchs" und schafft es dann auch und ist stolz über das geschaffte Ergebnis. Aus einer positiven Sicht der Beziehung ist ein positives Resultat erwachsen.

Abb. 20 a: Diagnostik als Beziehung von Lernprozessen

Eine ähnliche Situation findet sich auch im zweiten Bild, in dem die Lehrerin nicht auf die offensichtlichen Schwierigkeiten des Schülers eingeht, sondern ihn negativ voreinschätzt und gar keine „Leistungsfähigkeit" erwartet (Sie denkt: „Ich glaube, dass er nur einen IQ von 80 hat und sich eben gar nicht anstrengen kann. Er wird es einfach nicht schaffen.") Der Schüler sagt dann: „Ich weiß nicht, was ich schreiben soll" und denkt: „Ich versteh' überhaupt nichts von dem Zeug, was soll ich auch damit, Schule ist sowieso doof. — Warum hilft sie mir eigentlich nicht? - Fragen mag ich sie nicht. Dann mach ich das eben so. Fertig." Das Ergebnis ist dann negativ und unbefriedigend.

Abb. 20 b: Diagnostik als Beziehung von Lernprozessen

Die Prozedur, die zu einer Diagnostik führt ist also wie auch das Ergebnis von Diagnostik eine vielschichtige Beziehung. Die Reduzierung auf den Leistungsaspekt ist relativ künstlich, weil eine Fülle sehr unterschiedlicher Effekte den gemessenen Wert beeinflusst. Der Prozess aber, der zu der Lösung führt, spielt nur eine untergeordnete Rolle im klassischen Verständnis. In einem weiteren Verständnisrahmen wird aber gerade dieser Prozess zum wesentlichen Aspekt der Diagnostik. Wichtig ist, wie das Kind zu einem Ergebnis kommt und weniger wichtig ist, wie hoch dieses Ergebnis ist[30].

8.5 Ökosystemisches Denken in der Diagnostik

Wichtig für die Veränderungen im theoretischen Denken war der mit Bronfenbrenner (1989) beginnende Wandel zu systemischen Vorstellungen, die sich in Diagnostik und Therapie in den vergangenen Jahren durchgesetzt haben. Um die Bedeutung eines vernetzten Vorgehens bei einer diagnostischen Betrachtung zu verdeutlichen, wollen wir an dieser Stelle eine kurze Einführung in die Elemente öko-systemischen Denkens versuchen, in dem gerade die Vernetztheit der Elemente und die ganzheitlich dynamische Sichtweise betont werden.

Ganzheitlichkeit, Vernetztheit und Rekursivität
als zentrale Aspekte systemischen Denkens

---

[30] Im Übrigen hatte Piaget die Fehler von Kindern bei Intelligenztests bei seinen Arbeiten im Laboratorium von Binet schon mehr interessiert als das Produkt bei Intelligenzmessungen.

Wenn wir von der Vorstellung ausgehen, dass Entwicklung aus vernetzten Bestandteilen zu denken ist, dann bietet sich das systemische Modell als Theorie dazu an.

Es wird im Folgenden darum gehen, Charakteristika systemischen Denkens und Handelns darzustellen, denn das Denken in Systemzusammenhängen ist die grundlegende Perspektive auf die sich ein systemdiagnostisches Vorgehen stützt. Dabei gilt es zu berücksichtigen, dass es die eine systemische Perspektive nicht gibt. Es liegen inzwischen (seit den Anfängen der Systemtheorie sind ca. 50 Jahre vergangen) zahlreiche Varianten systemischer Perspektiven vor, die jeweils unterschiedliche Schwerpunkte setzen. Es soll deshalb an dieser Stelle nicht darum gehen, einen Überblick über systemische Theorien zu geben, sondern wir werden lediglich die Aspekte herausgreifen, die aus unserer Sicht für die Diagnostik und Förderung von Kindern und Jugendlichen von besonderer Bedeutung sind.

Systemisches Denken berücksichtigt, dass sich menschliches Leben grundsätzlich im Kontext verschiedener Lebensräume und sozialer Bezüge vollzieht. Das heißt es wird berücksichtigt, dass jeder Mensch in eine spezifische materiale und soziale Umwelt eingebettet ist und mit verschiedenen Faktoren aus seiner Umwelt vernetzt ist. Das Verhältnis zwischen dem Menschen und seiner Umwelt wird aus systemischer Perspektive als rekursiv beschrieben, was bedeutet, dass der Mensch in einem wechselseitigen Austausch mit seiner Umwelt steht (also: die Umwelt beeinflusst den Menschen und der Mensch nimmt Einfluss auf seine Umwelt in einem ständig fortlaufenden Prozess). Aus systemischer Sicht kann der Mensch (aber auch andere lebende Organismen bzw. Systeme) nie losgelöst von seiner Umwelt (seinem Umfeld) gesehen und bewertet werden. Systemisches Denken ist folglich eine Betrachtungsweise, die den Kontext (die Lebenswelt) grundsätzlich mit einbezieht und den Blick auf Muster, Beziehungen und Dynamiken in diesem Lebenskontext richtet.

Im Mittelpunkt systemischen Denkens stehen nicht das isolierte Ereignis bzw. das isolierte Individuum, sondern die Relationen und Vernetzungen zwischen den Einzelfaktoren. Anstelle einer Reduktion auf Einzelelemente, geht es immer um die Berücksichtigung eines größeren Kontextes, wobei ein Anspruch auf Ganzheitlichkeit besteht, nicht jedoch auf eine totalitaristische Erfassung (das ist aufgrund der Komplexität der Wirklichkeit aus dieser Perspektive nicht möglich).

8.5.1 Zum Menschenbild: das Kind als Human-Ökosystem

Aus systemischer Perspektive ist der Mensch ein lebendes System, das aufgrund seiner inneren Komplexität weder für andere völlig transparent, noch in seinem Denken und Handeln von außen steuerbar ist. Es kann lediglich durch Perturbationen „gestört" werden und zu Veränderungen angeregt werden. Zugleich wird der Mensch jedoch auch als soziales Wesen verstanden, das in einem ständigen Austausch mit seiner materialen und sozialen Umwelt steht und Interaktionen eingeht.

Den Menschen als Human-Ökosystem zu betrachten bedeutet ihn im Kontext seiner komplexen Lebensbedingungen zu sehen. Zum einen wird der Mensch als eine Einheit aus physischen, kognitiven und emotionalen Komponenten verstanden. Zum anderen wird beachtet, dass der Mensch in einem ständigen wechselseitigem Austausch mit seiner Umwelt steht und in jedem Moment vielfältigen Beeinflussungen ausgesetzt ist.

„Ökosystem" ist ein Begriff, der sowohl den Organismus als auch die Umwelt mit einbezieht (Human-Ökosystem = Person-Umfeld-System).

8.5.2 Merkmale von (Human-)Ökosystemen

(Human-)Ökosysteme zeichnen sich durch folgende Merkmale aus:
- sie sind komplex, d.h. Ökosysteme bestehen ihrerseits wieder aus einer Vielzahl verschiedenster Komponenten (beim Menschen treffen z.B. psychische, physische und kognitive Komponenten zusammen)
- sie sind energetisch und informationell offen, d.h. ein energetischer und informationeller Austausch mit der Umwelt ist möglich (und notwendig)
- sie sind dynamisch, d.h. ihre Struktur verändert sich über die Zeit; anders ausgedrückt: Menschen entwickeln sich immer weiter. Entwicklung ist ein lebenslanger Prozess
- sie sind strukturdeterminiert, d.h. jeder Reiz, jede Information von außen wird auf Grundlage der vorhandenen Strukturen verarbeitet. Die interne Struktur bestimmt wie der Austausch mit der Umwelt aussieht und in welchem Ausmaß sich ein System verändern kann.
- aufgrund ihrer Strukturdeterminiertheit sind dynamische Systeme autonom, d.h. sie sind nicht beliebig von außen beeinflussbar bzw. determinierbar
- Ökosysteme stehen mit anderen Ökosystemen in Wechselwirkung, und zwar über strukturelle Kopplungen
- sie sind weitgehend zur Selbstregulation fähig, d.h. sie können selbstständig einen Gleichgewichtszustand wieder herstellen (z.B. wenn mir heiß ist, fange ich an zu schwitzen, um den Wärmehaushalt zu regulieren)
- Ökosysteme sind relativ, d.h. der Beobachter bestimmt die Festlegung der Systemgrenze

Aus systemischer Perspektive wird außerdem berücksichtigt, dass ein Verhalten erst zu einem Problem wird, wenn es von einem Beobachter als unerwünscht und veränderungsbedürftig beschrieben wird. Probleme werden also konstruiert. Ein „problematisches" Verhalten muss folglich immer im Zusammenhang mit demjenigen gesehen werden, der es als problematisch definiert (z.B. dem Beobachter).

8.5.3   Zum Systembegriff

Um den Begriff der Umwelt näher zu charakterisieren, und um die komplexen Zusammenhänge und Wechselwirkungen zwischen Individuum und Lebenswelt zu verdeutlichen, möchten wir uns, wie bereits erwähnt, auf das Modell von Bronfenbrenner (1989) beziehen:

Unter Ökologie der menschlichen Entwicklung versteht Bronfenbrenner eine fortschreitende gegenseitige „Anpassung zwischen dem aktiven, sich entwickelnden Menschen und den wechselnden Eigenschaften seiner unmittelbaren Lebensbereiche. Dieser Prozeß wird fortlaufend von den Beziehungen dieser Lebensbereiche untereinander und den größeren Kontexten beeinflusst, in die sie eingebettet sind." (1989, 37)

Abb. 22: Kind in Systemen

Bronfenbrenner sieht die Umwelt als einen Satz ineinander geschachtelter Strukturen. Er unterteilt die Umwelt in Mikro-, Meso-, Exo-, Makro- und Chronosystem und versucht die komplexen Zusammenhänge unter diesen Systemen zu verdeutlichen.

Mikrosystem:

- „ist ein Muster von Tätigkeiten und Aktivitäten, Rollen und zwischenmenschlichen Beziehungen, die die in Entwicklung begriffene Person in einem gegebenen Lebensbereich in dem ihm eigentümlichen physischen und materiellen Merkmalen erlebt." (1989, 38)

- das heißt: der direkte, unmittelbare Lebensbereich der sich entwickelnden Person (das Kind mit seinen Kompetenzen z.B. in seiner Familie)

Mesosystem:
- „umfasst die Wechselbeziehungen zwischen den Lebensbereichen, an
denen die sich entwickelnden Person aktiv beteiligt ist (für ein Kind etwa
die Beziehungen zwischen Elternhaus, Schule und Kameradengruppe
in der Nachbarschaft. Für einen Erwachsenen die zwischen Familie, Arbeit und Bekanntenkreis)." (1989, 41)
- Im Laufe der Zeit bildet sich um den Menschen ein ganzes System von
Mikrosystemen, die miteinander in Beziehung treten (z.B. die Eltern
nehmen Kontakt zur Schule auf, die schulischen Bedingungen wirken
sich auf das Familienleben aus). Diese Vernetzung verschiedener Lebensräume, denen ein Kind angehört, wird als Mesosystem bezeichnet.

Exosystem:
- Hierunter „verstehen wir einen Lebensbereich oder mehrere Lebensbereiche, an denen die sich entwickelnde Person nicht selbst beteiligt ist,
in denen aber Ereignisse stattfinden, die beeinflussen, was in ihrem Lebensbereich geschieht oder die davon beeinflußt werden." (1989, 42)
- beschreibt einen Bereich, der außerhalb der Reichweite der Person
liegt, von dem sie aber trotzdem beeinflusst wird (z.B. die Arbeitsbedingungen der Eltern, sie nehmen Einfluss auf den sozialen Status des Kindes, schulische Bedingungen, gesetzliche Regelungen für diesen Bereich usw.)

Makrosystem:
- „bezieht sich auf die grundsätzliche, formale und inhaltliche Ähnlichkeit
der Systeme niederer Ordnung (Micro-, Meso- und Exo-), die in der Sub-
kultur oder der ganzen Kultur bestehen, oder bestehen könnten, einschließlich der ihnen zugrunde liegende Weltanschauungen und Ideolo-
gien." (1989, 42)
- umfassender Lebensbereich, der allen drei Ebenen gemeinsam ist und
auf allen drei Ebenen Einfluss auf den Menschen nehmen kann (z.B. gesellschaftliche und kulturelle Normen, politische Ausrichtungen, ethni-
scher Hintergrund u. a.).

Chronosystem:
- Meint „markante biographische Übergänge, z. B. Schulentlassung oder
Menarche." (Flammer 2004, 212). Solche Übergänge stellen Entwicklung dar und haben Einfluss auf die weiteren Entwicklungsschritte.
- Dabei lehnt sich Bronfenbrenner an die sogenannten kritischen Lebens-
ereignisse an und unterscheidet normative (= in jeder Biographie an bestimmten Punkten zu erwartenden) Ereignisse und non-normative (= au-
ßergewöhnlichen) Ereignisse.

Von allen fünf Ebenen können Einflussfaktoren ausgehen, die sich sowohl entwicklungsfördernd als auch entwicklungshemmend auf das Individuum auswirken können. Das Individuum kann seinen Einfluss auf die verschiedenen Ebenen gleichermaßen ausüben, wenngleich nicht immer in gleichmäßiger Weise.

Das Kind entwickelt sich in Interaktion mit seinem Umfeld in seiner Lebenswelt in individueller Weise. Dieses Konzept ist für eine Beschreibung der Zielebenen (sonder-) pädagogischen Handelns außerordentlich nützlich und ist z.B. die Grundlage amerikanischer Ansätze zur Psychologie besonderer Kinder (Kirk/Gallagher/Anastasiow 2001). Eltern, Schule und Lehrer und andere signifikante Bezugspersonen arbeiten gemeinsam für die Entwicklung des Kindes mit.

8.6 Zur Diagnostik im öko-systemischen Ansatz

8.6.1 „Störungen"

In der Regel setzt Diagnostik ein, wenn ein Problem bzw. eine Störung von einem Bobachter festgestellt wird. Deshalb scheint es an dieser Stelle angemessen zu verdeutlichen wie Probleme und „Störungen" aus systemischer Perspektive betrachtet werden:

Systemisches Denken impliziert, dass jedes Verhalten, also auch abweichendes oder störendes Verhalten, im Person-Umwelt-Zusammenhang begriffen werden muss. Die Störungsursachen werden deshalb nicht im Individuum lokalisiert, sondern es wird davon ausgegangen, dass „Störungen" vielfältige Ursachen haben können, die komplex miteinander vernetzt sind und in der Wechselwirkung zwischen dem Kind und seiner Umwelt anzusiedeln sind.

„Störungen" sind zunächst nichts anderes als Beschreibungen einer Differenz, „die den Unterschied des Andersseins hervorhebt" (Walthes 1993, 149). Unter diesem Perspektivwechsel zeigen sich kindliche Verhaltensbesonderheiten als Ausdruck einer jeweils besonderen Konfliktlage des Betroffenen (vgl. Amft/Mattner/Gerspach 2002, 18f). „Störungen" sind dementsprechend aus systemischer Sicht keine individuellen „Defizite", sondern Systemstörungen.

8.6.2 Zur Beobachterabhängigkeit von Wirklichkeitskonstruktionen

Vertreter der systemischen Perspektive gehen davon aus, dass Wirklichkeit immer eine vom Beobachter konstruierte Wirklichkeit ist. Jede Konstruktion von Wirklichkeit ist also ein Produkt eines Subjekts bzw. eines Beobachters und damit beobachterabhängig (also abhängig von dem, der sie konstruiert hat).

Somit muss sich jeder Beobachter die Frage nach seiner eigenen Perspektive stellen, aus der er selbst beurteilt oder aus der andere beurteilen. Das heißt, „wenn wir etwas als störend beschreiben, dann machen wir im Grunde keine Aussage über den Gegenstand, den wir beschreiben, sondern wir machen eine

Aussage über unsere Art und Weise zu beobachten" (vgl. Walthes 1993, 149). Diese Erkenntnis, dass Objektivität eine Illusion ist, wirkt sich auf die Diagnostik, insbesondere auf die Rolle des Diagnostikers aus, der ja auch ein Beobachter ist.

8.6.3 Rolle des Diagnostikers

Aus systemischer Perspektive ist das Ergebnis einer diagnostischen Beobachtung nicht allein von der Leistung des Kindes abhängig, sondern von einer komplexen Wechselwirkung zwischen sehr verschiedenen Faktoren. Ein wesentlicher Einflussfaktor ist die Beziehung zwischen dem Kind und dem Diagnostiker: Gelingt es dem Diagnostiker eine positive Beziehung zum Kind (Dialog mit dem Kind) aufzubauen, sind positivere Ergebnisse zu erwarten, als wenn der Diagnostiker dem Kind bereits mit einer negativen Vorerwartung begegnet oder das Kind eine Antipathie gegen den Diagnostiker entwickelt hat. Der Diagnostiker sollte sich folglich nicht mehr als neutraler, außen stehender Gutachter verstehen (wie es in der traditionellen Diagnostik der Fall ist), sondern als Teil des diagnostischen Prozesses: seine Gefühle und Einstellungen dem Kind gegenüber, sowie die Einstellung des Kindes gegenüber dem Diagnostiker beeinflussen den diagnostischen Prozess und das Ergebnis entscheidend.

Ein weiterer wichtiger Aspekt, der die Rolle des Diagnostikers stark beeinflusst, ist die Erkenntnis, dass unsere Wahrnehmung immer subjektiv und selektiv ist. Eine objektive Diagnostik ist also nicht möglich, denn alles was der Diagnostiker beobachtet, ist abhängig von seiner internen Struktur, d.h. von seiner Sozialisation, seinen Vorannahmen, Erwartungen, Wertmaßstäben, verinnerlichten Theorien usw.. Das Ergebnis der Diagnostik ist somit die subjektive und selektive Wirklichkeitskonstruktion des Diagnostikers (d.h. ein anderer Diagnostiker würde eventuell zu ganz anderen Ergebnissen kommen). Der Diagnostiker sollte sich dessen bewusst sein und begreifen, dass er eben kein objektiver, außen stehender Beobachter ist - auch dann nicht, wenn er sich scheinbar objektiver Methoden bedient.

Um vorschnelle, unangebrachte Rückschlüsse zu vermeiden, ist es notwendig, dass sich der Diagnostiker immer wieder selbst reflektiert und sich seiner eigenen Wahrnehmungs- und Beurteilungsnormen bewusst wird. Dies ist am besten im Austausch mit Kollegen möglich (z.B. in Form von Fallbesprechungen; sich andere Meinungen anhören; sehen wie andere Personen ein Problem beschreiben usw.).

Diagnostik und Förderung sind so im Kontext systemischer Diagnostik untrennbar miteinander verknüpft: Auf der Basis diagnostischer Hypothesen und Daten erfolgen Entscheidungen über Art und Ansatzpunkte der Förderung über die Bildung von Hypothesen und den Entwurf von Förderplänen (vgl. Kap. 2.5 und Kap. 5.). Von der Förderung wird dann eine Veränderung innerhalb des

Kind-Umfeld-Systems erwartet: es ergeben sich neue Hypothesen und neue Förderansätze. Immer mit dem Ziel, dem Kind eine bestmögliche (Weiter-)Entwicklung zu ermöglichen.

Zu bedenken ist dabei:

- dass der Diagnostiker bzw. Therapeut das Kind bzw. das Kind-Umfeld-System nicht gezielt beeinflussen kann (denn dynamische Systeme sind strukturdeterminiert und nicht-trivial). Fördermaßnahmen können Veränderungen nur anregen, aber nicht bestimmen.
- dass Diagnostik und Förderung in einem rekursiven Prozess zueinander stehen, d.h. Diagnostik, Planung und Durchführung von Fördermaßnahmen sind Glieder eines Regelkreises der ständig wieder durchlaufen wird.
- dass schon die Diagnostik Veränderungen hervorrufen kann, bevor die Förderung einsetzt (Diagnostik kann schon Förderung sein, die Übergänge sind fließend).

Mit diesen kurzen Überlegungen möchten wir ein ökosystemisches Denken konkretisieren und somit zu einer ökosystemischen Diagnostik gelangen, da diese in besonderer Weise Diagnostik als Produkt einer Beziehung beschreibt und hervorhebt.

8.6.4 Aufgaben des Diagnostikers

Die Aufgabe des Diagnostikers ist es, für ein Kind eine an seine spezielle Situation angepasste individuelle förderdiagnostische Situation zu entwickeln und nicht das Kind im Rahmen einer vorgegebenen Methode zu überprüfen.

Diese Forderung birgt natürlich eine große Zahl von Risiken in sich. Verfügt der Pädagoge/Therapeut über ein so großes Methodeninventar sowie -kompetenz wie das Kind über ein Inventar an Verhaltensproblemen verfügt?

Es spielen in einer förderungsorientierten Diagnostik eine Fülle miteinander verknüpfter Bedingungen und Beziehungen eine Rolle, die sich nur unvollkommen auf einfache Regeln reduzieren lassen.

In dem diagnostischen Prozess kann der Pädagoge/Therapeut ein Helfer des Kindes sein oder ein Mit-Spieler oder auch ein sorgsamer Beobachter auf der Basis einer balancierten vertrauensvollen Kooperation zwischen dem Kind und ihm. Die dabei entstehende Beziehung ist die Grundlage einer angemessenen Diagnose und Förderung, wie bereits oben näher ausgeführt.

Zudem kommt es einerseits darauf an, den Rahmen für eine Analyse der Betrachtung eines individuellen Problems und seiner Funktion für das Kind und seine Interaktionspartner zu sehen und das Kind in seinen Lebenszusammenhängen zu verstehen - auch wenn man nicht immer in diesem Rahmen eine Intervention ansiedeln kann. Aber das Verständnis eines Kindes bleibt unvollkommen, wenn man nur das Kind allein sieht und nicht seine Beziehungen zum Lebenskontext.

Der Diagnostiker als Erforscher der Lebenssituation des Kindes könnte nicht Halt bei der inneren Situation des Kindes, sondern sich auf den Weg in das Beziehungsmuster des Kindes zu seinen Eltern und der Familie machen und nach den Muster spüren, die diese Beziehung ausmachen.

Bei der Analyse der Lebenskonstellation und -bedingungen sind u. a. folgende Fragen bedeutend: Welche Rolle hat das Problem des Kindes für den Erhalt einer stabilen Beziehung? Welche Funktion hat die Aufrechterhaltung eines Symptoms für die Stabilität der Familienbeziehungen? Welche Einstellungen haben die Eltern (Vater, Mutter, Großvater, Großmutter etc.) dem Kind gegenüber und wie prägen ihre Vorstellungen vom notwendigen Verhalten des Kindes wiederum ihr Verhältnis zum Kind? Was wird vom Kind erwartet? Welche Generationenaufträge soll es erfüllen? Was soll es vor allem nicht tun? (vgl. Eggert/Lütje-Klose 2005, 161).

Wie man auf einen Menschen blickt (ihn wahrnimmt), so „behandelt" man ihn auch - und das schon nach einer sehr kurzen Begegnung, d.h. dass die weiteren Schritte einer Intervention mit den aller ersten Schritten schon weitgehend festgelegt werden. Jedem Diagnostiker dürften die Verhaltensweisen bekannt sein, die man bedauert, nachdem man einen Menschen (von dem man meint ein festes, zutreffendes Bild gewonnen zu haben glaubt) einmal aus einem anderen Blickwinkel völlig anders kennen gelernt und neu einschätzen gelernt hat. Jeder Diagnostiker sollte versuchen einmal einen anderen als den gewohnten Blickwinkel einzunehmen.

Umfassende individuelle Förderpläne (vgl. Kap. 5) können beim Übergang zu einer systemischen Sichtweise hilfreich sein. Wenn ich denke, dass zirkulär jede Beschreibung des Kindes bereits zu einer impliziten Behandlung führt, dann kann ein umfassender Förderplan auf der Grundlage einer Beschreibung des Entwicklungsprozesses des Kindes über einen längeren Zeitraum die Perspektive meines Handelns beträchtlich erweitern, vor allem wenn ich diesen Plan im Teamwork zusammen mit anderen Personen schreibe, die eventuell einer ganz anderen Ansicht über das Kind sind und wir dies gemeinsam im IEP dokumentieren.

Jeder Ansatz hat spezifische Stärken und Schwächen. Die Unterschiede der Blickwinkel haben dazu geführt, dass sich gegenwärtig Emotionen in die Auseinandersetzung um die „richtige" Diagnostik in die Diskussion eingeschlichen haben. Es handelt sich aber nicht um einen Gegensatz, sondern nur um Versuche aus unterschiedlichen Blickwinkeln zur Förderung von Menschen diagnostisch tätig zu sein. Am sinnvollsten geht man für die Praxis davon aus, dass beide Formen diagnostischen Handelns durchaus auch nebeneinander existieren können. Unterschiedliche Handlungsräume haben auch verschiedene Vorgehensweisen in der Diagnostik und diese können gut nebeneinander existieren.

8.6.5 Konsequenzen für die Diagnostik

Durch den in Kapitel 1 dargelegten Paradigmenwandel ergeben sich für die Diagnostik erhebliche Veränderungsnotwendigkeiten, die hier im Folgenden erneut zusammengefasst dargelegt werden (vgl. Kapitel 2).

- Zum einen werden die Diagnostiker gezwungen, auf der Verhaltens- und Handlungsebene neue methodische Konstrukte mit dem Ziel einer stärker subjektiv orientierten Kind-Umfeld-Diagnostik zu entwickeln (Entwicklung neuer methodischer Konstrukte),
- zum anderen wird aus der Verhaltenstherapie der Gedanke der Einheit von Diagnose und Therapie übernommen und
- zum dritten wird zusätzlich der Gedanke formuliert, dass aus einem *systemischen* Denken – also aus einer Verknüpfung der Entwicklung an Kind-, Umwelt- und Familienstrukturen – überhaupt erst eine umfassende ganzheitliche Förderung planbar und organisierbar wird (vgl. Eggert 1997).

An die Stelle der Typologisierungen treten des Weiteren Vorstellungen einer Differenzierung und Individualisierung. Die Diagnostik sieht sich damit vor neuen Herausforderungen: Möglichst im Dialog mit den Betroffenen selbst gilt es jetzt, ein differenziertes Angebot an Diagnostik zu entwickeln, das der individuellen Situation der Betroffenen (speziell Kinder mit Förderbedarf) weitgehend entspricht.

So können Einzelfallbeschreibungen durch ein diagnostisches Team im Rahmen einer qualitativen Diagnostik nicht nur ein Mehr an Informationen zur Förderung des einzelnen Kindes aufzeigen, sondern auch durchaus neuen Qualitätskriterien (vgl. Kap. 2.5.5) genügen und damit die Umsetzung neuer Methoden des Lernens und Lehrens fördern. Die Technik und Philosophie individueller Entwicklungs- und Förderpläne bietet sich dabei als Mittel für eine *individualisierende* lern- und entwicklungsprozessbegleitende Diagnostik im Lebenskontext an (vgl. Eggert 1997).

8.6.6 Leitlinien einer qualitativen Diagnostik

Auch wenn in Kapitel 2 bereits Leitlinien einer individualisierten Förderdiagnostik vorgestellt wurden, so möchten wir diese nun erneut aufzeigen, da sie ebenso für eine öko-systemische Diagnostik bedeutend sind:

- betrachtet den individuellen **Einzelfal**l
- ist ein auf **das Individuum zugeschnittener** diagnostischer Prozess
- stellt **veränderte Fragen**, wie z. B. „wen stört was?"
- **rekonstruiert** gemeinsam mit den Betroffenen eine **Biographie** von der Vergangenheit bis zur Zukunft
- lernt **Individuum als System** sehen und betrachtet seinen **Kontext**

- geht von den **Stärken** des Individuums aus
- erkennt **Diagnose als Beziehung**
- betreibt **Diagnostik als Dialog**

- ist auf **Differenzierung**, offenen Unterricht, **Kooperation** ausgerichtet
- ist ein ständiger **Prozess** von Beobachtung, Hypothesenbildung, Förderung, Neubewertung und Veränderung von Förderung
- sucht die „**am geringsten einschränkende Lernumwelt**"
- versucht vom Standpunkt des betroffenen Individuums aus zu argumentieren und eine **Diagnose** im Hinblick auf **Förderung** zu planen

- braucht auch die **Bestimmung von Lernausgangslage** und allgemeinen Orientierungsdaten für pädagogische Prozesse
- Lernförderdiagnostik geht **von Analyse der Lernprozesse** aus und versucht dabei, einfache, aber umfassende Fragen einer normalen Entwicklungsdiagnostik zu lösen (vgl. Montada)
- **vermeidet Klassifikationen** und Auswahl für Institutionen

- ist auf **Zusammenarbeit im Team** angewiesen
- ist vor allem an **inhaltlichen pädagogischen** und **didaktischen Theorien** und weniger an psychologischen Konstrukten orientiert
- setzt fundiertes **pädagogisches Handlungs- und Erklärungswissen** voraus

Besonders wichtig ist dabei das Einverständnis der Betroffenen mit dem diagnostischen Vorgehen und den empfohlenen Maßnahmen. Eine Entwicklungsprognose für die Förderung aufgrund eines breiten Beobachtungsspektrums besitzt dann eine hohe Gültigkeit auf der Grundlage der gemeinsamen Erfahrungen mit dem Klienten im Team.

Wie bereits dargestellt, geht es in der systemischen Diagnostik nicht um eine objektive Messung von „Leistungen" oder Teilkomponenten, sondern vielmehr um die Beschreibung von Zusammenhängen, Beziehungen und Vernetzungen.

An die Stelle einer Erhebung quantifizierbarer Daten muss deshalb die Erfassung qualitativer Ergebnisse treten. Ein wesentliches Prinzip im Konzept der systemischen Diagnostik lautet deshalb „Individuelles Inventarisieren statt Testen" (vgl. Kap. 4.1.2). Die Verfahren bieten dem Anwender einen Itempool und eine Vielfalt von Beobachtungssituationen, aus denen er eine kindbezogene Auswahl treffen kann.

Der individuelle Förder- und Entwicklungsplan IEP (vgl. Kap. 5) bietet darüber hinaus eine sinnvolle Möglichkeit, die vielfältigen gewonnenen Informationen über das Kind und seine Umwelt, festzuhalten und zu dokumentieren. Der IEP stellt eine strukturierte Informationssammlung über das Kind-Umfeld-System und eine Dokumentation der Schritte der Förderung zusammen dar.

Die Ergebnisse der Diagnostik sowie die daraus abgeleiteten Fördermaßnahmen müssen immer wieder überprüft und hinterfragt werden, denn dynamische Systeme entwickeln sich immer weiter. Systemische Diagnostik ist deshalb grundsätzlich prozessbegleitend angelegt und keine einmalige Feststellung von „Defekten"/Besonderheiten und ihren Wirkungen.

Montada (1985) hat darauf hingewiesen, dass die (theoretischen) Grundfragen einer Entwicklungsdiagnostik zugleich auch die Grundfragen praktischen Handelns sind:

- **Wie hat es angefangen?**
- **Wie ist es geworden?**
  - ➡ Frage nach der Genese von Entwicklungsproblemen
- **Was ist es jetzt?**
  - ➡ Frage nach dem Entwicklungsstand
- **Was sollte es sein?**
  - ➡ Frage nach der Entwicklungsprognose
- **Was sollte sich ereignen?**
  - ➡ Frage nach der Festlegung von Entwicklungszielen
- **Was könnte dann sein?**
  - ➡ Frage nach der Spezifizierung von Methoden zur Zielerreichung

Aus einem solchen Blickwinkel heraus ist die bislang geübte klassifizierende normative Diagnostik wenig geeignet, da sie sich immer nur auf eine relativ begrenzte Stichprobe aus der Gegenwart bezieht und damit nicht unerhebliche Reduktionen in Bezug auf Stichprobe, Zeit, Persönlichkeitsmerkmale und Personen in Kauf nehmen muss.

Eine Frage ist dabei, wie weit Diagnostik hinter die komplexen Bedingungen zurückfallen darf, die den Alltag des Menschen kennzeichnen. Systemische Diagnostik möchte Einzelfallbeschreibungen auf der Grundlage von langfristigen Beobachtungen und Lern- und Entwicklungsprotokollen abgeben und dabei auf so viele Informationsquellen im Zusammenhang des Förderprozesses zurückgreifen, dass allein durch diese Reichweite der Fragen schon ein komplexes und dadurch relevantes Bild des Menschen konstruiert werden kann. Wird der Prozess der Diagnose und Beschreibung dann zusammen mit dem Betroffenen erarbeitet, so kann die Übereinstimmung zwischen Beobachter und Klient ein zusätzliches Kriterium für die Qualität und das inhaltliche Zutreffen der Aussagen sein.

Systemische Diagnostik bedeutet eine mehrperspektivische Betrachtungsweise und eine vernetzte Handlungsweise. Man soll versuchen das Individuum in seinen Bezügen im Lebenskontext zu sehen und in diesem Lebenskontext zu beeinflussen. Anstelle einer Messung unveränderlicher Persönlichkeitsmerkmale in eigenschaftsorientierten, standardisierten Verfahren geht es darum, das Verhalten und Lernen des Kindes in seinem sozialen und situativen Kontext zu erfassen, um daran anknüpfend individuelle Fördermaßnahmen zusammen mit dem Lebenskontext zu entwickeln.

Dabei könnten folgende Prinzipien gelten:

- Diagnostik sollte in ihrer Komplexität nicht hinter der Komplexität des Alltags zurückstehen.
- Je weitreichender der Interpretationsansatz (je mehr Subsysteme er umfasst), desto wirkungsvoller ist die geplante Intervention[31].

Aufgabe und Funktion systemischer Diagnostik ist es, das Einwirken all jener Kräfte diagnostisch verständlich zu machen, die das Entstehen und das Aufrechterhalten eines Problemverhaltens bzw. einer Störung beeinflussen, um dann im Anschluss Wege zur Intervention zu finden. Im Prozess systemischer Diagnostik entsteht ein differenziertes Lern-, Leistungs- und Entwicklungsprofil des Kindes, das Einblick in seine Stärken und Schwächen, sowie Auskunft über seine speziellen Bedürfnisse und Interessen gibt sowie in seine Interaktionen mit den Faktoren seiner Lebensumwelt wie den Eltern und einen Versuch der Rekonstruktion des Bedingungsgefüges in der Umwelt des Kindes erfasst.

Schiepek (1986) hat mehrere Bedingungen aufgestellt, die Diagnostik und Förderung in komplexen Systemen beeinflussen. Diese Bedingungen ergeben sich aus den Eigenschaften dynamischer Systeme, die wir bereits angesprochen haben.

- Vernetztheit: Es kann nie gelingen Einzelzusammenhänge zu isolieren, denn sie sind in ein Netz von Zusammenhängen eingebunden. Interventionen in einem bestimmten Bereich können Neben- und Folgewirkungen in anderen Bereichen haben. Diagnostik wirkt immer auf das zu diagnostizierende System zurück.

- Komplexität: Die Verknüpfungen zwischen den Elementen, die ein Individuum beeinflussen, sind so komplex, dass eine vollständige Erfassung nicht möglich ist.

- Unbestimmtheit: da weder die Fülle noch der Umfang der Beziehungen jeweils vollständig erfassbar ist, muss der Diagnostiker sich darüber bewusst sein, dass er nur auf Grundlage von letztlich unbefriedigend erkannten Systembeziehungen arbeiten kann.

- Eigendynamik: Systeme, an denen Lebewesen beteiligt sind, entwickeln und verändern sich ständig weiter. Einen Therapieprozess kann man folglich nicht anhalten oder unterbrechen.

---

[31] Je komplexer desto realitätsnäher, aber auch schwieriger in der Durchführung und Beschreibung und Gutachten in epischer Breite lassen sich eher schlecht lesen und schlecht umsetzen.

- Mangelnde Prognose: Vorhersagen sind in komplexen Systemen wenn überhaupt, dann nur in sehr begrenzten Umfang möglich, weil es eine Vielzahl von ineinander greifenden Prozessen gibt und weil lebende Systeme von außen nicht determinierbar sind. Die Beziehung zwischen Diagnostiker und Klient/Kind ist eine Beziehung mit weitgehend offenem Ausgang.

- Offener Zielzustand: Die Eingangsdiagnostik kann durch Förderung/ Therapie sehr schnell überholt sein, denn dynamische Systeme entwickeln sich ständig weiter. Die Ziele der Förderung ändern und spezifizieren sich im Laufe der Zeit also ständig, so dass eine prozessbegleitende Diagnostik notwendig ist.

- Polytelie: Ziele der Förderung/Therapie sind häufig widersprüchlich und rufen Widerstand beim Klienten hervor, weil er auf eventuelle Vorteile seines Problems (jedes Verhalten hat einen Sinn) verzichten muss.

8.7 Kernpunkte einer systemischen Diagnostik im Überblick

Folgende Kernpunkte einer systemischen Diagnostik können in der Praxis das diagnostische Vorgehen verbessern:

Teamarbeit

Es hat sich die Bildung von diagnostischen Teams bewährt, die zusammen ein Kind beobachten und die Förderung planen. Es können so unterschiedliche Aspekte in die Förderung eingebracht werden.

Diagnostik ist Beziehung

Der Diagnostiker spannt ein weites Netz in Form von unterschiedlichen Methoden aus, um das Beobachtbare an einer oder mehreren Personen zu erfassen. Der Betrag an Beobachtbarem, der in sein Netz gelangt, hängt ab von der Qualität der erlebten Beziehung zwischen dem Diagnostiker und dem Kind.

„Jede Förderungssituation mit einem Kind ist eine Beziehung, kein Monolog eines Therapeuten zum Kind, sondern eine wechselseitige Beziehung. Und es muss die Qualität dieses Dialogs sein, die eine gute, kindgemäße und förderliche Therapie ausmacht (Leyendecker, 1996, 226)".

Diagnostik hängt vom Einzelfall ab

Es liegt in der Natur der Sache, dass die Diagnostik ganz und gar vom Einzelfall abhängt und nicht in allgemeiner Form für alle Schüler einheitlich geregelt werden kann. So jedenfalls hat das Bayrische Staatsinstitut für Schulpädagogik schon 1991 für die Arbeit in Diagnose- und Förderklassen festgestellt. Schematische Lösungen verbieten sich angesichts individueller Förderbedürfnisse. So kann z.B. ein Individueller Entwicklungs- und Förderplan nur einen Rahmen bieten, der individuell ausgefüllt werden sollte.

Veränderte Fragen in der Diagnostik

Die Fragen einer Entwicklungsdiagnostik sind andere als die einer Testdiagnostik. Sie umfassen eine wesentlich größere Reichweite des Fragens. So stehen Fragen wie die folgenden im Vordergrund: Wie ist es geworden? Was hat es aufrechterhalten? Was ist jetzt? Was soll sein? Was könnte sich ereignen? Was wäre dann? (vgl. Montada 1986)

Mit „es" wäre das Problemverhalten eines Kindes oder seine problematischen Beziehungen zu Eltern/Familie oder anderen Bezugspersonen gemeint. Der Aspekt des Fragens reicht von der Vergangenheit (Rekonstruktion der Biographie) bis zu einer Beschreibung der Gegenwart (Was ist jetzt?) hin zu einer Planung der Förderung und einer Spekulation über die Folgen der Fördermaßnahmen in der Zukunft.

Kind-Umfeld-Analyse

Die Kind-Umfeld-Analyse soll das Handeln des Kindes im Zusammenhang mit anderen Kontexten beschreiben und die Beziehungen des Kindes und deren Bedeutung für das Lernen widerspiegeln.

Güte einer diagnostischen Aussage

Im Vordergrund steht dabei die Erkenntnis, dass jede Diagnose nur eine Momentaufnahme durch einen Beobachter ist und sich jederzeit ändern kann. Vorhersagen aufgrund diagnostischer Beobachtungen können bereits das Vorhergesagte verändern. Die Entwicklung eines Kindes ist so ein ständig veränderungsoffener Prozess. Zur Güte einer diagnostischen Aussage und der Qualität einer Vorhersage späteren Verhaltens sind Aussagen möglich, die sich auf Teamarbeit stützen und die Qualität der Beobachtung und Interpretation absichern:

Diagnostik ist unter den geschilderten Bedingungen zu einem offenen Prozess geworden, in dem der Diagnostiker und der Klient miteinander kooperieren, um zu einer gemeinsamen Lösung für das Problem des Klienten zu kommen. Die Wahl der Methoden, um den Klienten beraten zu können, ist offener geworden.

8.8 Diagnose und Förderung in einem zirkulären und rekursiven Prozess

Die Übergänge von der Diagnose in die Förderung sind bei der beschriebenen systemischen Vorgehensweise natürlich fließend: inwieweit die Diagnose z.B. bei der Beobachtung eines Kindes bereits Teile der Förderung enthält ist offensichtlich, wenn man von der Annahme ausgeht, dass bereits die Auswahl der Diagnose- und Fördersituationen eine Hypothese über das Kind beinhaltet und diese Hypothese zu einer ersten Einschätzung der Situation des Kindes in seinem Umfeld gehören kann – und somit auch die ersten Schritte der Förderung bestimmt. In jeder diagnostischen Situation kann ein Kind bereits gefördert werden und umgedreht in jeder Fördersituation können neue diagnostische Erkenntnisse gewonnen werden. Diagnose und Förderung sind somit Teil eines Kreisprozesses. Die folgende Abbildung 23 versucht, den Zusammenhang zwischen Diagnose und Förderung in einem zirkulären und rekursiven Prozess zu beschreiben.

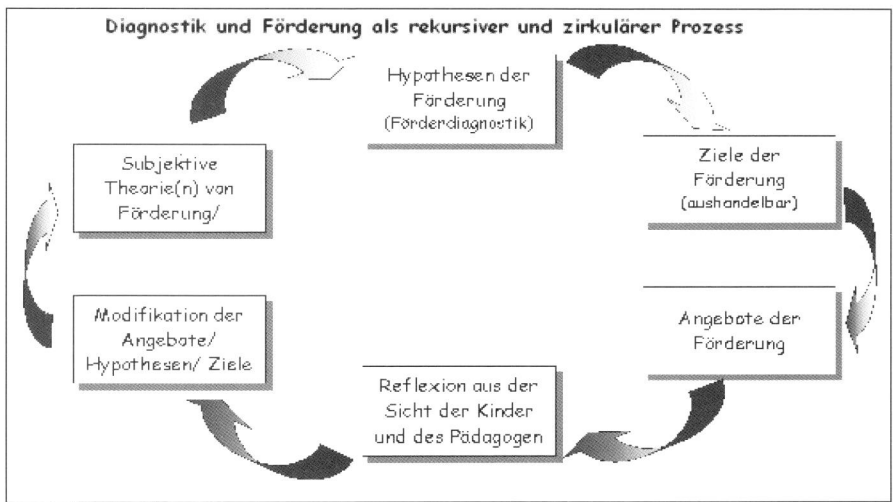

Abb. 23: Diagnostik und Förderung als zirkulärer und rekursiver Prozess

An jedem Punkt des Kreisprozesses kann die Förderung oder die Diagnose begonnen werden. Normalerweise beginnt der Diagnostiker diesen Prozess, indem aus der Förderdiagnostik Hypothesen über die mögliche Förderung eines Kindes gewonnen werden. Danach versucht der Diagnostiker die Ziele einer möglichen Förderung zu bestimmen.

Daran schließt sich ein erneuter Reflexionsprozess sowohl aus der Sicht des Pädagogen als auch aus der Sicht der Kinder an. Hier werden die Fortschritte, Rückschritte oder die Stagnation in der Entwicklung des Kindes festgehalten. Stimmen die Ziele der Förderung noch angesichts der erfolgten Schritte der Förderung? Stimmt dieser Plan mit den Wünschen und Vorstellungen des Kindes überein? Was sollte geändert werden?
Dann folgt die Modifikation der Angebote/Hypothesen/Ziele. Ebenso wie Rückschritte oder eine Stagnation in der Entwicklung bedingen Fortschritte eine Überarbeitung der Hypothesen und eine Festsetzung neuer Ziele. Aufgrund der überarbeiteten Ziele werden auch die Angebote erweitert oder erneuert.

Nach der Modifikation der Angebote oder der Hypothesen über eine Person könnte der Diagnostiker über die eigene subjektive Theorie von Förderung und Diagnostik angesichts der Förderbedürfnisse der Kinder in der Gruppe und einzelner Kinder nachdenken. Wie klar sehe ich die Bedürfnisse der Kinder? Wo versperren mir theoretische Überlegungen den Blick auf die Kinder, so wie sie wirklich sind? Habe ich überhaupt einen engen Kontakt zu den Kindern? Wie kann ich die Güte der Beziehung zu ihnen verbessern?

Aus diesen Überlegungen ergeben sich dann wieder neue Hypothesen für ein weiteres (förder-)diagnostisches Vorgehen und der Kreisprozess kann wieder beginnen.

8.9 Öko-systemisches Denken in der Schule

In den vergangenen zehn Jahren hat sich der theoretische Rahmen in der Pädagogik in Abhängigkeit von den Veränderungen in der Psychologie zur Psychotherapie von einem linear-kausalen Ansatz hin zu einem vernetzten, prozessualen Denken entwickelt. Es hat sich erwiesen, dass nicht allein eine ständige hohe Reflexion des Therapeutenverhaltens zwangsläufig zu einer Verbesserung des therapeutischen Vorgehens führte - wenn auch nicht ausgeschlossen werden soll, dass es dies in Einzelfällen auch getan hat.

Dazu hat sich In den letzten Jahren eine veränderte Vorstellung vom Lernen des Kindes in einer freiheitlichen Gesellschaft durchgesetzt, in welchem Kinder in „individueller Autonomie sich entwickeln, leben und gestalten können" (Schmetz 1999, 4). Dabei wird ein Lernverständnis entwickelt, das von aktiv eigenständigen Aneignungsprozessen im sozialen Kontext ausgeht.

Kurz vereinfacht: Kinder können unter Umständen mehr voneinander als vom Pädagogen/Therapeuten lernen. Das sollte jedoch nicht dazu führen, die Klassengröße zu verändern, um den Kindern mit der Zahl der Klassenkameraden zunehmend Lernchancen zu geben, wie dies zum Beispiel die Schulverwaltung in Niedersachsen angab. Dabei ist im systemischen und konstruktivistischen Paradigma Wirklichkeit ein Konstrukt des Individuums. Jedes Kind ist ein autonomes strukturbestimmtes Wesen. Es folgt seinen inneren Strukturen, die „kognitiv und emotional ausgerichtet sind und die es ihm gleichzeitig ermöglichen, mit seiner Umwelt in Kontakt zu treten." (Schmetz 1999, 5)

Lernen ist dabei eine konstruierende Tätigkeit des dynamischen Systems, eingebunden in soziale Interaktionen. Lernen ist die Auseinandersetzung zwischen dem Kind und der Umwelt über strukturelle Koppelungen, d.h. dass sich Lehrende und Lernende mit ihrer jeweiligen subjektiven Theorie und ihrer eigenen Struktur begegnen und in einem Prozess als Quelle von Perturbationen (Anregungsfaktoren) begegnen (Maturana 1990; Kösel 1995).

Hier findet sich die schon weiter oben angedeutete Veränderung der Rolle des Pädagogen/Therapeuten wieder: er verliert seine unwidersprochene Autorität als Informationsvermittler in einer als gleichwertig anzusehenden Beziehung zum Kind und gewinnt eine neue Rolle als Partner des Kindes in kooperativen Lernprozessen - wird dadurch für kognitives Lernen weniger bedeutend, aber um so bedeutungsvoller für emotionale Lernprozesse (über die Beziehung zum Kind).

In der Schule „findet Lernen dann statt, wenn der angebotene Lerninhalt in die erfolgreiche Organisation der Erfahrung der Schüler selbst integriert wird (Schmetz 1999, 5)." Im Mittelpunkt des Lernens stehen nicht mehr die Zustände einzelner Teile, sondern die Prozesse des Zusammenwirkens zwischen Lehrenden und Lernenden.

8.10 Handlungsregeln

Für eine Zusammenarbeit mit dem Kind können die folgenden Handlungsregeln formuliert werden, die vor allem für die Position des Beobachters gelten sollen:

- *Hypothetisieren:* Hypothesen sind Ausgangspunkt für Informationserhebungen und für die Intervention, die selbst eine Hypothese aufgrund der subjektiven Theorie des die Förderung konstruierenden Menschen ist. Das Überprüfen von Hypothesen kann bereits als ein Eingriff in das zu untersuchende Feld gesehen werden. Handlung als Datensammlung und Handlung als Intervention sind somit nicht mehr getrennt (Kriz 1994, 296).
  Vermeiden einer *frühzeitigen* Problemdefinition. Hypothesen sind offene Konstruktionen.
- *Reflexion* der eigenen Handlungsweisen und Verarbeitungsstrategien. Jede Handlungsstrategie ist nur als vorläufig und veränderbar anzusehen.
- Als Beobachter versuchen *systemische Beziehungen und Muster* zu entdecken, d.h. die Beobachtung beschränkt sich nicht auf das „Verhalten" des Kindes, sondern schließt die Beziehungen zu allen für das Kind bedeutsamen Personen seiner Umwelt mit ein, die am Entstehen und an der Aufrechterhaltung des Problems beteiligt sind. So kann es interessant sein, die Beziehungen zwischen Familie und Schule in der Entwicklung als bedeutsamen Hintergrund für die Ausprägung eines Problemverhaltens sehen zu lernen.
- Betonung der Kompetenzen, Interessen und der Ressourcen des Kindes, *seine Lernziele selbst entdecken und beschreiben* zu können und eigene Wege der Förderung vorschlagen zu können (Das Kind sollte in seinen Stärken gesehen werden und es sollte versucht werden, durch eine erweiterte Perspektive nicht nur die Problemverhaltensweisen, sondern auch alle Kompetenzbereiche des Kindes von diesen Stärken ausgehend zu erfassen).

- *Symptomverschreibungen,* deren Absicht es ist, das „normale" Interaktionsmuster zu durchbrechen. Dies geschieht durch Aussagen, die eine als problematisch empfunden Verhaltensweise nicht nur zulassen, sondern geradezu herausfordern und eine paradoxe Situation anstreben.
- Rekonstruktion von Situationen, die zu einer *neuen (Ein-)Sicht* des Problems führen können. Solche Umdeutungen (reframing) können durch neue Interpretationen z.B. eines aggressiven Verhaltens eine Erweiterung der Handlungsmöglichkeiten bewirken.
- *Positive Konnotationen:* d.h. die Umwertung eines Phänomens, durch die Zuschreibung positiver Motive und positiver Funktionen für ein Verhalten, das vorher als negativ und damit problematisch gesehen wurde.
- *Zirkuläres Fragen* als mögliches Element in Gesprächen (d.h. sich vergegenwärtigen, dass eine Frage bereits eine Veränderung ist).
- Sich häufiger verdeutlichen, dass *Konflikte im System* so natürlich sind wie Systeme selber.

Für den Diagnostiker ergibt sich damit ein erweitertes Verständnis für seine Handlungsmöglichkeiten, die nun ein Mehr an Kompetenzen erforderlich machen. Dazu ist jedoch erforderlich, dass man die dazu erforderlichen Kompetenzen in einem sorgfältig abgestuften Ausbildungsprozess auch erwerben kann. Eine Vermittlung diagnostischer Kompetenzen (vgl. Reichenbach 2006) und des systemischen Handelns kann jedoch nicht Gegenstand einer kurzen Ausbildung sein. Hier wird man im Studiengang Sonderpädagogik sicher nicht mit 10 SWS in 5 Semestern auskommen, wenn man qualifizierte Kollegen mit hoher diagnostischer Kompetenz ausbilden möchte.

8.11 Was könnte man an Veränderungen in der Praxis umsetzen?

Man kann davon ausgehen, dass

- zum gegenwärtigen Zeitpunkt sehr viele verschiedene theoretische diagnostische Modelle nebeneinander existieren,
- diese Modelle auch in der Theorie zum Teil erst aus neueren Überlegungen zum Menschenbild und zur Entwicklungspsychologie genauer differenziert und erprobt werden müssen (sich also selbst noch in der Entwicklung befinden),
- die Bedeutung dieser Modelle für eine veränderte Praxis zum Teil noch nicht abzusehen ist und
- diese in sehr unterschiedlicher Weise umgesetzt werden können.

So treffen in der Praxis viele Strömungen der Theorien aufeinander und es liegt an den Möglichkeiten des Anwenders, inwieweit er diese auch umzusetzen vermag.

Nicht nur die Kompetenzen eines Kindes in physiologischen und anderen Aspekten von Entwicklung sollten deshalb in der Diagnostik beschrieben werden, sondern es müsste nach dem Sinn der Konstruktionen des Kindes gesucht werden (soweit es uns in seine Welt sehen lassen will). Dazu reicht es nicht aus, einen ohnehin schon problematischen Motorik-, Intelligenz- oder Wahrnehmungstest anzuwenden: wir müssen die Umwelt berücksichtigen, die das Kind zu seinen Konstruktionen veranlasst. Zu einer umfassenden ganzheitlichen Diagnostik könnte also auch eine Diagnostik der Beziehungsmuster des Kindes mit seinen Bezugspersonen in der Familie und der Schule gehören. Dazu müsste die Kooperationsfähigkeit verschiedener Kontexte gesucht werden (vgl. Bronfenbrenner 1989 in diesem Kapitel).

Weiter könnte die Umsetzung systemischen Denkens dazu führen, zu erkennen, dass es eine Trennung von Diagnose und Therapie nicht gibt und geben kann. Jede Diagnose bestimmt zirkulär die Therapie und umgekehrt. Nebenbei gesagt: was effektiv ist, bestimmt der Klient und nicht der Pädagoge und/oder Therapeut. Man kann einem Klienten nur insoweit beeinflussen, als er dies auch will und nur dazu anregen, Versuche in eine andere Richtung zu unternehmen als bisher. Er kann seine Symptome dabei „verlieren", aber was er dabei gewinnt weiß nur er selbst (und kann es ggf. mit dem Pädagogen und/oder Therapeuten teilen).

Umfassende individuelle Förderpläne können beim Übergang zu einer systemischen Sichtweise hilfreich sein. Ein umfassender Förderplan kann auf der Grundlage einer Beschreibung des Entwicklungsprozesses des Kindes über einen längeren Zeitraum die Perspektive des Handelns beträchtlich erweitern, vor allem wenn dieser Plan in Teamwork zusammen mit anderen Personen geschrieben wird, die eventuell einer ganz anderen Ansicht über das Kind sind und wir dies gemeinsam im IEP dokumentieren.

Wir haben uns in diesem Buch darum bemüht, einige Aspekte des Wandels der grundlegenden Denkvorstellungen hin zu einem öko-systemischen Ansatz zu beschreiben. Dabei haben wir versucht auf einige Widersprüche aufmerksam zu machen: neue Theorien müssen in alte Praxismodelle integriert werden können. Das geht nicht ohne Probleme, wenn man mit einer veränderten Terminologie und Denkweise an neue Perspektiven herangeht, die Praxis aber anderen Denkvorstellungen folgen muss.

Praktiker müssen zu neuen Handlungsmodellen angeregt werden, aber sie können nur perturbiert werden und nicht direkt angewiesen oder gar einfach ausgewechselt und durch neue Personen ersetzt werden. Dazu müssen Vorteile der neuen Position einsichtig sein – auch für den Praktiker. Man wird also Neuerungen in die Praxis nur in kleinen Schritten und langsam einführen können. Langsam, aber beständig möge sich ein verändertes Denken durchsetzen. Wichtig ist dabei der Slogan:

„Von den Stärken ausgehen!"

9. Übersicht Inhalte CD

Ordnername	Inhalte		Seiten
01 - **Grundlagentexte**	Nutzung IEP in Übersicht		1
	Text Lernentwicklungspläne Eggert 10.04.		17
	Text Von den Stärken ausgehen Eggert 2001		11
02 – IEP Formulare **zur Bearbeitung**	**IEP Gesamtformular (Buch)**		50
	Förderplan Hochbegabung		4
	IEP Förderschule		13
	IEP Grundschule 1		26
	IEP Grundschule 2		25
	IEP Kinder mit Verhaltensbeeinträchtigungen		21
	IEP Kindergarten		11
	IEP Kurzfassung 1		4
	IEP Kurzfassung 2		4
	IEP Kurzfassung alle Bereiche		9
	IEP Kurzfassung Grundschule		7
	IEP Kurzfassung Kiga und Vorschule		8
	IEP Kurzfassung Migranten		17
	IEP Kurzfassung Migration		7
	IEP Vorschule		7
	IEP Motopädie		17
	IEP Motopädie und Kindergarten		18
	IEP Motorik		6
	IEP PEP SEK I		26
	IEP Selbstkonzept		15
	IEP Selbstkonzept Glossar		8
03 – IEP **Fallbeispiele**[32]	**IEP Beispiele kurz**		
	Deeken, Tina Stollmann	Förderschule mit dem Förderschwerpunkt Sprache	5
	Grabers, Wiebke	Grundschule	5
	Jöhrens, Harald	Förderschule mit Förderschwerpunkt Sehen	3
	Junggeburth, Nadine	Psychomotorische Therapie / Motopädie	5
	Kind Mike	Förderschule mit dem Förderschwerpunkt Lernen	12
	Kosber, Vanessa	Förderschule	12
	Krause	Gymnasium	4
	Kuhlenkamp, Stefanie	Psychomotorische Therapie	17

---

[32] Wir danken an dieser Stelle allen Praktikerinnen und Praktikern für die zur Verfügung Stellung Ihrer individuellen Entwicklungspläne, welche eine große Vielfalt hinsichtlich Aufbau, Strukturierung und Formulierung erkennen lassen. Jede Leserin/Leser möge für sich entscheiden, welche Art sie/er bevorzugt.

	IEP Beispiele lang		
	Albers, Timm	Förderschule mit Förderschwerpunkt kognitive Entwicklung	33
	Bremkes, Gerda	Psychomotorische Therapie	15
	Deckert, Katrin Oelschlägel, Viola	Förderschule mit dem Förderschwerpunkt Lernen	22
	Deeken, Tina Stollmann	Förderschule mit dem Förderschwerpunkt Sprache	10
	Giesbert, Juliane	Förderschulinternat	36
	Grabers, Wiebke	Grundschule	38
	Junggeburth, Nadine	Psychomotorische Therapie / Motopädie	16
	Kleineheilmann, Katrin	Förderschule mit dem Förderschwerpunkt Lernen	19
	Kosber, Vanessa	Förderschule	30
	Reinecke, Ute	Förderschule mit dem Förderschwerpunkt Lernen	19
	Solcher, Christel	Motopädie	48
04 – weitere Materialien	**Beziehungsmuster**		
	Beobachtungsbogen Klasse		26
	Beziehungsmuster Fragen		5
	Fragebogen Familienbeziehungen		19
	Generationenvertrag		2
	Arbeitsmaterialien Lernportfolio		27
	Elternfragebogen		6
	Inventar von Alltagshandlungen bei Vorschulkindern		19
	Orientierungsfragebogen		6
05 – Beispiele andere Länder	Anamnese Luxenburg		4
	IEP Broadgreen		1
	IEP England		12
	IEP Luxemburg		2
	IEP Middlefield		2
06 – IEP in der Wirtschaft	Entwicklungspläne der Degussa		3
	Entwicklungspläne Wirtschaft		2
	IEP St. Gallen 2002		1

10. Literatur

- Akademie für Lehrerfortbildung Dillingen (Hrsg.) (1995): Rechenstörungen, Diagnose – Förderung. Donauwörth: Auer Verlag.
- Amft, H./Mattner, D./Gerspach, M. (2002): Kinder mit gestörter Aufmerksamkeit. Stuttgart: Kohlhammer.
- Apel, H./Bork, R./Drechsel, K./Schmarse, H. (1992): Lernstandsanalyse und Lernförderung; nli - berichte No 39. Hannover: Nds. Landesinstitut für Lehrerfortbildung.
- Ashman, A./Elkins, J. (Eds.) (1990): Educating Children with Special Needs. New York – Sydney: Prentice Hall.
- Bach, H. (1974): Geistigbehindertenpädagogik. Berlin: Marhold.
- Baier, H./Bleidick, U. (Hrsg.) (1983): Handbuch der Lernbehindertenpädagogik. Stuttgart - Berlin: Kohlhammer.
- Banbury, M. (1987): The IEP revisited: a look at the concept and the reality. In: Rotatori, M./Banbury, M./Fox, R.A. (Eds.) (1987): Issues in Special Education. Mountain View,Calif.: Mayfield Public Co.
- Bank-Mikkelsen, N. E. (1974): Das Normalisierungsprinzip in Dänemark. In: Kugel, R./Wolffensberger, W. (Hrsg.): Geistig Behinderte, Eingliederung und Bewahrung. Stuttgart: Thieme.
- Barkey, P./Langfedt, H. P./Neumann, G. (1976): Pädagogisch-psychologische Diagnostik am Beispiel von Lernschwierigkeiten. Bern: Huber.
- Begemann, E. (1970): Die Erziehung des soziokulturellbenachteiligten Schülers. Schroedel: Hannover.
- Begemann, E. (1989): Sind sonderpädagogische Förderbedürfnisse „Behinderter" mit den bekannten standardisiereten Verfahren diagnostizierbar? Sonderpädagogik in Rheinland-Pfalz, 1, 22-37.
- Behring, K./Dobrindt, Y./Kretschmann, R. (1994): Prozeßdiagnose mathematische Kompetenzen. Senator für Bildung und Wissenschaft, Bremen.
- Behring, K./Dobrindt, Y./Kretschmann, R. (1994): Prozeßdiagnose Schriftsprachenkompetenz. Senator für Bildung und Wissenschaft, Bremen.
- Berry, P. (1986): Development in DOWN´s Syndrome Children and Adults. Townsville: JC University.
- Betz, D./Breuninger, H. (1993): Teufelskreis Lernstörungen – Theoretische Grundlegung und Standardprogramm. Weinheim: Psychologie Verlags Union.
- Bildungsportal, amtliche Schuldaten in NRW (2004).
- Binet, A. (1907): Les enfants anormaux, guide pour l'admission des enfants anormaux dans les classes de perfectionnement. Paris: A. Colin, 211.
- Bleidick, U. (1977): Einführung in die Behindertenpädagogik. Stuttgart – Berlin – Mainz: Kohlhammer.
- Bobertag, O. (1914): Über Intelligenzprüfungen nach der Methode nach Binet und Simon. Leipzig: Barth.

- Boerner, K.(1982): Das psychologische Gutachten. Weinheim: Beltz.
- Bolscho, D./Schwarzer, Ch. (Hrsg.) (1979): Beurteilen in der Sonderschule. München: Urban & Schwarzenberg.
- Bondy, C. (Hrsg.) (1956): Hamburg Wechsler Intelligenztest für Kinder, HAWIK. Bern – Stuttgart: Huber.
- Bondy, C./Cohen, R./Eggert, D./Lüer, G. (1969): Die Testbatterie für geistig behinderte Kinder. Weinheim: Beltz.
- Bortz, J./Döring, N.(1995): Forschungsmethoden und Evaluation. Berlin: Springer.
- Boss, N. (1995): Lexikon Medizin. München: Urban & Schwarzenberg.
- Brandt, K./Jendritzky, H./Küppers, B. (1995): Untersuchungen zur motorischen Entwicklung von Schülern der Grundschule und der Schule für Lernbehinderte im Vergleich von 1985 – 1995. Hannover, Unveröff. Examensarbeit Studiengang Lehramt an Sonderschulen.
- Breuer, H./Weuffen, M. (1984): Gut vorbereitet auf das Lesen- und Schreibenlernen. Berlin: Dt. Verlag der Wissenschaften.
- Bronfenbrenner, U. (1993): Die Ökologie der menschlichen Entwicklung. Frankfurt am Main: Fischer.
- Brösskamp, U. (1994): Gesundheit und Schule. In: Bundesministerium für Bildung und Wissenschaft (Hrsg.): Gesundheit und Schule, Beitrag zu einer neuen Perspektive der Gesundheitsförderung. Bonn: Reihe Bildung – Wissenschaft – Aktuell 6, 13, 108.
- Bruininks, R.H./Meyers, C.E./Sigford, B./Lakin, K.C. (Ed.) (1982): Deinstitutionalization and Community Adjustment of Mentally Retarded People. Washington, DC: American Association on Mental Deficiency.
- Bundschuh, K. (1985): Dimensionen der Förderdiagnostik bei Kindern mit Lern-, Verhaltens- und Entwicklungsproblemen. München: Reinhardt.
- Bürli, A./Rosenberg, S. (1995): UNESCO-Weltkongreß über sonderpädagogischen Förderbedarf. Zeitschrift Behinderte,1, 51- 52.
- Carle, U.(Hrsg.) (1995): Gesunde Schule: Öffnung – Kooperation – Bewegung – Integration. Universität Osnabrück.
- Cohen, A./Cohen, L. (1988): Special Educational Needs in the Ordinary School – a Sourcebook for Teachers. London: Paul Chapman Publishing Ltd.
- Cohn, R. (1975): Von der Psychoanalyse zur Themenzentrierten Interaktion. Stuttgart: Klett-Cotta.
- Cohn, R. (2004): Von der Psychoanalyse zur Themenzentrierten Interaktion, 15. Aufl. Stuttgart: Klett-Cotta.
- Cronbach, L. J. (1978): Essentials of Psychological Testing. New York – London: Harper & Row.
- David, D. (1994): Nonkategoriale Sonderpädagogik. Sonderpädagogik, 24, 2, 108 – 115.
- Deinmann, P./Kastner-Koller, U. (1995): Zum aktuellen Stand der Entwicklungsdiagnostik im Kindergartenalter. Report Psychologie, 20, 5.

- Donabedian, A. (1980): The definition of Quality an approaches to ist assessment. Explorations in quality assesment and monitoring. Health Administration: Ann ArborlMichigan.
- DSM-III-R (1991): Diagnostisches und Statistisches Manual Psychischer Störungen, (Diagnostic and Statistical Manual of Mental Disorders der American Psychiatric Association). Deutsche Bearbeitung von Wittchen, H.-U./Sass, H./Zaudig, M./Koehler, K.. Weinheim – Basel: Beltz.
- Eberwein, H. (1988): Behinderte und Nichtbehinderte lernen gemeinsam. Handbuch der Integrationspädagogik. Weinheim: Beltz.
- Eberwein, H. (Hrsg.) (2001): Einführung in die Integrationspädagogik. Weinheim: Beltz UTB.
- Eggert, D. (1969): Tests für geistig Behinderte. Weinheim: Beltz.
- Eggert, D. (1971): Lincoln Oseretzky Scale, Kurzform 18, LOS KF 18. Weinheim: Beltz.
- Eggert, D. (1973): Psychologische Verfahren für die Ein- und Umschulung in die Sonderschule, Schulverwaltungsblatt Niedersachsen, 4, 117 – 12.
- Eggert, D. (1986a): Von der Umschulungsdiagnostik zur lernentwicklungsorientierten Förderdiagnostik: Zur Problematik der Anwendung psychologischer Testverfahren in der sonderpädagogischen Praxis. Sonderschule in Niedersachsen 2. 1, 24-35.
- Eggert, D. (1986b): Förderdiagnostische Praxis: Kleiner Leitfaden für das sonderpädagogische Gutachten. Sonderschule in Niedersachsen, VDS, 1, 24-35.
- Eggert, D. (1990): Psychologische Theorien der geistigen Behinderung. In: Neuhäuser/Steinhausen, H.-C. (Hrsg.): Geistige Behinderung. Stuttgart: Kohlhammer, 35 – 52.
- Eggert, D. (1993): Veränderungen im Bild von der geistigen Behinderung in der Psychologie. In: Hennicke, K./Rotthaus, W. (Hrsg.), Psychotherapie und geistige Behinderung. Dortmund: verlag modernes lernen, 204 – 218.
- Eggert, D. (1993): Veränderungen im Bild von der geistigen Behinderung in der Psychologie. In: Hennicke, K./Rotthaus, W. (Hrsg.): Psychotherapie und geistige Behinderung. Dortmund: verlag modernes lernen, 204 – 218.
- Eggert, D. (1995): Die gemeinsame Schule als besserer Lernort für behinderte und nichtbehinderte Kinder – der Integrationsgedanke aus der Pespektive der Gesundheitsförderung. In: Carle, U.(Hrsg.): Gesunde Schule: Öffnung – Kooperation – Bewegung – Integration. Universität Osnabrück, 209-230.
- Eggert, D. (1995): Von der Kritik an den motometrischen Tests zu den individuellen Entwicklungsplänen in der qualitativen Motodiagnostik. In: Zeitschrift Motorik, 18, 4, 134 – 148.
- Eggert, D. (1996): Wege von der Testkritik zur qualitativen Lernförderungsdiagnostik in der Sonderpädagogik. VDS Nordrhein-Westfalen: Köln.
- Eggert, D. (1997): Von den Stärken ausgehen ... Dortmund: borgmann.
- Eggert, D. unter Mitarbeit von Lütje-Klose, B. (1994): Theorie und Praxis der psychomotorischen Förderung. Dortmund: Borgmann.

- Eggert, D. unter Mitarbeit von Lütje-Klose, B. (2005): Theorie und Praxis der psychomotorischen Förderung. Neubearb. Aufl. Dortmund: Borgmann.
- Eggert, D. unter Mitarbeit von Ratschinski, G. (1993): Diagnostisches Inventar Motorischer Basiskompetenzen (DMB). Dortmund: modernes lernen.
- Eggert, D./Bertrand, L. (2002): RZI – Raum-Zeit-Inventar der Entwicklung der räumlichen und zeitlichen Dimension bei Kindern im Vorschul- und Grundschulalter und deren Bedeutung für den Erwerb der Kulturtechniken Lesen, Schreiben und Rechnen. Dortmund: borgmann.
- Eggert, D./Bremer-Hübler, U. (1990b): Psychodiagnostik. In: Neuhäuser/Steinhausen, H.-C. (Hrsg.): Geistige Behinderung. Stuttgart: Kohlhammer, 53 – 63.
- Eggert, D./Peter, T. (1992): DIAS – Das diagnostische Inventar auditiver Alltagshandlungen. Dortmund: borgmann.
- Eggert, D./Reichenbach, C. (2005): DIAS – Diagnostisches Inventar auditiver Alltagshandlungen. Neubearb. Aufl. Dortmund: borgmann.
- Eggert, D./Reichenbach, C./Bode, S. (2003): Das Selbstkonzeptinventar (SKI) für Kinder im Vorschul- und Grundschulalter. Theorie und Möglichkeiten der Diagnostik. Dortmund: borgmann.
- Eggert, D./Schuck, K.D. (1974): Hannover – Wechsler Intelligenztest für das Vorschulalter (HAWIVA). Bern – Stuttgart: Huber.
- Eggert, D./Schuck, K.D./Tewes, U. (1984): Möglichkeiten und Grenzen der Anwendung des HAWIK-R in der sonderpädagogischen Diagnostik. Zeitschrift für Heilpädagogik, 35, 8, 569 – 580.
- Eggert, D./Wegner-Blesin, N. (2000): DITKA. Diagnostisches Inventar taktil-kinästhetischer Alltagshandlungen von Kindern im Vorschul- und Grundschulalter. Dortmund: borgmann.
- Eggert, D./Willenbring, M. (Hrsg.) (1994): Materialien zur Förderdiagnostik. Band 3, FB ErzWiss, Universität Hannover.
- Esquirol, J.E.D. (1838): Von den Geisteskrankheiten Paris. (dt. Hrsg. von Akkerknecht (1968).Bern: Huber.)
- Exner, K. (1995): Zur Begrifflichkeit in der Behindertenpädagogik. Unveröffentlichtes Manuskript, Hannover.
- Flammer, A. (2004): Entwicklungstheorien. Psychologische Theorien der menschlichen Entwicklung. Bern: Hans Huber Verlag.
- Forum E – Zeitschrift des Verbandes Bildung und Erziehung (2001): Berlin: VBE.
- Forum Schule (2000): Wege zur Qualität. Wann ist Schule eigentlich gut? Landesinstitut für Schule und Weiterbildung. NRW.
- Gunn, P./Berry, P./Andrews, R.J. (1986): The development of DOWN Syndrome Children from Birth to Five Years. In: Berg, J.M. (ed.): Perspectives and Progress in Mental Retardation. Baltimore: University Park Press.
- Hallahan, D. P./Kauffmann, J. M. (1988): Exceptional Children - Introduction to Special Education. Englewood Cliffs, N.J.: Prentice Hall, 530.
- Hartmann, H. (1973): Psychologische Diagnostik, Bd. 135. Stuttgart – Berlin: Kohlhammer.

- Heber, R. (1964): Research on personality disorders and characteristics of the mentally retarded ,Ment. Retard. Abstracts, 1, (3), 304-325.
- Hennig/Knödler (1993): "Problemschüler – Problemfamilien". Weinheim – Basel: Psychologie Verlags Union.
- Hensle, U./Vernooij, M. A. (2000): Einführung in die Arbeit mit behinderten Menschen I. Wiebelsheim: Quelle & Meyer Verlag.
- Hillenbrandt, C. (1999): Paradigmenwechsel in der Sonderpädagogik? Eine wissenschaftstheoretische Kritik. In: Zeitschrift für Heilpädagogik 5, 240 – 246.
- Homfeldt, H.G./Schwarzer, Ch. (1979): Lehrerurteil und Sonderschulüberweisung. In: Bolscho, D./Schwarzer, CH.: Beurteilen in der Grundschule, München: Urban & Schwarzenberg, 98 – 109.
- ICIDH (1995): International Classification of Impairments, Disabilities and Handicaps. Dt.Hrsg. von Matthe-Sius, WHO, Genf und Berlin: Ullstein Mosby.
- Jetter, J.h. (1985): Verstehende Diagnostik. Bremen: VDS Landesverband, 20, 1, 32 – 40.
- Karste, S./Wansing, G. (2000): Qualitätssicherung in der Frühförderung. Planungs- und Gestaltungshilfen zum Prozess der Qualitätsentwicklung. Dortmund: borgmann.
- Kiphard, E.J. (1980): Motopädagogik. Dortmund: modernes lernen.
- Kiphard, E.J./Schilling, F. (1974): Körperkoordinationstest für Kinder (KTK). Weinheim: Beltz.
- Kirk/Gallagher/Anastasiow (2000): Educating Exception Children. Boston, New York: Houghton Mifflin Company.
- Kleber, E.W. (1973): Grundlagen sonderpädagogischer Diagnostik. Berlin: Marhold.
- Kolonka/Krämer, I. (1993): Beobachtungshilfe zur Beschreibung von Kommunikation in Kindergarten und Schule. Kinders Verlag.
- Kolonkob, B./Krämer, I.K. (1993): Beobachtungshilfe zur Beschreibung und Kommunikation in Kindergarten und Schule. Hannover: Kinders Verlag.
- Kornmann, R. (1982): Von der Auslesediagnostik zur Förderdiagnostik, Behindertenpädagogik, 21, 4, 293 – 309.
- Kornmann, R. (Hrsg.) (1975): Diagnose der Lernbehinderung. Heidelberg: Schindele.
- Kornmann, R., Meister, H./Schlee, J. (Hrsg.) (1983): Förderdiagnostik – Konzepte und Realisierungsmöglichkeiten. Heidelberg: Schindele.
- Korte, J. (1980): Alltag in der Sonderschule. Weinheim und Basel: Beltz.
- Krämer, I.K. (1994): Und wenn du nicht sprichst wie alle ...". Pfaffenweiler: Centaurus.
- Kretschmann, R. (1985a): Taugen Intelligenztests für förderdiagnostische Entscheidungen?, Z.f.Heilpädagogik, 36, (12),901 – 904.
- Kretschmann, R. (1985b): Aufgaben und Grenzen der Förderdiagnostik. Z.f.Heilpädagogik, 36, (12), 851 – 859.
- Kretschmann, R./Dobrindt, Y./Behring, K. (1998): Prozessdiagnose der Schriftsprachkompetenz in den Schuljahren 1 und 2. Horneburg: Persen.

- Kriz, J. (1994): Grundkonzepte der Psychotherapie. München: Psychologie Verlags Union.
- Kubiak, C./Moog, W. (1995): Kinder mit sonderpädagogischen Förderbedarf. Zeitschrift für Heilpädagogik, 16-23.
- Kubinger, K. (Hrsg.) (1983): Der HAWIK-Möglichkeiten und Grenzen. Weinheim – Basel: Beltz.
- Kugel/Wolffensberger (Hrsg.) (1974): Geistig Behinderte – Eingliederung oder Bewahrung. Stuttgart: Thieme.
- Lakin, K.Ch./Bruininks, R.H./Larson, S. (1992): The Changing Face of Residential Services, in:ROWITZ, Louis (Ed.): Mental Retardation in the Year 2000. New York: Springer.
- Lamnek, S.(1995): Qualitative Sozialforschung. Band 2. Methoden und Techniken. Weinheim: Beltz
- Langfeldt, H.-P. (1975): Alternativmodelle zur praktizierten Umschulungsdiagnostik. In: Kornmann, R. (Hrsg): Diagnostik bei Lernbehinderten. Reinstetten: Schindele.
- Langfeldt, H.-P./Kurth, E. (1993): Diagnostik bei Lernbehinderten - Standpunkte und Ergebnisse einer zwanzigjährigen Diskussion. Neuwied: Luchterhand.
- Leyendecker, C. (1996): Der Zusammenhang von Bewegung und Wahrnehmung. In: Praxis der Psychomotorik, 21, 4, 223 – 228.
- Lienert, G.A. (1969): Testaufbau und Testanalyse. Weinheim: Beltz.
- Lorenz/Radatz (1994): Handbuch des Förderns im Mathematikunterricht. Hannover: Schroedel Verlag.
- Mamsch, I. (1995): Körpererfahrung als ein zentraler Bestandteil psychomotorischer Förderung in einer Integrationsklasse, (Unveröff.) Examensarbeit, Studiengang Lehramt an Sonderschulen, Universität Hannover.
- Mand, J. (2002): Sonderschule oder gemeinsamer Unterricht? Zum Einfluss von Gutachtervariabeln auf Schullaufbahnentscheidungen für Schulschwache oder auffällige Kinder und Jugendliche. In: Zeitschrift für Heilpädagogik 1, 8 – 13.
- Mand, J. (2003): Nach dem Paradigmenwechsel. In: Behindere 1, 58-64.
- Marsh, G.B./Price, B.J./Smith, T.C. (1983): Teaching mildly handicapped children. methods and meterials. St. Louis – Toronto – Lomndon: Mosby.
- Mattner, D. (1989): Anthropologische Bestimmung der Mototherapie. In Motorik, 12, 142 – 149.
- Maturana, H. R. (1990): Wissenschaft und Alltagsleben. Die Ontologie der wissenschaftlichen Erklärung. In: Krohn, W./Küppers, G. (Hrsg.): Selbstorganisation. Aspekte einer wissenschaftlichen Revolution. Braunschweig, 107-138.
- Mercer, J. (1992): The Impact of Changing Paradigms of Disability on Mental Retardation in the Year 2000. In: Rowitz, L.R. (Ed.), Mental Retardation in the Year 2000. New York - Berlin: Springer, 15 – 38.
- Mercer, J.R. (1973): Labeling the Mentally Retarded: Clinical and Social System Perspectives on Mental Retardation. Berkeley: University Press.

- Mercer, J.R. (1992): The impact of changing paradigms of disability on mental retardation in the year 2000. In: Rowitz, L.R., (Ed.), Mental retardation in the year 2000. New York – Berlin – Heidelberg: Springer, 15-38.

- Meyen, E.L. (1988): Current instructional practices. In: Meyen, E.L./Skrtic, T.M.(Eds.): Exceptional Children and Youth: an Introduction. Denver : Love, 49 – 80.

- Meyer, D. (1973): Erforschung und Therapie der Oligophrenien in der ersten Hälfte des 19. Jahrhunderts. Berlin: Marhold.

- Montada, L. (1985): Entwicklungsberatung als Angewandte Entwicklungspsychologie. In: Brandstätter, J./Gräser, H. (Hrsg): Entwicklungsberatung unter dem Aspekt der Lebensspanne. Göttingen: Hogrefe.

- Nds. Kultusministerium, Niedersächsisches Schulgesetz, Nieders. GesetzVerwBlatt, 1993, 38.

- Nds. Kultusministerium, Verordnung über sonderpädagogische Förderung, Schulverwaltungsblatt für Nds., 1995, 11.

- Nds. Kultusministerium, Ergänzende Bestimmungen zur Verordnung über sonderpädagogische Förderung, Schulverwaltungsblatt für Niedersachsen, 10, 1995, 257 – 260.

- Norden, I. (1953): Binetarium – Hilfsmittel zur Intelligenzprüfung nach Binet-Bobertag. Göttingen: Beltz.

- Nordrhein – Westfalen (1995 und 2005): Gesetz zur Weiterentwicklung der sonderpädagogischen Förderung.

- Nordrhein - Westfalen, Ministerium für Schule und Weiterbildung, Verordnung über die Feststellung des sonderpädagogischen Förderbedarfs (1995).

- Nordrhein - Westfalen, Ministerium für Schule und Weiterbildung, Bausteine zur Verordnung über die Feststellung des sonderpädagogischen Förderbedarfs (1995).

- Palmowski, W. (1995): Der Anstoß des Steines - systemische Beratungsstrategien im schulischen Kontext. Dortmund: borgmann.

- Pawlik, K. (1976): Diagnose der Diagnostik. Stuttgart: Klett.

- Peterander, F./Speck, O.(Hrsg.) (2004): Qualitätsmanagement in sozialen Einrichtungen. München: Reinhardt.

- Preuss-Lausitz, U. (2001): Qualitätsmerkmale, Lesitungsmessund und Evaluation der pädagogischen Arbeit. In: Zeitschrift für Heilpädagogik 2, 46-50.

- Probst, H. (1993): Die pädagogisch-psychologische Begutachtung bei der Sonderschuleinweisung. In: Langenfeldt, H./Kurth, E. (Hrsg.): Diagnostik bei Lernbehinderten. Neuwied: Luchterhand.

- Pschyrembel, Klinisches Wörterbuch, 257. Auflage (1994). Berlin – New York: De Gruyter.

- Reichenbach, C. (2006): Bewegungsdiagnostik in Theorie und Praxis. Dortmund: borgmann.

- Robinson, A./Robinson, N. (1984): Psychology of mentally retarded chidren. New York: Wiley.

- Sarason, S.B. (1964): Psychological Problems in Mental Deficiency. New York.

- Schiepek, G. (1986): Systemische Diagnostik in der Klinischen Psychologie. Weinheim – München: Psychologie Verlags-Union.
- Schmetz, D. (1999): Förderschwerpunkt Lernen. In: Verband Deutscher Sonderschulen (Hrsg.): Sonderpädagogische Förderung in der Bundesrepublik Deutschland. Würzburg.
- Schmidtchen, S. (1991): Klientenzentrierte Spiel- und Familientherapie. München/Weinheim: Psychologie Verlags Union.
- Schorr, A. (1995): Stand und Perspektiven psychologisches Testverfahren in der Praxis. Diagnostica, 1, 3 – 20.
- Schuck, K.D. (1993): Die Ermittlung des sonderpädagogischen Förderbedarfs - eine neue diagnostische Aufgabe in einer sich verändernden Schule. In: Integration verändert Schule, Hamburger Buchwerkstatt.
- Schuck, K.D. (1994): Probleme der Diagnostik in einer sich wandelnden Schule. Hannover: VDS Verbandstag, Sonderschule in Niedersachsen, 4, 4.
- Schuck, K.D./Eggert, D. (1982): Anspruch, Realität und Alternativen der diagnostischen Tätigkeit der Sonderschullehrer. In: Ingenkamp, K. H./Horn, R./Jäger, R.S. (Hrsg.): Tests und Trends. Weinheim: Beltz, 71 – 95.
- Seelig, S. (2005): Lernportfolios im Spannungsfeld zwischen normativen Leistungen und individuellen Lernprozessen – ein Instrument der Förderdiagnostik. Diplomarbeit: Universität Hannover.
- SGB IX (2001): Rehabilitation und Teilhabe behinderter Menschen.
- Speck, O. (1995): Aktuelle Fragen sonderpädagogischer Förderung. In: Die Sonderschule 40, 3, 166 – 181.
- Spiegel (1995): Alte Hüte. 35, 166 – 167.
- Spreen, O. (1978): Geistige Behinderung. Berlin/Heidelberg/New York: Springer.
- Staatsinstitut für Schulpädagogik und Bildungsforschung Bayern, Abt. Schulen für Behinderte und Kranke (1991): Handreichungen für Sonderpädagogische Diagnose- und Förderklassen. München.
- Suhrweier, H./Hetzner, R. (1993): Förderdiagnostik für Kinder mit Behinderungen. Neuwied: Luchterhand.
- Tewes, U. (1983): HAWIK - R, Hamburg Wechsler Intelligenztest für Kinder, Revision 1983. Bern: Huber.
- Theiler, P. (2001): Ganzheitlich beurteilen und fördern. In: Die Grundschulzeitschrift 15, 147, 50f.
- UNESCO, World Conference on Special Needs Education (1994): SALAMANCA.
- v. Bracken, H. (Hrsg.) (1968): Erziehung und Unterricht behinderter Kinder. Frankfurt am Main: Akad. Vlggs.
- Verordnung über die sonderpädagogische Förderung, den Hausunterricht und die Schule für Kranke (Ausbildungsordnung gemäß § 52 SchulG – AO-SF), 2005 (SGV NRW, 223).
- Wacker, E. (2000): Qualitätssicherung und -entwicklung in der Frühförderung. In: Karsten, S./Wansing, G.: Qualitätssicherung in der Frühförderung. Dortmund: verlag modernes lernen.

- Walthes, R. (1993): Störung zwischen Dir und mir. Grenzen des Verstehens, Horizonte der Verständigung. In: Frühförderung interdisziplinär 4, 145 – 155.
- Warnock - Report (1978): Special Educational Needs,(Cmnd 7212) HMSO.
- Wegener, H. (1968): Der Sozialisationsprozeß bei intellektuell Minderbegabten. In: v. Bracken, H. (Hrsg.): Erziehung und Unterricht behinderter Kinder. Frankfurt am Main: Akad. Vlggs., 510 – 528.
- Weitbrecht, H.J. (1963): Psychiatrie um Grundriß. Berlin – Göttingen – Heidelberg: Springer Verlag.
- Westmeyer, H. (1972): Logik der Diagnostik, Grundlagen einer normativen Diagnostik. Stuttgart – Berlin: Kohlhammer.
- WHO, „Ottawa-Charta zur Gesundheitsförderung" (1986): Charta der 1. Int. Konferenz zur Gesundheitsförderung, verabschiedet am 21. 11.. In: Franzowiak, P./Sabo, P. (1993): Dokumente der Gesundheitsförderung. Mainz, 96 – 101.
- Willenbring, M. (1997): Psychologische Aspekte der pränatalen Diagnostik. Unveröff. Manuskript, Hannover.
- Wolfensberger, W. (1983): Social Role Valorisation: A Proposed New Term for the Principle of Normalization. Mental Retardation, 21 (6), 234 – 239.
- Wolfensberger, W. (1985): Die Entwicklung des Normalisierungsgedankens in den USA und Kanada. In: Bundesvereinigung Lebenshilfe für geistig Behinderte e.V. (Hrsg.), Normalisierung - eine Chance für Menschen mit geistiger Behinderung, Marburg: Lebenshilfe, Band 14 der großen Schriftenreihe.
- Ysseldyke, J.E. (1986): The Use of Assessment Information to make Decisions about Students. In: Morris, R.J./Blatt, B. (EDS.): Special Education: Research and Trends. New York: Pergamon Press, 8 – 26.
- Zigler, E./Balla, D.A. (1982): Mental Retardation.The Developmental- Difference Controversy. Hillsdale/London: Lawrence Erlbaum Associates.
- Zimmermann, K./Kornmann, R. (1977): Psychodiagnostik. In: Kanter, G./Speck, O. (Hrsg): Pädagogik der Lernbehinderten. Bd.4, Handbuch der Sonderpädagogik. Berlin: Marhold, 481 – 487.

Internetquellen:

http://www.bildungsportal.nrw.de/BP/Schule/System/Statistik/index.html
http://www3.who.int/icf/onlinebrowser/icf.cfm?undefined&version=14

Raum für Notizen

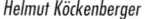

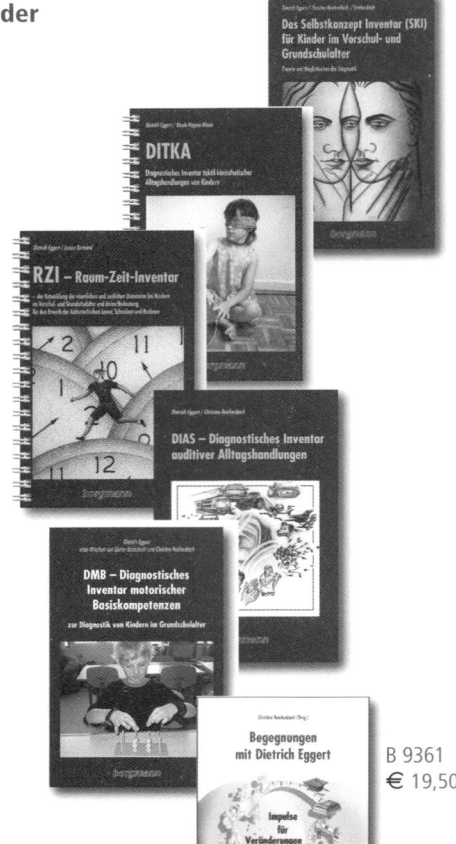